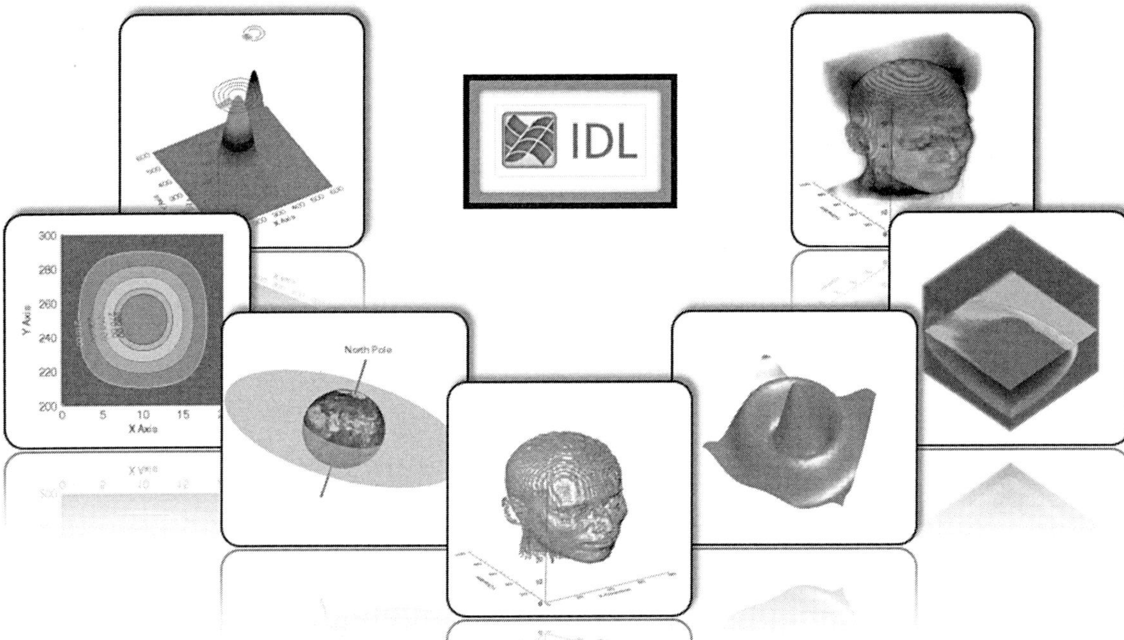

고급 프로그래밍을 위한 IDL유저들의 필독 지침서

IDL 객체지향 그래픽스

이상우 저

홍릉과학출판사

들어가는 말

Preface

이 책은 기본적으로 IDL에서 Object Graphics(오브젝트 그래픽스 또는 객체지향 그래픽 체계) 기법을 사용하는 방법을 조금이라도 알기 쉽게 설명해보고자 기획하였다. IDL (Interactive Data Language)은 원래 1970년대 말 미국의 RSI라는 기업에서 처음 개발되었던 프로그래밍 언어로서, 여러 차례의 버전업과 기능 개선 과정들을 거친 2012년 현재는 EXELIS VIS[1]라는 기업에서 공급중이다. 초창기부터 미국 NASA를 비롯한 여러 과학기술 관련 연구기관 및 대학들에서 많이 사용되어왔고, 지금도 주로 이공계 분야의 연구자들 사이에서 많이 사용되어 오면서 그 권위를 인정받고 있다. 물론 국내에도 이러한 분야에서 상당수의 연구인력들이 이 IDL을 사용하고 있는 것으로 알고 있다.

예전에는 IDL을 배우기 위해서는 영어로 된 매뉴얼을 읽고, 관련 해외 웹사이트들[2]을 이리저리 뒤져야하는 수고가 많이 따랐었지만, 그래도 요즘은 한글로 된 지침서들이나 각종 사용팁들에 관한 내용이 http://idluser.org 또는 필자가 운영중인 블로그(http://blog.daum.net/swrush)와 같은 국내 웹사이트를 통해서 어느 정도 활발하게 소개되고 있는 상황이다. 따라서 국내 IDL 사용자들이 처음에 겪게 되는 생소함과 외로움은 과거에 비해서는 많이 해소된 상황이라고 생각한다.

그런데 많은 일반적인 IDL 사용자들에게는 그다지 익숙하지도 않고, 매우 어려울 것 같으며, 또한 그런 것이 있는지도 잘 모르는 경우도 다반사인 기능들이 몇몇 있는데, 그 중 대표적인 것이 바로 객체지향 그래픽 체계이다. 사실 IDL에서의 가시화는 기본

---

[1] 원래 ITTVIS였는데, 2011년 11월부로 변경되었다.

[2] David Fanning, Liam Gumley, Ron Kling 등 세계적인 IDL의 권위자들이 개인적으로 운영하는 웹사이트들을 비롯하여, 구글의 IDL News Group 등도 이에 해당된다.

적인 기능인 Direct Graphics(다이렉트 그래픽스 또는 다이렉트 그래픽 체계)에서도 상당부분 해결이 가능하다. 참고로 말하면 다이렉트 그래픽스라는 것은, 예를 들면 IDL을 처음 사용할 때 많이들 배우는 plot, indgen(10)과 같은 명령을 실행하면 윈도우가 하나 뜨고 그래프가 바로 그려지는것과 같은 작업에서 사용되는 그래픽 체계를 말한다. 사실 IDL에서 웬만한 가시화 작업들은 이러한 다이렉트 는 체계에서 상당부분 소화가 된다. 그리고 사용방법도 비교적 쉬운 편이어서 주로 IDL을 처음 배우는 단계에서 가장 먼저 익히게 되는 부분이기도 하다.

그런데 객체지향 그래픽스라는 개념은 다이렉트 그래픽스와는 그 체계나 구현 기법등이 상당히 다르다. 우선은 이러한 기법을 배우고 이해하는 것이 과연 나에게 필요한 것인지 아닌지에 대한 판단을 먼저 하는 것이 중요하다. 물론 이를 위해서는 객체지향 그래픽스라는 것이 어떤 개념이며, 이것을 좀 이해하면 나에게 어떤 이점이 있을 것인지를 먼저 알아야 할 것이다. 그러나 불행히도 2012년 현재까지는 국내에서 IDL에서의 객체지향 그래픽 체계에 관한 우리말로 된 문서나 책자는 아직까지 전무한 상황이다. 그래서 이 기능을 사용해보려면 영문으로 된 IDL 도움말이나, 인터넷상으로 검색 가능한 컨텐츠들을 나름대로 활용하여 독학을 할 수 밖에 없다. 이러한 작업은 필자와 같이 IDL 프로그래밍 개발을 어느 정도 전문적으로 해야 하는 사람이라면 모르겠지만, 일반 연구자들이나 학생들과 같은 대다수의 IDL의 사용자들에게는 버거운 작업일 수 밖에 없다. 연구와 같은 본업만으로도 바쁜데, 이러한 생소한 개념을 파악하고 그 구현기법을 익히는데 각자의 소중한 시간을 투자하기란 현실적으로 매우 어렵기 때문이다.

따라서 이 지침서는 IDL에서의 객체지향 그래픽 체계에 관한 전반적인 개념 및 구현기법 등에 관한 기본적인 내용들을 우리말로 담은 최초의 지침서라는 의미를 두고, 이에 부합되는 내용들로 꾸며질 수 있도록 노력하였다. 사실 객체지향 그래픽스라든지 객체지향 프로그래밍이란 개념은 이미 다른 프로그래밍 언어들에서도 많이 도입되어 사용되고 있는 개념이다. 더구나 이 글을 쓰고 있는 필자는 과연 이러한 부분에 대하여 해박한 지식을 갖고 있느냐 하면 그것은 절대 아니다. 필자 역시 이 글을 쓰는 현 시점에서도 IDL에서 객체지향 그래픽스 기반의 작업을 하라고 하면 여러모로 다소 골치아프거나 귀찮은 부분이 있는 것이 사실이다. 그리고 이 지침서에 담긴 내용들이 우리말로 되어있다고 해서 내용이 아주 이해하기 쉬운 평이한 내용이 될 것이라고 감히 보장하지는 못할 것 같다.

다만, IDL에서 객체지향 그래픽스라는 것이 과연 어떤 것이며, 이 기법을 좀 사용해보려면 어느 정도의 노력이 필요할지, 그리고 당장 이와 관련된 작업을 안하더라도 혹시 나중에 필요할 때 "아! 이런 문서가 있었으니 좀 찾아보면 되겠네"라는 말과 함께 기억이 될 내용만이라도 될 수 있다면, 필자로서도 그 이상의 큰 보람은 없을 것이다.

그리고 이 지침서에서는 객체지향 그래픽스에 관한 내용과 더불어서 IDL에서 그래픽 사용자 인터페이스(GUI, Graphical User Interface) 기반의 어플리케이션을 개발하는데 반드시 필요한 위젯 프로그래밍(Widget Programming) 기법에 대한 내용도 함께 다루게 된다. 이것은 객체지향 그래픽스 기법을 통하여 구현되는 결과물을 가시화하는데 있어서 이러한 GUI의 형태로 구현하는 것이 매우 효과적이기 때문이다. 물론 위젯 프로그래밍에 대한 모든 내용을 이 지침서에서 100% 다루지는 못하겠지만, 기본적이고 핵심이 될만한 내용들은 가급적 모두 다루고자 노력하였다. 그래서 이 지침서를 다 읽고나면, IDL에서 가시화 어플리케이션의 개발이 어떤 방식으로 이루어지는가에 대한 감은 어느 정도 잡을 수 있을 것으로 기대한다. 요즘 스마트폰이나 태블릿 PC 등의 강세로 인하여 어플리케이션(주로 "앱"이라고 많이 부름)을 제작하는 작업이 그리 낯설게 느껴지지는 않는 시대가 된 것 같다. 그러나 IDL에서의 어플리케이션 개발은 내가 갖고 있는 여러가지 과학기술 자료들을 IDL에 내장된 각종 함수 및 프로시저들을 사용하여 처리하고 가시화하는 단계를 넘어서 이 결과를 다른 사람들도 편리하게 접할 수 있는 환경을 제공한다는 측면이 있다. 따라서 이 기법을 잘 익혀두고 활용할 수 있다면 매우 유용한 도구가 될 수도 있을 것이다.

이 책을 집필을 마치며 떠오르는 고마운 얼굴들이 있다. 먼저 필자가 몸담고 있는 (주)에스이랩의 모든 동료들에게 무한한 감사를 전한다. 이들과 함께 일했던 다양한 개발경험들이 이 책을 집필하는데 있어서 가장 커다란 원동력이 되어주었다. 항상 격려와 채찍질을 아끼지 않는, 필자 못지않은 IDL의 명인들인 이종혁, 이정덕, 홍성후, 그리고 IDL 관련 비즈니스에 항상 매진하고 있는 김혜진 과장, 짧지 않았던 집필기간을 기다려준 오승준 대표, 유재홍 이사에게도 진심으로 고마움을 전한다. 그리고 필자가 IDL로 작업을 하면서 궁금한 점이 있을 때마다, 전세계의 IDL 고수들인 David Fanning, Liam Gumley 등의 웹사이트 및 포스팅들을 보며 새로운 것들을 배워나갔는데, 그러한 배움의 즐거움을 안겨준 이 분들께도 간접적으로나마 감사를 전하고 싶다. 또한 IDL의 본사인 EXELIS VIS에 있는, 친구와 같은 존재들인 Ogushi, Bernard, Abe에게도, 너무 자주 귀찮게 해서 미안하다는 말과 감사의 말을 함께 전한다. 이 책의 출판을 위하여 미숙한 초보 필자를 성심성의껏 도와주신 홍릉과학출판사의 김재호 부장님께도 감사의 말씀을 드리고 싶다. 마지막으로 항상 옆에서 든든하게 힘이 되어준 사랑하는 아내에게 진심으로 사랑한다는 말을 전한다. 또한 직접 또는 아내를 통하여 항상 응원의 메시지를 전해주셨던 부궁의 가족들에게도 감사의 말씀을 드린다. 마지막으로, 무심한 아들 항상 조용히 응원해주시는 부모님께도 무한한 감사와 애정을 드리고 싶다.

이 문서의 내용은 주로 IDL에 내장되어 있는 객체지향 그래픽스 및 위젯 프로그래밍 관련 도움말 및 문서의 내용들을 참조하였음을 밝힌다.

참고사항

이 책에 실려있는 그림들은 모두 흑백으로 인쇄되어 있다. 하지만 IDL에서 객체지향 그래픽 체계하에서의 여러가지 종류의 그래픽 구현 기법들에 대한 설명을 위하여 다채로운 그림들이 필요하다보니, 그림들 중에는 흑백이 아닌 컬러로 봐야 제 역할을 하는 것들이 상당수 있다. 따라서 이러한 그림들을 원본 컬러 그대로 볼 수 있도록 하기 위하여, 각 챕터별 컬러 그림들을 볼 수 있도록 모아놓은 웹페이지를 필자가 따로 구축해놓았다. 그리고 이 책의 그림마다 붙어있는 캡션상에서 다음과 같이 캡션의 끝부분에 'C'라는 위첨자가 붙은 경우들이 있다.

그림 6-6-1 첫번째 방법으로 이미지를 표출한 모습^{C}

캡션이 이와 같이 되어 있는 그림들은 원본이 컬러라는 의미이다. 그리고 이러한 그림들은 앞서 언급한 웹페이지상에서 각 챕터별로 원본 컬러 그대로 볼 수 있다는 점을 참조하기 바란다. 이 웹페이지의 주소는 아래와 같다.

http://swrush.hosting.paran.com/obj_guide/

필자는 현재 IDL과 관련된 내용들을 위주로 하는 블로그를 개인적으로 운영하고 있다. 이 책과 관련해서도 예제코드의 소개, 내용상의 오류 수정 등의 내용들을 이 블로그상에 계속 실을 예정이다. 이 블로그의 주소는 아래와 같다.

http://blog.daum.net/swrush

그리고 IDL과 관련된(꼭 이 책의 내용과 다른 내용이라 하더라도) 여러가지 기술적인 문의사항들은 아래에 있는 국내 IDL 유저그룹 웹사이트의 질문/답변 게시판을 이용하길 권장한다.

http://idluser.org

그외에 이 책을 읽어가면서 소감이나 의견 또는 잘못된 부분에 대한 지적사항 등이 있을 경우, 블로그의 방명록을 이용하거나 아래에 있는 이메일 또는 SNS를 통하여 필자와 소통할 수 있음을 밝혀 둔다.

E-Mail : lee@selab.co.kr

Twitter : swrush88

Facebook : IDLKorea

차례

1. Direct Graphics vs. Object Graphics

다이렉트 그래픽 체계와 객체지향 그래픽 체계의 비교

그러면 먼저 IDL에서 다이렉트 그래픽 체계와 객체지향 그래픽 체계간의 차이에 대하여 알아보기로 하자. 사실 어떤 IDL 지침서를 보면 객체지향 그래픽스에 대한 설명을 위하여 OOP(Object Oriented Programming), 즉 객체지향 프로그래밍이라는 개념부터 시작하기도 한다. 그런데 아무래도 일반적인 IDL 사용자들의 입장에서는 이와 같은 다소 생소하고 난해한 개념으로 시작하기 보다는, 이미 기존에 익숙하게 사용해 온 다이렉트 그래픽 체계와의 비교를 통한 설명이 더 이해하기 용이한 방법이라고 생각한다. 일단 두 그래픽 체계의 특성들을 각각 요약해서 살펴보자. 좀 교과서적인 설명이라 다소 딱딱하게 느껴질지도 모르지만 가벼운 마음으로 읽어보길 권장한다.

1.1. Direct Graphics 체계

1. 특정한 그래픽 디바이스(Device)라는 것이 존재하며, 사용자가 원하는 디바이스에서 그림을 그린다. 디바이스의 선택은 set_plot이라는 명령으로 이루어진다. 예를 들어, 'X'는 리눅스나 유닉스의 X윈도우 시스템, 'WIN'은 MS 윈도우즈의 윈도우 시스템, 'PS'는 포스트스크립트 시스템 등이 된다.

2. IDL에서 흔히 사용되는 plot, surface, tv, contour, xyouts 등과 같은 명령들은 모두 현재의 그래픽 디바이스에 직접 그림을 그린다. 이러한 그래픽 디바이스상에 그림을 그린 후에는 그 작업에 대한 기억은 사라진다. 즉, 그림을 디바이스상에 뿌리고 나면 그 작업의 흔적들은 완전히 사라지는 것이다.

3. 일단 그려진 최종그림은 다른 디바이스에서 바로 사용이 불가능하다. 즉, 다른 디바이스에서 같은 그림을 얻고자한다면 똑같은 명령들을 반복하여 실행해야만 한다. 예를 들어, 두 개의 윈도우에 똑같은 그림을 그리고자 할 경우 각 윈도우에 대하여 똑같은 과정을 반복해야 한다. 왜냐하면 앞서 2번에서 언급된 바와 같이, 한번 그림을 그리고나면 그 작업에 대한 기억은 완전히 사라지기 때문이다.

4. 이미 그려진 그림 상에 oplot, xyouts와 같은 명령들을 이용하여 다른 그래픽 아이템을 추가하면, 기존 그림의 위에 그대로 그려지게 된다. 물론 기존 그림이 그려진 디바이스가 없어지지 않고 아직 존재하는 한의 얘기이다.

5. 그려진 그림에 대한 세부사항을 변경하고자 할 경우, 변경된 옵션으로 그림을 처음부터 다시 그려야 한다. 예를 들어, plot을 하나 그렸는데 X축의 타이틀을 변경하고자 한다면, xtitle 키워드에 주어지는 문자열값을 바꾼 후 plot 명령을 다시 수행해야 한다. 당연히 그림은 처음부터 다시 그려진다.

1.2. Object Graphics 체계

1. 객체지향 그래픽스는 기본적으로 3차원 공간상에서 구현된다. 이를 3차원 공간상에서의 렌더링(Rendering)이라 하는데, 벡터의 계산이나 광원효과 등과 같은 다이렉트 그래픽스에서는 고려되지 않던 부분들이 추가적으로 필요하게 된다. 따라서 똑같은 그림을 다이렉트 그래픽스에서보다는 객체지향 그래픽 체계에서 가시화하는 것이 좀 더 많은 시간이 걸린다.

2. 객체지향 그래픽스는 디바이스에 구애받지 않는다. 현재의 그래픽 디바이스가 무엇인가는 중요하지 않다. 객체(Object)의 형태로 존재하는 그림은 어떤 디바이스에서든 바로바로 구현이 가능하다. 객체는 인위적으로 없애지 않는 한 메모리상에 계속 상주하기 때문이다.

3. 객체지향 그래픽스에서 일단 구현된 그림은 말 그대로 객체지향적 특성을 가진다. 그림의 세부특성을 변경하고 스크린상에 표출한 후, 다른 속성을 살짝 바꿔서 이를 프린터 디바이스에 바로 보내는 것과 같은 작업들이 바로바로 가능하다. 즉, 그림을

처음에 그리기 위하여 사용했던 명령들을 디바이스 변경때마다 반복할 필요가 전혀 없다.

4. 다이렉트 그래픽스의 경우 하나의 프로시저로서의 프로그램에 의한 구현뿐만 아니라, 커맨드 입력창에서의 간단한 입력을 통해서도 충분히 구현이 가능하다. 하지만 객체지향 그래픽스의 경우는 철저하게 프로시저의 형태를 갖는 프로그램에 의한, 즉 컴파일과 실행에 의한 구현이 더 효율적이다.

5. 객체지향 기반으로 구현된 그래픽 결과물은 메모리에 상주하기 때문에, 메모리의 효율적인 이용 및 낭비와 관련하여 더욱 세심한 주의가 필요하다. 더 이상 필요가 없어진 객체(Object)들은 적시에 제거해주는 습관이 필요하다. 하지만 그 개수 자체가 많아질 경우에는 효율적인 관리에도 불구하고 메모리의 부하가 커질 가능성이 항상 존재한다. 따라서 하드웨어적인 사양까지도 고려되어야 할 경우도 생긴다는 점을 반드시 유의해야할 것이다.

한마디로 다이렉트 그래픽스는 IDL에서 가장 흔하게 또한 간편하게 그래픽을 구현하는 방법 또는 체계라고 보면 된다. 그러면 객체지향 그래픽스의 경우는 어떨까? 그렇다. 그 반대다. IDL에서 아주 흔하게 사용되지는 않으며, 구현하는데 있어서도 생각할 것이 다소 많은 좀 불편한 방법이긴 하다. 하지만 이와 같이 단점만 존재한다면 아무도 이러한 방식을 사용하지는 않을 것이다. 당연히 이러한 단점들을 감수할만한 장점들이 분명이 존재한다.

객체지향 그래픽스에서는 마치 블록을 쌓듯이 그래픽이 구현된다. 예를 들어, 2차원 플롯(plot)의 경우를 보면, x축, y 축, plot, x축 제목, y축 제목, 전체 제목 등의 구성요소들 각각이 하나의 객체(Object)가 된다. 이러한 객체들의 집합체로서 하나의 그래픽적 결과물이 도출된다. 이러한 객체들은 그 종류가 많으며, 각 개체는 생성, 변형, 제거가 항상 가능하다. 그래서 사용자 입장에서는 좀 더 유연한 작업이 가능하다.

아주 간단한 예를 들어보면, 다음과 같이 PLOT이라는 명령으로 플롯을 그리면서 [XY]TITLE이라는 키워드를 사용하여 X, Y 각 축마다 제목을 붙였다고 가정해보자.

```
PLOT, FINDGEN(10), XTITLE='X Range', YTITLE='Y Range'
```

그러면, X축 하단 및 Y축 좌측에 'X Range'와 'Y Range'라는 문자들이 축 제목으로 첨가된 플롯이 그려질 것이다. 그런데 만약 이 축 제목들을 붙이지 않고 그냥 플롯만을 그리고 싶다고 하자. 그러면 이 경우에는 다음과 같은 명령을 다시 실행하면 된다.

```
PLOT, FINDGEN(10)
```

그런데 사실 이렇게 하면 IDL에서는 윈도우를 전체적으로 한번 지우고 플롯 자체를 처음부터 다시 그린다. 즉, 내가 구현한 그래픽의 어떤 요소에 대한 추가, 변형, 제거와 같은 작업을 하려면, 무조건 처음부터 다시 그려야만 한다. 이것이 다이렉트 그래픽 체계의 특성이다. 물론 지금 예로 든 작업은 속도가 매우 빠르기 때문에, 그래픽 윈도우를 자세히 봐도 다시 그려지는 모습이 그리 두드러지게 느껴지지는 않을 것이다. 하지만, 매우 복잡한 그래픽을 구현할 경우에는 솔직히 좀 투박하게 느껴질 여지가 많다. 예를 들어, 지도를 그리고 그 위에 이미지, 등위선(Contour) 등을 추가적으로 겹쳐 그리는 것과 같은 다소 복잡한 작업의 경우, 이러한 아주 자그마한 요소 하나를 바꾸기 위하여 전체 그림을 다시 그려야만 한다면, 그 과정이 매번 반복되는 모습을 보기가 번거로울 경우도 있을 것이다. 특히나 지도의 경우 해안선을 고해상도로 했다면 (MAP_CONTINENTS 명령에서 /HIRES 키워드를 사용하는 경우) 이것이 그려지는데 다소 시간이 걸리기 때문에 특히나 더 답답하게 느껴질 수도 있다.

하지만 이와 같은 작업을 객체지향 그래픽 체계하에서 구현하면 사정이 좀 달라진다. 굳이 모든 그래픽 요소들을 처음부터 다시 그리는 번거로움없이, 내가 원하는 그래픽 요소에 대한 추가, 변형, 제거가 가능해진다. 이것은 각 그래픽 요소에 해당되는 객체들은 생성이 되는 순간부터 메모리에 상주해있기 때문에, 따로 제거하지 않는 한은 메모리상의 특정 영역에 계속 남아있기 때문이다. 그래서 제목만 없애고 싶다면, 해당 명령을 사용하면 그 요소만 살짝 없어질 뿐 나머지 는 구성 요소들 전체를 굳이 처음부터 다시 그릴 필요가 전혀 없다. 그래서 그래픽이 매우 유연하게 변하는 것처럼 느껴지도록 구현이 가능하다는 장점이 있다. 특히나 3차원 그래픽, 즉 폴리곤이나 볼륨 등이 난무하는 현란한 그래픽을 구현하고자 할 경우에는 당연히 객체지향 그래픽스 기법을 사용할 수 밖에 없다.

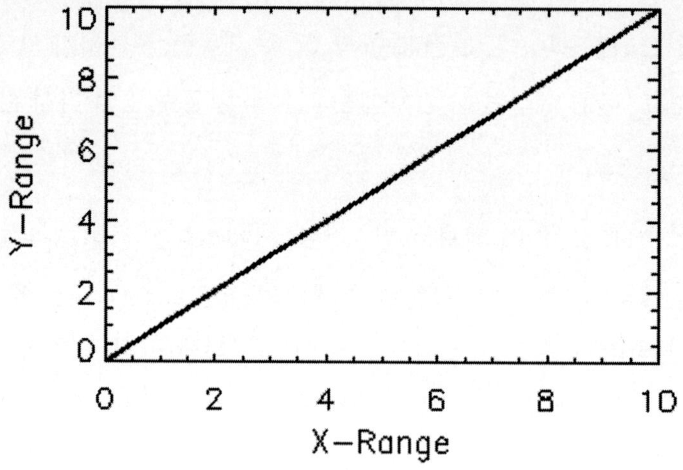

그림 1-2-1 다이렉트 그래픽 체계 (Direct Graphics) 에서 그려본 플롯(Plot)의 예

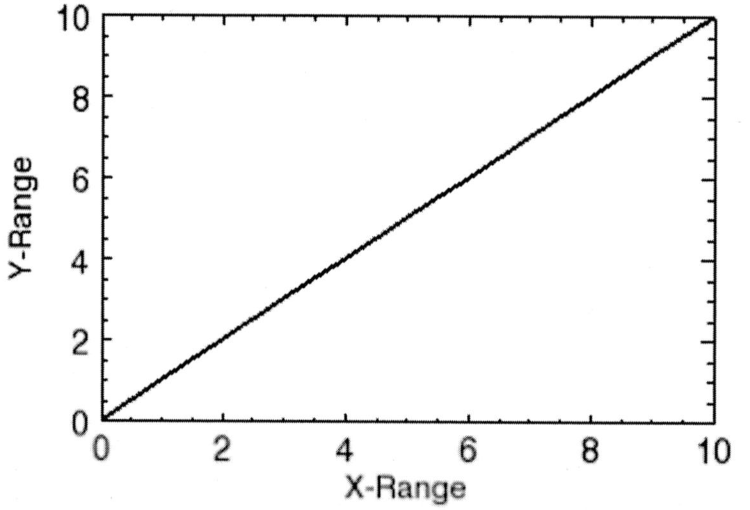

그림 1-2-2 객체지향 그래픽 체계 (Object Graphics) 에서 그려본 플롯(Plot)의 예

그림 1-2-1과 그림 1-2-2는 같은 내용의 플롯을 각각 다이렉트 그래픽스 및 객체지향 그래픽스 기법으로 그려본 예제이다. 아마 두 그림을 비교해보면 시각적으로 뭔가 느

껴지는 차이점이 있을 것이다. 가장 먼저 느껴지는 부분이라면 아무래도 객체지향 그래픽스 기법으로 그려진 결과물이 좀 더 깔끔해보인다는 사실이다. 이러한 차이점은 특히 폰트에서 두드러지게 나타난다. 따라서 같은 값이면 다홍치마라고, 아무래도 시각적으로 깨끗해보이는 방법을 사용하고 싶다는 생각이 누구나 들 것이다. 이러한 시각적인 측면 역시 다이렉트 그래픽스에 비하여 객체지향 그래픽 체계가 갖는 강점이 될 것이다.

하지만, 이와 같은 장점을 누리기 위해서는 프로그래밍 과정에서 다이렉트 그래픽스에서보다 약간 더 복잡한 과정을 거쳐야 한다는 전제가 따른다. 이러한 작업은 IDL의 커맨드 입력창에서의 간단한 입력으로 바로 구현되는 성격의 것은 아니다[3]. 따라서 객체지향 그래픽스라는 것 자체가 IDL 사용경험이 어느 정도 있는 중급 이상의 프로그래머들에게 적합한 주제라는 점을 어느 정도는 인정할 필요가 있다[4]. 하지만 그렇다고 해서 처음부터 너무 겁먹을 필요는 없다. IDL의 완전초보만 아니라면, 내용을 찬찬히 익히다보면 분명히 접근 가능한 내용이기도 하다. 그리고 다이렉트 그래픽스라 하더라도 좀 복잡하면서도 시각적으로 볼만한 그래픽 결과물을 얻기 위해서는 그 프로그래밍 과정이 객체지향 그래픽의 경우에 비하여 아주 간단한 편이라고 볼 수 만은 없다. 따라서 볼만한 결과물을 만들기 위한 과정상의 수고는 어느 경우나 비슷하다는 점을 감안하면 좋을 것 같다.

[3] 물론, IDL에 iTools라는 기능이 있어서 마치 Direct Graphics에서의 커맨드와 같은 방법으로 Object Graphics 기반의 결과물을 비교적 편리하게 얻을 수도 있다. 하지만, 이 기능은 단편적인 조회에 주안점을 두고 있고, 좀 더 프로그래밍적인 작업을 수행하는 데 있어서는 단점이 있는 것도 사실이다. 이 지침서에서는 iTools의 사용에 관한 내용은 일단 논외로 하기로 한다.

[4] 최근 IDL 8.x 버전에서 지원되는 New Graphics 체계는 비교적 사용법이 쉬운 편이면서도 객체지향 그래픽스에 버금가는 기능을 제공한다. 물론 아직 도입 초창기라 나름의 장단점은 있다. 이 책에서는 자세히는 다루지 않겠지만, 기본적인 개요는 부록 2에 소개하였으니 참조하길 바란다.

2. Basics in Object Graphics

객체지향 그래픽 체계의 기본

앞서 잠시 언급했듯이, 객체지향 그래픽 체계에서는 그래픽을 구성하는 각각의 요소들이 하나의 블록들처럼 간주되고 이러한 블록들을 마치 레고 블록으로 뭔가를 만드는 것처럼 차곡차곡 모아 하나의 전체적인 집합체를 완성해나가는 방식으로 구현이 된다. 이 때 각각의 블록에 해당되는 개별 요소들은 하나의 클래스(Class)로서 정의가 된다. 혹시나 C++이나 그 외 객체지향의 프로그래밍 언어들을 사용해본 경험이 있다면 아마 이 클래스라는 개념이 매우 익숙할 것으로 생각이 된다. 하지만 이러한 경험이 없다고 해도, 클래스라는 것은 그래픽적인 성격에 따른 종류를 정의한 것이며, 객체지향 그래픽 체계에서 각각의 그래픽 요소들은 이 클래스를 기반으로 정의되어 생성된다는 점만 일단 기억해두면 좋을 것이다.

2.1. 객체의 생성 (Creating Objects)

예를 하나 들어보자, 우리가 플롯을 그릴 때 가장 기본이 되는 구성요소는 바로 축(Axis)이다. 2차원 플롯이라면 당연히 X, Y 두 개의 축이 있을 것이다. 그런데 객체지향 그래픽스의 세상에서는 각각의 축이 하나의 객체가 된다. 다음은 X축 하나를 생성하기 위하여 사용되는 IDL 문구이다.

```
myAxis = OBJ_NEW('IDLgrAxis', 0, RANGE=[0, 20])
```

여기서 먼저 주목할 부분은 OBJ_NEW라는 함수와 IDLgrAxis라고 되어 있는 문자열이다. OBJ_NEW 함수는 객체를 생성하는 역할을 한다. 이 때 생성되는 객체가 어떤 클래스에 속하는 것인지를 정의해야 하는데, 여기서 'IDLgrAxis'라는 문자열이 바로 축(Axis)에 해당되는 클래스를 의미한다. 그리고 그 뒤에 붙은 0이라는 값은 생성될 축 객체가 X축이라는 의미를 갖는 인자이며, RANGE 키워드[5]를 사용하여 생성될 X축의 범위를 설정하는 방식이다. 여기서 알 수 있는 것은, Y축을 만들기 위해서는 이에 해당되는 또 하나의 축 객체를 만들어줘야만 한다는 사실이다. 다이렉트 그래픽 체계에서 단순히 PLOT이라는 명령 하나만으로도 그림이 자동적으로 알아서 그려지던 것과 비교하면 상당히 불편하고 번거로운 방식이라 여겨질 것이다. 이렇게 객체지향 그래픽스에서는 우리가 다이렉트 그래픽 체계에서는 신경도 안썼을 아주 세부적인 사항들까지 일일이 다 신경써야 한다는 어려움이 따른다. 이러한 부분이 아무래도 객체지향 그래픽 체계가 어렵게 느껴지는 가장 주된 원인이 될 것 같다. 필자 역시 지금도 이러한 부분이 다소 어렵게(또는 번거롭게) 느껴지기는 마찬가지이다. 하지만 이것은 반드시 겪을 수 밖에 없는 것이며, 나중에 나올 멋진 그래픽 결과물을 생각하면서 이겨내야 할 부분이 아닌가 싶다.

이렇게 생성된 객체는 좌측항에서 정의된 myAxis라는 이름을 갖는데, 조금 깊이 파고들어보면 이 객체가 메모리상에서 차지하고 있는 영역에 대한 이름표라고 보면 된다. 여기서 주목해야 할 사항은, 이렇게 생성된 객체가 바로 시스템의 메모리에 자리를 잡고 상주하게 된다는 사실이다. 이러한 영역을 전문용어로는 힙 변수(heap variable)이라고 부른다. 그런데, 사용자가 인위적으로 이 객체를 제거하지 않으면 언제까지나 계속 상주하면서 메모리를 점유하게 된다는 점을 반드시 유념해야 한다. 만약 구현하고자 하는 그래픽이 많은 객체들을 필요로 할 경우, 필요없는 객체들을 적시에 제거해주지 않으면 예기치않은 시스템 메모리 부족 사태가 벌어질 수도 있다. 증상이 심하지 않으면 동작이 무거워지고 느려지는 정도로 나타나겠지만, 심할 경우 메모리가 차서 다운이 되는 경우가 발생할 수도 있다. 따라서 객체지향 그래픽스에서는 생성된 객체들에 대한 효율적 관리가 필수적이며, 이를 염두에 둔 객체 운용 전략이 필요하다는 점을 꼭 기억해두길 바란다.

---

[5] 객체지향 그래픽 체계에서는 주로 속성(Property)이라고 한다.

2.2. 객체에 대한 조작 (Acting on Objects Using Methods)

생성된 객체는 다양한 방법을 사용하여 여러가지 조작행위들을 적용할 수 있다. 이 때 사용되는 다양한 방법들을 객체지향 그래픽스의 세계에서는 Method라고 표현한다. 이 용어를 우리말로 어떻게 표현하는 것이 가장 적당한 것인지가 상당히 애매해서, 어떤 경우에는 영문 발음 그대로 '메서드'라고 하는 경우도 있고 또는 '명령'이나 '방법'이라고 표현하는 경우도 있다. 그런데 '명령'이라는 용어의 경우는 꼭 객체지향 프로그래밍이 아닌 분야에서도 그냥 단순히 명령문(command)과 같은 의미로 사용되는 경우가 많다. '방법'이라는 용어도 너무 일반적인 명사라서 혼동의 여지가 매우 크다. 따라서 여기서는 다소 어색하긴 하지만 영문 발음을 그대로 따서 그냥 '메서드'라는 용어로 사용하도록 하겠다. 이렇게 하는 것이 혼란을 최대한 줄일 수 있는 방법인 것 같다.

Methods

This class has the following methods:

- IDLgrPlot::Cleanup
- IDLgrPlot::GetCTM
- IDLgrPlot::GetProperty
- IDLgrPlot::GetVertexAttributeData
- IDLgrPlot::Init
- IDLgrPlot::SetProperty
- IDLgrPlot::SetVertexAttributeData

In addition, this class inherits the methods of its superclasses (if any).

그림 2-2-1 플롯(Plot) 객체에 대하여 사용 가능한 메서드들의 목록

이러한 메서드들의 종류는 각 클래스별로 서로 다르다. 예를 들어, 플롯 객체에 대하여 적용 가능한 메서드들의 종류와 모델 객체에 대하여 적용 가능한 메서드들의 종류는 서로 다르다. IDL에서 도움말을 열어서 각 클래스별 설명 내용을 보면, 해당 클래스에 대하여 어떤 메서드들이 존재하는지 일목요연하게 알 수 있다. 그림 2-2-1과 2-2-2는 플롯 객체와 모델 객체에 대하여 사용 가능한 메서드들의 목록을 IDL 도움말에서 찾아본 내용을 캡쳐한 것이다.

Methods

This class has this following methods:

- IDLgrModel::Add
- IDLgrModel::Cleanup
- IDLgrModel::Draw
- IDLgrModel::GetByName
- IDLgrModel::GetCTM
- IDLgrModel::GetProperty
- IDLgrModel::Init
- IDLgrModel::Reset
- IDLgrModel::Rotate
- IDLgrModel::Scale
- IDLgrModel::SetProperty
- IDLgrModel::Translate

In addition, this class inherits the methods of its superclasses (if any).

그림 2-2-2 모델(Model) 객체에 대하여 사용 가능한 메서드들의 목록

그런데, 어떤 객체에 대해서나 공통적으로 존재하는 대표적인 메서드들이 네가지가 있다. 위의 두 메서드 목록에서 공통으로 포함되어 있는 메서드들을 찾아보면 되는데, 바로 Init, Cleanup, GetProperty, SetProperty가 이에 해당된다. 여기서 Init 메서드는 객체를 생성하는 행위를 의미하며, 일종의 개념적 정의일 뿐 그 단어 자체가 그대로 메서드로서 사용되지는 않는다. 앞서 예로 들었던 축 객체를 생성하는 문구의 경우, OBJ_NEW라는 함수를 사용하여 객체를 생성하는 그 행위 자체가 Init이라는 메서드가 된다는 정도로만 이해하면 될 것 같다. Cleanup의 경우는 객체를 제거하는 행위를 의미하며, 같은 이름의 메서드로 또는 OBJ_DESTROY라는 프로시저를 통하여 이루어진다.

그리고 SetProperty, GetProperty의 경우는 그 이름 그대로 사용되는 메서드인데, 상당히 자주 사용되는 개념이다. 아마 다른 프로그래머들이 만든 객체지향 그래픽스 기반의 프로그램 코드들을 들여다보면, 이 두 메서드가 매우 빈번하게 등장하는 것을 볼 수 있을 것이다. 사실 이 두 메서드를 잘 활용하는 것이 바로 객체지향 프로그래밍의 백미이기도 하다. 다음 섹션에서 이에 관한 좀 더 자세한 내용을 살펴보기로 한다.

2.3. 객체의 속성 변경 (Modifying Object Properties)

일단 생성된 객체는 인위적으로 제거되기 전까지는 얼마든지 그 세부 속성에 대한 변경이 가능하다. 각 객체는 클래스별로 다양한 종류의 세부적인 속성들을 갖는다. 이러한 속성들을 객체지향 그래픽스에서는 Property라고 부른다. 앞서 Method라는 용어의 경우는 영문발음을 그대로 우리말로 딴 '메서드'라는 표현을 썼는데, 이 Property는 그냥 '속성'이라는 표현을 써도 별다른 큰 혼란은 없을 것 같아서 이렇게 쓰기로 하겠다.

Properties

Objects of this class have the following properties. See IDLgrAxis Properties for details on individual properties.

- ALL
- ALPHA_CHANNEL
- AM_PM
- ANTIALIAS
- CLIP_PLANES
- COLOR
- CRANGE
- DAYS_OF_WEEK
- DEPTH_TEST_DISABLE
- DEPTH_TEST_FUNCTION
- DEPTH_WRITE_DISABLE
- DIRECTION
- EXACT
- EXTEND
- GRIDSTYLE
- HIDE
- LOCATION
- LOG
- MAJOR
- MINOR
- MONTHS
- NOTEXT
- PALETTE
- PARENT
- RANGE
- REGISTER_PROPERTIES
- SHADER
- SUBTICKLEN
- TEXTALIGNMENTS

그림 2-3-1 축(Axis) 객체에 대하여 정의되어 있는 속성들의 목록

앞서 축 객체를 생성하는 예에서 축의 범위를 RANGE라는 키워드를 통하여 정의했던 것을 상기해보자. 이것도 IDLgrAxis라고 하는 클래스 기반의 객체가 갖는 여러 속성(Property)들 중 하나이다. 이는 마치 다이렉트 그래픽스에서 명령에 부가되어 사용되는 키워드와 같은 역할을 한다고 보면 된다. 그림 2-3-1은 IDLgrAxis 라는 클래스,

즉 축 객체에 대하여 정의되어 있는 속성들의 목록을 IDL 도움말에서 찾아본 것이다. 원래는 더 많은데 중간에서 생략하였다. 그리고 그림 2-3-2는 IDLgrPlot이라는 클래스, 즉 플롯 객체에 대하여 정의된 속성들의 목록을 역시 IDL 도움말에서 찾아본 것으로, 중간 생략을 하지 않은 전체 목록이다.

Properties

Objects of this class have the following properties. See IDLgrPlot Properties for details on individual properties.

• ALL	• ALPHA_CHANNEL
• ANTIALIAS	
• CLIP_PLANES	• COLOR
• DATA	• DATAX
• DATAY	• DEPTH_TEST_DISABLE
• DEPTH_TEST_FUNCTION	• DEPTH_WRITE_DISABLE
• DOUBLE	• HIDE
• HISTOGRAM	• LINESTYLE
• MAX_VALUE	• MIN_VALUE
• NSUM	• PALETTE
• PARENT	• POLAR
• REGISTER_PROPERTIES	• RESET_DATA
• SHADER	• SHARE_DATA
• SYMBOL	• THICK
• USE_ZVALUE	• VERT_COLORS
• XCOORD_CONV	• XRANGE
• YCOORD_CONV	• YRANGE
• ZCOORD_CONV	• ZRANGE
• ZVALUE	

그림 2-3-2 플롯(Plot) 객체에 대하여 정의되어 있는 속성들의 목록

원래 다이렉트 그래픽 체계에서도 그래픽 관련 명령마다 붙여서 사용할 수 있는 키워드들의 갯수는 꽤 많다. 예를 들어, PLOT이라는 명령을 IDL 도움말에서 찾아보면 꽤 많은 키워드들이 존재함을 금방 알 수 있다. 다만 객체 클래스에 대하여 정의된 속성들의 명칭을 보면, 다이렉트 그래픽스에서는 본 적이 없던 생소한 개념의 것들이 많이 있다. 어쨌든 각 클래스별로 정의된 이 많은 속성들을 처음부터 모조리 다 머릿속에 담으려 애쓸 필요는 전혀 없다. 배워가면서 필요한 것들부터 순차적으로 차곡차곡 알아두는 것만으로도 충분하다.

객체지향 그래픽스에서는 각 객체에 대한 속성을 추출하여 알아낸다든지 또는 원하는 다른 값으로 그 특성을 변경하는 것이 즉각적으로 가능하다. 그래서 객체 생성시 정의되었던 속성값을 나중에 다른 값으로 변경하는 것이 얼마든지 가능하고 그 변경 사항은 그 객체에 한해서만 즉각적으로 반영되게 할 수 있다. 이와 같은 작업은 앞의 섹션에서 언급되었던 SetProperty, GetProperty와 같은 메서드를 사용하여 이루어진다.

예를 들어, 이미 생성되어 있는 myAxis라는 객체에 대하여 축의 범위값이라는 속성을 알아내고자 한다면, 다음과 같은 문구를 사용한다.

```
myAxis -> GetProperty, RANGE=rng
```

이와 같이 맨 앞에는 대상이 되는 객체의 이름을 적고, 그 다음에는 마치 화살표처럼 생긴 '->'라는 심볼을 사용한 다음, 사용될 메서드의 이름을 적고, 이 메서드에서 활용 가능한 키워드(속성에 해당되는)를 적어준다. 위의 경우를 보면 myAxis라는 객체로부터 RANGE라는 속성을 추출하여 그 결과를 rng라는 이름의 변수에 저장하라는 의미가 된다. 여기서 사용된 메서드인 GetProperty는 말 그대로 객체로부터 특정 속성을 가져오라는 의미를 갖는다.

그러면 SetProperty는 이와는 반대로, 이미 생성되어 있는 객체의 속성을 다시 변경하고자 할 때 그 변경된 속성을 적용하라는 의미임을 알 수 있다. 이 myAxis라는 객체가 처음에는 [0, 20]이라는 범위를 갖도록 선언되었지만, 마음이 바뀌어서 [-20, 20]이라는 새로운 범위를 갖도록 수정하고자 한다면 다음과 같은 문구를 사용하면 된다.

```
myAxis -> SetProperty, RANGE=[-20, 20]
```

이와 같은 방법을 사용하면, 이미 생성되어 있는 객체에 대해서도 나중에 얼마든지 그 속성을 바꿀 수 있다. 다이렉트 그래픽스에서의 경우를 생각해보면, 이와 같이 축의 속성을 변경하고자 할 때에는 키워드의 값을 바꾸고 그 명령을 다시 실행해야 한다. 아마도 plot 명령에 xrange와 같은 키워드에 주어지는 값을 바꿔야할 것이다. 그러면 그 plot을 처음부터 다시 그리게 되고, 그래야만 속성 변경의 결과가 가시적으로 나타난다. 하지만 Object Graphics의 세계에서는 하나의 속성을 바꾸기 위하여 전체 그림을 다시 그릴 필요가 전혀 없다. 위와 같이 SetProperty 메서드를 사용하면, 해당 속성만 살짝 변경한 모습을 바로 확인할 수 있다.

RANGE

A two-element floating-point vector containing the minimum and maximum data values covered by the axis. The default is [0.0, 1.0]. IDL converts, maintains, and returns this data as double-precision floating-point.

Property Type	Floating-point vector		
Name String	*not displayed*		
Get: Yes	**Set:** Yes	**Init:** Yes	**Registered:** No

그림 2-3-3 플롯(Plot) 객체의 RANGE 속성에 관한 세부 설명내용

다만 한가지 유의할 것은, 각 클래스별 속성들 중에서는 처음 생성시에만 설정이 가능하고 나중에는 변경이 불가능한 속성도 있을 수 있다. 이러한 속성이 어떤 것인지를 확인하려면, IDL 도움말에서 해당 클래스에 관한 내용을 살펴보면 된다. 속성 하나하나에 대한 설명을 IDL 도움말에서 살펴보면, 그림 2-3-3과 같이 항상 Get와 Set이라는 문구 옆에 YES 또는 NO라고 적혀있는 것이 보인다. 따라서 이를 통하여 구분이 가능함을 기억해두자.

2.4. 객체의 제거 (Destroying Objects)

생성해서 목적에 맞게 사용된 객체들은 더 이상 사용될 필요가 없다면 직접 제거해줘야 한다. 이에 관한 필요성은 이미 앞에서 충분히 설명이 되었을 것이다. 특히 객체지향 그래픽스 기반의 작업을 수행하는 IDL 프로그램을 만드는 경우, 프로그램 내에서 필요한 객체들을 생성해서 사용한 후 이들을 제거하는 문구를 넣어야 한다는 사실을 망각하기 쉽다. 예를 들면 다음과 같은 경우이다.

```
PRO my_objects
oPlot = OBJ_NEW('IDLgrPlot', FINDGEN(10))
oXAxis = OBJ_NEW('IDLgrAxis', 0, RANGE=[0, 10])
oYAxis = OBJ_NEW('IDLgrAxis', 1, RANGE=[0, 10])
~~~ (그 외 필요한 작업들 수행에 필요한 문구들)
END
```

이런 프로그램을 짜서 테스트 및 디버깅을 위하여 여러차례 반복해서 실행하다보면, 왠지 모르게 점점 무겁고 느려지는 듯한 느낌이 들 수가 있다. 많은 객체들이 등장하는 프로그램일수록 더욱 그러할 것이다. 이런 현상이 발생하는 이유는, 비록 객체들이 my_objects라는 프로그램내에서 생성되지만, 이 객체들이 점유하던 메모리는 프로그램이 종료된다고 해도 자동으로 알아서 풀리지는 않기 때문이다. 오히려 이 프로그램을 반복 수행할 때마다 객체 생성이 계속 이루어지다보니 점점 더 많은 메모리가 점유되는 바람직하지 못한 상황으로 치닫게 된다.

따라서 프로그램 내에서 이 객체들을 제거하는 문구도 반드시 들어가야만 한다. 이와 같은 역할을 하는 명령이 바로 OBJ_DESTROY이다. 이 명령을 사용하는 방법은 다음과 같이 아주 간단하다. 명령문을 적고 그 뒤에 제거하고자 하는 객체의 이름을 적으면 된다.

```
OBJ_DESTROY, oPlot
OBJ_DESTROY, oXAxis
OBJ_DESTROY, oYAxis
```

이와 같은 문구를 END 전에 어디엔가 꼭 적어줘야만 할 것이다. 그런데 프로그램 내에서 생성된 객체들의 갯수가 꽤 많을 경우, 위와 같은 문구들을 각 객체마다 적어주려면 좀 번거로울 것이다. 그래서 프로그램 종료 직전에 모든 객체들을 한꺼번에 제거하고자 한다면 다음과 같은 표현을 사용하는 것이 효율적이다.

```
OBJ_DESTROY, OBJ_VALID()
```

여기서 OBJ_VALID라는 함수가 사용되었는데, 이 함수는 원래 특정 객체가 메모리상에 존재하는가 아닌가를 판단해주는 역할을 한다. 그리고 OBJ_VALID()는 기존에 메모리상에 존재하는 객체들 전체를 의미한다. 따라서 위와 같은 문구를 사용하면, 기존에 존재하는 어떤 객체든 일거에 박멸해주는 탁월한 효과가 있다고 할 수 있겠다. 물론 이러한 방법이 바람직한 해결책이 아닌 경우도 있다. 예를 들어, 객체지향 기반으로 어떤 그래픽 컨텐츠를 구현해놓은 상태에서 특정한 시간 주기를 갖고 어떤 속성이 변화하도록 해야하는 경우이 그렇다. 어떤 시간단계에서 위와 같이 모든 객체들을 모조리 제거해버리면, 다음 시간단계에서는 아무것도 할 수 없다. 따라서 남겨둬야

할 객체와 제거해야 할 객체를 엄격하게 구분해줘야 한다. 그 외에도 객체를 제거하는데 있어서 유의해야 할 몇 가지 사항들이 더 있는데, 이와 관련된 내용은 차후에 해당 예제들을 소개할 때 다루기로 하겠다.

여하튼간에, 중요한 것은 본인이 생성한 객체는 반드시 본인이 책임지고 제거하는 것을 잊지 않아야 한다는 점이다. 이것은 그 프로그램의 원활한 구동과 깔끔한 마무리를 위하여 반드시 지켜져야만 하는 덕목임을 유념하기 바란다.

3. Object Classes in IDL

IDL에서 사용되는 객체 클래스들

IDL의 객체지향 그래픽 체계에서는 다양한 종류의 클래스들이 정의되어 있다. 통상적으로는 다음과 같이 크게 4개의 카테고리로 나누어진다.

Display Objects

Visualization Objects

Destination Objects

File Format Objects

이와 같은 각 카테고리별로 다양한 클래스들이 존재한다. 먼저 각 클래스의 이름을 붙이는 규칙을 살펴보고, 각각의 클래스에 대해서도 간략하게 소개하도록 한다.

3.1. 클래스의 명명 규칙 (Naming Conventions)

앞서 사용했던 예제들에서 몇몇 클래스들이 이미 언급은 되었다. 이 클래스들의 이름을 보면 뭔가 공통적인 규칙이 있다는 점을 알 수 있다. 그 이름들을 한번 살펴보자.

IDLgrPlot

IDLgrAxis

사실 IDL에서 사용되는 오브젝트 클래스들은 일반적으로 다음과 같은 형태의 이름을 갖도록 정의되어 있다.

IDLxxYyyy

우선 클래스의 이름은 무조건 'IDL'이라는 문자로 시작된다. 그 뒤에 이어지는 xx라는 항목은 기능적인 의미를 담고 있다. 그래픽 객체의 경우 'gr', DB 관련 객체이면 'db'와 같은 문자가 된다. 예제에서 소개되었던 plot, axis 객체의 경우는 모두 그래픽 객체에 해당되므로 중간에 'gr'이라는 문자가 들어가있다. 그리고 그 뒤에 이어지는 Yyyy는 클래스의 이름 자체가 되는데, 앞서 소개된 객체들을 예로 들면 'Plot'이나 'Axis'와 같은 문자가 들어가는 방식이다. 그리고 경우에 따라서는 두가지 이상의 기능을 갖고 있는 클래스도 있는데 이러한 경우에는 중간에 들어가는 xx에 해당되는 문자열은 생략된다. 예를 들면, IDL_Container와 같은 클래스가 이에 해당된다.

그리고 앞서 언급되었던 예제들을 보면, 클래스나 메서드 등을 표기할 때 영문 대소문자가 혼용되는 것을 볼 수 있다. 사실 굳이 이렇게 대소문자를 혼용해서 쓰지 않아도 기능상으로는 아무런 지장은 없다. 즉 클래스 이름을 'IDLgrPlot'이라고 적으나 'idlgrplot'이라고 적으나 똑같은 기능을 하도록 실행이 된다. 다만 이와 같은 대소문자 혼용은 객체지향 프로그래밍 세계에서는 관례처럼 되어 있는 불문율같은 것이라고 보면 된다. 다른 객체지향 언어에서도 이런 방식의 표기법을 쓴다는 것을 아마 경험자들은 다 알 것이다. 그러므로 이러한 암묵적인 규칙은 지켜주는 것이 이쪽 세계에서는 하나의 예의라고 생각하길 권장한다. 그래야 내가 만든 프로그램을 혹시나 다른 사람이 사용해야 할 경우가 오더라도 별다른 혼란이 없이 그 의미가 전달될 것이다.

3.2. 그래픽 구성 관련 객체들 (Display Objects)

앞서 예제에서 소개되었던 객체들은 일종의 하위 그래픽 객체들의 성격을 지닌다. 하지만 이러한 객체들이 실제 디스플레이상에서 제대로 표출되기 위해서는, 이보다 더 윗단계에 있는 일종의 그릇에 해당되는 다소 추상적인듯한 의미의 객체들이 있어서 이 안에 포함되어야만 한다. 이것이 바로 객체들의 계층구조(Hierarchy)라는 개념과 연결이 되는 내용인데, 이에 관한 자세한 내용은 이후에 등장하게 될 'Object Graphics Display Hierarchy'라는 챕터에서 다루기로 한다. 따라서 이 챕터에서는 이 카테고리에 속하는 각각의 클래스에 대한 간략한 소개 정도만 하겠다.

1.Model (IDLgrModel)

모델 객체라는 것은 플롯의 경우를 예로 들면, 선, 축, 제목 등과 같은 개개의 하위 그래픽 객체들을 포함하는 최소한의 묶음 단위라고 할 수 있다. 어떠한 하위 그래픽 객체든지 이러한 모델 객체안에 무조건 포함되어야만 한다. 모델 객체안에 타 모델 객체가 포함되는 경우도 물론 있다. 또한 모델 객체는 3차원 공간상에서의 위치 및 방향을 나타내는 3차원 변환행렬을 자체적으로 내장하고 있다. 이 행렬의 요소값들을 변화시키면, 모델 객체안에 포함되어있는 하위 그래픽 객체들이 보이는 위치와 시선방향이 바뀌게 된다. 만약에 모델 객체안에 또 다른 모델 객체가 존재한다면, 각 모델 객체의 변환행렬이 복합적으로 고려된 위치와 방향으로 보이게 된다.

2.View (IDLgrView)

뷰 객체는 모델 객체를 포함하는 상위 개념의 객체이다. 각종 그래픽 객체들이 존재하게 될 3차원 공간의 크기나 좌표가 이 레벨에서 설정되며, 나중에 윈도우나 Z-Buffer와 같은 디바이스 객체상으로 직접 표출되는 단위가 된다.

3.View Group (IDLgrViewgroup)

여러 개의 뷰 객체들을 포함하는 단순히 묶음 역할을 하는 객체이다. 실제로 사용되는 경우가 그리 많지는 않으나, 하나의 디바이스 객체상에서 다중 표출이 필요한 경우 사용되기도 한다.

4.Scene (IDLgrScene)

뷰 객체나 뷰그룹 객체들을 포함하는 최상위 개념의 객체이다. 만약 구현하고자 하는 그래픽 체계상에서 뷰 객체가 하나뿐이라면 굳이 씬 객체를 만들 필요는 없다. 실제로 다른 예제들을 봐도 씬 객체 단계까지 설정되는 경우는 그리 많지 않은 것으로 알고 있다.

3.3. 개별 그래픽 요소 객체들 (Visualization Objects)

이 카테고리에는 우리가 이미 개념적으로는 익숙한 실제 그래픽 요소들에 해당되는 클래스들이 속해 있다. 앞서 예제들에서 언급되었던 Plot, Axis 객체외에도 Image,

Surface, Polygon, Volume 등 우리 눈에 직접 보이는 구체적인 그래픽 요소들에 대응되는 클래스들이라고 보면 된다. 이 카테고리에 속하는 클래스들은 다음과 같다.

1.Axis (IDLgrAxis)

축(Axis)에 해당되는 객체 클래스이다. 각 방향(X, Y, Z)마다 개별적으로 하나씩 필요하다. 처음 객체지향 그래픽을 공부할 때, 이런 것까지 내가 일일이 만들어줘야 한다는 사실을 알고 경악했던 기억이 새롭다. 하지만 이런 현실을 이해하고 받아들이는 것이 이 모든 과정의 필수코스인 듯 하다. 지금도 작업을 할 때 가장 귀찮은 것이 바로 축 객체를 일일이 만들고 설정해주는 일이긴 하다.

2.Colorbar (IDLgrColorbar)

컬러바(Color Bar)에 해당되는 객체 클래스이다. 일반적으로 필요한 컬러바의 속성들을 대부분 갖고 있다. 사실 컬러바라는 것을 자세히 살펴보면 그 안에 축(Axis), 컬러 이미지(Image), 문자(Text) 등의 개별 그래픽 요소들이 포함되어 있다. 따라서 단일 성격이 아닌 일종의 복합적인 성격을 지닌 객체라 할 수 있다. 다만, 컬러바라는 것이 일반적으로 자주 사용되는 것이기 때문에 아예 하나의 클래스로서 내장되어 있는 경우라고 보면 된다. 뒤에 나올 Legend 객체의 경우도 이와 비슷한 성격이라 할 수 있다.

3.Contour (IDLgrContour)

2차원 자료의 표출에 자주 사용되는 등위선(Contour)에 해당되는 객체 클래스이다.

4.Font (IDLgrFont)

문자열을 표출할 때 사용될 폰트를 지정하는 역할을 하는 객체 클래스이다. 객체지향 그래픽에서는 폰트마저도 하나의 객체 클래스라는 사실을 기억하자.

5.Image (IDLgrImage)

2차원 자료의 표출에 자주 사용되는 영상(Image)에 해당되는 객체 클래스이다.

6.Legend (IDLgrLegend)

다중 플롯에서 각각의 플롯 선의 의미를 설명해주는 표출방식인 범례(Legend)에 해당되는 객체 클래스이다. 앞서 소개된 Colorbar 클래스와 마찬가지로 복합적인 성격을 지닌 객체라 할 수 있겠다.

7.Light (IDLgrLight)

3차원 공간상에서 그래픽 객체의 광원에 해당되는 객체 클래스이다. 이 객체는 존재는 하지만 그 자체는 실제로 우리 눈에 직접 보이지는 않는다. 다만 그 위치에 따라 다른 그래픽 객체들의 명암이나 그림자와 같은 효과를 조절한다. 특히 3차원 폴리곤 객체를 만들어놓고 이 광원 객체의 위치나 방향을 바꿔가며 명암과 그림자가 바뀌는 모습을 보는 것이 꽤 재미있었던 기억이 난다.

8.Palette (IDLgrPalette)

8비트 컬러체계에서의 가시화를 위하여 사용되는 컬러테이블(Color Table)에 해당되는 객체 클래스이다.

9.Pattern (IDLgrPattern)

폴리곤 객체를 구현할 때, 화소별로 색깔을 채우느냐 아니면 비우느냐를 정의하는 패턴(Pattern)이라는 특성에 해당되는 객체 클래스이다.

10.Plot (IDLgrPlot)

플롯 또는 그래프(Plot)에 해당되는 객체 클래스이다. 주의할 점은 자료 자체에 대한 플롯에 해당될 뿐, 축(Axis)과는 별개라는 점이다. 따라서 우리가 흔히 보는 그래프와 같은 형태를 구현하는데 있어서는 번거롭겠지만 플롯 객체와 축 객체를 따로 생성해 주어야 한다.

11.Polygon (IDLgrPolygon)

여러 개의 꼭지점(Vertex)들로 이루어지는 다각형(Polygon)에 해당되는 객체 클래스이다.

12.Polyline (IDLgrPolyline)

여러 개의 꼭지점(Vertex)들이 순서에 따라 이어져서 가시화되는 선(Polyline)에 해당되는 객체 클래스이다.

13.Region of Interest (IDLgrROI)

관심영역(Region Of Interest)에 해당되는 객체 클래스이다. ROI가 여러 개일 경우 이들을 한꺼번에 포함하는 IDLgrROIGroup이라는 클래스도 있다.

14.Surface (IDLgrSurface)

2차원 자료의 표출에 자주 사용되는 면(Surface)에 해당되는 객체 클래스이다.

15.Symbol (IDLgrSymbol)

플롯에서 자주 이용되는 심볼(Symbol)에 해당되는 객체 클래스이다.

16.Tessellator (IDLgrTessellator)

일반적으로 그래픽 가속에 있어서 폴리곤을 처리할 때, 오목하거나(Concave) 안에 구멍이 있는 경우와 같은 복잡한 형태의 폴리곤은 항상 볼록한(Convex) 폴리곤들(일반적으로는 삼각형)의 조합으로 환산되어 처리된다. 이는 OpenGL에서의 특성이며 IDL 역시 OpenGL을 사용하기 때문에 항상 폴리곤을 이렇게 처리한다. 이러한 기법을 Tessellation이라고 하는데 이에 해당되는 객체 클래스이다.

17. Text (IDLgrText)

문자열(String)에 해당되는 객체 클래스이다. 폰트 객체와 함께 사용되는 경우가 많다.

18.Trackball (IDLgrTrackball)

WIDGET_DRAW 함수로 구현된 GUI상의 객체지향 그래픽 윈도우상에서 3차원으로 렌더링된 객체를 마우스로 이동 또는 회전할 수 있도록 해주는 역할을 하는 객체 클래스이다.

19. Volume (IDLgrVolume)

3차원 볼륨(Volume)에 해당되는 객체 클래스이다. 실제 3차원 공간에서 렌더링될 때에는 OpenGL 또는 소프트웨어 가속이 적용된다. 객체지향 그래픽스에서 가장 시스템 리소스를 많이 잡아먹는 객체 클래스라 할 수 있다.

3.4. 그래픽 출력 디바이스 관련 객체들 (Destination Objects)

이 카테고리에는 객체기반의 그래픽 컨텐츠를 실제로 출력하게 될 디바이스와 관련된 클래스들이 속해 있다. 다이렉트 그래픽스의 경우를 보면 그림을 그래픽 윈도우상에 나타낼 것인지, 아니면 Z-Buffer를 사용할 것인지 등을 결정하기 위하여 DEVICE라는 프로시저를 사용한다는 점을 참조하면 이해가 쉬울 것이다. 다음과 같이 이러한 디바이스 각각에 해당되는 클래스가 있다는 사실을 기억하면 된다.

1.Buffer (IDLgrBuffer)

그래픽을 윈도우가 아닌 메모리상으로 보내는 기능인 Z-Buffer의 역할에 해당되는 객체 클래스이다.

2.Clipboard (IDLgrClipboard)

그래픽을 OS상의 Clipboard로 혹은 비트맵이나 벡터 형식의 파일로 전달하는 역할에 해당되는 객체 클래스이다.

3.Printer (IDLgrPrinter)

그래픽을 프린터로 전달하는 역할을 하는 객체 클래스이다.

4.Window (IDLgrWindow)

그래픽을 화면상의 윈도우에 전달하는 역할을 하는 객체 클래스이다. 아무래도 가장 많이 사용된다.

객체지향 그래픽스에서는 일단 구현된 그래픽 컨텐츠가 있다면, 이를 원하는 디바이스에 바로 보낼 수가 있다. 다이렉트 그래픽스에서는 디바이스를 바꿔서 출력하려면 그림 그리는 과정을 처음부터 다시 반복해줘야하는 것과는 대조적이다. 이와 같은 작업을 할 때 사용되는 메서드가 Draw이다. 구현된 뷰 객체에 대하여 이 메서드를 적용하면 해당 디바이스로 그래픽 컨텐츠가 전달된다. 이러한 예제는 이제 앞으로 자주 접하게 될 것이다.

3.5. 파일 형식 관련 객체들 (File Format Objects)

이 카테고리에는 다양한 파일 형식으로 된 파일들에 대한 접근을 도와주는 클래스들이 속해 있다. 단 이러한 객체들의 경우 이름의 중간에 'gr'이라는 문자열 대신, file format이란 의미의 'ff'라는 문자열이 들어간다. 또한 그냥 'gr'이 들어가는 경우도 있음을 유의한다. 어차피 파일 형식별로만 분류되어 있으므로 각 클래스에 대한 세세한 설명은 생략하기로 한다.

1.Dicom (IDLffDicom)

2.DXF (IDLffDXF)

3.JPEG2000 (IDLffJPEG2000)

4.Language Catalogs (IDLffLangCat)

5.Motion JPEG2000 (IDLffMJPEG2000)

6.MrSID (IDLffMrSID)

7.MPEG (IDLgrMPEG)

8.Shape File (IDLffShape)

9.VRML (IDLgrVRML)

10.XML (IDLgrXML)

4. Object Graphics Display Hierarchy

객체지향 그래픽 체계에서의 계층구조

앞서 잠시 언급했듯이, 모든 그래픽 객체들은 전체적으로 하나의 거대한 계층구조(Hierarchy)를 가지며, 각 객체들은 특성에 따라 계층구조상의 특정 단계에 속하게 된다. 이러한 계층구조를 구성하는 핵심이 되는 객체들이 바로 앞서 소개되었던 그래픽 구성 관련 객체들(Display Objects)이다. 이러한 객체들은 다른 종류의 객체들을 포함할 수 있는 특성을 갖고 있다. 이러한 계층구조를 먼저 이해하는 것이 객체지향 그래픽 체계에서 뭔가 그래픽적인 결과물을 만들어가는데 있어서 가장 필수적인 과정이라 할 수 있다.

4.1. 계층구조의 개요

우선 계층구조의 예를 그림으로 나타내면 그림 4-1-1과 같다. 이 그림을 보면 4개의 하위레벨 그래픽 객체(Graphic Atom)들이 있고, 이들은 3개의 모델 객체(Model Object)에 소속되어 있다. 하나의 모델 객체안에는 여러 개의 그래픽 객체들이 들어갈 수 있다. 그리고 이 3개의 모델 객체들은 두 개의 뷰 객체(View Object)에 속해있으며, 이 둘은 결국 하나의 씬 객체(Scene Object)에 속해있는 것을 볼 수 있다. 여기서 각 객체 종류별로 어떤 지위를 갖고 있는지를 확인해두는 것이 중요하다.

이와 같은 계층구조를 갖게 되면, 상위레벨의 객체에 대하여 가해진 변경사항이 이에 속한 하위레벨 개체들 모두에게 한꺼번에 적용된다. 예를 들어, 그림의 왼쪽 윗부분에 두 개의 그래픽 객체를 보유한 모델 객체의 시선방향을 바꾸게 되면, 그 변동사항은 소속된 두 그래픽 객체 모두에게 동일하게 적용된다. 그리고 씬 객체를 윈도우나 프린터 객체로 부르게 되면, 이에 속한 모든 하위레벨 객체들이 해당 그래픽 디바이스로 출력된다.

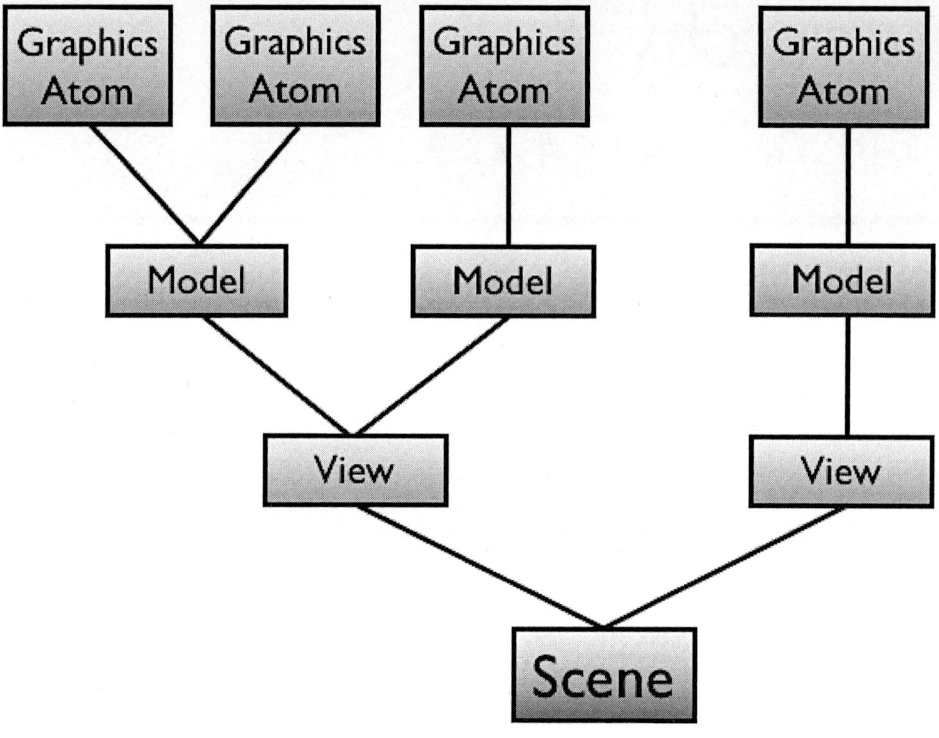

그림 4-1-1 객체지향 그래픽 체계에서 객체들간의 계층구조의 예[C]

필자의 경험으로는 통상적으로는 씬 객체의 단계까지는 구현을 잘 안하고, 주로 뷰 객체 수준까지만 구현하는 경우가 많다. 그래서 객체지향 그래픽스에서 하나의 플롯을 그린다고 하면, 플롯, X축, Y축 등의 개별 그래픽 객체들을 생성하여 이들을 하나의 모델 객체에 넣고, 이 모델 객체는 그 상위의 뷰 객체에 포함되도록 한 다음, 이 뷰 객체가 윈도우 객체로 나타나게끔 작업을 하는 경우가 일반적이다. 그래픽 객체의 수가 아주 많고 복잡한 작업이 아닌 한은 이와 같은 방식만으로도 충분하다.

4.2. 계층구조상의 구성요소들

그러면 계층구조를 이루는 구성요소들에는 어떤 것들이 있으며, 각각의 역할은 무엇인지 살펴보기로 한다. 이전 챕터에서 소개된 그래픽 구성 관련 객체들(Display Objects)에 대한 내용과 약간 겹치는 부분도 다소 있겠지만, 주로 계층구조상에서의 역할에 관한 내용임을 감안하기 바란다.

1. Scenes

IDLgrScene 클래스에 해당되는 씬 객체는 다른 모든 그래픽 객체들을 포함할 수 있는 최상위 레벨 객체이다. 이 클래스의 메서드인 Add와 Remove를 이용하여 뷰 객체나 뷰그룹 객체들을 씬 객체에 포함시키거나 씬 객체로부터 삭제할 수 있다. 그리고 디바이스 객체 클래스의 Draw 메서드에 대한 인자로 들어감으로써, 해당 그래픽 디바이스상에서 출력될 수 있다. 만약 구현된 그래픽 컨텐츠에 씬 객체가 들어가 있다면 그 자체가 계층구조상의 최상위 레벨이 될 것이다. 하지만 뷰 객체가 하나일 경우에는 굳이 씬 객체가 필요가 없기 때문에, 이 때에는 뷰 객체가 최상위가 된다. 실제로는 이러한 경우가 더 일반적이므로, 씬 객체를 볼 일이 그리 많지는 않을 것 같다.

2. Viewgroups

IDLgrViewgroup 클래스에 해당되는 뷰그룹 객체는 씬 객체와 마찬가지로 뷰 객체를 비롯한 다른 그래픽 객체들을 포함할 수 있다. 그러나 뷰그룹 객체는 기본적으로 씬 객체에 포함이 되어야 하므로, 계층구조상에서 최상위 레벨이 되지는 않는다. 다만 뷰 객체와 마찬가지로 디바이스 객체 클래스의 Draw 메서드에 대한 인자가 될 수는 있다.

3. Views

IDLgrView 클래스인 뷰 객체는 모델 객체들을 포함하는 역할을 하며 그 자체로 최상위 레벨이 될 수 있다. 이 클래스의 메서드인 Add를 이용하여 모델 객체들을 뷰 객체에 포함시킬 수 있다. 그리고 디바이스 객체 클래스의 Draw 메서드에 대한 인자로 들어감으로써, 해당 그래픽 디바이스상에서 출력될 수 있다. 뷰 객체는 앞서 언급된 씬 객체나 뷰그룹 객체와는 달리 계층구조에 있어서 항상 필수적인 존재이므로, 어떤 경우에든 이 뷰 객체가 없는 경우는 절대 없을 것이다. 따라서 이 클래스의 특성은 잘 파악해놓을 필요가 있다.

4. Models

IDLgrModel 클래스인 모델 객체는 하위레벨의 그래픽 객체들이나 또 다른 모델 객체들만을 포함할 수 있다. 모델 객체에는 변환행렬(Transformation Matrix)이라고 하는 속성이 항상 주어진다. 이는 객체지향 그래픽스가 구현되는 3차원 공간상에서 그래픽 객체의 시선방향, 크기배율, 변위 등을 나타내며, 모델 객체안에 포함된 하위 그래픽 객체들 모두에게 일괄적으로 적용된다. 이 클래스의 메서드인 Add를 이용하여 하위 그래픽 객체들을 모델 객체에 포함시킬 수 있다. 그 외에 Rotate, Scale, Translate와 같은 메서드들을 사용하여 변환행렬을 직접 컨트롤한다. 이에 관한 좀 더 자세한 내용은 이후에 소개될 예정이다.

5. Atomic Graphic Objects

최하위 레벨에 해당되는 가장 기본적인 그래픽 객체들로서 IDLgrAxis, IDLgrPlot, IDLgrContour, IDLgrImage 등등 개별 하위레벨의 그래픽 객체들 여럿이 모여 하나의 모델 객체에 속하게 된다.

6. Attribute Objects

Attribute 객체란 일반적인 객체지향 그래픽스에서 사용은 되지만, 그 자체가 직접 그래픽 체계상에서 구현되어 우리의 눈에 보이는 성격의 것은 아니다. 따라서 모델 객체안에 직접적으로 포함되지는 않는다. 하지만 모델 객체에 포함되는 개별 그래픽 객체들의 속성을 결정하는 역할을 하는 추상적인 의미의 객체로서, IDLgrFont, IDLgrPalette, IDLgrPattern, IDLgrSymbol과 같은 클래스들이 이러한 범주에 속한다. 예를 들어, 문자열에 해당되는 클래스인 IDLgrText의 경우, 그 속성들 중 FONT라는 것이 있다. 물론 문자열의 폰트를 지정하는 속성이며, 이를 설정하기 위해서는 폰트 자체도 IDLgrFont라는 클래스로 생성된 객체의 형태로 속성이 부여되어야 한다. 하지만 이 폰트 객체 자체는 모델 객체에 포함되지는 않는다[6].

7. Helper Objects

Helper 객체는 그 자체가 직접 모델이나 뷰에 포함되지도 않고, 어떤 특정 객체의 속성으로 부여되지도 않는다. 그러나 구현될 그래픽 체계상에서 뭔가 보조적인 역할을 수행하는 객체로서, IDLgrTessellator, Trackball과 같은 클래스들이 이러한 범주에 속한다. 이에 관한 자세한 내용은 추후 실제 예제들을 통하여 소개하도록 한다.

4.3. 렌더링(Rendering) 과정

렌더링이라는 것은 객체지향 그래픽스에서 그래픽 컨텐츠를 실제로 구현하여 우리 눈에 보이도록 나타내는 과정을 말한다. 이는 그래픽 컨텐츠가 출력될 디바이스에 해당되는 객체에 대하여 Draw라는 메서드를 적용함으로써 이루어진다. Draw 메서드의 인자는 계층구조에 있어서 최상위 레벨에 해당되는 객체가 되어야 한다. 예를 들어, 구현될 그래픽이 다음과 같은 계층구조를 갖고 있다고 가정해보자.

```
oWindow = OBJ_NEW('IDLgrWindow')
oView = OBJ_NEW('IDLgrView')
oModel = OBJ_NEW('IDLgrModel)
oView -> Add, oModel
oXAxis = OBJ_NEW('IDLgrAxis', 0)
oModel -> Add, oXAxis
oYAxis = OBJ_NEW('IDLgrAxis', 1)
oModel -> Add, oYAxis
```

이렇게 구현된 뷰 객체 및 그에 속한 하위 그래픽 객체들이 실제로 눈에 보이도록 그래픽 윈도우상에서 그려지게 하려면, 윈도우 객체에 대하여 Draw 메서드를 사용하되 그 인자는 뷰 객체로 설정하여 다음과 같이 해주면 된다.

```
oWindow -> Draw, oView
```

---

6 따라서 나중에 텍스트 객체를 제거하더라도 이 폰트 객체는 그대로 살아있다. 결국 폰트 객체는 따로 또 제거해줘야 한다.

단 한 줄의 간단한 명령처럼 보이지만 실제 내부적으로는 꽤 여러 단계를 거쳐 실행이 된다. 먼저 윈도우 객체에 대한 기본적인 설정을 마친 다음, 뷰 객체에 대하여 Draw 메서드가 수행되도록 한다. 그러면 뷰 객체에 대한 기본적인 작업, 즉 여기서는 뷰 객체에 대하여 정해진 바탕 화면 색상으로 그래픽 영역을 한번 지워주는(Erase) 작업이 수행된다. 이렇게 화면을 한번 정리한 다음에서야 하위 그래픽 객체들을 그리는 작업으로 넘어간다. 이 예제에서는 oXAxis, oYAxis 두 개의 하위 그래픽 객체들이 존재하는데, 구현된 순서에 따라서 oXAxis가 먼저 그려지고 그 뒤에 oYAxis가 그려진다. 그림 4-3-1은 이러한 과정을 거쳐 얻어지는 결과를 보여준다.

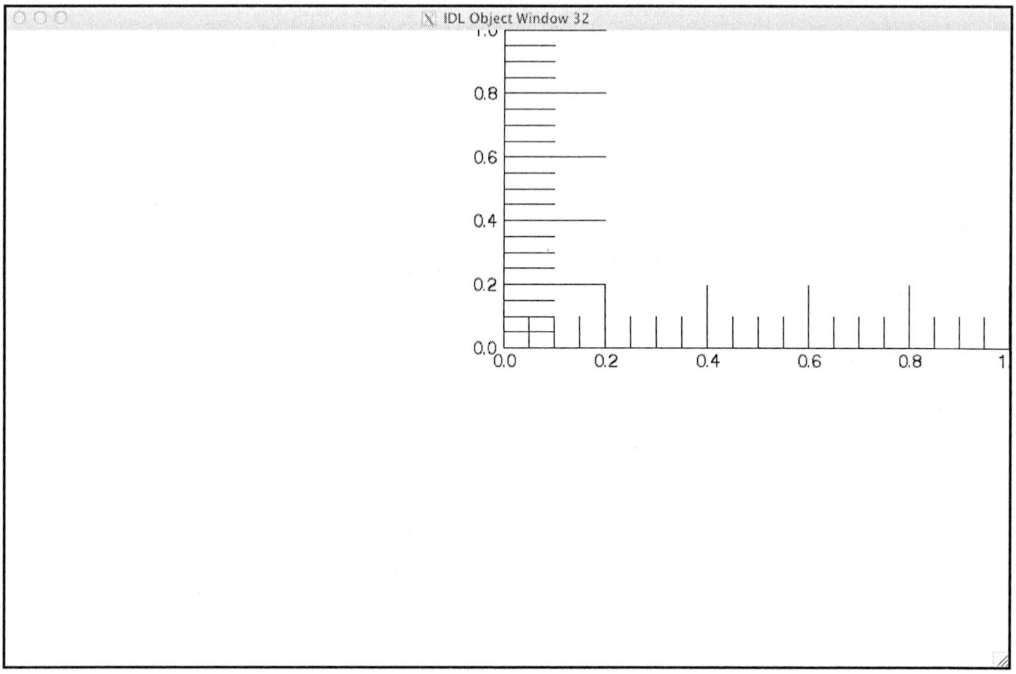

그림 4-3-1 X, Y 두 개의 축 객체들이 렌더링된 예제

어쨌든 객체지향 그래픽 체계에서는 이와 같은 여러 단계의 과정들을 거치면서 실제로 우리 눈에 보이도록 그래픽이 구현된다. 특히 하위 그래픽 객체들이 구현될 때에는, 프로그램상에서의 순서가 실제 구현 순서라는 점을 염두에 둘 필요가 있다. 이와 같은 순서가 실제 구현된 그래픽상에서의 시각적인 차이를 줄 수도 있기 때문이다.

이러한 구현 순서는 Move라는 메서드를 사용해서 나중에 인위적으로 바꿀 수도 있다.

4.4. 간단한 플롯 예제

다음의 예제 코드를 통하여 객체지향 그래픽스에서 간단한 플롯을 한번 그려보도록 하자. 앞서 한번 언급하였듯이, 다이렉트 그래픽스에서 가능했던 IDL 커맨드 입력창에서의 한 줄씩 입력하는 방식보다는, 하나의 완성된 프로시저의 형태를 갖도록 하는 것이 바람직하다. 하지만 지금은 아주 간단한 예제이므로 그냥 IDL의 커맨드 입력창에서 한 줄씩 입력하여 그냥 맛을 본다는 느낌으로 실행해보기 바란다. 2차원 플롯의 기본형태만을 그리되, 그 외 축, 텍스트 등의 요소들은 일단 모두 생략하였다. 그리고 뷰 객체를 생성할 때 VIEWPLANE_RECT와 같은 생소한 속성이 등장하는데, 이 속성에 관한 내용은 어차피 다음 챕터에서 자세히 다룰 것이므로 세부설명은 생략하고 진행해보도록 한다.

```
oView = OBJ_NEW('IDLgrView', VIEWPLANE_RECT=[0, -1, 100, 2])
```

이와 같이 먼저 뷰 객체를 생성하되, 좌표체계가 (0, -1)을 원점으로 하고 X방향 및 Y방향 크기가 각각 100과 2가 되도록 한다.

```
oModel = OBJ_NEW('IDLgrModel')
```

모델 객체를 생성한다.

```
oPlot = OBJ_NEW('IDLgrPlot', SIN(FINDGEN(100)/10))
```

사인 곡선 형태의 plot 객체를 생성한다.

```
oWindow = OBJ_NEW('IDLgrWindow')
```

윈도우 객체를 생성한다.

```
oModel -> Add, oPlot
```

플롯 객체를 모델 객체에 삽입한다.

```
oView -> Add, oModel
```

모델 객체를 뷰 객체에 삽입한다.

```
oWindow -> Draw, oView
```

뷰 객체가 윈도우 객체를 통해 나타나도록 렌더링(rendering)을 해준다.

이와 같은 과정을 제대로 거쳤다면 그림 4-4-1과 같이 사인 형태의 곡선만 달랑 그려진 좀 허전한 느낌의 플롯을 보게 될 것이다. 그렇다고 너무 허전해하지는 말자. 첫 걸음이란 다 이런 것이다.

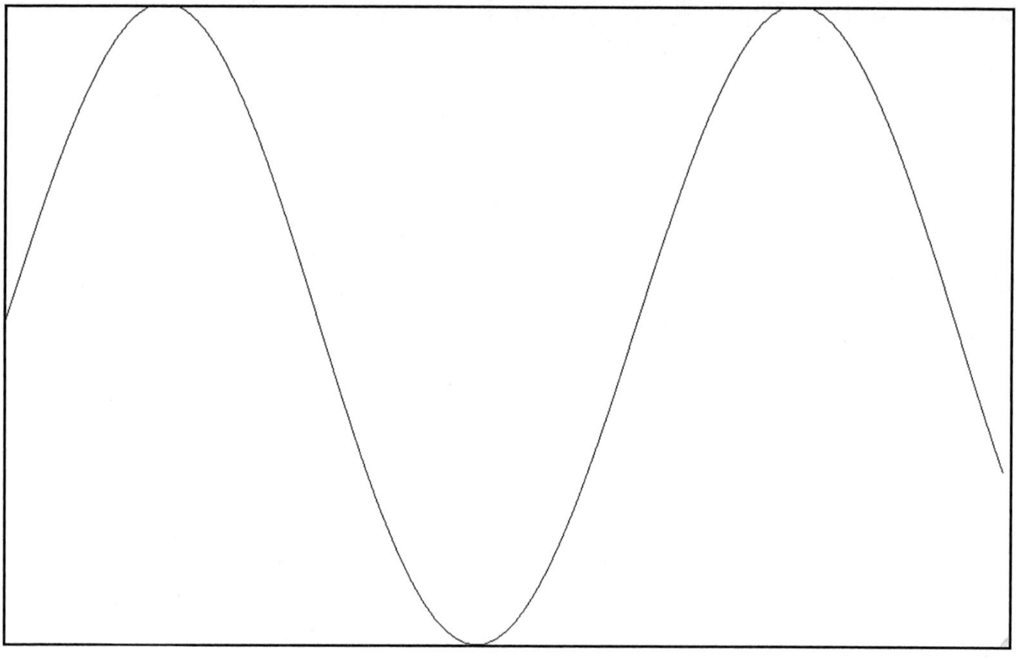

그림 4-4-1 혼자 덩그러니 구현되어 고독해 보이는 플롯(Plot) 객체의 예

그리고 허전하다고 해서 여기서 다 끝내지는 말자. 생성했던 객체들은 아직 메모리상에 상주하고 있다. 현재 존재하고 있는 윈도우를 끄고(X버튼을 눌러서) 다음과 명령을 다시 실행하여 새 윈도우를 다시 띄워보자.

```
oWindow = OBJ_NEW('IDLgrWindow')
```

그리고, 다음 명령을 다시 실행해보면 그림이 다시 나타날 것이다. 이것은 아까 구현했던 객체들이 아직도 메모리상에 존재하기 때문에, 그저 Draw 메서드를 또 사용하는 것만으로 바로 다시 모습을 드러내는 것이다.

```
oWindow -> Draw, oView
```

일반적으로 기존의 다이렉트 그래픽 체계하에서 작업을 할 경우였다면, plot명령부터 시작되는 일련의 과정들을 다시 반복해줘야 그림이 나타났을 것이지만, 여기서는 눈에 안보인다고 해서 진짜 사라진 것이 절대 아님을 기억해야 한다. 이제는 정말 제대로 작업을 종결하려면 다음과 같은 명령을 사용하여 필요없는 객체들을 모두 직접 제거해줘야한다는 점을 잊어서는 안된다.

```
OBJ_DESTROY, oWindow
```

윈도우 객체를 메모리상에서 제거한다.

```
OBJ_DESTROY, oView
```

뷰 객체를 메모리상에서 제거한다. 이 때 뷰 객체에 포함된 하위 객체들까지 한꺼번에 제거된다. 뷰 객체와 윈도우 객체를 따로 생각해줘야함을 유의한다. 객체의 종류에 상관없이 지금 존재하는 객체들 모두를 한꺼번에 제거해도 된다면, 다음과 같은 명령을 사용해도 무방하다.

```
OBJ_DESTROY, OBJ_VALID()
```

5. Positioning Objects

객체의 위치 지정

초반부에 다이렉트 그래픽 체계와 객체지향 그래픽 체계의 차이점들을 여러가지 소개를 하였는데, 실제로 객체지향 그래픽스 작업을 해보기 시작하면서 첫번째로 부딪치는 난관이 바로 이 장에서 다룰 객체의 위치 지정 문제이다. 사실 계층구조와 같은 개념은 처음엔 생소하지만 그렇다고 해서 아주 머리가 아플 정도의 내용은 아닐 것이다. 하지만 이 장에서 소개할 객체의 위치, 좌표 등에 관한 문제는 조금 더 복잡하게 느껴질 것으로 생각된다.

이 부분이 사실 객체지향 그래픽스의 세계에 들어오는데 있어서 첫번째 난관이 될 것이다. 필자 역시 이러한 내용을 처음 접할 당시, 내가 그동안 다이렉트 그래픽스의 세상에서는 참 행복하게 살았던 것이라는 느낌이 들었다. 앞서 플롯을 구현할 때 축을 따로 구현해줘야한다는 것을 처음 알았을 때보다 더 냉혹한 현실이 기다리고 있었던 것이다. 다이렉트 그래픽 체계에서와는 달리 이 세계에서는 구현할 그래픽 객체의 크기나 위치 등을 자동적으로 알아서 지정해주질 않는다. 우선 다음과 같은 세가지의 가장 기본적인 요소들을 먼저 고려해야 한다.

5.1. 기본개념

먼저 객체의 위치 지정과 관련하여 가장 기본적으로 알아둬야 할 개념들부터 알아보기로 한다.

1. 뷰포트(Viewport)

이것은 말 그대로 뷰(View), 즉 그래픽이 구현될 시각적 영역과 관련된 것이다. 그래픽이 구현될 영역의 크기, 투영법(Projection), 관찰자의 시선 등과 같은 세부사항들이 이에 해당된다. 이러한 세부사항들은 결국은 뷰 객체, 즉 IDLgrView 클래스 객체의 각종 속성들(Properties)이 된다.

2. 위치(Location)

이것은 그래픽 영역내에서의 객체의 위치를 뜻한다. 세부적으로는 그래픽 객체를 영역내에서 이동(Translation), 회전(Rotation) 및 확대/축소(Scaling)시키는 작업들이 이에 해당된다. 단 이러한 위치조정의 대상은 개개의 그래픽 객체가 아니라, 이들을 포함하는 상위 개념의 단위인 모델 객체, 즉 IDLgrModel 클래스 객체라는 점을 일단 기억해두자. 뷰포트와 위치는 서로 독립적인 개념이어서, 어떤 모델 객체의 위치를 한 방향으로 계속 이동시키다보면 뷰포트를 벗어나서 우리 눈에 안보일 수도 있다. 또는 모델 객체를 너무 크게 확대시키면 그래픽이 깨져보이는 듯한 경우가 생길 수도 있다.

3. 좌표계(Coordinate Systems and Scaling)

IDL에서는 좌표계의 종류가 크게 data, device, normal 세가지로 구분된다는 사실을 기억할 것이다. 이러한 체계는 객체지향 그래픽스에서도 동일하게 적용된다. 그래서 이들 중 어떤 좌표계를 사용할 것인가를 사용자가 결정한다. 단, 개별 그래픽 객체와 이를 포함하는 모델 또는 뷰 객체는 같은 좌표계를 사용하도록 해야한다는 점을 일단 유념하도록 하자.

이와 같이 세가지 기본적인 요소들에 대하여 대략적으로 살펴보았으므로, 이제부터는 각 요소에 대한 좀 더 세부적인 내용으로 들어가보기로 한다.

5.2. 뷰포트(Viewport)

객체지향 그래픽스에서 원하는 그래픽을 구현하는데 있어서 첫번째 단계는, 그래픽 객체들이 구현될 바탕이 되는 영역을 설정하는 것이다. 다이렉트 그래픽스에서는 이러한 영역이 기본적으로 2차원이었다면, 객체지향 그래픽스에서는 무조건 3차원 공간이 된다. 하나의 육면체, 즉 큐브(Cube)라고 생각하면 편할 것이다. 이 큐브 자체를 바로 뷰포트(Viewport)라고 하며, 이 뷰포트의 위치와 크기를 가장 먼저 결정해주어야 한다. 이는 뷰 객체를 생성할 때 Location 및 Dimension이라는 키워드를 사용함으로써 이루어진다. 물론 이 키워드는 바로 뷰 객체의 속성(Property)에 해당됨은 당연한 사실이다. 다음 예제를 한번 살펴보자.

```
myView = OBJ_NEW('IDLgrView', LOCATION=[100, 100], $
  DIMENSIONS=[300, 200])
```

여기서 OBJ_NEW라는 함수가 사용된 것을 보면, 뷰 객체를 생성하기 위한 문구라는 것은 금방 알 수 있을 것이다. 여기서는 가로 및 세로 방향으로 300 및 200의 크기를 갖고, 왼쪽 최하단의 원점이 (100, 100)이라는 좌표값으로 설정된 직사각형 형태의 뷰 객체를 만들었다. 물론 이것은 뷰포트를 2차원으로 투영하여 볼 때의 얘기이다. 관찰자의 시선에 해당되는 Z방향과 관련된 내용은 뒤에 소개된다. 참고로, 이 좌표값들의 단위는 기본적으로는 화소(Pixel)가 된다.

```
myView -> SetProperty, LOCATION=[0, 0], DIMENSIONS=[200, 200]
```

이와 같이 이미 생성된 뷰 객체의 속성들은 SetProperty 메서드를 사용하여 나중에 변경할 수도 있다. 여기서는 가로 및 세로 방향으로 200 및 200의 크기를 갖고, 원점의 좌표가 (0, 0)이 되도록 뷰 객체의 속성이 변경되었다.

그러면, 그림을 통하여 이러한 개념을 도식적으로 이해해보도록 하자. 먼저 그림 5-2-1은 위에서 myView라는 뷰 객체를 처음 생성할 때 뷰포트의 위치를 나타낸다. 이러한 뷰 객체는 그래픽 디바이스에 해당되는 객체상에 구현된다. 이러한 디바이스 객체는 윈도우, Z-buffer, 프린터 등에 해당되는 객체임을 이미 설명한 바 있다. 어떻게 위치가 정의되는가를 유념하도록 하자. 그리고 그림 5-2-2는 앞서 SetProperty 메서드를 사용하여 위치 관련 속성인 LOCATION에 변경을 가한 상태에 해당된다.

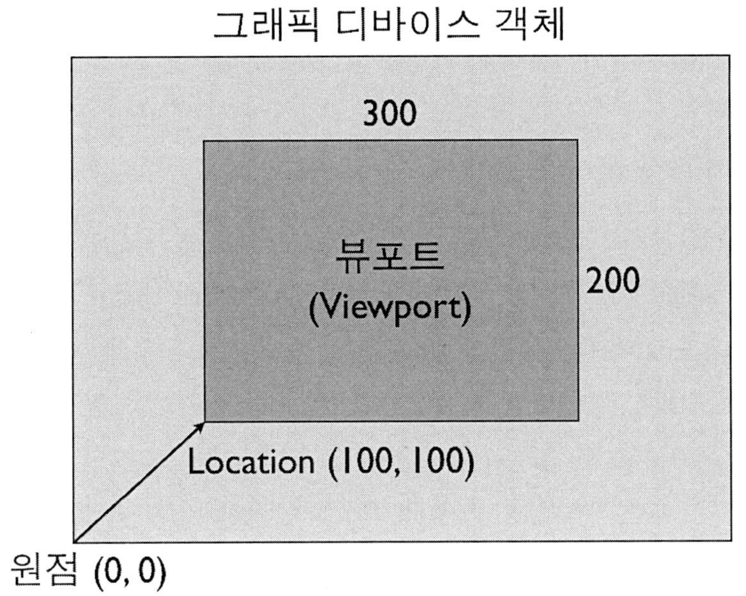

그림 5-2-1 뷰 객체를 처음 생성시 (100, 100)이란 좌표에 위치한 모습

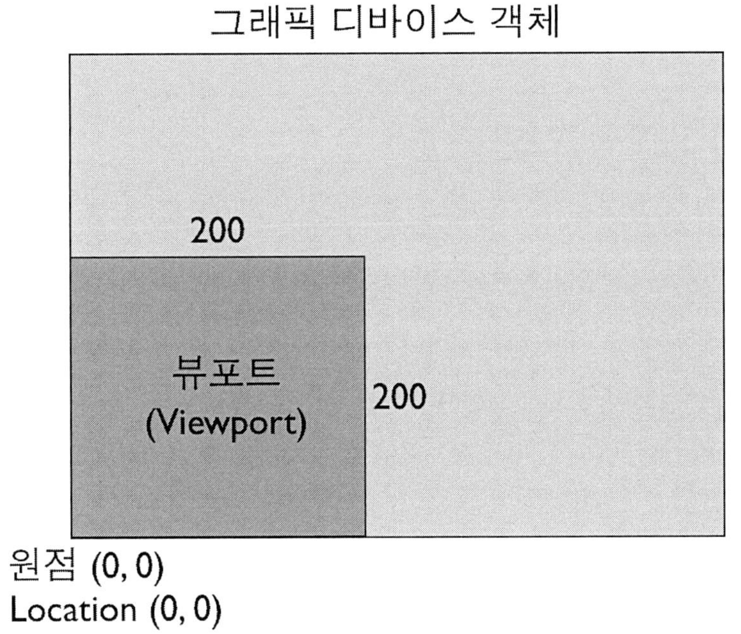

그림 5-2-2 SetProperty 메서드를 사용하여 뷰 객체의 위치를 (0, 0)이란 좌표로 변경한 모습

따라서 이 두 그림의 비교를 통하여 그래픽 디바이스 객체상에서 뷰 객체의 위치가 어떻게 결정되는가를 도식적으로 이해할 수 있을 것이다.

5.3. 투영(Projection)

앞서 뷰포트에 관한 설명을 통하여, 뷰포트라는 것은 3차원 공간상에 존재하는 하나의 큐브와 같다는 것을 확인하였다. 물론 앞의 섹션에서 설명한 내용은 마치 2차원 공간상의 평면이라는 관점에서만 본 것이 사실이다. 즉, 큐브를 정면에서 바라보면 2차원적인 평면만이 보이기 때문이다. 하지만, 이러한 3차원 공간상의 뷰포트라는 큐브를 우리가 정면에서 바라보게 될 때, 어떠한 모습으로 보이게 될 것인가를 결정하는 요소가 바로 이 투영 또는 투영법(Projection)이라 할 수 있다. 3차원 공간상의 위치를 2차원 평면상의 위치로 변환하는 것이다. 어차피 사람의 눈은 3차원 개체를 본다고 하더라도 일단 2차원 평면상에 투영된 모습으로 인식하여 보기 때문이다. 대략적으로는 마치 미술에서 얘기하는 원근법과 비슷한 개념이라고 이해하면 되겠다. IDL에서는 평행(Parallel) 및 원근(Perspective) 두 종류의 투영법이 있다. 그러면 각각의 투영법에 대하여 차례로 살펴보기로 한다.

1. 평행 투영 (Parallel Projection)

다음 그림 5-3-1과 같이 평행광선을 따라 투영하는 방법을 뜻한다. 이 경우, 크기는 같으나 시선상의 위치가 서로 다른 두 객체는 2차원 평면상에서는 같은 크기(W)로 그려지는 것을 볼 수 있다.

뷰 객체를 처음 생성하면 별도의 설정이 없을 경우 기본적으로 이와 같은 투영법을 사용하도록 되어있다. 만약 이 설정을 직접 해주고자 한다면 다음과 같이 SetProperty 메서드에서 PROJECTION이라는 속성에 1이란 값을 부여하면 된다. 물론 이 값이 기본값이다.

```
myView -> SetProperty, PROJECTION=1
```

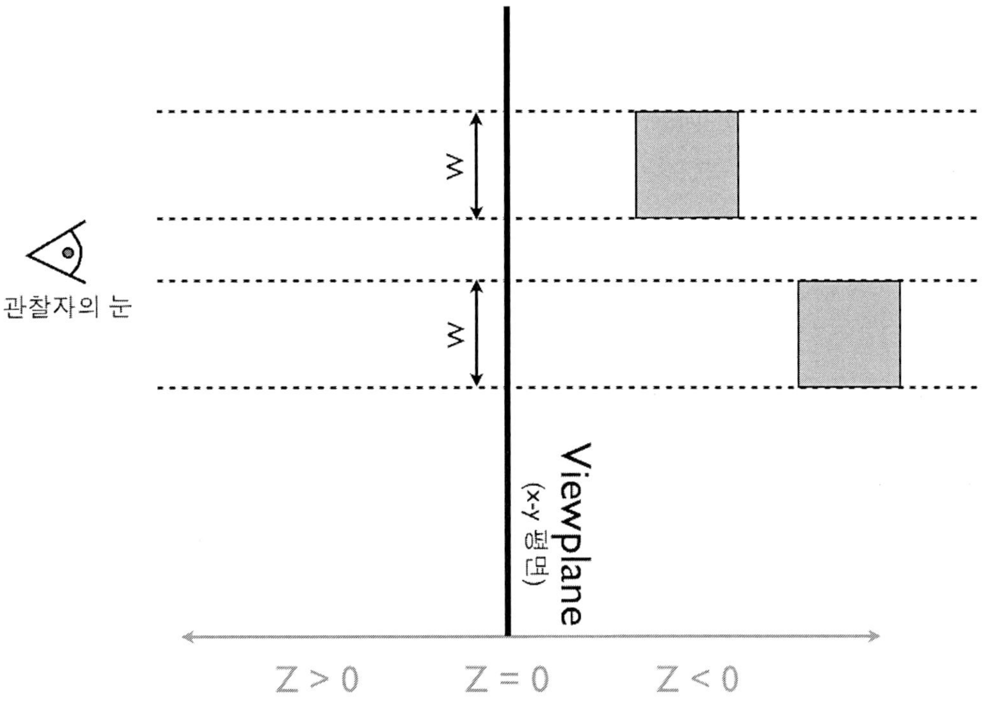

그림 5-3-1 평행 투영의 원리

2. 원근 투영 (Perspective Projection)

그림 5-3-2와 같이 관찰자의 눈을 중심으로 하여 방사상으로 퍼져나가는 광선을 따라 투영하는 방법을 뜻한다. 이 경우, 멀리 있는 객체일수록 2차원 평면상에서 더 작게 보이는 효과가 나타난다. 따라서 이 그림에서는 두 객체의 크기가 서로 다르게(W1, W2) 보이는 것이다. 이 투영법을 사용하려면 다음과 같이 PROJECTION 속성에 2라는 값을 부여하면 된다.

```
myView -> SetProperty, PROJECTION=2
```

참고로, 뷰 평면(Viewplane)이라는 것은 3차원 공간상의 객체가 투영되어 나타나는 평면을 뜻하며, 이 평면상에서 X 및 Y 축이 존재한다. 즉 앞서 소개된 뷰포트가 존재하는 평면이라고 볼 수 있다. 그리고, 관찰자의 눈으로부터 이 뷰 평면을 수직으로 통과하는 시선방향이 바로 3차원 공간상의 Z축이 된다. 뷰 평면을 가로지르는 부분이 바로 기준이 되며(좌표값이 0), 이보다 앞이면 (+)가 되고 뒤면 (-)가 된다는 사실을 잘 기억해두자.

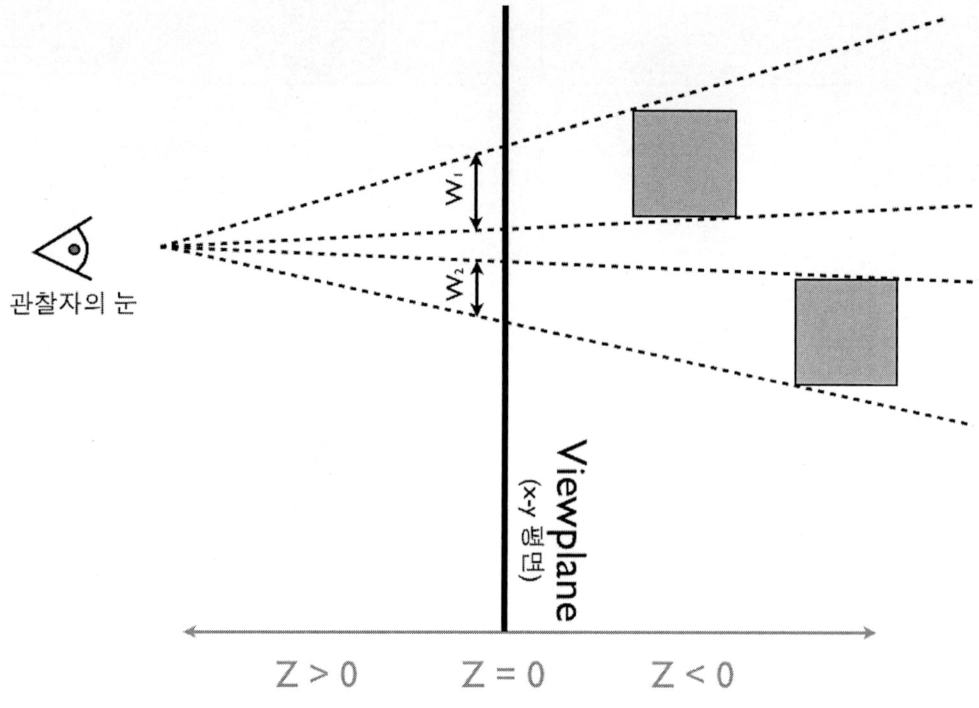

그림 5-3-2 원근 투영의 원리

소개된 두 투영법 중 어느 것을 사용하는 것이 좋을지는 상황에 따라 다르다. 구현될 그래픽 결과물에서 관찰자의 눈으로부터 객체까지의 거리가 얼마나 중요한 요소가 되느냐가 사용될 투영법을 결정하는 관건이 될 것이다.

5.4. 눈의 위치(Eye Position)

이는 앞서 투영법에 관한 내용에서 보았던 '관찰자의 눈'의 위치가 Z축상에서 어디가 되느냐를 나타내는 값을 뜻한다. 다음 그림 5-4-1에서 보는 것처럼, 뷰 평면을 기준으로 하여 Z좌표의 값이 (+) 또는 (-)가 되며, 이러한 값을 뷰 객체를 만들 때 EYE라는 키워드에 부여한다. 그러면 '관찰자의 눈'의 정확한 위치를 임의로 설정할 수 있다. 물론 이 속성은 나중에 SetProperty 메서드를 사용하여 변경할 수도 있다.

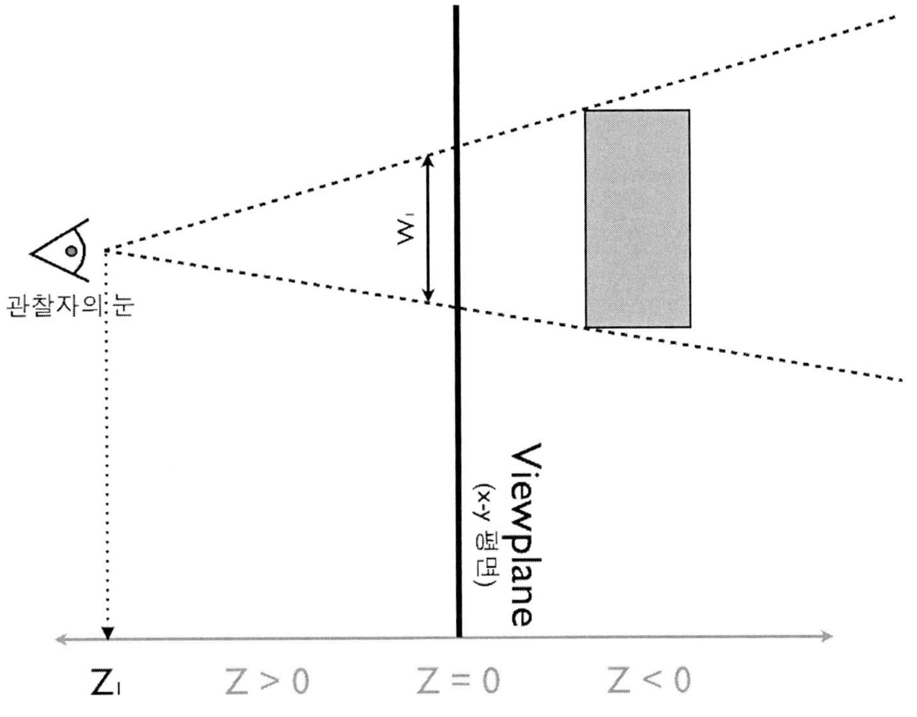

그림 5-4-1 관찰자의 눈의 위치가 뷰플레인으로부터 멀 경우

그리고 '관찰자의 눈'의 위치값은 어느 한계값 밑으로는 내려갈 수 없다. 즉, 하한값이 존재한다. 그림을 보면 직관적으로 느껴지겠지만, 아무래도 '눈'의 위치가 뷰 평면을 넘어가서 Z값이 (-)인 영역에 위치한다는 것은 말이 안될 것이다. 엄밀히 말하면 이 하한값은 가까운 쪽 경계면(Near Clipping Plane)의 Z값 또는 0 둘 중 더 큰 값이 된다. 여기서 뜬금없이 등장하는 '가까운 쪽 경계면'이라는 용어는 다음 섹션에서 '먼 쪽 경계면(Far Clipping Plane)'이란 용어와 함께 사용되는데, 일단 뷰포트를 나타내는 3차원 큐브에서 Z축을 수직으로 통과하는 두 평면을 의미한다는 점만 기억해두자. '관찰자의 눈'이 적어도 이 큐브의 밖에는 있어줘야 한다는 의미로 이해하면 될 것 같다. 더 자세한 내용은 다음 섹션을 참조하기 바란다. 위치의 조정은 다음과 같이 EYE라는 속성의 값을 설정하는 것으로 가능하다.

```
myView -> SetProperty, EYE=5
```

평행 투영법이 사용되는 경우에는 사실 이 값은 아무런 의미가 없다. 거리에 상관없이 모든 객체들은 크기가 변하지 않기 때문이다. 하지만, 원근 투영법이 사용되는 경우라면 얘기가 달라진다. '관찰자의 눈'이 가까운 쪽 경계면에 더 가까이 접근하게 되면, 실제로 나타나는 객체의 크기는 더 작아진다. 뭔가 좀 이상하지 않은가? 왜 '눈'이 객체에 가까와지는데 더 크게 보이지 않고 작게 보이게 될까? 그 이유는 그림 5-4-1과 그림 5-4-2를 서로 비교해보면 알 수 있다.

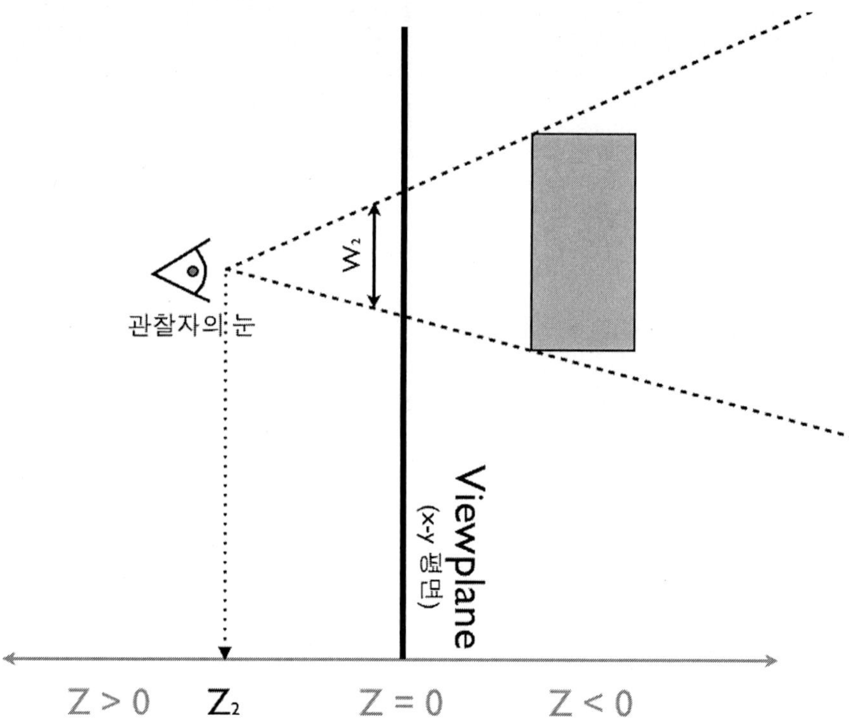

그림 5-4-2 관찰자의 눈의 위치가 뷰플레인과 가까울 경우

'눈'으로부터 방사상으로 퍼져나가는 선이 평면을 가로지르는 위치를 보면, 그 면적이 서로 다르다는 점을 눈여겨보면 된다. 이 두 그림에서 W1과 W2를 서로 비교해보자. 물론 이것은 Z축상에서 객체의 위치 좌표가 (-)일 경우에 벌어지는 현상이다. Z축상에서 객체의 위치 좌표가 (+)일 경우라면, 우리의 상식대로 눈의 위치가 객체에 근접할수록 크게 보이고 멀어질수록 작게 보일 것이다. 따라서 객체의 Z축상에서의 위치에 따라, 관찰자의 눈의 위치와 객체의 가시적 크기 사이의 관계가 바뀐다는 점을 유의해야 한다. 원근 투영법을 사용하는데 있어서 이것은 매우 중요한 고려 사항이 될 것이다.

5.5. 뷰 볼륨(View Volume)

이는 앞서 몇번 언급되었던 뷰 포트를 나타내는 3차원 큐브 또는 볼륨을 뜻하는 개념이다. 이 볼륨은 뷰 평면상에 투영되었을 때 뷰포트에 딱 맞는 크기로 정의되어야 한다. 여기서 중요한 두가지 개념들을 차례로 알아보도록 하자.

1. 뷰플레인 사각형 (Viewplane Rectangle)

먼저 앞서 설명되었던 뷰포트(Viewport)라는 개념을 상기해보자. 이것은 3차원 큐브가 2차원으로 투영된 사각형의 영역이라는 점을 이미 이해했으리라 믿는다. 결국 뷰포트는 그림을 그리는 스케치북이라고 생각하면 된다. 내가 어떤 그림을 그리든 이 스케치북에 그린 것만이 보이게 된다. 만약 이 스케치북의 범위를 벗어난 부분이 있다면 그 부분은 최종적으로는 보이지않을 것이다. 마찬가지로 객체지향 그래픽스의 모든 객체들은 이 뷰포트상에서 구현이 되어야만 최종적으로 온전하게 보이게 될 것이다. 이 범위를 벗어난 내용은 구현한다고 해도 실제로는 보이지 않게 된다. 이 뷰플레인 사각형이란 것은 뷰포트상에서의 X 및 Y 방향의 좌표 및 경계값을 정의하는 것, 즉 스케치북 내에서의 좌표계를 정하는 것으로 생각하면 된다. 이해를 돕기 위하여 그림 5-5-1을 한번 살펴보자.

이 그림의 가운데 상단을 보면, 그래픽 디바이스 상에서 구현된 어떤 임의의 뷰포트가 있다. 그리고 하단에서는 이 뷰포트 자체에 대하여 좌표계가 정의된 두가지 예제를 보여주고 있다. 좌표계를 정의하는 방법은 당연히 프로그래머 마음대로이다. 왼쪽의 경우는 X축 방향으로는 [0~1], Y방향으로도 [0~1]의 범위값을 갖도록 정이되어 있다. 오른쪽의 경우는 X축 방향으로 [-5~5], Y축 방향으로는 [0~20]의 범위값을 갖도록 정의되어 있다. 이러한 좌표계를 정의하려면 뷰 객체를 만들 때 VIEWPLANE_RECT 라는 키워드를 사용하면 된다. 물론 이 속성은 뷰 객체 생성 이후에도 SetProperty 메서드를 사용하여 변경이 가능하다. 그림 5-5-1에서 하단의 왼쪽 및 오른쪽 뷰포트에 대한 좌표계의 정의는 다음과 같이 이루어진다.

```
myView = OBJ_NEW('IDLgrView', VIEWPLANE_RECT=[0, 0, 1, 1])
myView = OBJ_NEW('IDLgrView', VIEWPLANE_RECT=[-5, 0, 10, 20])
```

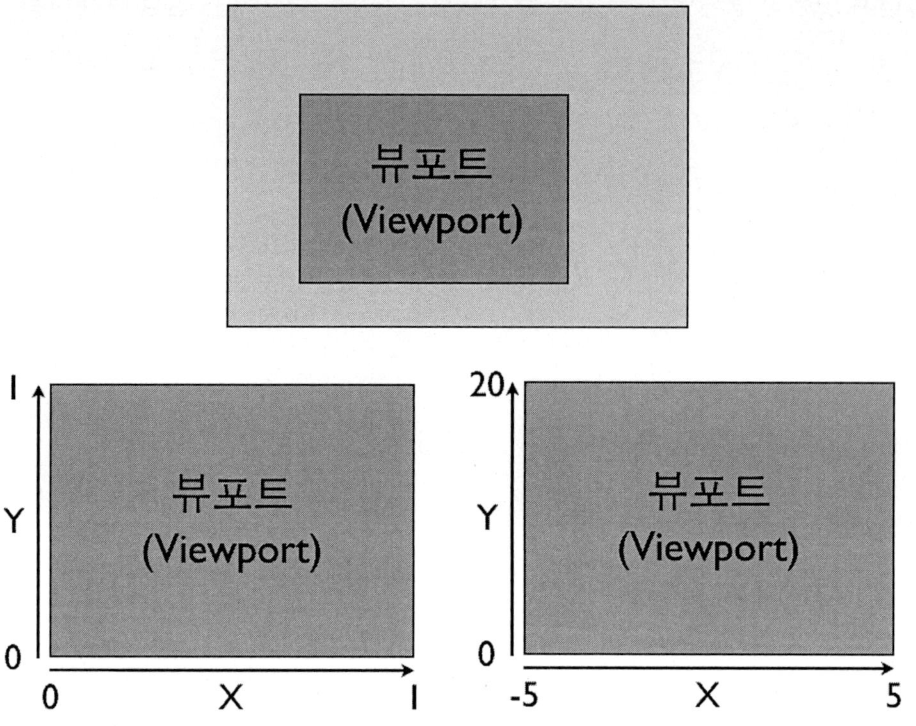

그림 5-5-1 뷰플레인 사각형의 좌표계가 서로 다르게 정의된 모습

여기서 VIEWPLANE_RECT 키워드에 부여되는 4개의 실수로 구성된 벡터에서, 처음 두 원소값은 뷰플레인 사각형의 좌측 최하단 원점의 X, Y 좌표가 되고, 뒤의 두 원소는 뷰플레인 사각형의 가로폭 및 세로폭이 된다. 따라서 오른쪽 뷰포트의 경우, 원점의 위치좌표는 (-5, 0)이지만 가로폭은 10이고 세로폭은 20이기 때문에, [-5, 0, 10, 20]으로 주어졌음을 유념하도록 한다.

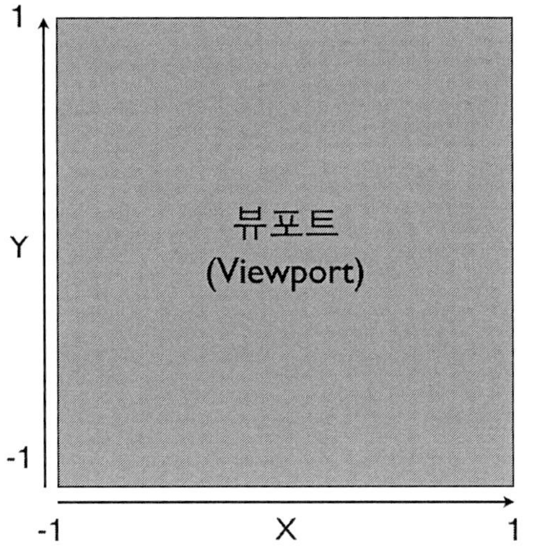

그림 5-5-2 뷰플레인 사각형의 좌표계의 기본 설정

뷰 객체를 구현할 때 뷰플레인 사각형의 좌표계를 따로 지정하지 않는다면, 기본설정은 원점의 좌표가 (-1, -1)이고 가로폭과 세로폭이 모두 2가 되도록 지정된다. 즉, 그림 5-5-2와 같이 X방향으로는 [-1~1], Y방향으로도 [-1~1]인 좌표계로 생성된다는 점 역시 잘 기억해두어야 한다.

2. 가까운 쪽 및 먼 쪽 경계면 (Near and Far Clipping Planes)

뷰플레인 사각형이 X 및 Y 방향의 경계 설정이었다면, 이제는 Z방향의 경계도 설정해주어야 한다. 쉽게 생각하면, 뷰플레인 사각형에서 X 또는 Y에 대하여 했던 설정을 Z 방향으로도 똑같은 요령으로 해주는 것이라고 보면 된다. 단, Z방향의 좌표값은 관찰자로부터 가까운 쪽으로부터 먼 쪽으로 감소한다는 점, 그리고 Z=0인 기준은 Z방향이 뷰포트를 가로지르는 지점이라는 점만 기억하면 된다. 이 개념은 앞서 투영법에서 충분히 설명이 되었을 것으로 생각하지만, 아마도 그림 5-5-3을 보면 이제 확실하게 이해할 수 있을 것이다. 이 그림을 보면 관찰자쪽으로 가까운 경계가 '가까운 쪽 경계면(Near Clipping Plane)'이고 먼 쪽의 경계가 '먼 쪽 경계면(Far Clipping Plane)'이 된다는 것을 확인할 수 있다.

그리고 이 Z방향 좌표의 설정은 뷰 객체의 생성시 ZCLIP이라는 키워드를 사용함으로써 이루어진다. 물론 나중에 SetProperty 메서드를 이용한 변경도 가능하다. 값을 설정하는 요령은 ZCLIP 키워드에 대하여 두 개의 원소로 이루어진 벡터를 부여하되, 가까운 쪽 경계면의 Z좌표값과 먼쪽 경계면의 Z좌표값의 순서로 적는다. 예를 들어, 가까운 쪽 경계면의 위치가 2이고 먼 쪽 경계면의 위치는 -3으로 설정하고자 한다면 다음과 같이 하면 된다.

```
myView = OBJ_NEW('IDLgrView', ZCLIP=[2, -3])
```

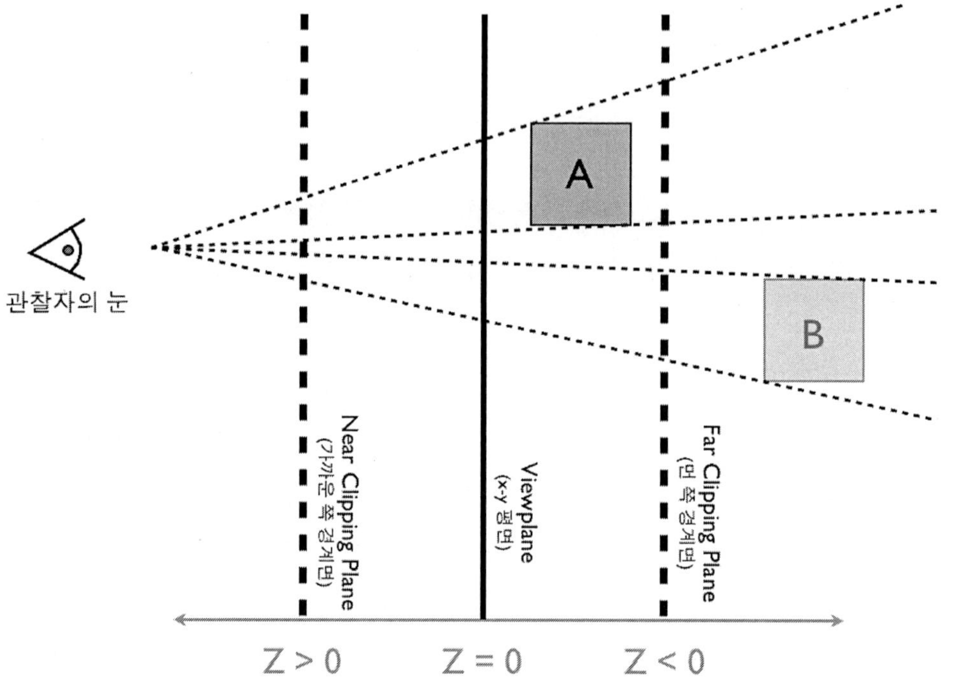

그림 5-5-3 가까운 쪽 및 먼 쪽 경계면을 도식화한 그림

그림 5-5-3에서 한가지 또 눈여겨봐야 할 것은 A, B 두 그래픽 객체들이다. 가까운 쪽 경계면과 먼 쪽 경계면의 사이 공간에 존재하는 A라는 그래픽 객체는 나중에 관찰자의 눈에 보이겠지만, 그 범위를 벗어나서 구현되어 있는 B라는 그래픽 객체는 존재는

하더라도 실제로는 보이지 않게 된다. 따라서 B객체의 경우 위치를 관찰자쪽으로도 조금 끌어당기든가 아니면 아예 제거하는 것이 바람직할 것이다.

5.6. 적절한 뷰 볼륨(View Volume)의 설정

원하는 그래픽 객체들을 구현하는데 있어서 적절한 뷰 볼륨을 찾아내는 일은 쉬울 수도 있지만 사실 그렇지 않은 경우가 더 많은 것 같다. 구현하고자 하는 모든 그래픽 객체들을 포함할 수 있는 X 및 Y 범위에 따라 뷰플레인 사각형을 설정해야 하고, 적절한 Z 범위에 따라 가까운 쪽 및 먼 쪽 경계면을 설정해주어야 한다. 그런데 여러 개의 모델 객체들이 하나의 뷰 객체안에 포함이 되는 다소 복잡한 계층구조를 갖는 경우라면, 이러한 적절한 범위값을 찾는 일이 그리 간단하지는 않을 것이다. IDL에서는 이러한 작업을 어느 정도 간단하게 처리하게 해주기 위하여 set_view와 get_bounds라는 프로시저들이, IDL이 설치된 폴더내에서 examples/visual/utility라는 하위폴더안에 마련되어 있다.

이 set_view라는 프로시저는 뷰 객체와 그래픽 디바이스 객체를 인자로 받아들이며, 이 뷰 객체에 대한 적절한 뷰 볼륨을 계산하여 이를 뷰 객체의 VIEWPLANE_RECT 속성으로 부여해주는 역할을 한다. 내부적으로는 get_bounds 프로시저를 서브루틴으로 사용하여, 뷰 객체에 속한 하위 객체들의 X, Y, Z 범위를 계산하도록 되어있다. 이 프로시저들의 자세한 사용법은 일단은 자체적으로 들어가있는 주석문을 참조하길 바란다. 어차피 나중에 이 프로시저들을 사용하는 예제가 나올 것이다. 물론 이 프로시저들은 하나의 예제코드일 뿐이기 때문에, 실제 사용자들이 직면하게 될 모든 상황들에 대하여 항상 해결책을 제시한다는 보장은 없다. 실제 적용시 원하는 결과가 나오지 않는다면, 사용자 스스로 이 프로시저를 약간 수정하여 사용하는 것이 바람직할 경우도 있을 것이다.

6. Transforming Objects

객체의 변환

지금까지는 주로 그래픽 디바이스 객체 또는 뷰 객체와 같이, 세부적인 그래픽 컨텐츠를 포함하는 그릇의 역할을 하는 객체들에 대한 내용이 주를 이루었다. 이제 여기서는 그보다 한 단계 아래로 내려가서 주로 모델 객체와 관련된 내용을 다루게 된다. 클래스들에 관한 내용에서 한번 언급을 했지만, 이 모델 객체 역시 어느 정도는 추상적으로 보이는 개념이긴 하다. 그러나 실제로 우리가 구현하고자 하는 각종 그래픽 객체들이 우리의 눈에 보이려면 이들은 무조건 어떤 모델 객체안에 포함이 되어야 한다. 예를 들어, 이미지에 해당되는 객체가 있다고 하면, 이 객체를 포함하는 모델 객체가 반드시 있어야만 한다. 그래야 이 이미지가 실제로 우리의 눈에 보일 수 있다. 모델 객체에 포함되지않은 하위 그래픽 객체는 절대로 우리 눈에 보이지않는다는 사실을 반드시 유념하기 바란다.

6.1. 변환의 개념

모델 객체는 단순히 하위 그래픽 객체들을 포함하는 역할외에도, 이러한 객체들에 대한 이동, 회전, 크기 조정 등의 역할을 담당한다. 이것은 모델 객체마다 자체적으로 변환행렬(Transformation Matrix)를 내장하고 있기 때문이다. 하나의 모델 객체안에 포함된 모든 하위 그래픽 객체들은 반드시 이 변환행렬에 의하여 제어된다. 이 변환행렬은 모델 객체의 TRANSFORM이라는 속성으로 주어지며 4X4의 크기를 갖는다. 모델 객체의 변환행렬은 기본적으로는 그림 6-1-1과 같은 단위행렬의 형태를 갖는다.

$$\begin{pmatrix} 1 & 0 & 0 & 0 \\ 0 & 1 & 0 & 0 \\ 0 & 0 & 1 & 0 \\ 0 & 0 & 0 & 1 \end{pmatrix}$$

그림 6-1-1 기본 단위행렬의 모습

물론 이 속성은 생성시에 임의로 설정 가능하고, 생성 후에도 SetProperty 메서드를 사용하여 변경이 가능하다. 생성시에 tmatrix라는 이름의 4X4 행렬을 변환행렬로서 설정하고자 한다면 다음과 같이 해준다.

```
myModel = OBJ_NEW('IDLgrModel', TRANSFORM=tmatrix)
```

앞서 언급된 이동, 회전, 확대/축소 등의 조작은 기본적으로는 이와 같은 변환행렬의 원소값을 적절히 변경함으로써 이루어진다. 하지만 변환행렬의 원소값 자체를 직접 변경하는 것은 직관적이지 못하고 복잡하므로, 이를 위한 Translate, Rotate, Scale과 같은 메서드들을 사용하는 경우가 일반적이다.

여기서 유념해야 할 사항은, 이와 같은 메서드들은 반드시 모델 객체에 대해서만 적용된다는 점이다. 따라서 두 개의 하위 그래픽 객체에 대하여 따로따로 이러한 메서드를 적용하기 위해서는, 두 객체를 각각 서로 다른 모델 객체안에 넣어서 각 모델 객체를 따로 취급해야 한다. 하나의 모델 객체안에 있는 하위 그래픽 객체들은 무조건 그 모델 객체에 속성으로 부여된 변환행렬의 지배를 받는다는 점을 명심하도록 한다.

6.2. 이동(Translation)

말 그대로 모델 객체를 3차원 공간상에서 임의의 방향으로 일정 거리만큼 이동시키는 동작을 의미한다. 이러한 동작은 모델 객체에 대하여 Translate라는 메서드를 적용함으로써 이루어진다. 예를 들어, myModel이라는 모델 객체를 X축 방향으로 1만큼 이동을 시키고자 한다면 다음과 같이 하면 된다.

```
myModel -> Translate, 1, 0, 0
```

예를 들어 어떤 뷰 객체가 있는데 뷰포트의 좌표계가 0부터 1까지의 범위를 갖는 normal 좌표계를 따르도록 설정이 되어있다고 하자. 그런데 이 안에 이미지 객체 하나를 생성하여 포함시키고자 한다. 이와 같은 하위 그래픽 객체의 경우 기본적으로는 data 좌표계를 따르도록 되어있다. 즉, 이미지 객체의 기반이 되는 2차원 배열자료가 X 및 Y 방향으로 갖는 값의 크기를 그대로 따른다는 뜻이다.

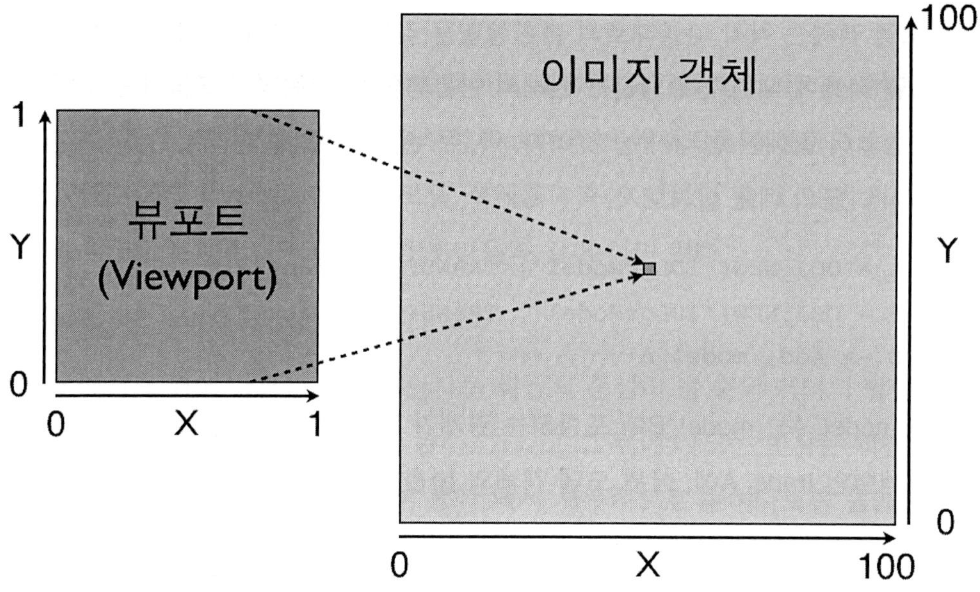

그림 6-6-1 대상자료 배열의 크기와 뷰포트의 좌표계간의 관계의 예

예를 들어, 그 배열자료가 [100, 100]의 크기를 갖는다고 하면, 이 자료를 기반으로 생성된 이미지 객체는 뷰포트의 크기를 훨씬 뛰어넘는 무지막지한 크기로 구현이 될 것이다. 왜냐하면 뷰 객체의 좌표계는 X 및 Y 방향으로 0부터 1까지의 범위로 정의가 되어있는 상태이기 때문이다. 이 상태에서는 이미지 객체가 구현이 되더라도 관찰자의 눈에는 안보일 것이다. 뷰 볼륨을 훨씬 초과하는 크기로 존재하기 때문에 이미 가시적으로 볼 수 있는 범위를 넘어선 상태이기 때문이다. 그림 6-6-1을 보면 이 설명이 도식적으로 이해가 될 것이다.

사실 이러한 상황은 객체지향 그래픽스를 처음 경험하는 프로그래머라면 누구나 한 번쯤(그 이상이 될 수도 있다) 겪는 일이다. 필자 역시 이와 같은 경우를 여러번 겪었으며, 그 때마다 '내가 대체 뭘 잘못한거지?'라는 의문을 품고 한참을 고민하다가 나중에 그 원인을 알고나면 그렇게 허망할 수가 없던 그런 아픈 기억이 있다. 그렇다면 어떻게 해야 이와 같은 난감한 상황을 헤쳐나갈 수 있을까? 방법은 사실 의외로 간단하다. 뷰 객체와 이미지 객체 둘 중 어느 한쪽으로 좌표계를 맞춰주면 된다. 대개는 하위 그래픽 객체의 좌표계를 상위 뷰 객체의 좌표계에 맞춰주는 방식을 따르는 것이 일반적이다. 따라서 여러 종류의 하위 그래픽 객체들이 공통적으로 갖는 속성들 중 [XYZ]COORD_CONV라는 것이 바로 이러한 역할을 한다. 다음 예제를 통하여 그 방법을 살펴보도록 하자.

먼저 [100, 100] 크기를 갖는 임의의 2차원 배열 자료를 생성한다.

```
myData = DIST(100)
```

SIZE 함수를 사용하여 이 배열의 차원별 크기를 알아낸다.

```
sz = SIZE(myData, /DIMENSION)
```

X방향의 스케일 조정인자를 다음과 같이 생성한다.

```
xs = 1.0 / sz[0]
```

Y 방향에 대해서도 마찬가지 요령으로 스케일 조정인자를 생성한다.

```
ys = 1.0 / sz[1]
```

이제 이미지 객체를 생성하면서 [XYZ]COORD_CONV 키워드를 사용하여 적절한 스케일로 생성되도록 한다.

```
oImage = OBJ_NEW('IDLgrImage', myData, $
  XCOORD_CONV=[0, xs], YCOORD_CONV=[0, ys])
```

참고로 XCOORD_CONV 키워드에 부여되는 값은 다음과 같이 두 개의 원소로 이루어진 배열이 되는 것이 일반적이다.

[(-Xmin)/(Xmax-Xmin), 1/(Xmax-Xmin)]

현재 고려중인 2차원 자료인 myData를 생각하면 X방향으로 최소값은 0이고 최대값은 100이 될 것이다. 이를 생각해보면 왜 XCOORD_CONV 키워드의 값이 저렇게 부여되었는지 알 수 있을 것이다. YCOORD_CONV의 경우도 방향만 Y일뿐 요령은 같다. 이 키워드에 부여될 벡터를 산출하기 위하여 편리하게 사용할 수 있는 NORM_COORD라는 함수가 IDL이 설치된 폴더내에서 examples/visual/utility라는 하위폴더안에 마련되어 있다. 이 함수 프로그램의 내용은 다른 주석문들을 제외하면 다음과 같이 매우 간단하다.

```
FUNCTION NORM_COORD, range
scale = [-range[0]/([range[1]-range[0]), 1/(range[1]-range[0])]
RETURN, scale
END
```

따라서 이 함수를 이용한다면 조금 더 편하게 작업을 할 수 있을 것이다.

```
oImage = OBJ_NEW('IDLgrImage', myData)
oImage -> GetProperty, XRANGE=xr, YRANGE=yr)
oImage -> SetProperty, XCOORD_CONV=NORM_COORD(xr), $
  YCOORD_CONV=NORM_COORD(yr)
```

즉, 이 함수를 이용한다면 위와 같이 프로그램을 만들어 실행해도 같은 결과를 얻을 수 있다. 그러면 윈도우, 뷰, 모델 객체들을 다음과 같이 생성하자. 물론 뷰 객체를 생성할 때 뷰플레인 사각형의 위치 및 크기를 다음과 같이 설정해주는 것도 잊지말자.

```
oWindow = OBJ_NEW('IDLgrWindow', DIMENSION=[400,400])
oView = OBJ_NEW('IDLgrView', VIEWPLANE_RECT=[0,0,1,1])
oModel = OBJ_NEW('IDLgrModel')
```

이제 이미지 객체를 모델 객체에 넣고, 모델 객체를 뷰 객체에 넣은 다음, 윈도우에 그림을 그리면 그 결과는 그림 6-6-2와 같다. 이미지의 크기가 뷰의 크기에 꼭 맞도록 조절되었기 때문에, 이미지가 윈도우 화면에 꽉 차도록 구현되었음을 알 수 있다.

```
oModel -> Add, oImage
oView -> Add, oModel
oWindow -> Draw, oView
```

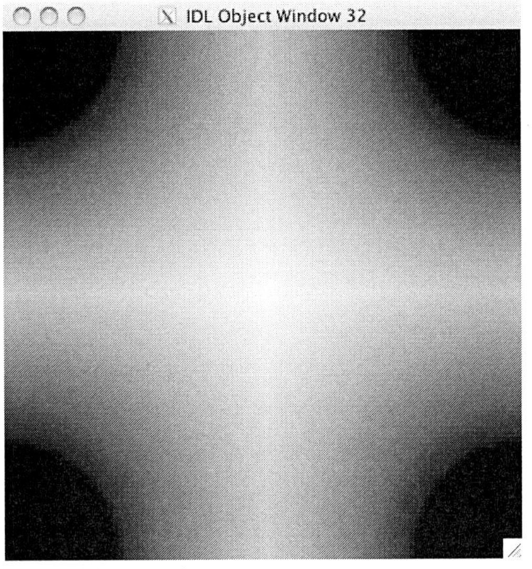

그림 6-6-2 이미지의 크기가 뷰의 크기에 딱 맞게 표출된 모습

6.7. 예제 : 이미지 객체의 가운데 정렬

이제 좀 더 본격적인 예제에 한번 도전해보자. 이 예제에서는 이미지 객체를 만들고 이를 그래픽 윈도우상에서 가운데에 위치하도록 해주는 두 가지 방법을 제시하고 있다.[7] 첫번째 방법에서는 먼저 뷰 객체내에 뷰플레인 사각형을 설정한다. 그리고 이미지 객체를 만들어 모델 객체에 포함시키고, 이 모델 객체를 윈도우 객체의 중심으로 이동시킨다. 두번째 방법에서는 뷰플레인 사각형을 만들지 않는다. 그 대신 좌표변환을 이미지 객체에 적용하여 모델 객체내에서 가운데에 위치하도록 하는데, 이 방법은 모델 객체의 normal 좌표계에서 이루어지게 된다. 이번 예제에서 사용되는 이미지 자료 파일은 IDL이 설치된 폴더내에서 examples/data라는 하위폴더안에 있는 worldely.dat 파일이다.

먼저 이미지 자료 파일의 이름 및 경로에 대한 문자열을 설정한다.

```
worldelvFile = FILEPATH('worldelv.dat', $
  SUBDIRECTORY = ['examples', 'data'])
```

---

[7] 이미지 객체에 대한 본격적인 내용은 나중에 "이미지 객체 다루기" 챕터에서 자세히 살펴보기로 한다. 여기서는 그냥 이렇게 사용한다는 맛배기만 보도록 하자.

파일로부터 읽어들일 이미지 배열과 관련된 인자들을 설정한다.

```
worldelvSize = [360, 360]
worldelvImage = BYTARR(worldelvSize[0], worldelvSize[1])
```

파일을 열고 자료를 읽은 다음 파일을 닫는다.

```
OPENR, unit, worldelvFile, /GET_LUN
READU, unit, worldelvImage
FREE_LUN, unit
```

표출할 윈도우와 관련된 인자들을 설정한다. 윈도우의 크기는 [400, 400]이고 이미지의 크기는 [360, 360]이므로, 이미지가 윈도우의 가운데 표출되려면 상하좌우로 남겨야할 여백의 크기를 winMargin이란 변수에 저장함에 유의한다.

```
winSize = [400, 400]
winMargin = (winSize - worldelvSize) / 2
```

이제 우선 첫번째 방법부터 수행해보도록 하자. 이를 위하여 윈도우, 뷰, 모델 등 기본적으로 필요한 하위 그래픽 객체들을 먼저 선언한다. 여기서 뷰 객체의 VIEWPLANE_RECT 속성에 부여된 값을 보면, 윈도우의 크기인 [400, 400]을 그대로 반영하여, X방향 및 Y방향 모두 0에서 400의 범위를 갖는 좌표계로 설정되었다는 점을 유의하기 바란다.

```
oWindow = OBJ_NEW('IDLgrWindow', RETAIN = 2, $
  DIMENSIONS = winSize, TITLE = 'World Elevation: First Method')
oView = OBJ_NEW('IDLgrView', VIEWPLANE_RECT = [0., 0., winSize])
oModel = OBJ_NEW('IDLgrModel')
```

생성될 이미지 객체에 적용할 컬러테이블 객체를 선언하여 이미지 객체 선언시 사용한다. 여기서는 5번 컬러테이블에 해당되는 객체를 선언하고 이를 이미지 객체 선언시 PALETTE라는 속성으로 부여하였다.

```
oPalette = OBJ_NEW('IDLgrPalette')
oPalette -> LOADCT, 5
oImage = OBJ_NEW('IDLgrImage', worldelvImage, PALETTE = oPalette)
```

이미지 객체를 모델 객체에 넣고, 이 모델 객체는 뷰 객체에 넣는다. 그리고 이 모델 객체를 윈도우의 가운데 영역으로 이동시키고, 뷰 객체를 가시화한다. 이동시 Translate 메서드를 모델 객체에 대하여 사용하며, 이동거리는 X 및 Y 방향으로 앞서 계산했던 필요 여백만큼이라는 점을 상기한다. 2차원 이미지의 표출작업이므로 Z방향의 이동은 불필요하여 이동거리는 0이다.

```
oModel -> Add, oImage
oView -> Add, oModel
oModel -> Translate, winMargin[0], winMargin[1], 0
oWindow -> Draw, oView
```

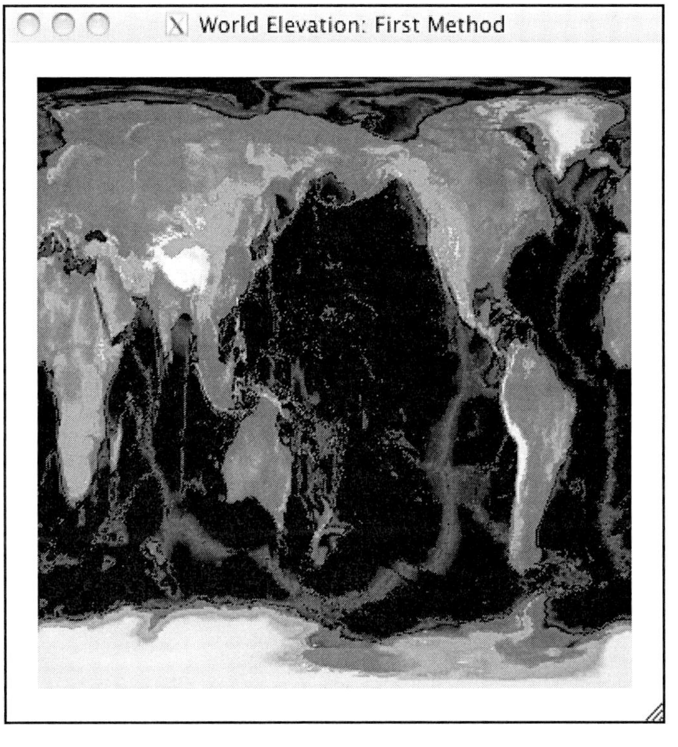

그림 6-7-1 첫번째 방법으로 이미지를 표출한 모습[C]

그러면 그림 6-7-1과 같이 이미지가 윈도우상의 한가운데에 위치하도록 구현되었음을 볼 수 있다. 작업이 다 끝나면 더 이상 필요없는 객체들을 모두 제거한다.

```
OBJ_DESTROY, [oView, oPalette]
```

이번에는 두번째 방법을 수행하도록 한다. 이를 위하여 새로운 윈도우 객체를 선언하고, 함께 필요한 뷰, 모델 등 기본적으로 필요한 그래픽 객체들을 선언한다. 단, 여기서는 첫번째 방법때와는 달리 VIEWPLANE_RECT 속성을 [0, 0, 1, 1]로 지정하였다는 점을 주목한다. 이는 곧 뷰 객체상의 좌표계가 X, Y 방향 모두 0에서 1의 범위를 따른다는 의미이다.[8]

```
oWindow = OBJ_NEW('IDLgrWindow', RETAIN = 2, $
  DIMENSIONS = winSize, TITLE = 'World Elevation: First Method')
oView = OBJ_NEW('IDLgrView', VIEWPLANE_RECT=[0,0,1,1])
oModel = OBJ_NEW('IDLgrModel')
```

생성될 이미지 객체에 적용할 컬러테이블 객체를 선언하여 이미지 객체 선언시 사용한다. 여기서는 5번 컬러테이블에 해당되는 객체를 선언하고 이를 이미지 객체 선언시 PALETTE라는 속성으로 부여하였다.

```
oPalette = OBJ_NEW('IDLgrPalette')
oPalette -> LOADCT, 5
oImage = OBJ_NEW('IDLgrImage', worldelvImage, $
  PALETTE = oPalette)
```

생성된 이미지 객체로부터 [XY]COORD_CONV 및 [XY]RANGE 속성에 부여된 초기 설정값을 가져온다. 그리고 좌표변환과 관련된 인자들을 일단 출력해본다.

```
oImage -> GetProperty, XCOORD_CONV = xConv, $
  YCOORD_CONV = yConv, XRANGE = xRange, YRANGE = yRange
PRINT, 'Initial xConv: ', xConv
PRINT, 'Initial yConv: ', yConv
```

이 출력결과를 보면 xConv, yConv 모두 초기 설정이 [0, 1]로 되어있음을 알 수 있다. 첫번째 인자는 이동, 두번째 인자는 스케일과 관련되어있음을 상기한다면, 결국 아무런 이동도 없이 스케일은 액면 그대로 받아들인다는 의미가 된다. 물론 이대로 사용이 되면 안될 것이고, 지금 상황에 맞는 적당한 값들로 구성된 새로운 xConv, yConv

---

[8] 기본설정인 [-1, -1, 2, 2]를 따르는 방법도 있겠지만, 변환인자의 계산이 좀 복잡해지는 감이 있으므로 이와 같이 [0,0,1,1]로 하였다.

를 만들어야 할 것이다. 따라서 좌표변환에 있어서 상하좌우의 여백을 고려한 인자들을 계산한다. 모델 객체에 대하여 Translate 및 Scale 메서드에 적용할 인자들을 X, Y 각 방향으로 계산하고, 이것들이 합쳐져 결국 [XY]COORD_CONV 속성에 다시 부여될 것이다. 이렇게 부여될 좌표변환 관련 인자들을 출력한다.

```
xTranslation = FLOAT(winMargin[0])/winSize[0])
xScale = 1./winSize[0]
xConv = [xTranslation, xScale]
yTranslation = FLOAT(winMargin[1])/winSize[1])
yScale = 1./winSize[1]
yConv = [yTranslation, yScale]
PRINT, 'Resulting xConv: ', xConv
PRINT, 'Resulting yConv: ', yConv
```

새로운 출력결과를 보면 xConv, yConv 모두 [0.05, 0.0025]로 되어있을 것이다. 일단 스케일 관련 인자인 0.0025의 의미를 X방향으로만 생각해보면, 이미지의 크기는 360이지만 스케일 자체는 윈도우의 크기인 400을 기준으로 표출할 것이므로 1./400에 해당되는 값이 된 것이다. 그리고 이렇게 400이라는 크기를 기준으로 스케일 조정이 된 이미지는 윈도우상에 꽉 차지않고 왼쪽 구석에 처박힐 것이다. 따라서 이를 이동시켜야 하는데, 필요한 이동거리는 여백에 해당되는 20을 윈도우 크기인 400으로 나눠준 값이 되어야 한다. 이와 같이 계산된 변환인자들을 이미지 객체의 속성으로 다시 부여한다.

```
oImage -> SetProperty, XCOORD_CONV = xConv, YCOORD_CONV = yConv
```

이미지 객체를 모델 객체에 넣고, 이 모델 객체는 뷰 객체에 넣는다. 그리고 이 뷰 객체를 가시화한다.

```
oModel -> Add, oImage
oView -> Add, oModel
oWindow -> Draw, oView
```

작업이 다 끝나면 객체들을 모두 제거한다.

```
OBJ_DESTROY, [oView, oPalette]
```

이와 같은 작업을 수행하면 두 가지 방법으로 구현된 결과가 그림 6-7-2와 같이 앞의 그림 6-7-1과 같다는 것을 알 수 있다(물론 상단 윈도우바의 타이틀만 First냐 Second냐의 차이일 뿐이다).

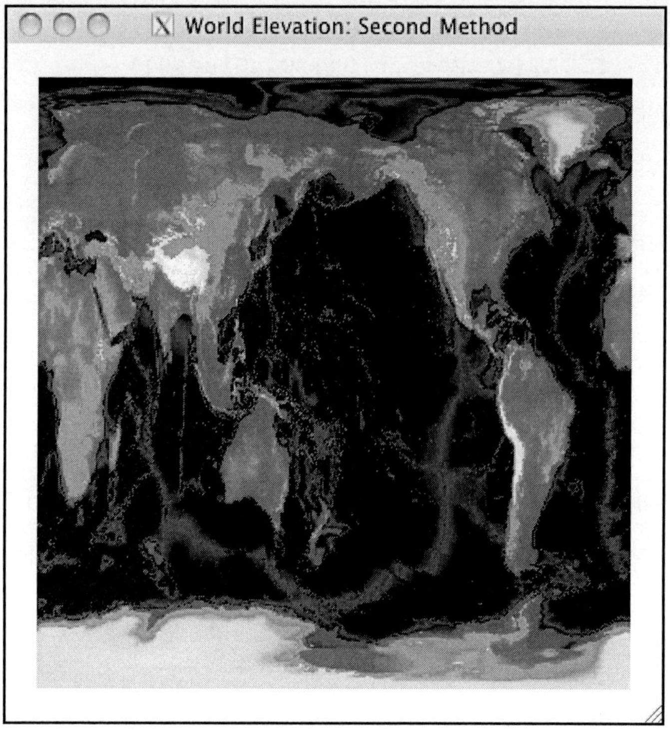

그림 6-7-2 두번째 방법으로 이미지를 표출한 모습[C]

여기서 [XYZ]COORD_CONV 속성에 대한 이해를 돕기 위하여 다음과 같이 xConv, yConv의 첫번째 인자인 이동과 관련된 값을 그냥 0으로 설정하고 다시 그림을 그려보자.

```
xConv = [0, xScale]
yConv = [0, yScale]
```

그러면 그림 6-7-3과 같이 이동은 전혀 없고 그냥 왼쪽 구석에 처박힌 채로 그림이 표출될 것이다. 따라서 이동 관련 인자의 역할이 어떤 것인지에 대해서는 이러한 경우를 보면 아마 어느 정도 이해가 될 것으로 믿는다.

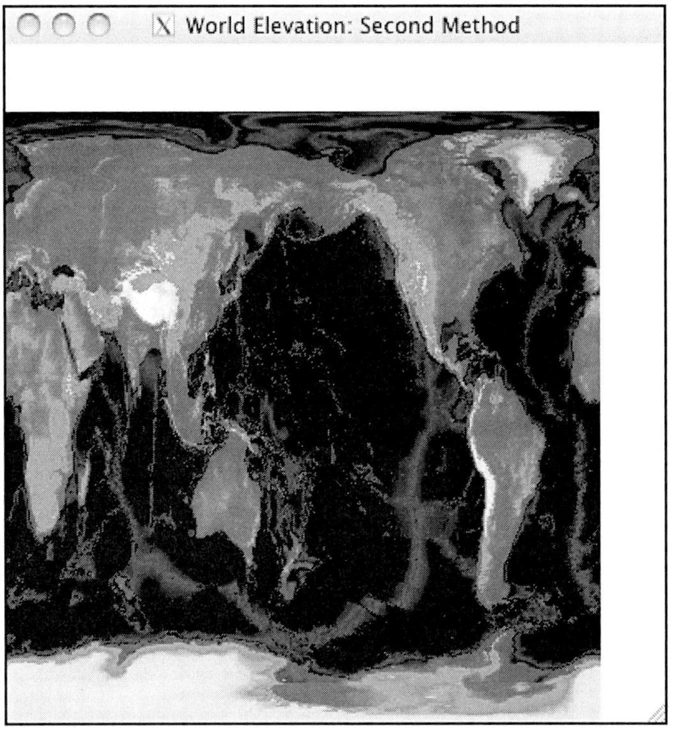

그림 6-7-3 이미지가 왼쪽 하단의 구석으로 처져있는 모습[C]

둘 중 어느쪽 방법이 더 좋으냐에 대한 판단기준은 따로 없으므로, 사용자 입장에서 더 좋은 쪽을 택하면 된다. 얼른 이해하기에는 첫번째 방법이 좀 나아보이긴 하다. 실제로 [XYZ]COORD_CONV의 개념은 익숙해지기 위해서는 어느 정도 시간이 필요한 것은 사실이다. 필자 역시 객체지향 그래픽 작업을 하는데 있어서, 이 부분이 지금도 쉽지않다고 느낄 때가 많다. 하지만 궁극적으로는 여기에 익숙해져야 차후에 객체지향 그래픽스를 위한 프로그래밍 작업이 좀 더 수월해질 것이다.

6.8. 3차원 공간상에서의 인터액티브한 변환 (Interactive 3D Transformation)

객체지향 그래픽스으로 구현된 결과물이 실제 사용자에게 좀 더 구체적이고 직관적으로 다가가기 위해서는, 사용자가 직접 그 그래픽 객체를 마우스로 움직이거나 돌려보고 확대/축소도 해볼 수 있다면 더욱 좋을 것이다. 이와 같은 기능을 가능하게 해주는 객체가 바로 트랙볼 객체로서, 'TrackBall'이라는 이름의 클래스로 정의되어 있다.

이를 활용하면 마우스의 움직임과 관련된 이벤트로부터 필요한 정보를 추출하여 이를 모델 객체의 변환행렬에 반영하는 방식으로 그래픽을 구현할 수 있다. 다만 이와 같은 기능을 실제로 구현하려면 GUI의 형태를 갖는 하나의 어플리케이션으로 만들어져야 하므로, IDL에서 GUI를 만들 수 있는 프로그래밍 기법(Widget programming)에 대한 이해가 필요하다. 후반부의 챕터에서, 이와 같이 GUI와 맞물려서 이 트랙볼 클래스가 활용된 예제를 소개할 예정이므로, 이에 관한 자세한 설명은 일단 여기서는 생략하기로 한다. 참고로 IDL에 기본적으로 내장된 XOBJVIEW라는 프로시저를 활용하면 이 트랙볼 기능을 비교적 쉽고 빠르게 체험해볼 수 있다. 다음 예제에서는 임의의 면(Surface) 객체를 생성하여 이를 XOBJVIEW의 인자로 사용하고 있다.

```
oSurf = OBJ_NEW('IDLgrSurface', DIST(100))
XOBJVIEW, oSurf
```

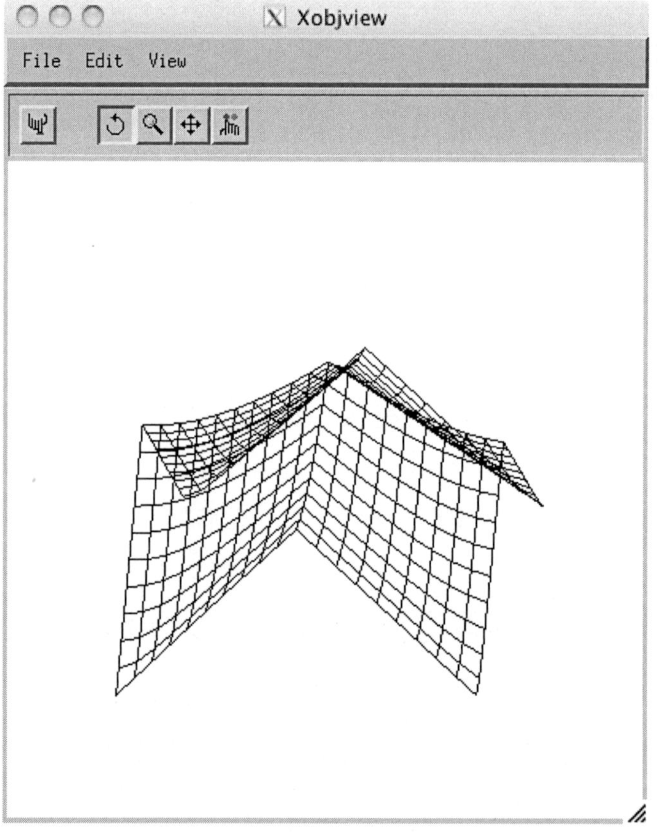

그림 6-8-1 XOBJVIEW로 구현되는 GUI의 모습

그러면 그림 6-8-1과 같이 간단한 GUI가 뜨고 이 면 객체가 3차원 공간상에 구현된 모습을 볼 수 있다. 이 때 윈도우, 뷰, 모델 등의 객체들을 별도로 만들어주지 않고도 바로 해당 그래픽 객체의 모습을 눈으로 확인할 수 있다. 물론 마우스 드래그에 의한 이동, 확대/축소, 회전 등의 조작이 가능하니 한번쯤 시도해보길 권한다. 그리고 XOBJVIEW 프로시저에 관한 좀 더 자세한 내용은 IDL 도움말을 참조하길 바란다. 향후에도 여러 종류의 하위 그래픽 객체들에 관한 내용을 다룰 때, 구현된 그래픽 객체의 모습을 바로 손쉽게 보고자 할 때 이 프로시저를 자주 사용하게 될 것이므로, 잘 기억해두면 도움이 많이 될 것이다.

7. Working with Colors

컬러의 활용법

이제 이 장에서는 객체지향 그래픽 체계하에서 컬러를 다루는 방법에 관하여 기술하기로 하겠다. 다이렉트 그래픽 체계에서 컬러를 다루던 기억을 잠시 떠올려보면, 그 유명한 device, decomposed=0(또는 1)과 같은 명령을 사용하여, 컬러체계를 24비트 혹은 8비트로 설정을 해놓고 컬러를 사용한다는 사실을 IDL 유저들은 이미 잘 알려져있으리라 생각된다. 이와 같은 24비트 혹은 8비트와 같은 컬러모드는 객체지향 그래픽 체계에서도 여전히 유효하다. 다만 컬러를 설정하는 방법이나 체계는 좀 다르므로, 다이렉트 그래픽 체계에 익숙했던 사용자들에게는 처음에는 아마 좀 생소하게 느껴지리라 여겨진다.

객체지향 그래픽 체계하에서의 컬러는 그래픽 디바이스 객체(윈도우, 프린터 등)의 컬러모델(Color Model)과 하위 그래픽 객체들(플롯, 이미지 등)의 컬러(Color) 사이의 상호작용의 결과물이라고 볼 수 있다. 즉, 그래픽 디바이스 객체가 갖는 컬러모델(24비트 혹은 8비트)과 개별 그래픽 객체가 갖는 컬러가 서로 같거나 다를 수 있기 때문에, 각각의 경우 최종적으로 우리 눈에 보이게 되는 컬러가 어떤 식으로 구현되어 나타나는가에 대한 이해가 먼저 필요하다. 아마 이 설명만으로는 명확한 내용 전달이 어려울 것 같다. 이제 좀 더 세부적인 내용으로 들어가서, 이 얘기가 과연 무슨 얘기인지를 찬찬히 살펴보기로 하자.

7.1. 인덱스 및 RGB 컬러모델 (Indexed, RGB Color Model)

객체지향 그래픽스에서는 두 종류의 컬러모델이 존재한다. 첫 번째는 인덱스 컬러모델(Indexed Color Model)이라고 하는데, 이는 다이렉트 그래픽스에서 사용되는 8비트 컬러모드와 같다고 보면 된다. 즉, 데이터의 값 자체가 화소값이 되고, 이 화소값에 대응하는 컬러가 표현되는 방식이다. 예를 들어, 화소값이 100인데 이 값에 해당되는 색이 붉은색이라면, 2차원 공간상에서 이 화소값을 갖는 화소들은 모두 붉은색으로 표출된다. 두 번째는 RGB 컬러모델이라고 하는데, 이는 곧 24비트 컬러모드 즉 색상을 항상 Red, Green, Blue 3개의 채널로 표현하는 방식이다. 그래픽 디바이스 객체를 처음 생성할 때, 이 객체가 어떤 컬러모델을 가질 것인가를 사용자가 설정할 수 있다. 즉, 어떤 윈도우 객체를 생성하면서 이 윈도우가 갖게 될 컬러모델을 사용자 임의로 지정할 수 있다[9].

기본적으로 컬러모델은 그래픽 디바이스 객체(Destination Objects)들만이 가질 수 있는 속성이다. 사용하고자 하는 윈도우 객체에 대하여 컬러모델 속성을 설정하려면, COLOR_MODEL이라는 키워드를 사용한다. 인덱스 컬러모델을 사용하려면 이 키워드에 1이란 값을 부여하고, RGB 컬러모델을 사용하려면 0이란 값을 부여하면 된다. 다음과 같이 객체를 처음 선언할 때 이 키워드를 사용한다.

```
myWindow = OBJ_NEW('IDLgrWindow', COLOR_MODEL=1)
```

이와 같이 인덱스 컬러모델을 사용할 경우, 이것은 8비트 컬러체계에 해당되므로 마치 다이렉트 그래픽스에서 컬러테이블과 같은 역할을 하는 팔레트(Palette) 객체를 사용할 수 있다. 그래서 윈도우 객체의 PALETTE 속성에 대하여 팔레트 객체를 부여하면, 이에 따른 컬러 인덱스를 사용하게 된다. 만약 팔레트 객체를 따로 지정해주지 않으면 기본 컬러테이블인 흑백 컬러테이블을 사용하게 된다.

```
myPalette = OBJ_NEW('IDLgrPalette')
myPalette -> LOADCT, 5
myWindow -> SetProperty, PALETTE=myPalette
```

RGB 컬러테이블을 사용하려면 다음과 같이 해주면 된다.

---

9 단 일부 X11 기반의 디스플레이 시스템에서는 인덱스 컬러모델로의 설정이 안되는 경우도 있다. 리눅스나 Mac OS 등에서 이러한 X11기반의 X-Window가 사용되는데, 이 경우에는 오직 RGB 컬러모델만 설정이 가능하다. 물론 RGB 컬러모델의 경우는 어떤 하드웨어에서든지 설정이 가능하므로, 가급적이면 그래픽 디바이스 객체에 대해서는 RGB 컬러모델을 사용하는 습관을 들이는 것이 바람직하다.

```
myWindow = OBJ_NEW('IDLgrWindow', COLOR_MODEL=0)
```

만약 COLOR_MODEL 속성을 따로 지정해주지 않으면 기본설정은 RGB 컬러모델을 사용하도록 되어있다. 그리고 이 속성은 그래픽 디바이스 객체를 처음 선언할 때에만 설정 가능하며, 일단 선언이 된 후에는 속성의 변경이 불가함을 유념해야 한다.

7.2. 팔레트 객체(Palette Object)의 사용

팔레트 객체는 IDLgrPalette 클래스에 해당되며 인덱스 컬러모델에서 컬러테이블을 사용하기 위하여 종종 이용된다. 이는 마치 다이렉트 그래픽스에서 흔히 사용하던 LOADCT나 TVLCT와 비슷한 역할을 한다고 보면 된다. 기본적인 사용법은 바로 위에서 언급이 이미 되었지만, 이 팔레트 객체는 그래픽 디바이스 객체뿐만 아니라 개별 하위 그래픽 객체에 대해서도 적용이 가능하다는 점을 추가적으로 유념할 필요가 있다. 예를 들면, 다음과 같이 이미지 객체에 대해서 개별적으로 팔레트 객체를 지정할 수 있다.

```
myImage = OBJ_NEW('IDLgrImage', BYTSCL(HANNING(400, 400)))
myImage -> SetProperty, PALETTE=myPalette
```

그런데 여기서 주의할 점은 하위 그래픽 객체에 개별적으로 부여된 팔레트가 제 역할을 하려면 그래픽 디바이스 객체가 RGB 컬러모델이어야 한다는 것이다. 만약 그래픽 디바이스 객체가 인덱스 컬러모델을 사용한다면, 여기에 부여된 팔레트가 무조건 사용된다. 설명이 좀 어려운 것 같은데, 다음 예제를 살펴보자.

```
myWindow = OBJ_NEW('IDLgrWindow', COLOR_MODEL=1)
myPalette1 = OBJ_NEW('IDLgrPalette')
myPalette1 -> LOADCT, 5
myWindow -> SetProperty, PALETTE=myPalette1
```

여기서 생성한 myWindow라는 그래픽 디바이스 객체는 인덱스 컬러모델을 따르며 5번 컬러테이블에 해당되는 팔레트 객체를 속성으로 갖는다. 이제 이미지 객체를 하나 생성하여 이를 나중에 myWindow에서 표출할 것이라고 하자.

```
myImage = OBJ_NEW('IDLgrImage', BYTSCL(HANNING(400, 400)))
```

```
myPalette2 = OBJ_NEW('IDLgrPalette')
myPalette2 -> LOADCT, 39
myImage -> SetProperty, PALETTE=myPalette2
```

이제 여기서 myImage 객체의 색상은 과연 어떤 컬러테이블에 근거하여 나타날 것인가를 생각해보자. 아마 이런 프로그램을 만든 저자는 39번 컬러테이블을 사용하고자 했을 가능성이 높겠지만, 실제로는 5번 컬러테이블 기반의 색상으로 구현될 것이다. 왜냐하면 윈도우 객체에 부여되어 있는 팔레트 속성을 우선적으로 따르기 때문이다. 따라서 팔레트 객체의 사용에 있어서 그래픽 디바이스 및 개별 하위 그래픽 객체에 대한 팔레트 설정은 세심한 주의가 필요하다.

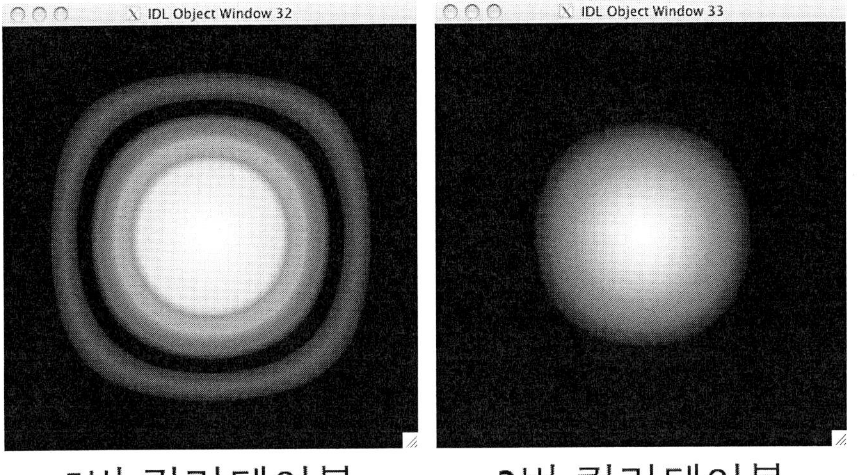

그림 7-2-1 팔레트 객체에 5번 및 3번 컬러테이블이 각각 반영된 모습[C]

사실 이러한 문제는 애초에 그래픽 디바이스 객체의 컬러모델을 RGB로 설정해서(기본설정) 사용하면 다 해결된다. 앞 페이지의 각주에서 언급했지만, 그래픽 디바이스 객체에 대하여 인덱스 컬러모델로 설정하는 것이 어떤 디스플레이 시스템에서는 아예 불가능한 경우도 있으므로, 그냥 그래픽 디바이스 객체에 대해서는 무조건 RGB 컬러모델을 쓴다고 생각해버리는 편이 오히려 더 나을 것이다. 특히 플랫폼에 상관없이 어떤 시스템에서나 정상적으로 구동되어야하는 프로그램을 만들 경우라면 더욱 그렇다. 여기서 등장할 많은 예제들도 결국 그러한 설정을 사용하는 경우가 대부분일 것이다. 그림 7-2-1의 두 그림의 경우도 윈도우 객체가 RGB 컬러모델을 따르도록 되어있는 상태에서, 이미지 객체는 5번 및 3번 컬러테이블에 해당되는 팔레트 객체가 그 속성으로 부여된 경우를 나타낸다. 이 두 그림을 구현하기 위한 예제 코드는 아래와 같다.

```
PRO test_obj_color

oWindow1 = OBJ_NEW('IDLgrWindow', DIMENSION=[400, 400])
oWindow2 = OBJ_NEW('IDLgrWindow', DIMENSION=[400, 400])
oView1 = OBJ_NEW('IDLgrView', VIEWPLANE_RECT=[0, 0, 400, 400])
oView2 = OBJ_NEW('IDLgrView', VIEWPLANE_RECT=[0, 0, 400, 400])
oModel1 = OBJ_NEW('IDLgrModel')
oModel2 = OBJ_NEW('IDLgrModel')

oImage1 = OBJ_NEW('IDLgrImage', BYTSCL(HANNING(400, 400)))
oImage2 = OBJ_NEW('IDLgrImage', BYTSCL(HANNING(400, 400)))
oPalette1 = OBJ_NEW('IDLgrPalette')
oPalette1 -> LOADCT, 5
oPalette2 = OBJ_NEW('IDLgrPalette')
oPalette2 -> LOADCT, 3

oImage1 -> SetProperty, PALETTE=oPalette1
oImage2 -> SetProperty, PALETTE=oPalette2
oModel1 -> Add, oImage1
oModel2 -> Add, oImage2
oView1 -> Add, oModel1
oView2 -> Add, oModel2

oWindow1 -> Draw, oView1
oWindow2 -> Draw, oView2

END
```

7.3. 컬러값의 사용 및 해석

웬만한 IDL 사용자라면 아마 다이렉트 그래픽 체계하에서도 컬러를 다루는 문제가 그리 녹록치않았던 경험들이 누구나 있을 것으로 생각된다. 이러한 어려움은 컬러라는 것이 8비트와 24비트로 나누어져있어서 이 두가지 경우에 대한 이해가 필요하고 IDL에서 어떤 식으로 구현되는가를 알아나가는 과정에서 느껴지게 마련이다. 객체지향 그래픽 체계하에서의 컬러의 사용 및 해석이라는 측면도 결국 이러한 약간의 통과의례를 거쳐야만 한다는 점은 어쩔 수가 없을 것 같다.

앞서 예제에서 보았듯이, 우리가 하위 그래픽 객체를 생성할 때 개별적으로 컬러를 지정할 수가 있다. 예를 들어 플롯, 축, 폴리곤 등의 하위 그래픽 객체 클래스들은 자체적으로 COLOR라는 속성을 갖기 때문에, 객체 생성시 또는 생성 이후에라도 컬러를 부여할 수 있다. 그리고 이보다 약간 상위 개념인 뷰 객체의 경우도 COLOR 속성을 갖고 있다[10]. 뷰 객체에 부여되는 색상은 결국 배경색과 같은 역할을 한다. 예를 들어, 짙은 회색의 색상을 배경색으로 갖는 뷰 객체를 생성하는 방법은 다음과 같다.

```
myView = OBJ_NEW('IDLgrView', COLOR=[60, 60, 60])
```

여기서는 컬러값을 RGB 기반으로 부여하였다. 물론 다음과 같이 인덱스 기반의 컬러값을 부여할 수도 있다.

```
myView = OBJ_NEW('IDLgrView, COLOR=60)
```

이 경우에는 이 뷰 객체가 그려질 그래픽 디바이스 객체에 부여된 팔레트 속성에 따라 색상이 구현될 것이다. 이번에는 또 다른 예제를 살펴보자.

```
myWindow = OBJ_NEW('IDLgrWindow')
myView = OBJ_NEW('IDLgrView', VIEWPLANE_RECT=[0,0,10,10])
myModel = OBJ_NEW('IDLgrModel')
myPlot = OBJ_NEW('IDLgrPlot', FINDGEN(10), THICK=5, $
  COLOR=[255,255,255])
```

---

10 이와는 대조적으로 모델 객체의 경우는 COLOR 속성이 존재하지 않는다. 뷰 객체는 일종의 그림판의 역할을 하기 때문에 배경색상의 지정이라는 측면에서 COLOR 속성의 역할이 있겠지만, 모델 객체는 하위 그래픽 객체들을 담는 추상적인 그릇의 역할만을 하기 때문에 따로 이러한 속성이 필요가 없는 것으로 이해하면 될 것 같다.

```
myModel -> Add, myPlot
myView -> Add, myModel
myWindow -> Draw, myView
```

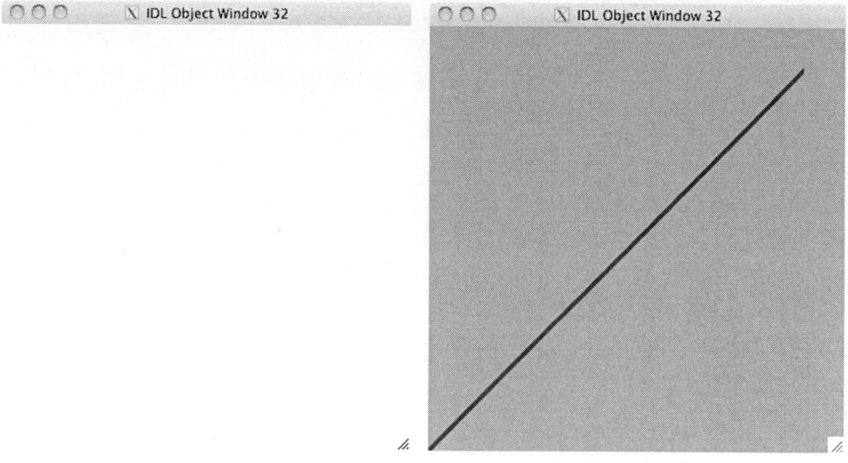

배경색 [255,255,255] 배경색 [75,250,75]
플롯 [255,255,255] 플롯 [150,0,150]

그림 7-3-1 배경색과 플롯 객체의 색상이 각각 다르게 설정된 모습[c]

이 예제의 첫번째 줄을 보면 새로 생성되는 윈도우 객체가 기본설정인 RGB 컬러모델을 사용함을 알 수 있다. 그리고 뷰 객체의 배경색은 기본설정인 백색([255,255,255])을 그대로 사용하고 있다. 하위 그래픽 객체로 구현된 플롯 객체의 경우 역시 그 색상을 백색으로 설정되어 있다. 그런데 이 상태에서는 배경색과 플롯 객체의 색이 같으므로 실제 구현시에는 그림 7-3-1의 왼쪽 그림과 같이 플롯 객체가 안보일 것이다. 따라서 플롯 객체의 색상을 백색이 아닌 다른 색으로 바꿔야하므로 다음과 같이 컬러속성을 바꿔보자.

```
myPlot -> SetProperty, COLOR=[150,0,150]
myView -> SetProperty, COLOR=[75,250,75]
myWindow -> Draw, myView
```

여기서는 뷰 객체의 색상을 초록색으로 하고 플롯 객체의 색상은 보라색으로 변경하였기 때문에, 이제는 그림 7-3-1의 오른쪽 그림과 같이 배경과 플롯이 구분되어 나타날 것이다.

사실 IDL의 객체지향 그래픽 체계에서 컬러에 관한 내용을 관련문서에서 들여다보면 이보다 좀 더 복잡한 내용들도 있다. 하지만 지금까지 설명한 내용 정도까지만 알고 있어도 웬만한 작업에는 별다른 지장이 없다는 것이 필자의 경험적인 판단이다. 따라서 컬러에 관한 내용은 이 정도로 마무리하고 다음 장으로 넘어가기로 하겠다.

8. Axis and Text Objects

축과 텍스트 객체 다루기

이제부터 이어지는 챕터들에서는 본격적으로 실제 그래픽 객체들을 구현하는 방법들을 종류별로 다루게 된다. 그 첫 단계로서 이 장에서는 먼저 축(Axis)과 텍스트(Text) 객체들에 대하여 알아보기로 한다. 이 내용은 이 다음 장에서 플롯(Plot) 객체를 구현하는데 있어 기본적으로 미리 알아둘 필요가 있다. 왜냐하면, 다이렉트 그래픽스에서와는 달리, 객체지향 그래픽스에서는 플롯(Plot), 등위선(Contour), 면(Surface)과 같은 그래픽을 구현할 때 축과 타이틀 등이 자동적으로 알아서 생성되지 않는다. 그 대신 축 객체 또는 텍스트 객체의 형태로 직접 생성해줘야만 한다.

이러한 내용은 앞서 이미 몇 번 언급한 바가 있을 것이다. 다시 한번 강조하지만, 여기가 사실 객체지향 그래픽스에 익숙해지기 위한 첫번째 난관이라고 생각된다. 다소 귀찮고 까다로운 내용이 될지는 모르겠지만, 이 난관만 일단 잘 극복한다면 객체지향 그래픽스의 세상을 살아가기가 훨씬 수월해질 것이다. 너무 겁먹지말고 그냥 즐기는 마음으로 한번 부딪쳐보자.

8.1. 축 객체의 생성

일반적인 2차원 플롯의 경우 X, Y 두 개의 축이 존재하는데, 물론 각 방향에 대한 축 객체를 모두 직접 생성해줘야 한다. 그리고 각 축이 갖게되는 범위값 역시 직접 설정해줘야 한다. 다이렉트 그래픽스에서는 플롯을 그릴 자료의 범위값에 따라 IDL이 알아서 축마다의 범위를 정해주지만([XYZ]RANGE 키워드를 따로 사용하지 않을 경우), 객체지향 그래픽스에서의 축 객체의 경우는 RANGE라는 속성을 통하여 범위를 지정해주지 않을 경우 무조건 0.0~1.0이라는 범위로 인식해버린다는 점을 유의해야 한다.

축 객체는 다음과 같이 OBJ_NEW 함수를 사용하되, 축의 방향을 나타내는 인자가 함께 들어간다. 이 인자의 값이 0이면 X축, 1이면 Y축, 2이면 Z축이 된다.

```
xAxis = OBJ_NEW('IDLgrAxis', 0)
yAxis = OBJ_NEW('IDLgrAxis', 1)
zAxis = OBJ_NEW('IDLgrAxis', 2)
```

이러한 기본인자외에도 여러가지 속성들에 대응하는 키워드들이 사용되는데, 이를 통하여 눈금의 갯수, 길이, 방향, 자료값의 범위 등 여러가지 속성들을 지정할 수 있다. 예를 들어, 범위가 -5~5이고 눈금의 방향은 축의 아래쪽을 향하는 X축 객체를 생성하려면 다음과 같이 해준다.

```
xAxis = OBJ_NEW('IDLgrAxis', 0, RANGE=[-5,5], TICKDIR=1)
```

그리고 이 축 객체에 대하여 작은 눈금(minor tick)을 비활성화시키려면 다음과 같이 MINOR라는 속성을 조정하면 된다. 또한 축의 두께의 경우 THICK이라는 속성을 조정하면 된다.

```
xAxis -> SetProperty, MINOR=0, THICK=1.5
```

8.2. 축 객체의 사용

예제 자료를 사용하여 2차원 플롯 객체를 생성하고, 여기에 X, Y 축 객체를 추가적으로 생성하는 예제를 한번 살펴보도록 하자. 우선 다음과 같이 플롯 및 축 객체들을 생성한다.

```
data = FINDGEN(100)
myPlot = OBJ_NEW('IDLgrPlot', data)
xAxis = OBJ_NEW('IDLgrAxis', 0)
yAxis = OBJ_NEW('IDLgrAxis', 1)
```

생성된 플롯 객체로부터 자료값의 X 및 Y 범위를 추출하고, 각 방향 축 객체의 범위를 이에 맞게 조정한다.

```
myPlot -> GetProperty, XRANGE=xr, YRANGE=yr
xAxis -> SetProperty, RANGE=xr
yAxis -> SetProperty, RANGE=yr
```

축 객체에서 눈금(tick)의 길이는 기본적으로 자료값 단위의 0.2배로 설정된다. 여기서 사용되는 예제 자료의 경우 그 범위가 0~99이므로, 기본 설정대로라면 눈금의 길이가 0.2가 될텐데 그러면 눈금 자체가 너무 짧아서 육안으로 거의 식별이 불가능할 정도가 될 것이다. 따라서 자료값 범위의 2% 정도로 해주는 것이 보기에 훨씬 좋을 것이므로 다음과 같이 재조정해준다.[11]

```
xtl = 0.02*(xr[1]-xr[0])
ytl = 0.02*(yr[1]-yr[0])
xAxis -> SetProperty, TICKLEN=xtl
yAxis -> SetProperty, TICKLEN=ytl
```

이제 플롯 및 축 객체들을 담을 모델, 뷰, 윈도우 객체들을 생성하고, 서로간의 계층구조를 설정해준다.

```
myModel = OBJ_NEW('IDLgrModel')
myView = OBJ_NEW('IDLgrView')
myWindow = OBJ_NEW('IDLgrWindow')
myModel -> Add, myPlot
myModel -> Add, xAxis
myModel -> Add, yAxis
myView -> Add, myModel
```

앞서 '객체의 위치 지정'이라는 챕터의 후반부에서 잠시 언급했던 SET_VIEW라는 프로시저를 혹시 기억하는가? 여기서 이 프로시저를 잠시 사용하도록 하겠다. 이 프로시저의 역할은 적정한 뷰플레인 사각형을 뷰 객체에 부여하는 것임을 상기하면 된다. 뷰플레인 사각형을 일일이 계산하기 귀찮을 때 사용하면 편한 프로시저이다.

```
SET_VIEW, myView, myWindow
```

이제는 다음과 같이 지금까지 작업한 내용을 화면에 구현하면 된다.

```
myWindow -> Draw, myView
```

---

[11] 사실 Direct Graphics에서는 플롯을 그릴 때 IDL이 기본적으로 당연히 해주는 과정이었는데, 여기서는 직접 해줘야한다. 좀 치사하지만 어쩔 수 없다.

참고로 이 예제는 IDL이 설치된 폴더내에 examples/visual이라는 하위폴더안에 obj_axis.pro라는 이름의 프로시저로 이미 저장이 되어있다. 따라서 IDL의 커맨드 입력창에서 obj_axis라고 타이핑하고 엔터키를 누르면 바로 실행되는 모습을 볼 수 있다. 제대로 실행되었다면 그림 8-2-1과 같은 모습의 플롯을 볼 수 있을 것이다.

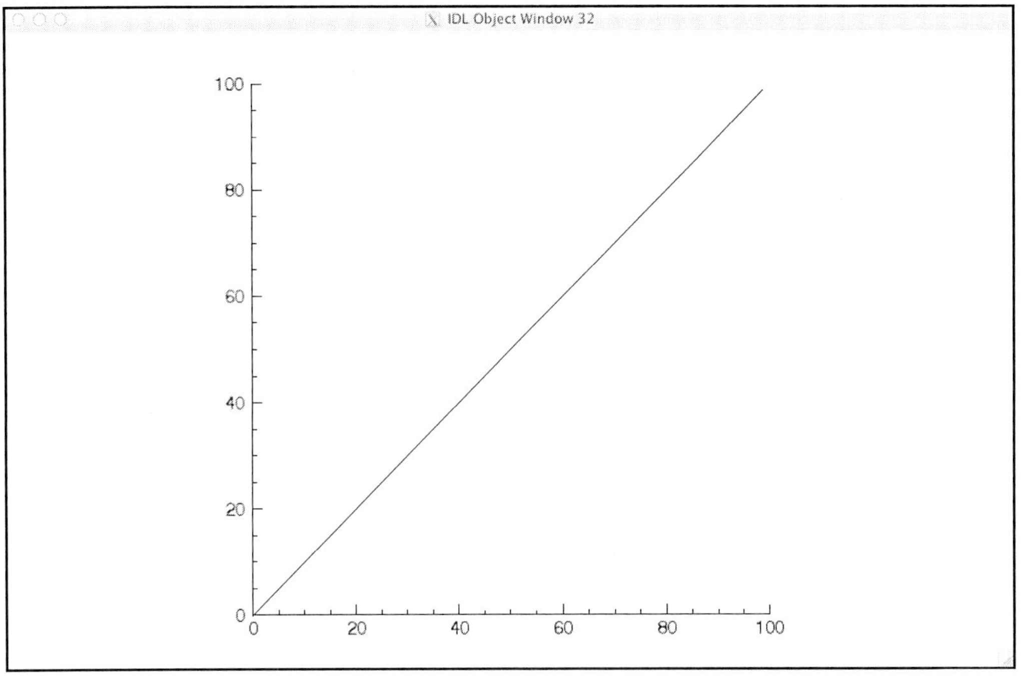

그림 8-2-1 OBJ_AXIS 프로시저로 그려진 플롯의 모습

8.3. 로그 스케일의 축 객체 생성

이번에는 축 객체의 스케일을 일반적으로 많이 사용되는 선형이 아닌 로그 스케일로 그려보고자 한다. 이를 위한 예제 코드는 앞서 소개한 obj_axis.pro가 있는 폴더안에 obj_logaxis.pro라는 프로시저로 저장되어 있다. 따라서 커맨드 입력창에서 obj_logaxis를 바로 실행하면 된다. 이를 실행하면 처음에는 선형 스케일의 플롯을 먼저 그리는데, 커맨드 입력창에서 엔터키를 한번 더 눌러주면 Y축을 로그 스케일로 변경하여 다음 그림 8-3-1과 같은 새로운 모습의 플롯이 그려지는 것을 볼 수 있을 것이다.

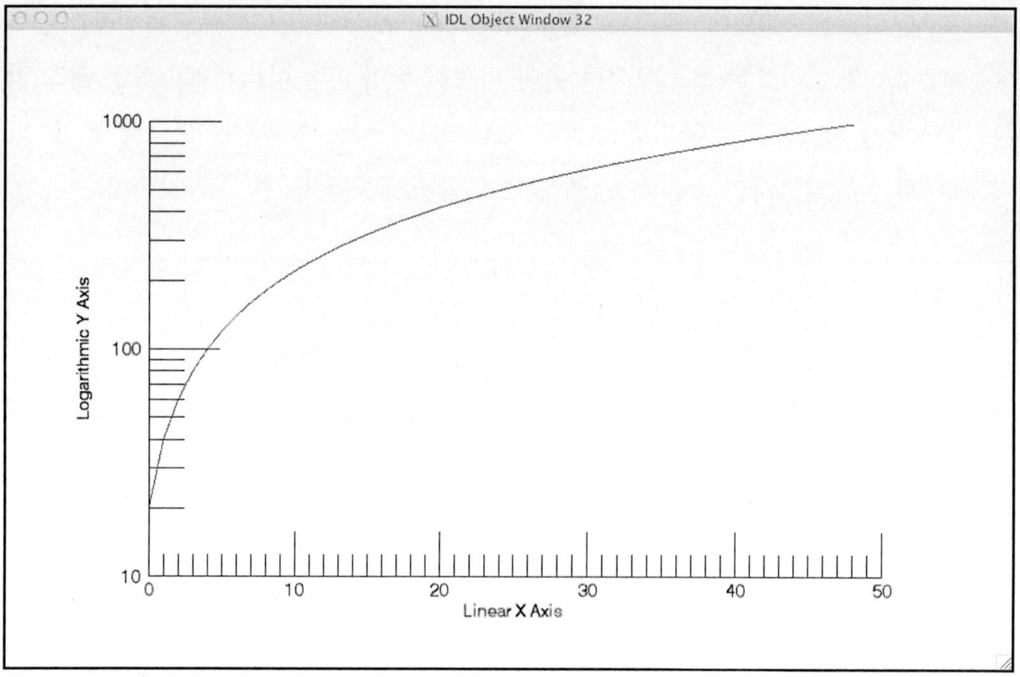

그림 8-3-1 OBJ_LOGAXIS 프로시저로 그려진 플롯의 모습[c]

커맨드 입력창에서 .edit obj_logaxis를 실행하면 이 예제 코드의 내용을 자세히 들여다볼 수 있다. 그리고 코드 내에 주석문들이 친절하게 붙어있으므로, 이 코드에 대한 자세한 설명은 여기서는 생략하기로 한다. 다만 축 객체의 속성들 중 LOG라는 속성을 조정함으로써 축 객체의 스케일을 로그 스케일로 변경했다는 점, 그리고 스케일의 변경에 따라 이에 맞는 범위값을 다시 계산하는 부분이 들어갔다는 점 등을 주로 눈여겨보면 될 것이다. 사실 코드의 내용이 지금 100% 다 이해가 안된다 하더라도 아직은 큰 문제는 아니다. 객체지향 그래픽스에 대한 이해가 조금 더 깊어진 후에 이 코드를 들여다보면 아마 지금보다는 더 이해가 잘 될 것이므로, 지금 단계에서는 이러한 것도 가능하다는 정도만 알고 있어도 충분할 것이라 생각한다.

8.4. 날짜/시간 축 객체의 생성

IDL 사용자들이라면 2차원 플롯에서 축의 스케일이 날짜나 시간이 되어야하는 경우가 굉장히 많을 것이다. 여기서는 이러한 스케일의 축 객체를 생성 및 이용하는 방법을 한번 살펴보기로 한다. 먼저 예제 자료를 다음과 같이 생성한다.

```
ns = 360
times = TIMEGEN(ns, UNITS='minutes', $
  START=JULDAY(11, 15, 2010, 3, 0))
data = 200+100*SIN(100*!DTOR*FINDGEN(ns))
```

여기서는 예제자료로서 1분 간격으로 6시간 동안 측정된 data라는 실수 배열을 임의로 생성하였다. 물론 이에 대응되는 시간값 배열인 times라는 배열도 함께 생성하였으며, 그 갯수는 둘 다 360개가 될 것이다. 시간 범위는 임의로 2010년 11월 15일 03시부터 09시까지로 하였다. 이제 LABEL_DATE 함수를 사용하여 축 객체상에서 표시될 날짜/시간의 형식(format)을 다음과 같이 지정한다.

```
label_date = LABEL_DATE(DATE_FORMAT=['%H'])
```

여기서는 X축을 날짜/시간 스케일로 만들며, 큰 눈금의 간격은 시간(hour) 단위로 하는 것이 적당할 것이다. 따라서 '%H'를 사용하였다. 이제 다음과 같이 기본적으로 필요할 것 같은 객체들을 생성한다. 이제는 어떤 종류의 객체들이 필요할 것인지 서서히 감이 올 것이다.

```
oPlotWindow = OBJ_NEW('IDLgrWindow', RETAIN=2, $
  DIMENSION=[800,600])
oPlotView = OBJ_NEW('IDLgrView', /DOUBLE)
oPlotModel = OBJ_NEW('IDLgrModel')
oPlot = OBJ_NEW('IDLgrPlot', times, data, /DOUBLE)
```

여기서 생성된 oPlotModel이라는 모델 객체에는 플롯 및 축 객체들이 포함될 것이다. 뷰 객체는 물론 모델 객체를 포함하게 된다. 여기서 뷰 객체인 oPlotView와 플롯 객체인 oPlot을 생성할 때 DOUBLE이라는 키워드가 있는 것을 볼 수 있다. 이는 시간/날짜라는 것이 기본적으로 Julian으로 표시되는데 이 값 자체가 2배정도(double precision) 실수이기 때문이다. 이제 다음과 같이 X, Y 축 객체의 적당한 범위를 설정해준다. 앞선 플롯 예제들에서는 플롯 객체로부터 범위 속성을 추출하여 이를 축 객체에 반영했지만, 실제 상황에서는 플롯을 그릴 때 적당할 것으로 생각되는 범위를 미리 정해두고 이를 축 객체에 바로 반영하는 경우가 더 많을 것이다.

```
xrn = [JULDAY(11,15,2010,3,0), JULDAY(11,15,2010,9,0)]
xs = NORM_COORD(xrn)
xs[0] = xs[0]-0.5
yrn = [0, 400]
ys = NORM_COORD(yrn)
ys[0] = ys[0]-0.5
oPlot -> SetProperty, XCOORD_CONV=xs, YCOORD_CONV=ys
```

여기서 사용된 NORM_COORD라는 함수는 0~1의 범위를 갖는(normalized) 좌표계를 만드는 역할을 한다(앞서 '객체의 변환' 챕터에서 이미 언급되었으므로 그 내용을 참조한다). 여기서 생성한 뷰 객체가 X, Y 방향 모두 기본 설정인 -1.0~+1.0의 범위를 가지므로, NORM_COORD를 적용한 다음 0.5를 빼주어 가운데로 정렬하는 방식으로 좌표계를 맞춰주는 것이다. 이러한 좌표계는 축 객체들에 대해서도 동일하게 적용된다. 이러한 적용은 [XY]COORD_CONV라는 키워드를 통해서 이루어짐을 상기한다.

이제는 축 객체들을 생성한다. 이 때 각 방향 축마다의 타이틀 그리고 전체 타이틀에 해당되는 텍스트 객체들도 함께 생성한다. 이래야 좀 볼만한 플롯이 될 것이다.

```
oTextXAxis = OBJ_NEW('IDLgrText', 'Time (Hours)')
oPlotXAxis = OBJ_NEW('IDLgrAxis', 0, /EXACT, $
  RANGE=xrn, XCOORD_CONV=xs, YCOORD_CONV=ys, $
  TITLE=oTextXAxis, LOCATION=[xrn[0], yrn[0]], $
  TICKDIR=0, TICKLEN=0.02*(yrn[1]-yrn[0]), $
  TICKFORMAT=['LABEL_DATE'], TICKINTERVAL=1, MINOR=0, $
  TICKUNITS=['Hour'])
oTextYAxis = OBJ_NEW('IDLgrText', 'Data (km/s)')
oPlotYAxis = OBJ_NEW('IDLgrAxis', 1, /EXACT, $
  RANGE=yrn, XCOORD_CONV=xs, YCOORD_CONV=ys, $
  TITLE=oTextYAxis, LOCATION=[xrn[0], yrn[0]], $
  TICKDIR=0, TICKLEN=0.02*(xrn[1]-xrn[0]), MINOR=0)
```

```
oPlotText = OBJ_NEW('IDLgrText', 'Example Data Plot', $
  LOCATION=[(xrn[0]+xrn[1])/2, yrn[1]+0.05*(yrn[0]+yrn[1])], $
  XCOORD_CONV=xs, YCOORD_CONV=ys, ALIGNMENT=0.5)
```

여기서 각 축 객체마다 LOCATION이라는 속성이 설정되는 것이 보이는데, 이것은 축 객체의 시작점의 위치를 나타내는 것이다. 따라서 그 위치는 당연히 각 축 객체마다의 범위의 첫번째 값들로 구성된 좌표가 될 것이다. 그리고 전체 타이틀에 해당되는 텍스트 객체인 oPlotText의 경우도 LOCATION 속성을 이용하여 화면상의 적당한 위치에 대한 좌표를 부여하였음을 유념한다.

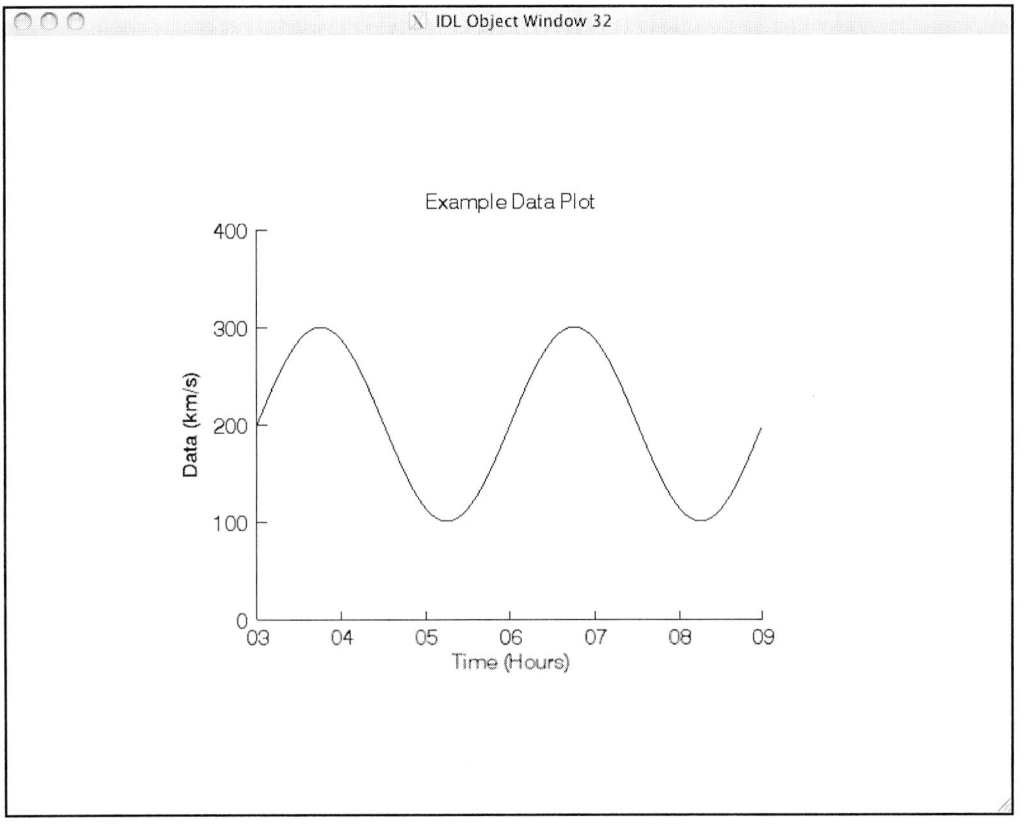

그림 8-4-1 X축이 시간 스케일로 표현된 플롯의 모습

이렇게 생성된 객체들을 모두 모델 객체안에 포함시키고, 나머지 필요한 계층구조 설정을 해준다. 그러면 그림 8-4-1과 같이 X축이 시간 스케일로 된 2차원 플롯을 얻을 수 있다.

```
oPlotModel -> Add, oPlot
oPlotModel -> Add, oPlotXAxis
oPlotModel -> Add, oPlotYAxis
oPlotModel -> Add, oPlotText
oPlotView -> Add, oPlotModel
oPlotWindow -> Draw, oPlotView
```

그리고 깔끔한 마무리를 위하여 다음과 같이 더 이상 필요없는 객체들을 제거하도록 하자. 이렇게 하면 이미 그려진 그림은 남아있겠지만, 해당 객체들은 메모리상에서는 제거된다. 그래픽 디바이스 객체를 제외한 나머지들은 모두 제거하는 것이 바람직하다.

```
OBJ_DESTROY, [oPlotView, oPlotModel]
```

8.5. 축 객체의 타이틀과 눈금 텍스트

앞의 예제를 보면 알 수 있듯이, 축 객체에 대하여 타이틀을 부여하려면, 축 객체의 TITLE이라는 속성에 대하여 타이틀 문자열에 해당되는 텍스트 객체를 부여하면 된다. 축 객체의 타이틀은 기본적으로 축의 가운데로 정렬되어 나타나며, 그 색상은 축 객체의 색상과 같도록 기본 설정이 되어있다. 즉, 색상의 경우 타이틀로 사용된 텍스트 객체 자체적으로 다른 컬러 속성이 이미 부여되어있다 하더라도, 무조건 축 객체의 색상을 먼저 따르도록 되어있다는 뜻이다. 물론 예외는 있다. 축 객체에 대하여 USE_TEXT_COLOR라는 속성에 0이 아닌 값을 부여한다면, 텍스트 객체 자체적으로 갖는 색상이 효력을 발휘하게 된다. 앞서 소개된 예제 코드에서 뷰 객체를 윈도우 객체에 구현하기 직전에 다음과 같은 문구들을 삽입해보자.

```
oPlotXAxis -> SetProperty, USE_TEXT_COLOR=1
oTextXAxis -> SetProperty, COLOR=[255,0,0]
oPlotWindow -> Draw, oPlotView
```

이것은 X축 객체의 USE_TEXT_COLOR 속성을 0이 아닌 값으로 변경하고, X축 객체의 타이틀이 되는 텍스트 객체의 색상을 [255, 0, 0], 즉 붉은색으로 변경하는 역할을 한다. 그러면 그림 8-5-1과 같이 X축의 타이틀만 붉은색으로 나타나게 된다.

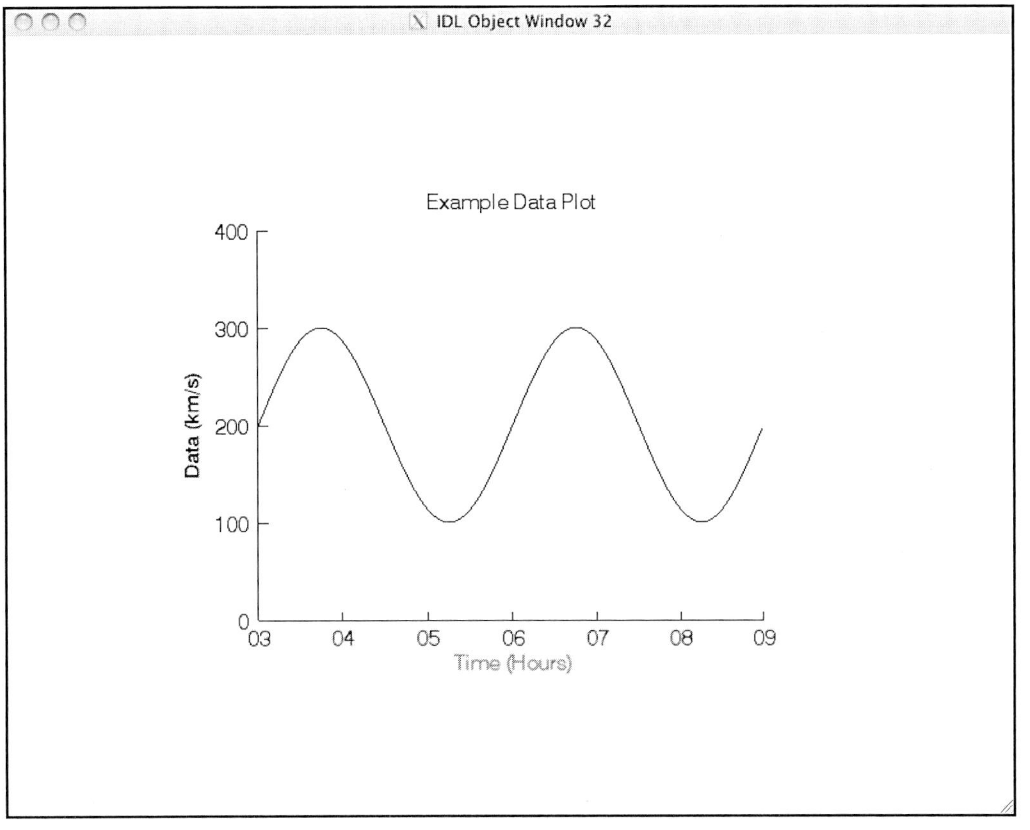

그림 8-5-1 X축의 타이틀만 색상을 변경하여 표출한 모습C

축 객체의 눈금에는 해당 값이 표시되는 것이 기본 설정이다. 즉, 이 예제에서 Y축의 눈금값들이 0, 100, 200, 300, 400으로 표시되는 것을 의미하는데, 이 눈금의 값들을 따로 지정해줄 수도 있다. 이것은 축 객체의 TICKTEXT라는 속성에 대하여, 원하는 문자값들로 구성된 배열로 생성된 텍스트 객체 또는 단일 문자값을 갖는 텍스트 객체들로 구성된 배열을 부여하는 방식으로 이루어진다. 어떤 경우든 이 배열의 구성원소 갯수는 눈금의 갯수와 일치해야 한다. 앞서 X축 객체의 타이틀을 변경하기 위하여 새로운 문구들을 예제 코드에 삽입하였는데, 그 바로 뒤에 다음과 같은 문구들을 추가해보자. 그러면 Y축의 5개의 눈금들에 해당되는 문자들이 다음 그림 8-5-2와 같이 변경되는 것을 볼 수 있다.

```
ytt = ['Very Low', 'Low', 'Medium', 'High', 'Very High']
oTickTextYAxis = OBJ_NEW('IDLgrText', ytt)
```

```
oPlotYAxis -> SetProperty, TICKTEXT=oTickTextYAxis
oPlotWindow -> Draw, oPlotView
```

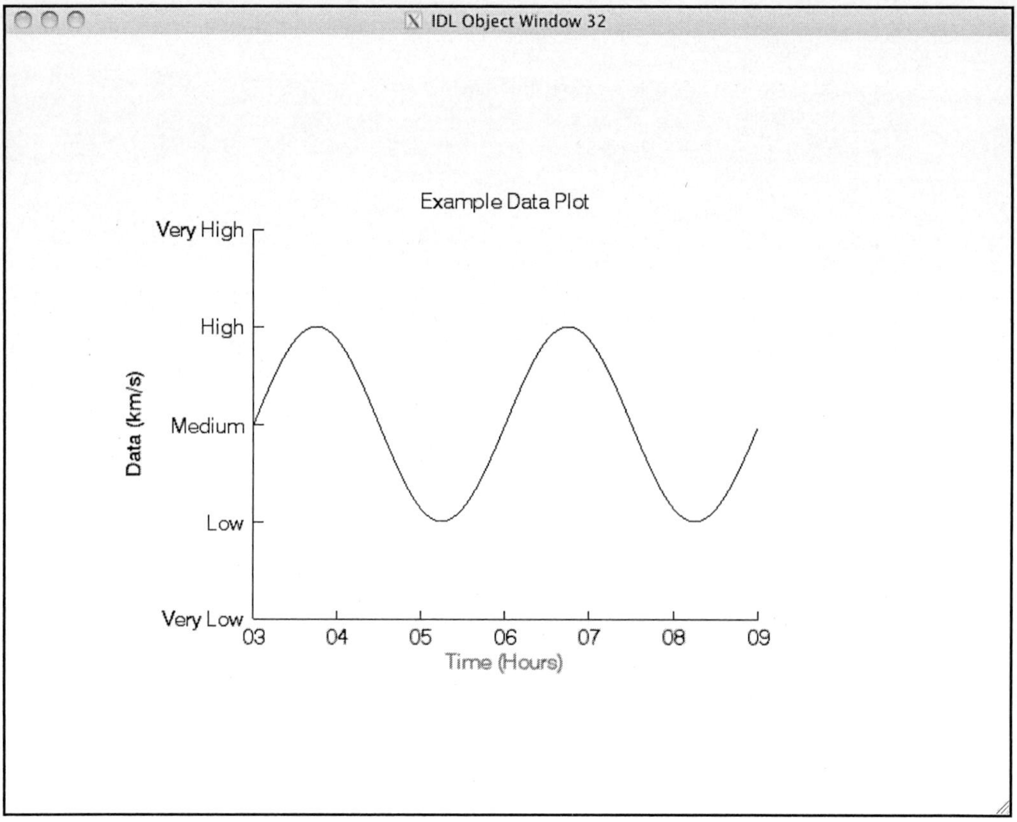

그림 8-5-2 Y축의 눈금 문자들을 변경하여 표출한 모습[c]

이번에는 축 객체상에서 값의 순서를 뒤집어야 하는 경우를 생각해보자. 즉 기본 설정으로는 축의 눈금값들의 순서는 올림차순이지만 내림차순으로 그려보는 것이다. 잠시 다이렉트 그래픽스에서의 기억을 되살리면, PLOT이라는 프로시저를 사용할 때 [XY]RANGE라는 키워드에 원하는 범위를 예를 들어 XRANGE=[10, 0]과 같이 설정해주는 것만으로 충분하다. 하지만 객체지향 그래픽스의 세상에서는 불행히도 이것이 그리 간단한 문제는 아니다. 2차원 플롯의 경우, X축이나 Y축 둘 중 하나만 값의 순서가 뒤집어져도, 그 축 객체뿐 아니라 나머지 축 객체 및 플롯 객체의 속성들을 모두 다시 설정해주어야 한다. 개개의 하위 그래픽 객체들은 서로 독립적인 존재이기 때문에, 타 객체의 속성 변화에 발맞춰 자동으로 자신의 속성을 적절하게 변경하지는 않기 때문이다. 역시나 다이렉트 그래픽스에서와는 상당히 다르면서 또한 좀 불편한 점이라 할 수 있겠다. 이와 관련된 예제로서 IDL이 설치된 폴더안에 examples/visual이라는 하위 폴더를 보면 ex_reverse_plot.pro라는 프로시저가 있다. 커맨드 입력창에서 ex_reverse_plot이라고 입력하고 엔터키를 누르면 바로 실행이 되며, .edit ex_reverse_plot을 입력하고 엔터키를 누르면 그 내용을 볼 수 있다. 내용을 들여다보면, 축 객체의 아직 소개되지 않은 다른 속성들을 이용하고, 또 모델 객체 자체를 회전시키는 등의 다소 복잡해보이는 과정들이 포함되어 있다. 일단 여기서는 이 코드에 대한 자세한 설명은 생략하기로 하겠다. 지금 단계에서 내용이 너무 복잡해 보인다면, 일단 보류하고 다음 내용으로 넘어가도 무방할 것으로 생각한다.

8.6. 텍스트 객체의 생성 및 이용

앞서 예제에서 은근슬쩍 텍스트 객체를 생성하여 사용해보았는데, 여기서 텍스트 객체에 대한 좀 더 세부적인 내용을 살펴보기로 한다. 텍스트 객체를 생성할 때에는 다음과 같이 해당 문자 또는 문자 배열을 인자로서 부여한다.

```
oText = OBJ_NEW('IDLgrText', 'A Text String')
oTextArr = OBJ_NEW('IDLgrText', ['A', 'B', 'C'])
```

그리고 이렇게 생성된 텍스트 객체를 화면상에 표시하려면 그 위치를 좌표로 지정해 줘야 한다. 다음 예제를 살펴보자.

```
oWindow = OBJ_NEW('IDLgrWindow', DIMENSIONS=[400,400])
oView = OBJ_NEW('IDLgrView', VIEWPLANE_RECT=[0,0,10,10])
oModel = OBJ_NEW('IDLgrModel')
oText = OBJ_NEW('IDLgrText', 'IDL User', LOCATION=[4,4], $
  COLOR=[50,100,150])
oView -> Add, oModel
oModel -> Add, oText
oWindow -> Draw, oView
```

이 예제를 실행하면 그림 8-6-1과 같이 윈도우 객체의 정가운데에서 약간 아래쪽에 'Text String'이라는 문자가 위치함을 알 수 있다. 여기서 텍스트 객체를 생성할 때

LOCATION이라는 속성에 대하여 좌표가 부여된 것을 볼 수 있다. 이 좌표는 텍스트 객체의 왼쪽 아래 구석부분의 위치에 해당된다. 현재 뷰플레인 사각형이 가로로 10, 세로로 10이란 크기로 정의되어 있으므로, [4, 4]라는 좌표는 정가운데에서 약간 왼쪽 아래임을 알 수 있다. 그리고 문자의 수평방향 정렬 위치는 ALIGNMENT라는 속성으로 조절할 수 있는데, 기본값은 0.0으로 왼쪽 정렬에 해당된다. 이 값이 1.0이면 오른쪽 정렬, 0.5이면 가운데 정렬이 된다. 수직방향 정렬 위치의 경우는 VERTICAL_ALIGNMENT라는 속성으로 조절할 수 있다. 이 속성의 경우 기본값은 0.0으로 바닥 정렬에 해당되고, 1.0이면 꼭대기 정렬이 될 것이다. 이와 같은 속성들을 변경해가며 테스트해보면 좋을 것이다.

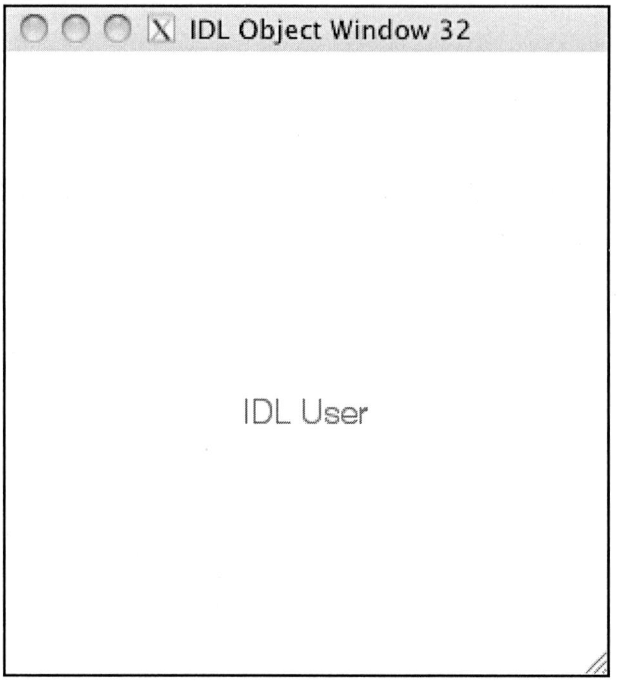

그림 8-6-1 생성된 텍스트 객체의 모습[C]

8.7. 텍스트 객체의 방향

앞의 예제에서 표시한 텍스트 객체를 보면 그 방향이 X축과 나란한, 즉 수평방향임을 알 수 있다. 이것은 텍스트의 기저선(baseline)의 방향이 X축 방향이라는 뜻도 된다.

이 기저선의 방향도 텍스트 객체가 갖는 하나의 속성으로서 임의로 설정이 가능하다. 이 속성이 바로 BASELINE인데, 앞의 예제에서 다음과 같은 문구를 추가하여 기저선을 변경해보자.

```
oText -> SetProperty, BASELINE=[2,3]
```

여기서 BASELINE에 부여된 좌표의 의미는, 기저선의 방향이 원점인 [0, 0]과 주어진 좌표인 [2, 3]을 잇는 선과 나란하다는 것이다. 따라서 그림 8-7-1과 같이 오른쪽 위로 기울어진 모습으로 보이게 될 것이다.

그림 8-7-1 BASELINE 속성을 변경하여 나타낸 텍스트 객체의 모습[C]

기저선의 방향은 3차원으로도 설정 가능하다. 이번에는 다음과 같이 해보자.

```
oText -> SetProperty, BASELINE=[2,1,2]
```

그러면 기저선의 방향이 3차원 공간상에서 [0, 0, 0]에서 [2, 1, 3]을 잇는 선과 평행이라는 의미이며, 그림 8-7-2와 같이 제법 입체적인 회전을 한 것처럼 보이게 된다. 이렇게 기저선의 방향을 바꿔서 표시해보면, 텍스트 객체가 어떤 각도로 나타날지를 결정할 수 있다.

그림 8-7-2 BASELINE을 3차원스럽게 변경하여 나타낸 텍스트 객체의 모습[c]

이번에는 기저선과 더불어 텍스트 객체의 방향을 결정짓는 또 하나의 중요한 요소인 윗방향(Upward Direction)이라는 개념을 살펴보자. 이것은 텍스트 객체의 UPDIR이라는 속성에 해당되는데, 기저선의 경우 기본 설정이 X축 방향이라면 윗방향의 경우 기본설정은 Y축 방향이 된다. 기저선의 방향과 윗방향이 바로 텍스트 객체가 그려지는 평면을 의미한다고 보면 된다. 따라서 기저선의 방향과 윗방향은 항상 서로 수직일 수밖에 없다. 여기서 주의할 점은, 이 윗방향이란 개념이 텍스트 객체의 기울기를 뜻하는 것은 아니라는 점이다. 따라서 어떤 텍스트 객체에 대하여 기저선과 수직이 아닌 방향을 윗방향 속성으로 부여한다고 해도, 그 텍스트 객체는 항상 기저선에 수직한 방향으로 나타날 것이다. 이런 이유로 텍스트 객체에 대하여 이 두 속성을 동시에 정의하는 경우는 별로 없고, 둘 중 하나만을 이용하는 경우가 많다. 텍스트 객체가 그려질 3차원상의 평면을 정의하는 요소로서 기저선과 윗방향이 함께 존재한다는 점을 유념하도록 한다.

8.8. 텍스트 객체의 폰트

그렇다. 텍스트 객체를 얘기하는데 있어서 가장 중요한 속성 중 하나가 바로 폰트(Font)이다. 다만 다이렉트 그래픽스에서와는 달리 객체지향 그래픽스를의 세계에서는 폰트도 하나의 객체임을 이미 확인한 바 있다. 따라서 이 폰트 객체에 대해서는 보조 객체들에 관한 챕터에서 따로 상세히 다루도록 하겠다.

9. Plot Objects

플롯 객체 다루기

앞선 챕터에서 일단 축과 텍스트 객체에 관한 내용을 살펴보았으므로, 이번에는 플롯 객체에 관하여 살펴보기로 하겠다. 물론 앞서 이미 몇몇 예제들을 통하여 간헐적으로 플롯 객체들을 접하긴 했지만, 이 장에서는 플롯 객체에 관한 좀 더 폭넓은 내용들을 소개하기로 한다.

9.1. 플롯 객체의 생성

플롯 객체는 2차원 공간상에서 X, Y 좌표가 주어진 점들을 연결해놓은 것이다. 다만, 앞서 축 객체에 대한 내용에서 이미 언급했듯이, 객체지향 그래픽스에서는 플롯을 그리기 위하여 플롯 객체를 생성해도 나머지 X, Y 축은 자동적으로 생성되지 않는다는 점은 이미 잘 알고 있을 것이다. 당연히 축 객체들은 따로 만들어줘야 한다. 플롯 객체를 생성하는데 있어서 Y값에 해당되는 벡터는 당연히 필수적인 인자가 되며, X값에 해당되는 벡터는 있다면 넣고 없어도 무방한 일종의 옵션 인자이다. 이 점은 다이렉트 그래픽스의 PLOT 명령에서와 같다. X에 해당되는 벡터가 따로 주어지지않으면 그냥 0, 1, 2로 시작하는 인덱스 벡터로 대체된다. 먼저 다음 예제는 Y 벡터만을 인자로 하여 플롯 객체를 생성하는 경우이다.

```
oPlot = OBJ_NEW('IDLgrPlot', [3,8,2,4,6,6,9,5])
```

그리고 다음 예제는 X, Y 벡터 모두를 인자로 한 경우이다.

```
datay = [3,8,2,4,6,6,9,5]
datax = [5,7,1,2,8,11,7,6]
oPlot = OBJ_NEW('IDLgrPlot', datax, datay)
```

9.2. 플롯 객체의 사용

플롯의 종류를 보면 일반적으로 가장 많이 사용되는 X-Y 플롯외에도 히스토그램 형태의 플롯, 극좌표 기반의 polar 플롯도 있다. 이러한 특수한 형태의 플롯 객체를 생성하려면, HISTOGRAM 또는 POLAR라는 속성을 이용하면 된다. 그러면 먼저 일반적인 형태의 플롯을 그리는 예제부터 살펴보자. 이 예제에서는 세 개의 플롯 객체들을 생성하되, 각각의 LINESTYLE 속성을 다르게 설정할 것이다. 마치 PLOT 명령에서 같은 이름의 키워드를 사용하여, 플롯의 선을 실선, 점선 등으로 나타냈던 것과 같다.

```
oWindow = OBJ_NEW('IDLgrWindow', DIMENSION=[400,300], RETAIN=2)
oView = OBJ_NEW('IDLgrView', VIEWPLANE_RECT=[0,0,20,20])
oModel = OBJ_NEW('IDLgrModel')
x = FINDGEN(17)+2
y = RANDOMU(seed, 17)*18+1
oPlot1 = OBJ_NEW('IDLgrPlot', x, y, COLOR=[100,100,100])
oPlot2 = OBJ_NEW('IDLgrPlot', x, y, /HISTOGRAM, LINESTYLE=4)
y2 = SMOOTH(y, 5)
oPlot3 = OBJ_NEW('IDLgrPlot', x, y2, LINESTYLE=2)
oView -> Add, oModel
oModel -> Add, [oPlot1, oPlot2, oPlot3]
oWindow -> Draw, oView
```

이 예제에서는 임의로 생성된 x, y라는 벡터를 기반으로 세 개의 플롯 객체들을 생성한다. 첫번째 플롯 객체는 붉은색의 일반 플롯의 형태이고, 두번째 플롯 객체는 점선으로 그어진(dotted) 히스토그램 형태의 플롯이며, 세번째 플롯 객체는 y 벡터에 SMOOTH 함수를 적용하여 약간 부드럽게 변형된 끊김선으로 그어진(dashed) 플롯이다. 이제 이 내용을 실행하면 그림 9-2-1과 같이 서로 다른 세 종류의 플롯들이 겹쳐진 모습을 볼 수 있다.

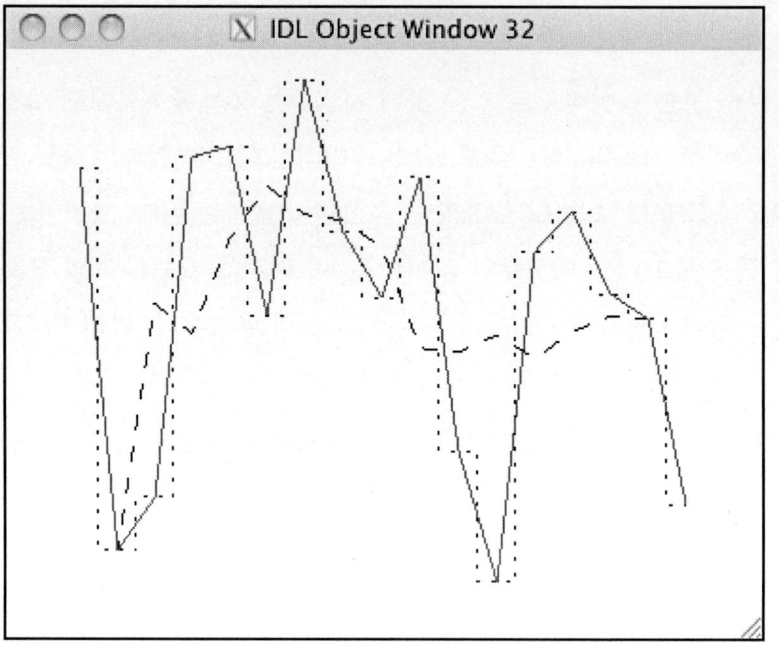

그림 9-2-1 플롯 객체 3종 세트의 모습[c]

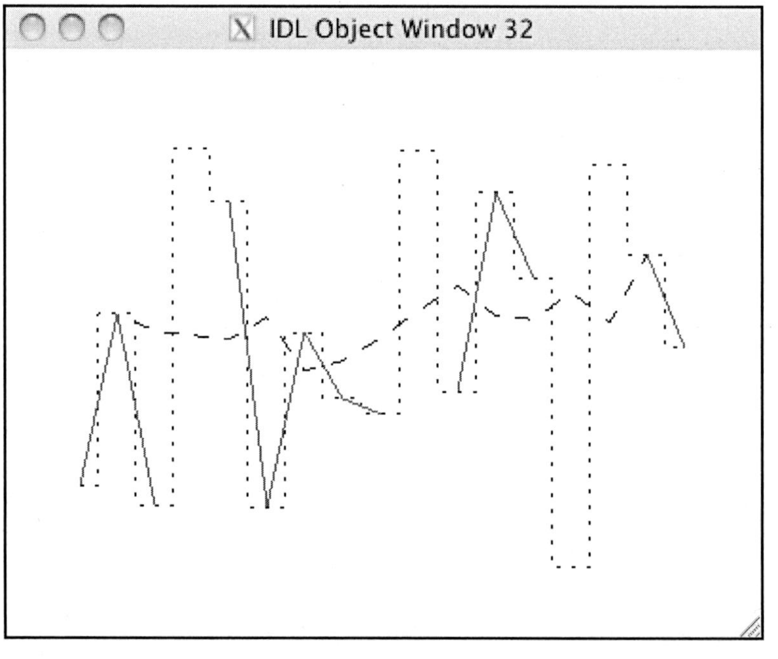

그림 9-2-2 범위를 제한하여 표출한 플롯 객체들의 모습[c]

플롯을 그릴 때 의도적으로 값의 범위를 제한할 수도 있다. 다음과 같이 플롯 객체에 대하여 MAX_VALUE, MIN_VALUE와 같은 속성을 사용하여 특정 범위의 값들만을 플롯에 반영할 수 있다.

```
oPlot1 -> SetProperty, MAX_VALUE=16, MIN_VALUE=4
```

이와 같이 첫번째 플롯 객체에 대하여 그 범위를 4~16으로 제한하면, 그림 9-2-2와 같이 4보다 작거나 16보다 큰 부분을 제외한 나머지 부분만 그리게 된다. 참고로 이 예제에서는 y 벡터를 랜덤 함수로 생성하므로 앞의 그림 9-2-1과는 플롯의 형태 자체가 다를 수밖에 없음을 염두에 두기 바란다.

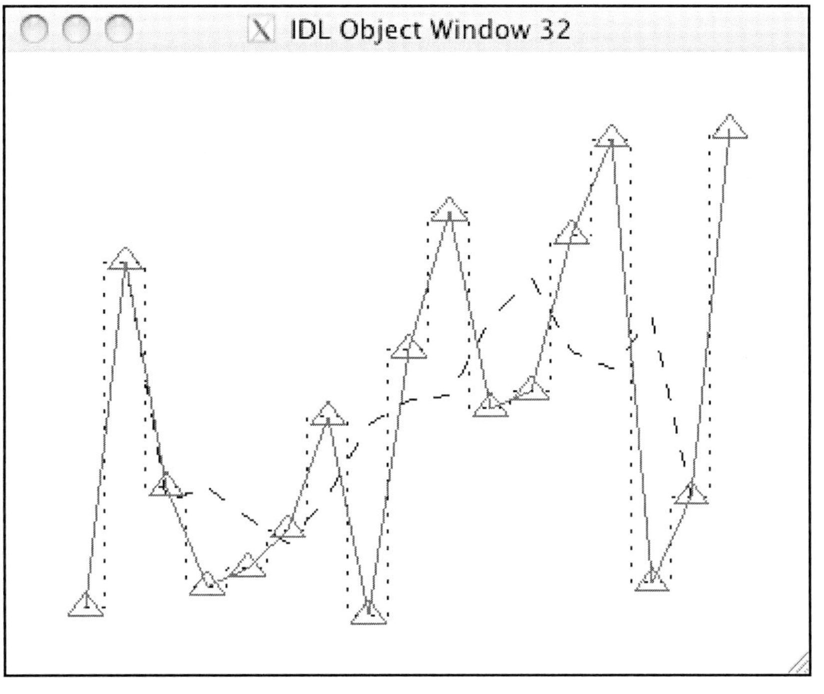

그림 9-2-3 삼각형 심볼로 표현된 플롯 객체의 모습[C]

그리고 SYMBOL이라는 속성을 이용하여 플롯의 심볼을 정할 수도 있다. 이것은 플롯 객체의 SYMBOL 속성에 대하여 심볼 객체를 부여함으로써 가능하다. 이에 관한 좀 더 세부적인 내용은 다음 챕터에 언급되어 있으므로, 여기서는 간단한 예제로 삼각형 심볼을 사용하여 그리는 방법만 살펴보도록 하겠다. 단 앞에서 행했던 범위 제한은 여기서는 풀기로 한다. 그러면 그림 9-2-3과 같이 첫번째 플롯 객체는 삼각형 심볼로 된 플롯으로 변하게 된다.

```
oSymbol = OBJ_NEW('IDLgrSymbol', 5, SIZE=[2,2])
oPlot1 -> SetProperty, SYMBOL=oSymbol
oWindow -> Draw, oView
```

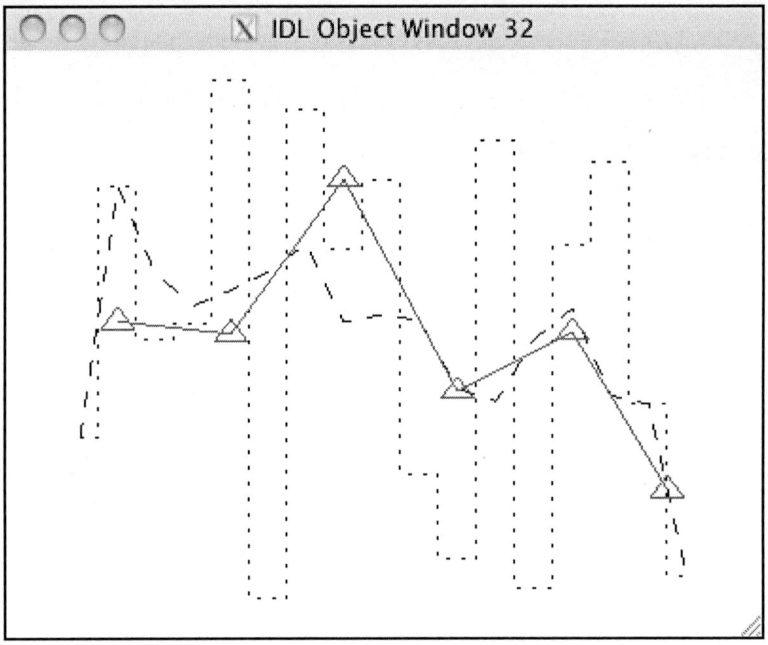

그림 9-2-4 NSUM 속성을 이용하여 평균값들로 바뀐 플롯 객체의 모습[C]

그 외에도 원래 자료 벡터의 모든 점들을 액면 그대로 다 그리지않고, NSUM이라는 속성을 이용하여 여기에 부여된 갯수만큼 평균한 값들로 이루어진 플롯으로 만들 수도 있다. 즉, 플롯을 이루는 원래 점들의 갯수가 17개인데 NSUM 속성을 3으로 부여하면 처음부터 매 3개의 값들을 평균한 6개의 값들만이 플롯으로 그려지는 것이다. 다음과 같은 문구를 삽입하여 실행해보면, 첫번째 플롯 객체는 그림 9-2-4와 같이 평균값들로만 이루어진 플롯으로 나타날 것이다.

```
oSymbol = OBJ_NEW('IDLgrSymbol', 5, SIZE=[2,2])
oPlot1 -> SetProperty, SYMBOL=oSymbol
oPlot1 -> SetProperty, NSUM=3
oWindow -> Draw, oView
```

이번에는 심볼을 사각형으로 바꾸고 두께를 좀 더 키워서 그려보자. 이를 위해서는 심볼 객체의 인자를 5에서 6으로 변경하고, 플롯 객체에 대해서는 두께에 해당되는 THICK 속성을 다음과 같이 설정해주면 된다. 그러면 다음 그림 9-2-5와 같은 결과를 얻을 것이다.

```
oSymbol = OBJ_NEW('IDLgrSymbol', 6, SIZE=[2,2])
oPlot1 -> SetProperty, SYMBOL=oSymbol
oPlot1 -> SetProperty, NSUM=3, THICK=3
oWindow -> Draw, oView
```

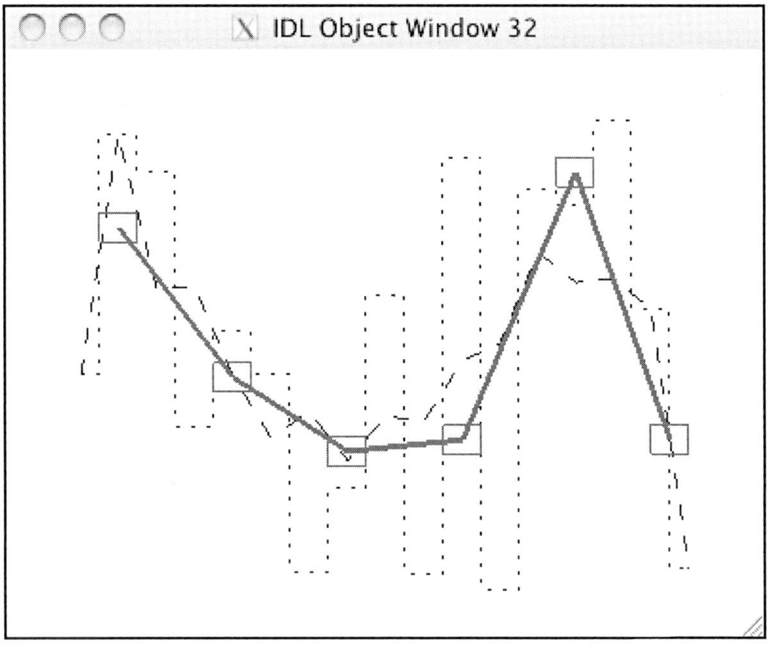

그림 9-2-5 THICK 속성을 변경하여 두껍게 표현된 플롯 객체의 모습[C]

9.3. 레전드 객체

레전드 객체는 플롯을 그리는데 있어서 보조적으로 사용된다. 여러 개의 플롯들을 한꺼번에 그렸을 때, 각 플롯이 나타내는 자료가 무엇인지에 대한 설명을 그림의 한쪽 구석에 삽입하는 식으로 사용되는 것이 일반적이다. 각 플롯의 심볼과 이를 설명하는 문자열이 나란히 있고, 이러한 것들이 플롯의 갯수만큼 정의된 후, 이들을 사각형의 박스로 된 프레임 등으로 구성되는 것이 레전드 객체라고 볼 수 있다.

이 레전드 객체를 구현하기 위해서는 각 플롯에 해당되는 항목 이름들로 이루어진 문자 배열을 비롯하여, 심볼, 선 스타일 등에 관한 정보들이 인자로 들어가야 한다. 다음 예제에서는 두 개의 항목으로 이루어진 레전드 객체를 생성하는데, 첫번째 항목은 4번 심볼인 다이아몬드로 표현되며 이름은 Visible이고, 두번째 항목은 선으로 채워진 박스로 표현되며 이름은 Infrared라고 하겠다.

```
itemNameArr = ['Visible', 'Infrared']
oTitle = OBJ_NEW('IDLgrText', 'My Legend')
oSymbol = OBJ_NEW('IDLgrSymbol', 4)
oPattern = OBJ_NEW('IDLgrPattern', 1)
oLegend = OBJ_NEW('IDLgrLegend', itemNameArr, TITLE=oTitle, $
  ITEM_TYPE=[0,1], ITEM_OBJECT=[oSymbol, oPattern], $
  /SHOW_OUTLINE)
```

이와 같이 레전드에 들어갈 문자들로 이루어진 문자 배열이, 레전드 객체의 선언시 기본 인자로 들어간다. 그리고 ITEM_TYPE, ITEM_OBJECT와 같은 속성들이 설정되는데, 이러한 세부 속성을 정의하는 키워드들로는 이외에도 ITEM_TYPE, ITEM_LINESTYLE, ITEM_THICK, ITEM_COLOR, ITEM_OBJECT 등이 있다. 기본 인자 역시 ITEM_NAME이라는 속성으로도 따로 정의될 수 있다.

ITEM_TYPE 속성은 레전드의 각 요소들을 선(0) 또는 빈 박스나 채워진 박스(1)와 같은 심볼들 중 어떤 것으로 표출할 것인가를 결정한다. ITEM_LINESTYLE과 ITEM_THICK 속성은 레전드의 요소가 선으로 표출될 경우 선의 스타일 및 두께에 해당되고, ITEM_COLOR 속성은 해당 항목의 색상이 된다. 그리고 심볼의 형태를 다른 그래픽 객체로 대체하여 표현하려면, ITEM_OBJECT 속성에 해당 그래픽 객체를 부여하면 된다.

일단 앞의 예제에서 생성한 레전드 객체의 모습을 보기 위하여 XOBJVIEW 명령을 사용해보자. 그러면 그림 9-3-1과 같은 모습의 레전드가 표출될 것이다.

```
XOBJVIEW, oLegend
```

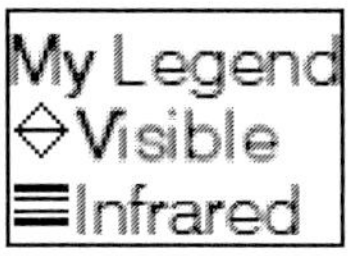

그림 9-3-1 표출된 레전드 객체의 모습

그런데 생성된 레전드 객체의 모습이 다소 어색해보인다. 이것은 항목 사이의 줄 간격 등 세부적인 외양을 결정하는 속성들에 대한 설정이 아직 안되어있기 때문이다. 일단 GAP, BORDER_GAP, GLYPH_WIDTH 등의 속성들을 추가적으로 다음과 같이 설정해보자. 그리고 XOBJVIEW를 다시 실행하면 좀 더 보기 좋은 모습의 레전드가 다음 그림 9-3-2와 같이 나타날 것이다.

```
oLegend -> SetProperty, GAP=0.5, BORDER_GAP=0.5, GLYPH_WIDTH=2.0
```

그림 9-3-2 좀 더 모양새가 다듬어진 레전드 객체의 모습

여기서 추가적으로 설정한 속성들에 대하여 좀 더 살펴보자. GAP 속성은 항목들간의 수직 방향의 여유공간에 해당되는데, 문자열에 사용된 폰트의 세로 크기에 대한 비율로 부여되며 기본값은 0.1이다. BORDER_GAP은 문자열들이 점유하는 경계와 박스 경계선 사이의 여유공간에 해당되는데, GAP의 경우와 마찬가지로 문자열에 사용된 폰트의 세로 크기에 대한 비율로 부여되며 기본값은 0.1이다. GLYPH_WIDTH는 심볼로 사용된 기호의 세로폭에 해당되는데, 문자열에 사용된 폰트의 세로 크기에 대한 비율로 부여되며 기본값은 0.8이다. 따라서 이 속성들이 기본값으로 정의된 상태의 모습은 다소 답답해 보였지만, 위와 같이 조절해줌으로써 좀 더 보기 좋은 모습으로 바꿀 수 있다.

앞선 예제에서는 정의된 레전드 객체의 모습을 바로 간편하게 보기 위하여 XOBJVIEW 명령을 사용하긴 했지만, 실제 상황에서는 그래픽 디바이스 객체상에 직접 구현해주어야 한다. 예를 들어, 그래픽 디바이스 객체가 윈도우 객체가 될 경우, 레전드 객체를 정의한 후 이를 직접 윈도우 객체상에 구현하기 위해서는, 레전드 객체의 크기를 알아내어 윈도우상에서 표출 가능한 스케일로 조정해주는 과정이 필요하다. 즉, 윈도우 객체상의 좌표계를 기준으로 한 적절한 크기를 산출해야 한다. 이 때 레전드 객체에 대하여 ComputeDimensions라는 메서드가 사용된다. 다음 예제 코드에서 이러한 과정이 어떻게 이루어지는가를 살펴볼 수 있다.

먼저 윈도우, 뷰, 모델 객체들을 생성한다.

```
oWindow = OBJ_NEW('IDLgrWindow, DIMENSION=[400,400])
oView = OBJ_NEW('IDLgrView')
oModel = OBJ_NEW('IDLgrModel')
oView -> Add, oModel
```

그리고 4개의 항목들로 구성된 레전드 객체를 생성한다.

```
itemNameArr = ['Spring', 'Summer', 'Fall', 'Winter']
oTitle = OBJ_NEW('IDLgrText', 'Temperature')
oSymbol1 = OBJ_NEW('IDLgrSymbol', 5, SIZE=[0.3,0.3])
oSymbol2 = OBJ_NEW('IDLgrSymbol', 5, SIZE=[0.3,0.3])
oLegend = OBJ_NEW('IDLgrLegend', itemNameArr, $
  TITLE=oTitle, BORDER_GAP=0.8, GAP=0.5, $
  ITEM_TYPE=[0,1,0,0], ITEM_LINESTYLE=[0,4,1,2], $
  ITEM_THICK=[1,1,1,4], GLYPH_WIDTH=2.0, $
  ITEM_OBJECT=[oSymbol1, OBJ_NEW(), oSymbol2, $
  OBJ_NEW()], /SHOW_OUTLINE)
```

이 부분이 내용이 다소 복잡해보인다. 우선 바로 뒤에 나오는 결과 그림을 먼저 참조하길 바란다. 그러면 이와 같이 서로 다른 형태의 4가지 항목들을 표현하기 위하여 내용이 약간 복잡하게 보이는 것 뿐이라는 것을 알 수 있다. 이 내용을 일일이 설명하지는 않겠다. 레전드 클래스에 관한 IDL 도움말을 찾아보면, 여기서 사용된 각 세부 속성들이 무엇인지 그리고 어떻게 설정하는지 상세히 나와있으므로 이 내용을 직접 참조하길 바란다.

이제 이 레전드 객체를 모델 객체에 포함시킨다.

```
oModel -> Add, oLegend
```

윈도우상에서 레전드를 가운데에 위치시키기 위하여, 레전드 객체에 대하여 ComputeDimensions 메서드를 사용하여 크기를 구하고, 모델 객체에 대하여 Translate 메서드를 이용하여 적절한 거리만큼 이동시킨다. 그러면 그림 9-3-3과 같이 윈도우상의 가운데에 위치한 레전드의 모습을 볼 수 있게 된다.

```
dims = oLegend -> ComputeDimensions(oWindow)
oModel -> Translate, -(dims[0]/2.), -(dims[1]/2.), 0
oWindow -> Draw, oView
```

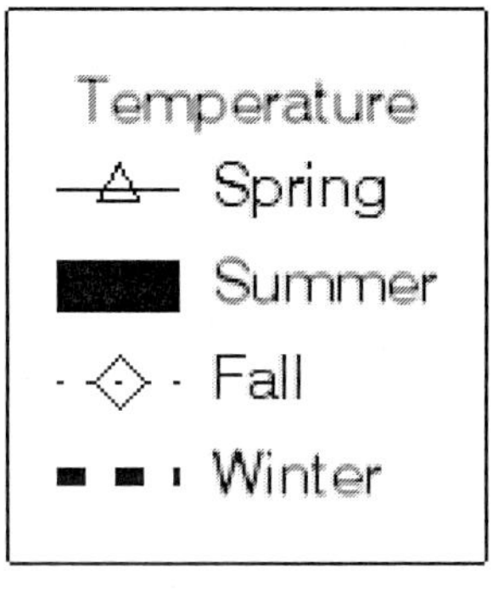

그림 9-3-3 표출된 레전드 객체의 모습

그 외에도 문자열의 색상, 선의 색상, 외곽선의 두께 등등 여러가지 속성들을 조정할 수 있다. 레전드 객체에 대한 도움말을 참조하면 이러한 속성들의 목록이 나와있으므로, 이 속성들을 적절히 조절하여 좀 더 보기 좋은 레전드 객체를 만들 수 있을 것이다. 어차피 객체 클래스에 대하여 정의된 속성 및 메서드들을 일일이 여기서 다 설명하는 것은 불가능하므로, 사용하고자 하는 객체 클래스에 관한 도움말을 항상 찾아서 그 내용을 살펴보는 습관을 가지길 권장한다.

9.4. 플롯 그리기 실전 예제

이제는 좀 더 본격적인 플롯을 그려보기로 한다. 따라서 플롯 객체외에도 축 객체, 레전드 객체 등 보조적으로 필요한 객체들도 함께 생성하여 뭔가 실전에서도 사용됨직한 플롯을 그려보기로 한다. 이를 위하여 예제 코드를 준비하였다. 이 예제 코드에서는 GOES 위성에서 5분 간격으로 관측되는 태양의 X-선 플럭스의 1일치 자료를 활용하여 그 변화를 시계열 플롯으로 나타내고자 한다. 따라서 실제 GOES 위성의 관측자료 파일을 이용하게 될텐데, 아래와 같은 링크를 통하여 다운로드받을 수 있다. 이 파일을 다운로드하여 현재 IDL에서 설정되어 있는 작업 디렉토리(working directory)에 저장해놓자.

http://www.spweather.com/~lee/20100528_Gp_xr_5m.txt

그리고 이 예제 코드를 제대로 실행하기 위해서는 하나의 프로시저로 만들어서 .pro 형식의 파일로 저장을 한 후 컴파일 및 실행을 하는 방법이 바람직하다. 프로시저의 이름은 목적에 걸맞게 plot_xray_flux.pro로 하겠다. 그러면 이 파일의 내용은 다음과 같이 구성되어야할 것이다.

```
PRO plot_xray_flux
~~~(예제코드의 내용)~~~
END
```

그러면 지금부터 예제 코드의 세부적인 내용을 살펴보기로 하자. 먼저 앞서 다운로드 받은 파일로부터 자료를 읽어 배열로 저장해야 한다. 이 파일은 2010년 5월 28일 00시 00분부터 23시 55분까지 5분 간격으로 두 종류의 플럭스값들을 담고 있다. 따라서 시간에 해당되는(X축이 될) 자료는 times라는 1차원 배열로, 두 종류의 플럭스값들은 각각 xsh와 xlo라는 1차원 배열들로 저장하게 된다. 이 부분의 내용은 해당 파일의 형식에 맞춰 자료를 읽어들이도록 구성되어 있다는 정도만 설명하기로 한다. 어차피 이 자료를 갖고 Object Graphics의 기법을 활용한 플롯의 구현방법이 촛점이 되어야 하기 때문이다.

```
ifile = '20100528_Gp_xr_5m.txt'
hl = 19; number of header lines
```

```
nl = FILE_LINES(ifile) - hl
times = DBLARR(nl)
xsh = FLTARR(nl)
xlo = FLTARR(nl)
OPENR, lun, ifile, /GET_LUN
ss = ''
FOR i = 0, hl-1 DO READF, lun, ss
FOR i = 0L, nl-1 DO BEGIN
  READF, lun, ss
  spl = STRSPLIT(ss, ' ', /EXTRACT)
  yr = FIX(spl[0])
  mo = FIX(spl[1])
  da = FIX(spl[2])
  ho = FIX(STRMID(spl[3], 0, 2))
  mi = FIX(STRMID(spl[3], 2, 2))
  times[i] = JULDAY(mo, da, yr, ho, mi)
  xsh[i] = FLOAT(spl[6])
  xlo[i] = FLOAT(spl[7])
ENDFOR
FREE_LUN, lun
```

이와 같은 방법으로 times, xsh, xlo 배열을 얻었다. 각 배열은 288개의 원소들로 구성된 1차원 배열임을 다시 한번 상기한다(5분 간격으로 24시간치 자료이므로). 이번에는 윈도우, 뷰, 모델과 같이 기본적으로 필요한 객체들을 생성한다. 그리고 플롯의 타이틀에 적용될 폰트 객체도 함께 생성하고, 그 외에 플롯이나 타이틀 등에 적용할 컬러들도 미리 지정해놓자.

```
oWindow = OBJ_NEW('IDLgrWindow', DIMENSION=[500, 400])
oView = OBJ_NEW('IDLgrView', VIEWPLANE_RECT=[0, 0, 1, 1], $
  /DOUBLE, COLOR=[200, 200, 200])
oModel = OBJ_NEW('IDLgrModel')
oPlots = OBJARR(2)
oTitleFont = OBJ_NEW('IDLgrFont', 'Helvetica', SIZE=14)
chr_color = [0, 0, 0]
axis_color = [0, 0, 0]
```

```
plot_color1 = [222, 63, 45]
plot_color2 = [82, 132, 188]
title_color = [255, 0, 255]
```

참고로 여기서 뷰플레인 사각형의 좌표계가 X, Y 방향 모두 0~1의 범위를 갖도록 설정되어있음을 잘 염두에 두기 바란다. 그리고 우리가 그리고자 하는 플롯이 사실 두 개이므로, 두 개의 플롯 객체들을 하나의 객체 배열로 묶기 위하여 OBJARR이라는 함수가 사용되었다. 이 함수는 일반적으로 많이 사용되는 다른 배열 생성 함수들(FLTARR, INTARR, STRARR 등)과 사용법은 같다. 다만 생성되는 배열의 원소 각각이 하나의 객체라는 점만 다르다. 물론 이 단계에서는 각 객체는 null, 즉 구체적인 클래스가 지정되지 않은 상태의 빈 객체이므로, 뒷부분에서 각 플럭스값 배열에 대한 플롯 객체도 선언될 것이다.

다음으로, 앞서 '객체의 변환' 및 '축과 텍스트 객체 다루기' 챕터에서 이미 소개된 바 있는 NORM_COORD를 사용하여, 각 그래픽 객체의 크기를 현재의 뷰플레인 사각형의 좌표계에 맞춰주기 위한 변환값들을 산출한다. 이 변환값들은 각 그래픽 객체별로 [XY]COORD_CONV 속성에 부여될 것이다. X축의 범위는 하루 24시간이 되고, Y축의 범위는 자료의 특성상 10^{-9}~10^{-2}가 되었다. 그리고 mf라는 변수에 0.8이란 값을 부여하여 사용하였는데, 이것은 뷰플레인 사각형에서 이 플롯이 차지할 영역을 보정하기 위한 값이라고 생각하면 된다. 이 값을 NORM_COORD 함수의 결과에도 곱해주고, xs[0] 및 ys[0]의 변동폭에도 곱해준 것을 볼 수 있다. 나중에 이 mf의 값을 변경하여 실행해보면, 이 mf가 마치 전체 그림의 확대 및 축소 배율과 같은 역할을 하는 것처럼 느껴질 것이다. 이것은 코드가 다 완성된 후 값을 바꿔가면서 직접 테스트해보길 바란다.

```
mf = 0.8
xrn = [times[0], times[0]+1d]
xs = mf*NORM_COORD(xrn)
xs[0] = xs[0] + 0.16*mf
yrn = [1e-9, 1e-2]
ys = mf*NORM_COORD(yrn)
ys[0] = ys[0] + 0.16*mf
```

이제는 앞서 OBJARR 함수로 선언되었던 객체 배열의 각 원소를 실제 플롯 객체로 선언한다. 지금 이 플롯 객체의 경우 바탕자료의 X축에 해당되는 부분이 시간이라는 2배정도(double precision) 자료이므로 DOUBLE이라는 속성이 설정되었다. 그리고 각 플롯 객체마다 [XY]COORD_CONV 속성도 함께 설정해준다.

```
oPlots[0] = OBJ_NEW('IDLgrPlot', times, xlo, /DOUBLE, $
  COLOR=plot_color1, THICK=2)
oPlots[1] = OBJ_NEW('IDLgrPlot', times, xsh, /DOUBLE, $
  COLOR=plot_color2, THICK=2)
oPlots[0] -> SetProperty, XCOORD_CONV=xs, YCOORD_CONV=ys
oPlots[1] -> SetProperty, XCOORD_CONV=xs, YCOORD_CONV=ys
```

이어서 축과 축 타이틀 객체들을 생성한다. 각 축 객체에 대하여 설정된 속성들이 꽤 많지만, 앞서 '축과 텍스트 객체 다루기' 챕터에서 언급된 것들이 많다. 각 속성들에 대한 세부적인 설명은 생략한다. 혹시나 언급된 적이 없는 속성들에 대해서는 IDL 도움말을 참조하기 바란다.

```
dummy = LABEL_DATE(DATE_FORMAT=['%H'])
oTextXAxis = OBJ_NEW('IDLgrText', 'Hour (UT)', COLOR=chr_color)
oPlotXAxis = OBJ_NEW('IDLgrAxis', 0, /EXACT, RANGE=xrn, $
  XCOORD_CONV=xs, YCOORD_CONV=ys, TITLE=oTextXAxis, $
  LOCATION = [xrn[0], yrn[0]], COLOR=axis_color, $
  TICKDIR = 0, TICKLEN = 1, TICKFORMAT = ['LABEL_DATE'], $
  TICKINTERVAL = 4, MINOR=4, TICKUNITS = ['Hour'], GRIDSTYLE=1)
oTextYAxis = OBJ_NEW('IDLgrText', 'W/m!e2!n', $
  COLOR=chr_color, /ENABLE_FORMATTING)
oPlotYAxis = OBJ_NEW('IDLgrAxis', 1, /EXACT, RANGE=yrn, $
  XCOORD_CONV=xs, YCOORD_CONV=ys, TITLE=oTextYAxis, $
  LOCATION = [xrn[0], yrn[0]], COLOR=axis_color, $
  TICKDIR = 0, TICKLEN = 1, GRIDSTYLE=1)
```

자 이 정도 시점이면 아마도 이 그래픽 객체들을 모두 모델 객체에 넣고, 모델은 뷰에 넣고, 뷰를 가시화하는 과정으로 넘어가야 할 것 같다. 그런데 이 플롯을 그리는데 있어서 플럭스값에 해당되는 Y축의 범위를 10^{-9}~10^{-2}로 설정했던 것을 기억할 것이다.

여기서 뭔가 떠오르는 것이 없는가? 그렇다. Y축을 로그 스케일로 만들어줘야 한다. 앞서 '축과 텍스트 객체 다루기' 챕터에서 축 객체를 로그 스케일로 만드는 것이 가능하다는 언급만 하고 넘어갔었는데, 여기서 그 방법을 제대로 살펴보기로 하자. 일단 해당 코드부터 먼저 보도록 하자.

```
oPlotYAxis -> SetProperty, /LOG, RANGE=yrn
oPlotYAxis -> GetProperty, CRANGE=crange
yLogMin = crange[0]
yLogMax = crange[1]
yLogRange = yLogMax - yLogMin
xRange = xrn[1]-xrn[0]
yrn1 = [yLogMin, yLogMax]
ys1 = mf*NORM_COORD(yrn1)
ys1[0] = ys1[0] + 0.16*mf
oPlotXAxis -> SetProperty, LOCATION=[xrn[0], yLogMin], $
  YCOORD_CONV=ys1, TICKLEN=7, MINOR=0
oPlotYAxis -> SetProperty, YCOORD_CONV=ys1, TICKLEN=1, MINOR=0
oPlots[0] -> SetProperty, DATAY=ALOG10(xlo), YCOORD_CONV=ys1
oPlots[1] -> SetProperty, DATAY=ALOG10(xsh), YCOORD_CONV=ys1
```

이 내용을 보면 Y축 객체의 LOG 속성을 활성화한 후, GetProperty 메서드를 사용하여 CRANGE라는 속성에 대한 정보를 crange라는 이름의 배열의 형태로 추출하였다. 이 CRANGE라는 속성은 축 객체의 실제 범위에 해당되며, 처음 축 객체 선언시 설정했던 RANGE 속성의 내용과 다를 수 있다. 여기서는 로그로 속성을 변경한 다음 CRANGE를 추출하였으므로, 로그로 변환된 Y축 범위에 해당되는 [-9, -2]가 얻어지게 된다. 그래서 이 범위를 NORM_COORD 함수에 다시 적용하여 그 변환값을 X 및 Y축 객체의YCOORD_CONV 속성에 부여하였다. 아울러 X축 객체의 경우는 LOCATION 속성을 이에 맞춰 재설정하였다. 또한 각 플롯 객체에 대해서도 자료값을 로그로 변환하여 DATAY라는 속성에 부여하였는데, 이와 같이 플롯 객체의 근거가 되는 자료를 나중에도 언제든 바꿀 수 있다. 물론 각 플롯 객체에 대해서도 YCOORD_CONV 속성을 변경하였다.

마지막으로 플롯의 전체 타이틀에 해당되는 텍스트 객체를 다음과 같이 생성하면, 필요한 모든 그래픽 객체들이 다 마련된 셈이다.

```
title_text = 'Solar X-Ray Flux : GOES-14 (5 min)'
oPlotTitle = OBJ_NEW('IDLgrText', title_text, $
  XCOORD_CONV=xs, YCOORD_CONV=ys1, $
  LOCATIONS=[(xrn[0]+xrn[1])/2., (yrn1[1]+0.03*yLogRange)], $
  ALIGNMENT = 0.5, FONT=oTitleFont, COLOR=title_color)
```

이제 드디어 모든 그래픽 객체들을 모델 객체에 넣고, 모델 객체는 뷰 객체에 넣고, 이 뷰 객체를 구현하면 된다. 제대로 실행되었다면 그림 9-4-1과 같은 결과를 최종적으로 얻게 될 것이다.

```
oModel -> Add, oPlots
oModel -> Add, oPlotXAxis
oModel -> Add, oPlotYAxis
oModel -> Add, oPlotTitle
oView -> Add, oModel
oWindow -> Draw, oView
```

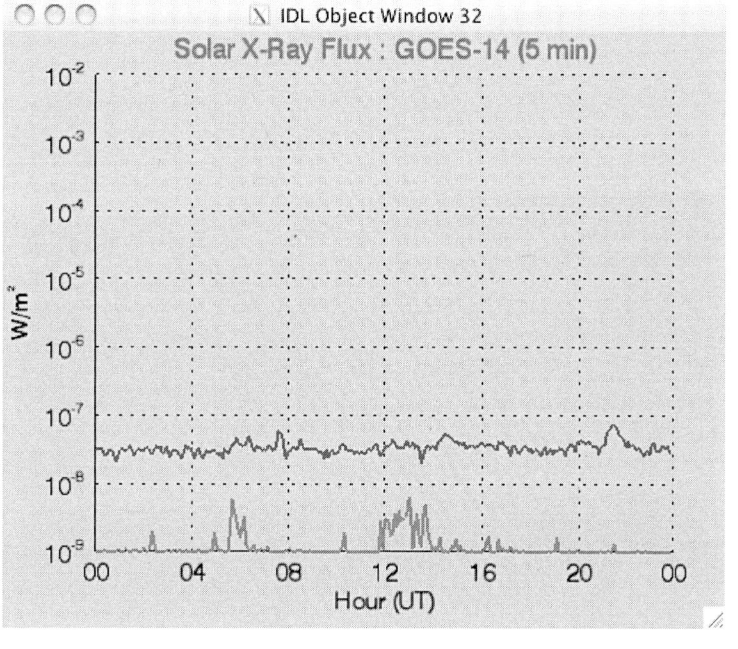

그림 9-4-1 최종적으로 완성된 플롯의 모습[C]

물론 메모리 절약을 위하여 다음과 같이 뷰 객체는 제거해주면 좋을 것이다.

```
OBJ_DESTROY, oView
```

지금까지 이와 같은 과정을 통하여 좀 더 실전에 가까운 플롯을 그려보았다. 더 욕심을 낸다면, 두 개의 플롯이 각각 어떤 플럭스값에 해당되는가를 화면상의 어딘가에 레전드나 문자의 형태로 표시해주면 좋을 것이다. 이것은 여러분들이 직접 구현해보길 바란다. 어쩌면 예제 코드의 내용이 너무 복잡하다는 느낌을 받을 수도 있다. 그런데, 사실 좀 더 간단하고 익숙한 것처럼 보이는 Direct Graphics의 기법을 쓴다 하더라도, 이와 같은 실전용 그림을 그리려면 필요한 코드의 양이 그리 적지는 않을 것이다. 여기서 말하는 '실전용' 그림이라는 것은, 그냥 나 혼자만 볼 것이므로 대충 그려도 별 상관이 없는 그림이 아닌, 나름대로 대외적으로 보여주기에도 그리 부족하지 않은 품질의 그림을 뜻한다. 프리젠테이션용일수도 있고 논문에 실을 그림이 될 수도 있을 것이다. 그러므로, 겉으로 보기에 좀 길고 복잡해보여도 차근차근 짚어보면 그리 어렵기만한 내용은 절대 아니라는 점을 강조하고 싶다.

10. Contour Objects

등위선 객체 다루기

앞선 챕터에서는 플롯 객체에 대하여 알아보았으므로 이 챕터에서는 등위선(Contour) 객체에 대하여 살펴보기로 하겠다. Direct Graphics에서 이미 많이 그려봤으리라 짐작이 되는데, 등위선 그림은 기본적으로 플롯의 성격을 상당히 많이 갖고 있다. 그러면서도 사용되는 자료 자체는 2차원의 이미지와 같은 성격을 갖는다. 따라서 앞서 다루었던 플롯 객체의 구현 방법뿐 아니라 나중에 다루게 될 면(Surface) 또는 이미지(Image) 객체와의 연관성도 매우 높다고 볼 수 있다. 이 챕터에서는 일단 등위선 객체 자체만을 다루기로 하고, 이미지나 면 객체와의 조합은 나중에 다루도록 하겠다.

10.1. 등위선 객체의 생성

등위선 객체는 IDLgrContour 클래스에 해당된다. 이 객체를 구현하기 위해서는 기본적으로 2차원 배열자료가 필요하다. 이 배열이 기본인자로 들어가야 객체의 선언이 가능하다. 우리가 IDL에서 2차원 자료의 가시화를 설명할 때 매우 자주 등장하는 DIST라는 함수를 기억할 것이다. 이 함수를 이용하여 2차원 배열을 생성하고, 이를 바탕으로 한 등위선 객체를 생성하는 방법은 다음과 같다.

```
data = DIST(100)
oContour = OBJ_NEW('IDLgrContour', data)
```

물론 기본적인 객체 생성은 이와 같이 이루어지지만, 등위선 객체는 플롯 객체의 경우와 마찬가지로 상당히 많은 종류의 속성들을 갖고 있다. IDL 도움말에서 IDLgrContour 클래스에 대한 내용을 보면, 그 종류가 수십 가지도 넘는다. 그 중 중요한 일부 속성들을 이용하여 등위선 객체를 그래픽으로 구현하는 방법을 알아보기로 하자.

10.2. 등위선 객체의 사용

Object Graphics에서 제대로 된 등위선 그림을 만들기 위해서는 등위선 객체 자체뿐 아니라 축 객체도 필요할 것이다. 우선 주어진 2차원 자료를 바탕으로 등위선 객체를 생성하는 것부터 시작해보기로 한다. 다음 예제 코드를 한번 살펴보자. 여기서는 앞서 사용했던 DIST 대신 HANNING이라는 함수를 사용하여 임의로 생성된 2차원 자료를 사용하기로 한다.

```
data = 100*HANNING(400, 400)+200
oContour = OBJ_NEW('IDLgrContour', data)
```

여기서 생성한 2차원 자료는 400X400의 크기를 가지며, 값의 범위는 200~300인 2차원 실수 배열이 된다. 일단 기본적인 객체 생성은 이와 같이 했는데, 여기서 일단 한번 그 모습을 살짝 보기 위하여 다음과 같이 XOBJVIEW 명령을 사용해보기로 하자. 그러면 그림 10-2-1과 같이 아주 허전한 모습의 등위선이 나타날 것이다.

```
XOBJVIEW, oContour
```

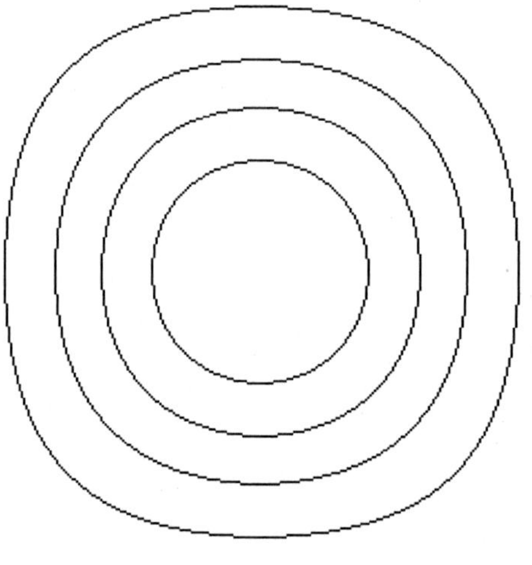

그림 10-2-1 단독으로 표출된 등위선 객체의 매우 허전한 모습

당연히 이대로는 안되므로, 이제 본격적으로 세부 속성들을 조절해서 좀 더 그럴싸한 등위선을 만들어보자. 먼저 각 등위선의 값이 어떻게 되는가를 알 수가 없으므로 이 값들이 보이도록 해야한다. 이를 위해서는 등위선 객체의 속성들 중 다음과 같이 C_LABEL_SHOW라는 속성을 1로 설정하면 된다. 이 값이 1이면 등위선의 값을 나타내고 0이면 숨기는데, 기본 설정은 0으로 되어 있다. 원래는 그려진 등위선의 갯수만큼의 0 또는 1의 값들로 이루어진 벡터라야하지만, 이와 같이 하나의 값만 부여하면 모든 등위선들에 대하여 반복 적용된다. 그러면 그림 10-2-2의 왼쪽 그림과 같이 220부터 280까지 20의 간격을 갖는 값들이 각 등위선마다 라벨로 부여된다.

```
oContour -> SetProperty, C_LABEL_SHOW=1
```
[12]

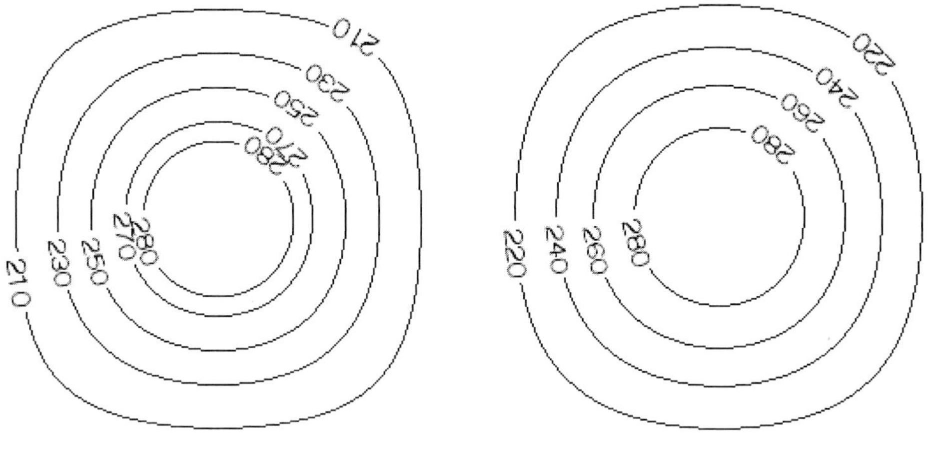

그림 10-2-2 각 등위선마다의 값들이 표출된 모습

물론 그리고자 하는 등위선의 값을 임의로 설정할 수도 있다. 다음과 같이 C_VALUE라는 속성에 대하여 원하는 값들로 이루어진 벡터를 부여하면 된다. 예를 들어, 210, 230, 250, 270, 280의 5개의 값들로 그려지도록 하는 방법은 다음과 같다. 그러면 그림 10-2-2의 오른쪽 그림과 같이, 설정된 값들에 해당되는 등위선들이 그려지게 된다.

```
oContour -> SetProperty, C_VALUE=[210,230,250,270,280]
```

---

[12] oContour -> C_LABEL_SHOW=[1,1,1,1]과 같은 결과를 산출한다.

등위선의 라벨의 폰트나 포맷도 변경할 수 있다. 폰트의 변경을 위해서는 따로 폰트 객체를 생성하여 LABEL_FONT라는 속성에 부여하면 된다. 그리고 포맷의 경우는 지금은 230이면 '230'과 같이 정수형으로 되어 있는데, 만약 이를 실수형으로 '230.00'과 같이 표현하고자 한다면, LABEL_FORMAT이라는 속성에 대하여 포맷 문자열을 부여하면 된다. 이와 같이 폰트와 포맷도 함께 변경하려면 다음과 같이 해준다. 그러면 그림 10-2-3과 같은 결과를 얻을 수 있을 것이다.

```
oFont = OBJ_NEW('IDLgrFont', 'Helvetica', SIZE=9)
oContour -> SetProperty, LABEL_FONT=oFont, LABEL_FORMAT='(F6.2)'
```

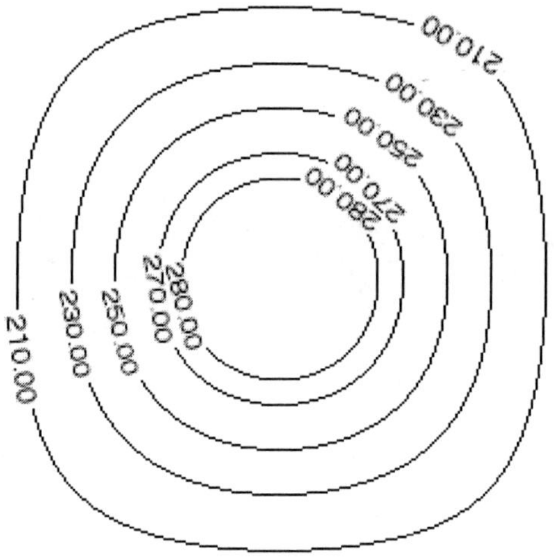

그림 10-2-3 등위선 값의 포맷(Format)이 실수형으로 변경된 모습

그림 10-2-3을 보면 라벨이 각 등위선마다 두 개씩 매겨져있는 것을 볼 수 있는데, 이 갯수를 조정하여 예를 들어 하나만 매겨지도록 할 수도 있다. 이는 등위선 객체의 속성들 중 C_LABEL_INTERVAL이라는 속성을 조정함으로써 가능하다. 이 속성의 기본값은 0.4로 되어있는데, 이 기준은 해당 등위선의 전체 길이이다. 선 전체 길이의 0.4배에 해당되는 위치마다 라벨을 표시하라는 의미이다. 따라서 이 값이 0.3이 되면 3개가 표시되고, 0.5 이상이면 하나만 표시된다. 0~1 사이의 값들을 부여해보면 어떤 식으로 라벨이 위치하는지 알 수 있다. 여기서는 다음과 같이 0.8이라는 값을 사용하기로 한다. 그러면 그림 10-2-4와 같이 각 등위선마다 라벨이 하나씩만 붙게 된다.

```
oContour -> SetProperty, C_LABEL_INTERVAL=0.8
```

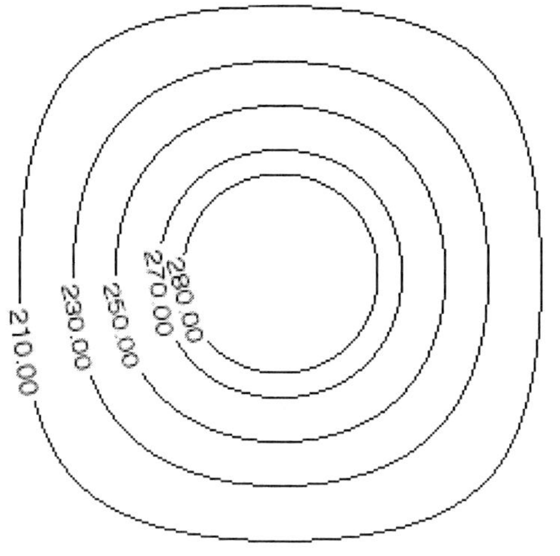

그림 10-2-4 각 등위선마다 값 라벨이 하나씩만 붙은 모습

이번에는 각 등위선마다 색상을 다르게 해보자. 아무래도 팔레트 객체를 사용하여 원하는 컬러 테이블을 불러온 후, 임의의 컬러 인덱스를 선택하여 사용하는 것이 편할 것 같으므로, 이 방법을 써보기로 한다. 물론 RGB 형태의 설정도 가능하다. 다음과 같이 팔레트 객체를 생성하고 이를 등위선 객체의 PALETTE 속성으로 부여한다. 그 다음 C_COLOR라는 속성에 대하여 각 등위선마다의 색상에 대응하는 컬러값들로 이루어진 벡터를 부여하면 된다. 그리고 부가적으로 등위선의 두께를 좀 더 늘이기 위하여 C_THICK 속성도 함께 설정해보자.[13] 그러면 다음 그림 10-2-5와 같이 좀 더 화려한 그림을 얻을 수 있다.

```
oPalette = OBJ_NEW('IDLgrPalette')
oPalette -> LoadCT, 39
oContour -> SetProperty, C_COLOR=[30,80,140,200,240], $
  PALETTE=oPalette, C_THICK=[3]
```

---

[13] 이 속성은 하나의 값으로만 설정할 경우라도 단일 스칼라값이 아닌 배열값으로 부여해야 함을 유의한다.

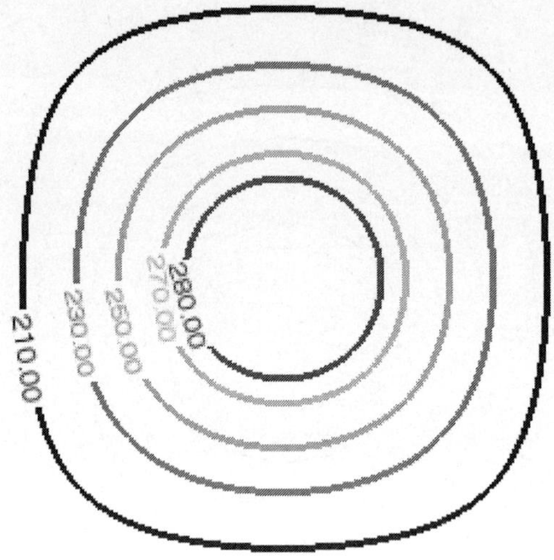

그림 10-2-5 컬러 및 두께 관련 속성들이 변경된 등위선 객체의 모습C

10.3. 컬러 등위선의 구현

앞서 등위선의 컬러를 설정하는 방법을 보았으므로 한 단계 더 나아가서 등위선간의 공간을 해당 색상으로 채워서 그리는 방법도 살펴보자. 이 경우에는 다음과 같이 FILL이라는 속성에 1이란 값을 부여하면 된다. 그러면 그 결과는 그림10-3-1과 같다.

```
oContour -> SetProperty, /FILL
```

그런데 우리가 원하던 것이 이런 결과는 아닐 것이다. 즉, 이렇게 색상이 채워진 상태에서 각 등위선 및 라벨들도 함께 살리도록 해야할텐데, 이를 위해서는 어떻게 해야할까? 안타깝게도 이 모든 것을 동시에 해결해주는 속성은 없다. 하지만 약간의 요령으로 극복할 수 있는데, 그 요령은 동일한 등위선 객체를 하나 더 생성하여, 그 속성은 앞서 FILL 속성을 설정하던 이전까지만 설정해준다. 그리고 이 새로운 등위선 객체를 추가적으로 구현해주면 된다.

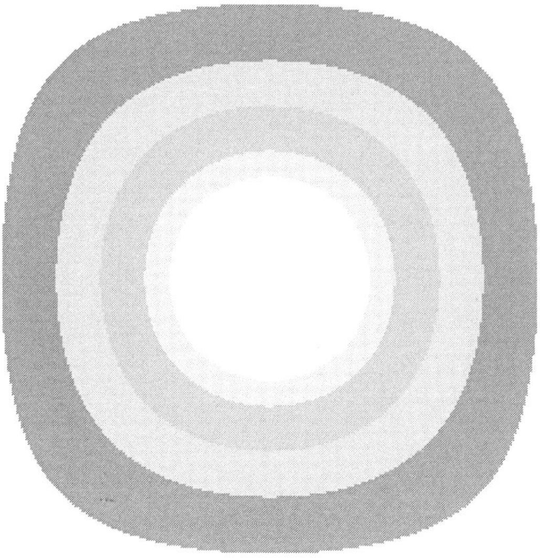

그림 10-3-1 각 등위선 사이의 공간을 색으로 채웠지만 뭔가 허전한 모습[C]

다만 이제는 두 개의 그래픽 객체들이 같은 공간에 구현되어야 하는 상황이므로, 지금까지 XOBJVIEW를 사용하여 객체의 모습을 간편하게 보는 방법은 더 이상 사용할 수 없다. 따라서 정식으로 그래픽 디바이스, 뷰, 모델 등의 객체들을 생성해야할 시점이 온 것이다. 어차피 가야할 길이다. 다음과 같이 기본적으로 필요한 객체들을 생성해주자.

```
oWindow = OBJ_NEW('IDLgrWindow', DIMENSION=[500,500])
oView = OBJ_NEW('IDLgrView')
oModel = OBJ_NEW('IDLgrModel')
```

그리고 제대로 된 등위선 그림을 그리려면 X, Y 축도 있어야 하므로, 해당 객체들 역시 생성해줘야함은 물론이다. 다만 이를 위하여 그 전에 설정해줘야할 등위선 객체의 속성들이 있는데 이것이 바로 GEOMX, GEOMY 속성이다. 이러한 고려사항이 왜 필요한가를 생각해보자. 지금 사용중인 등위선을 생성하는데 기반이 된 자료는 400X400의 크기를 갖는 2차원 배열이다. 만약 X방향만 생각해본다면 400개의 원소들로 이루어진다. 말하자면 0~399의 범위를 갖는다고 볼 수 있다. 그런데 등위선 그림에서 등장하는 X축의 범위가 항상 이렇게 되지는 않는다. 예를 들어, 그림상에서는

X축의 범위가 0~10이 된다든지, 또는 각도를 반영한 값이라서 0~360이 된다든지하는 다양한 경우들이 생긴다. 이렇게 X축 객체상에서 보여지게 될 범위는, 등위선 자료의 X방향 크기와는 상관이 없는 경우가 대부분이다. 따라서 예를 들어 X축이 0~20의 범위를 가져야한다고 하면, 원래 등위선 자료의 X방향 크기와 X축의 범위를 서로 맞춰줘야하는데, 이 때 GEOMX가 그 역할을 한다. 이 경우 GEOMX 속성은 다음과 같이 설정해야 한다. 그리고 Y축의 범위는 200~300이라고 할 경우의 GEOMY 속성의 설정도 함께 해보자.

```
oContour -> SetProperty, GEOMX=FINDGEN(400)/20, $
  GEOMY=200+FINDGEN(400)/4
```

여기서 GEOMX, GEOMY 속성에 부여되는 배열의 갯수는 등위선 자료의 X 및 Y 방향 크기와 같아야함을 주의해야한다. 어쨌든 이런 부분이 조금 귀찮게 느껴지기도 할 것이다. 하지만 이것은 Direct Graphics에서 CONTOUR 프로시저를 사용할 때, 단순히 CONTOUR, data라고 하지않고 CONTOUR, data, x, y로 사용하여 X, Y축의 값을 따로 지정해줄 때와 마찬가지의 노력이라고 생각하면 좋을 것 같다.

이제는 등위선 객체를 하나 더 생성하되, 앞서 생성했던 것과 같이 색상으로 채우지 않고 그냥 선과 라벨로만 이루어진 일반적인 형태로 해야한다. 앞서 등위선 객체를 생성할 때 설정했던 속성들을 여기서는 한꺼번에 몰아서 부여하면서 새로운 등위선 객체를 다음과 같이 생성한다. 여기서 한가지 눈여겨 볼 것은 C_COLOR 속성에 부여된 벡터의 맨 첫번째 원소값이 0이 아닌 255라는 점이다. 이것은 나중에 색으로 채워진 등위선 객체와 중첩될 때, 이 부분의 색상이 좀 진한 편이기 때문에 선과 라벨이 검은색(0)이기보다는 흰색(255)인 편이 시각적으로 더 나을 것 같다는 판단때문이다.

```
oContourLines = OBJ_NEW('IDLgrContour', data, $
  C_VALUE=[210,230,250,270,280], C_LABEL_SHOW=1, $
  LABEL_FONT=oFont, LABEL_FORMAT='(F6.2)', $
  C_LABEL_INTERVAL=0.8, C_COLOR=[255,0,0,0,0], $
  GEOMX=FINDGEN(400)/20, GEOMY=200+FINDGEN(400)/4
```

앞서 뷰 객체를 생성했는데, 이 등위선 객체들이 이 뷰안에 알맞은 크기로 들어가려면 [XY]COORD_CONV 속성에 들어갈 변환벡터를 만들어야 한다. 이 부분은 다음과 같이 NORM_COORD 함수를 사용하여 처리한다.

```
oContour -> GetProperty, XRANGE=xr, YRANGE=yr
xs = NORM_COORD(xr)
xs[0] = xs[0]-0.5
ys = NORM_COORD(yr)
ys[0] = ys[0]-0.5
oContour -> SetProperty, XCOORD_CONV=xs, YCOORD_CONV=ys
oContourLine -> SetProperty, XCOORD_CONV=xs, YCOORD_CONV=ys
```

그리고 X, Y축 객체들을 다음과 같이 생성한다.

```
oTextXAxis = OBJ_NEW('IDLgrText', 'X Axis')
oXAxis = OBJ_NEW('IDLgrAxis', 0, /EXACT, RANGE=[0,20], $
  XCOORD_CONV=xs, YCOORD_CONV=ys, TITLE=oTextXAxis, $
  LOCATION=[xrn[0],yrn[0]], TICKDIR=0)
oTextYAxis = OBJ_NEW('IDLgrText', 'Y Axis')
oYAxis = OBJ_NEW('IDLgrAxis', 1, /EXACT, $
  RANGE=[200,300], XCOORD_CONV=xs, YCOORD_CONV=ys, $
  TITLE=oTextYAxis, LOCATION=[xrn[0],yrn[0]], TICKDIR=0)
```

지금 우리가 등위선 객체 두 개를 생성했고, 이제는 이 둘은 하나의 모델 객체안에 넣어서 중첩을 시킬 것이다. 그러면 색으로 채워진 등위선과 선으로 된 등위선이 겹쳐져서 우리가 원하는 형태의 그래픽이 얻어질 것이다. 다음과 같이 객체들의 계층구조를 정리하고 그래픽을 구현한다.

```
oModel -> Add, oContour
oModel -> Add, oContourLines
oModel -> Add, oXAxis
oModel -> Add, oYAxis
oView -> Add, oModel
oWindow -> Draw, oView
```

그런데 이 상태에서 프로그램을 실행하여 실제로 얻어진 그림을 보면 아직도 우리가 원하는 결과는 아닐 것이다. 일단 두 가지 원인이 있다. 그 첫번째 이유는 두 개의 등위선 객체가 Z방향 좌표상에서 똑같은 위치에 있기 때문에, 즉 같은 평면상에 정말 말 그대로 '중첩'되어버렸기 때문이다. 이를 피하기 위해서 일단 두 등위선 객체에 대하여 다음과 같이 GEOMZ와 PLANAR 속성을 설정해보자.

```
oContour -> SetProperty, GEOMZ=0, /PLANAR
oContourLines -> SetProperty, GEOMZ=0.01, /PLANAR
```

그리고 두번째 이유는 표출될 등위선의 값들의 문제인데, 이 시점에서 강조한다면 Object Graphics에서 등위선 객체를 구현하는데 있어서 C_VALUE 속성에 등위선들의 값들을 설정할 때, 자료값의 최소값 및 최대값은 반드시 포함시켜야한다. 최소값이 항상 포함되어야하는 이유는 뷰 객체상에서 이 등위선들이 표시될 때 가장 최외곽에 있는 등위선, 즉 가장 작은 값에 해당되는 등위선이 이루는 모양의 경계선이 결국 최종적으로 그려지는 범위를 결정하기 때문이다. 이것은 우리가 중간에 다음과 같은 문구를 사용하여 등위선의 범위를 얻었기 때문이라고 보면 된다.

```
oContour -> GetProperty, XRANGE=xr, YRANGE=yr
```

그리고 최대값이 포함되어야하는 것은 특히 등위선 사이사이가 색상으로 채워지도록 구현되어야하는 경우이다. 자료값의 최대값이 등위선에 반영되지않으면 그 부분은 색상으로 채워지지 않기 때문이다. 즉, C_VALUE 속성에 주어진 벡터에서 가장 높은 값이 280에서 끝나버리면 그 값의 등위선까지만 색이 채워진다. 따라서 최대값인 300도 포함되어야 그 값에 해당되는 등위선, 즉 꼭대기 포인트에 해당되는 부분까지 색이 채워진다. 이것은 원래 Direct Graphics에서의 CONTOUR 프로시저에서도 나타나던 문제이긴하다. 어쨌든 등위선을 그릴 값들을 C_VALUE에 부여할 때 반드시 최소 및 최대값을 넣어주는 것으로 아예 습관을 들이길 강력히 권장한다. 이를 위해서 앞서 처음에 생성했던 등위선 객체인 oContour의 속성들 중 해당 속성들을 다음과 같이 변경해주자.

```
oContour -> SetProperty, C_VALUE=[200,210,230,250,270,280,300], $
  C_COLOR=[30,80,140,180,210,250]
```

여기서 C_VALUE 속성에 부여되는 벡터에서는 값이 두 개가 추가된 것에 반하여, C_COLOR 속성에 부여되는 벡터에서는 컬러값을 하나만 추가했다. 이는 어차피 최대값인 300에 대응하는 등위선은 하나의 점이나 마찬가지이므로, 컬러값을 대응시키는 것이 가시적으로 아무런 영향을 주지 않기 때문이다. 이제 다시 그래픽을 구현해주면 이제는 우리가 원했던 그림 10-3-2와 같은 결과를 드디어 얻을 수 있을 것이다.

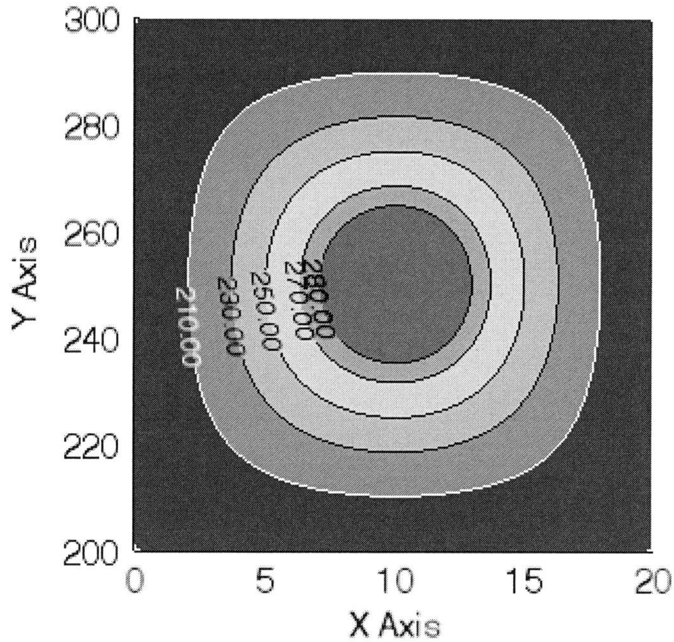

그림 10-3-2 비로소 제대로 구현된 등위선 그림의 모습[C]

여기서 새로 설정한 두 속성을 보면, 우선 GEOMZ속성은 등위선이 그려질 평면의 Z방향 좌표에 해당된다. 그리고 PLANAR 속성을 체크해주면 그 등위선이 GEOMZ 속성에 설정된 Z좌표에 위치한 평면상에 그려지는 특성을 갖게된다. 두 등위선 객체의 GEOMZ 속성에 부여된 값을 보면 색으로 채워진 등위선 객체에 대해서는 0, 선과 라벨로만 되어있는 등위선 객체에 대해서는 0.01이라고 되어 있다. 앞서 '객체의 위치 지정' 챕터의 내용을 떠올려보면 Z좌표가 (+)방향으로 클수록 관찰자쪽 방향이 된다.

결국 선과 라벨로 되어있는 등위선 객체를, 색으로 채워진 것보다 약간 앞쪽에 위치시킨다는 의미가 된다.

물론 지금 예제를 통하여 구현해 본 등위선 그래픽은 그저 하나의 예제에 불과하다. IDL의 도움말에서 등위선 객체에 대한 내용을 찾아보면, 여기 설명되지는 않았지만 유용하게 사용될 수 있는 많은 속성 및 메서드들이 있다. 이러한 내용들을 필요할 때마다 참조해가며 새로운 그래픽을 구현해보는 것도 흥미로울 것이다. 물론 여기까지 오는 과정이 다소 복잡해 보이거나 귀찮게 여겨지는 부분들도 좀 있었을 것이라 생각된다. 하지만, 순수하게 Object Graphics에서의 방법들만을 사용하여 그래픽을 구현하는 작업은 아무래도 Direct Graphics에서만큼 간단하기가 어려울 것이라는 점은 어느 정도 감안을 해야한다는 것을 아마 지금 시점에서는 굳이 강조하지않아도 될 것 같다. 그렇다고 해서 전혀 범접하기 어려울 정도로 난해하고 거룩하기만 한 내용인 것도 사실 아니다. 필자의 경우도 처음에는 매우 낯설고 어렵다는 느낌만 갖고 지내던 시기가 있었는데, 지금은 그림을 그릴 때 웬만하면 이러한 Object Graphics의 기법을 우선적으로 사용하는 쪽으로 점점 가고 있는 것을 느낀다. 앞으로 등장할 이미지, 폴리곤, 볼륨 등등의 객체들도 어차피 다 이런 식으로 구현되는 것들이니, 차근차근 내용을 짚어나가다보면 결국 친숙하게 다가올 것이라 믿으면서 또 다음 단계로 나가보자.

11. Surface Objects

면 객체 다루기

우리가 2차원 자료를 가시화하는데 있어서 주로 사용하는 3대 방법이라면, 앞선 챕터에서 다루었던 등위선(Contour), 뒤의 챕터에서 다루게 될 이미지(Image), 그리고 이번 챕터에서 다루게 될 면(Surface) 등을 들 수 있을 것 같다. 우리말로 Surface를 표현하면 표면 또는 면 등이 가능할 것 같은데, 여기서는 그냥 '면'이라고 하겠다. 등위선이나 이미지의 경우 가시화된 결과를 보면 2차원적인 성격이 강한 것에 반하여, 면의 경우는 속성 자체는 2차원임에도 불구하고 마치 3차원인 것처럼 보이는 측면이 강한 것이 사실이다. 이것은 X, Y 평면을 기반으로 하면서, 각 격자점에서의 자료값을 Z축을 이용하요 높이로 표시하기 때문이다. 그래서 간혹 이렇게 면(Surface)으로 가시화된 그림만을 보고 원 자료를 3차원 자료로 착각하는 경우도 종종 있지만, 엄연히 2차원 자료임을 다시 한번 유의해야 한다. 그러면 면 객체에 관한 좀 더 자세한 내용을 살펴보자.

11.1. 면 객체의 생성

면 객체는 IDLgrSurface 클래스에 해당되는데, 생성 방법은 등위선 객체의 경우와 거의 비슷하다고 보면 된다. 이 객체를 구현하기 위해서도 역시 기본적으로 2차원 배열 자료가 필요하다. 이 배열이 기본인자로 들어가야 객체의 선언이 가능하다. 역시 이번에도 DIST라는 함수를 이용하여 2차원 배열을 생성하고, 이를 바탕으로 한 면 객체를 생성하는 방법은 다음과 같다.

```
data = DIST(100)
oSurface = OBJ_NEW('IDLgrSurface', data)
```

물론 기본적인 객체 생성은 이와 같이 이루어지지만, 면 객체 역시 등위선 객체의 경우와 마찬가지로 상당히 많은 종류의 속성들을 갖고 있다. IDL 도움말에서 IDLgrSurface 클래스에 대한 내용을 보면, 그 종류가 역시 수십 가지도 넘는다. 그 중 중요한 일부 속성들을 이용하여 면 객체를 그래픽으로 구현하는 방법을 알아보기로 하자.

11.2. 면 객체의 사용

Object Graphics에서 제대로 된 면 그림을 만들기 위해서는 등위선 객체의 경우와 마찬가지로 축 객체들이 추가적으로 필요하다. 그런데 이번에는 Z축까지 있어야하므로 조금 더 복잡할 것 같은 불길한 느낌은 든다. 일단 먼저 주어진 2차원 자료를 바탕으로 단순한 면 객체를 생성하는 것부터 시작해보기로 한다. 다음 예제 코드를 한번 살펴보자. 여기서도 HANNING이라는 함수를 사용하여 임의로 생성된 2차원 자료를 사용하기로 한다. 특히 면 그래픽을 구현하는 예제에 있어서는 DIST 함수를 쓰는 것보다 좀 더 보기 좋은 그림을 보여줄 것이다.

```
data = 500*HANNING(400, 400)
oSurface = OBJ_NEW('IDLgrSurface', data)
```

여기서 생성한 2차원 자료는 400X400의 크기를 가지며, 값의 범위는 0~500인 2차원 실수 배열이 된다. 일단 기본적인 객체 생성은 이와 같이 했는데, 여기서 일단 한번 그 모습을 살짝 보기 위하여 다음과 같이 XOBJVIEW 명령을 사용해보기로 하자.

```
XOBJVIEW, oSurface
```

음, 그런데 뭔가 좀 이상하다. 잠시 Direct Graphics에서의 기억을 떠올려보면 약간 비스듬한 각도에서 입체감있게 보이는 그림이 나와야 정상인데, 위의 그림 11-2-1과 같이 그냥 까만색의 사각형만 하나 달랑 있는 것이 보인다. 여기서 사실 또 다시 Direct Graphics와 Object Graphics 사이의 괴리감이 하나 또 등장하는데, 이것은 보는 시선 방향 자체가 처음부터 우리가 보기에 좋은 방향으로 셋팅되어 나오지 않기 때문에 생기는 문제이다. 이 XOBJVIEW의 화면상에서 마우스 왼쪽 버튼을 드래그해보자. 그러면 이제서야 다음 그림 11-2-2와 같이 마치 꼬깔콘과도 같은 본래의 모습을 비로소 보여줄 것이다.

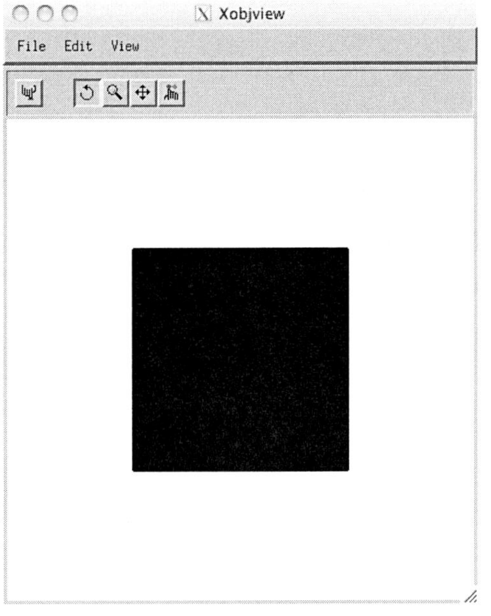

그림 11-2-1 정말 이것이 면 객체의 모습이란 말인가?

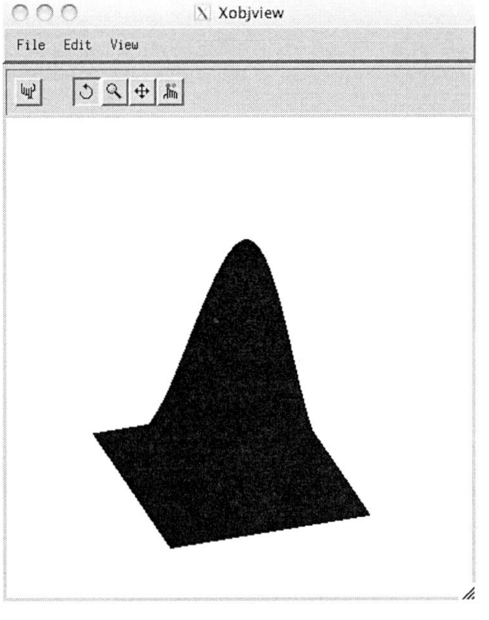

그림 11-2-2 이제야 제대로 면 객체의 형태로 보임

이것을 보면, 나중에 우리가 면 객체를 구현할 때 객체의 시선방향까지도 설정해줘야 한다는 다소 불편한 진실을 미리 예고하고 있는 듯하다. 그렇다고 두려워하지는 말자. 사실 알고보면 별 일도 아니다. 이를 이용하여 오히려 더 재미있는 효과까지 구현해볼 수 있으니, 그 때까지 차근차근 내용을 진행해나가자.

이제부터는 면 객체의 여러가지 세부 속성들을 설정해가며 좀 더 볼만한 그림을 만들어보기로 한다. 가장 먼저 COLOR 및 STYLE 속성을 조절해보겠다. COLOR 속성은 말 그대로 면 객체의 색상에 해당된다. STYLE이란 속성은 좀 낯설 것으로 생각되는데, 설명에 앞서 먼저 적용부터 다음과 같이 해보자. 먼저 컬러를 푸른색으로 설정하고, STYLE 속성은 0과 1을 차례로 부여한 다음 XOBJVIEW로 그 모습을 살펴보면, 그림 11-2-3과 같을 것이다.

```
oSurface -> SetProperty, STYLE=0
oSurface -> SetProperty, STYLE=1
```

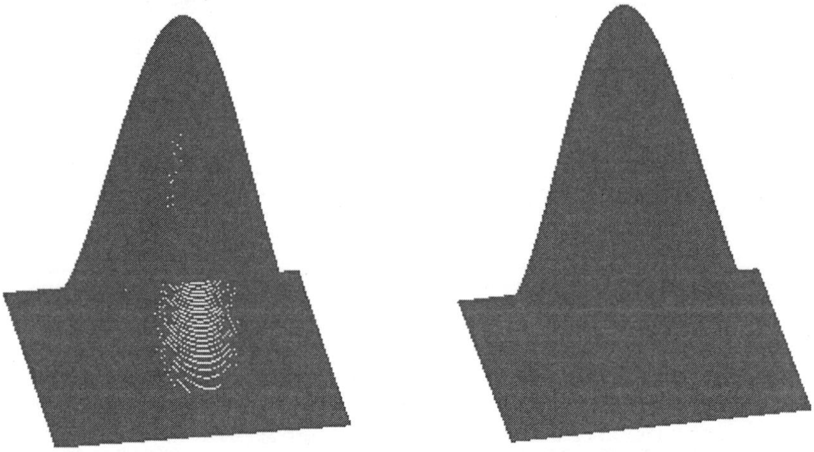

그림 11-2-3 STYLE 속성의 값을 0(왼쪽) 및 1(오른쪽)로 설정한 모습[C]

이 두 그림으로부터 STYLE 속성에 대한 감을 잡을 수 있겠는가? 좀 더 두드러진 차이를 보기 위하여 이번에는 STYLE 속성에 2라는 값을 부여해보자. 그러면 그림 11-2-4와 같이 좀 더 매끈한 모습의 면 그림을 얻게 된다.

```
oSurface -> SetProperty, STYLE=2
```

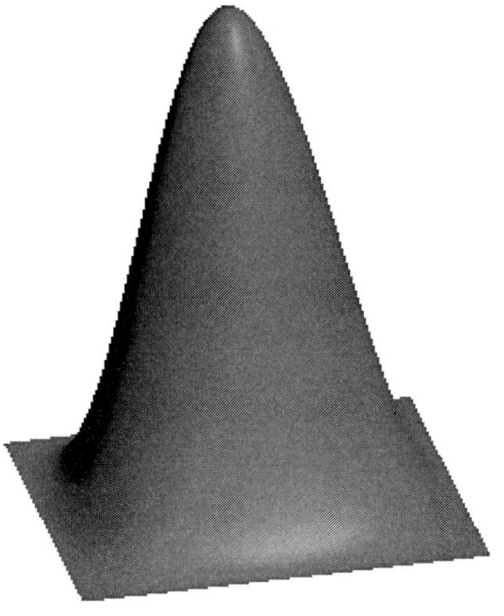

그림 11-2-4 STYLE 속성의 값을 2로 설정한 모습[C]

이 STYLE 속성은 면 그래픽이 구현(rendering)되는 방식에 해당된다. IDL의 도움말에서 이 속성에 대한 내요을 찾아보면 0~6까지 7가지 정수를 이 속성에 부여할 수 있다. 하지만 방금 소개된 세가지 경우, 즉 0~2가 주로 사용된다고 봐도 될 것 같다. 이 값이 0이면 각 포인트들이 일일이 다 구현되는 방식이 되고, 1이면 그물망(wire mesh)의 형태로 구현되는 방식, 2라면 매끈한(solid) 형태로 구현되는 방식이 된다. 각 구현방식간의 차이를 좀 더 극명하게 보고자 한다면 XOBJVIEW 인터페이스상에서 돋보기 모양의 버튼을 누르고 화면상에서 마우스를 드래그하여 확대를 해보면 된다. 그러면 그림 11-2-5와 같이 각각의 면이 어떤 방식으로 구현되었는가를 자세히 살펴볼 수 있다.

이러한 차이점들은 아무래도 이러한 면 객체가 일종의 폴리곤에 해당된다는 점을 우선 감안해야 이해가 빠를 것 같다. 물론 나중에 폴리곤 객체에 대한 챕터에서도 언급이 되겠지만, 일단 여기서 알아두면 좋을 간단한 내용만 언급해보기로 한다. 앞의 첫번째 그림에서 보이는 점들이 바로 이 면 전체를 구성하는 꼭지점(vertex)들이다. 따라서 첫번째 그림에서는 이 꼭지점들만 그래픽적으로 구현이 된 상태이다. 두번째 그림에서는 이 꼭지점들뿐 아니라 이 모든 점들 사이사이를 잇는 선들까지 구현되어 있다. 이와 같이 폴리곤의 꼭지점들을 선으로 이어주는 방식을 그물망(wire mesh)라고 표현한다. 세번째 그림에서는 이렇게 그물망으로 된 최소단위의 폴리곤들이 모두 정해진 색상으로 뒤덮인 채로 구현되어 있다. 아마도 2에 해당되는 solid 방식이 시각적으로 가장 깔끔해보이므로, 주로 많이 사용되지만 나머지 두 방식들도 간혹 필요할 경우가 있다. 그리고 여기에 소개되지않은 STYLE 속성의 값이 3~6의 경우들도 어떤 결과를 보여주는지 위와 같은 방법으로 구현하여 확인해보길 바란다.

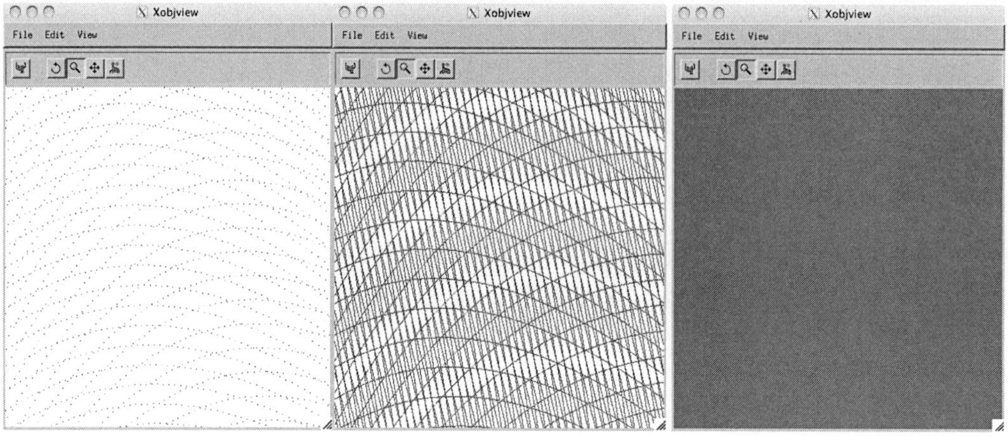

그림 11-2-5 STYLE 속성이 0, 1, 2인 경우의 모습을 각각 크게 확대하여 본 모습[c]

방금 꼭지점(vertex)들이란 것을 설명했지만, 이 꼭지점의 색상을 서로 다르게 부여하여 구현하는 경우가 있다. 이 경우 원하는 색상값들로 구성된 벡터를 만들어 이를 VERT_COLORS라는 속성에 부여하면 된다. 물론 앞서 봤듯이 꼭지점의 갯수는 무수히 많으므로, 이 모든 점마다의 색상을 일일이 정해줄 수는 없는 노릇이다. 따라서 일정 갯수의 색상만 정해주면, 모든 꼭지점들에 대하여 순환하는 방식으로 색상이 매겨진다. 다음 예제와 같이 RGB 형태의 4개의 색상값 세트들로 이루어진 벡터를 부여하고, STYLE은 그물망 형태로 설정하면 그림 11-2-6과 같은 결과를 얻게 된다. 여기서 오른쪽 그림은 왼쪽 그림을 확대해본 모습이다.

```
vcolors = [[0,100,200],[200,150,200],[150,200,250], [250,0,100]]
oSurface -> SetProperty, STYLE=1, VERT_COLORS=vcolors
```

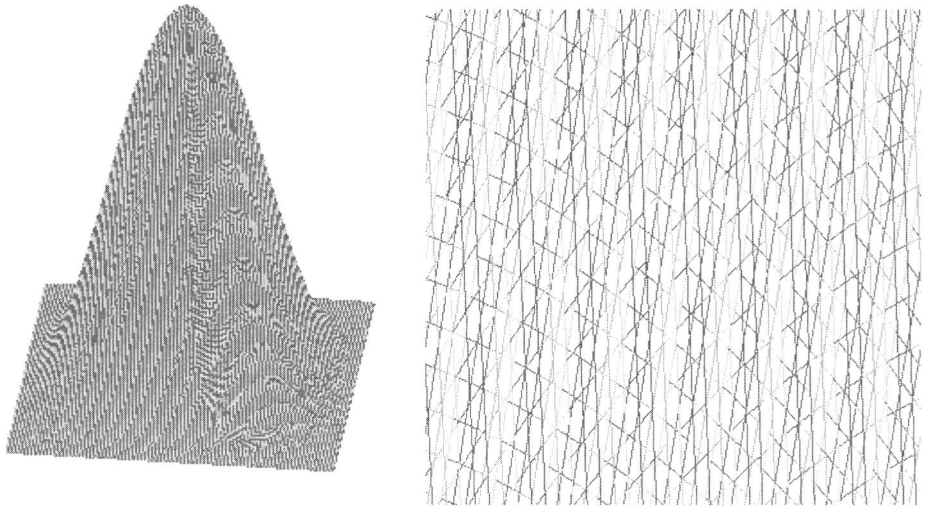

그림 11-2-6 VERT_COLORS 속성이 적용된 면 객체의 모습(왼쪽) 및 이를 좀 더 확대하여 본 모습(오른쪽)[c]

이 그림 11-2-6을 보면 4개의 색상들이 순환적으로 꼭지점마다 부여된 모습이라 시각적으로 조금 산만하게 느껴질 수도 있을 것 같다. 그럼 이 시점에서 SHADING이라는 속성을 소개하기로 한다. 이 속성은 기본적으로 STYLE 속성이 2인 상태, 즉 solid인 경우에만 효과가 있다. 0 또는 1의 값을 가질 수 있으며, 기본값은 0이다. 0인 경우는 flat shading, 1인 경우는 Gouraud shading에 해당된다. 일단 다음과 같이 SHADING 속성에 대하여 두 가지 값을 차례로 적용해보면 그 결과는 그림 11-2-7 및 11-2-8과 같다.

```
oSurface -> SetProperty, STYLE=2, SHADING=0
oSurface -> SetProperty, SHADING=1
```

아마 IDL에서 직접 구현해보면 SHADING이 0인 경우는 색상간 변화의 윤곽이 뚜렷한 반면, 1인 경우는 좀 더 부드러운 색상 변화를 보여준다는 것을 직접 확인할 수 있을 것이다. 이 shading, 즉 음영 또는 농담이라고도 하는데, 이 개념에 대해서는 역시 나중에 폴리곤에 대한 내용에서 자세히 다룰 것이다. 하지만 여기서 간단하게 소개만 한다면, 폴리곤을 구성하는 수많은 단위 폴리곤마다 음영의 차이를 불연속적으로 또는 연속적으로 부드럽게 처리하여 구현하는가의 차이라고 보면 된다. 일단은 시각적으로 이러한 차이라는 점만 기억해두길 바란다. 이 개념은 나중에 광원(Light) 객체와 도 연관되어 설명될 것이다.

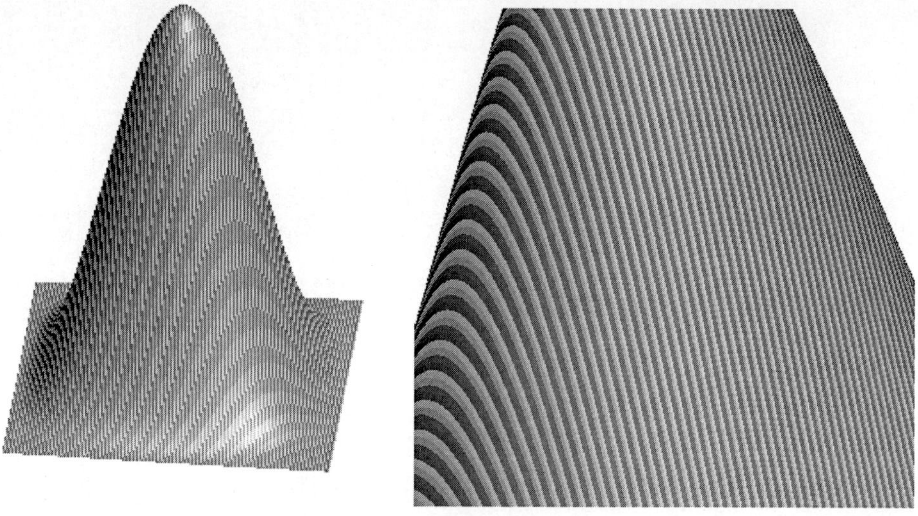

그림 11-2-7 SHADING 속성이 0으로 설정된 면 객체의 모습(왼쪽) 및 이를 좀 더 확대하여 본 모습(오른쪽)[C]

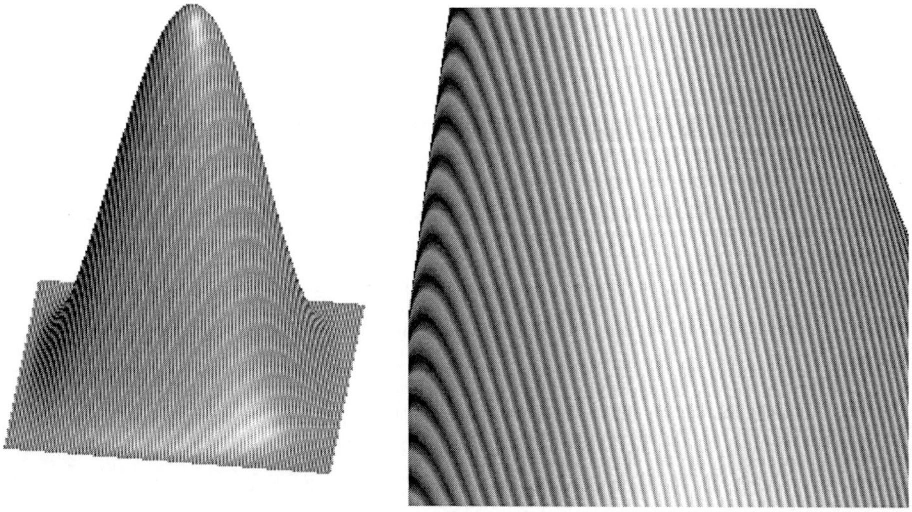

그림 11-2-8 SHADING 속성이 1으로 설정된 면 객체의 모습(왼쪽) 및 이를 좀 더 확대하여 본 모습(오른쪽)[C]

이번에는 SHOW_SKIRT라는 속성을 살펴볼텐데, 이 스커트(skirt)라는 것은 면 그림에 있어서 면 폴리곤과 이를 둘러싸는 주변의 각 평면이 만나는 부분까지 그래픽적으로 구현되는 경우 볼 수 있다. 아마 설명만으로는 감이 잘 안올 것 같으므로, 먼저 그림부터 보도록 하자. 이러한 그림을 구현하는 방법은 바로 이어서 해당 예제를 살펴보기로 하겠다. 그림 11-2-9에서 왼쪽은 스커트가 없는 경우이고 오른쪽은 있는 경우이다. 면 객체의 모든 부분이 바닥까지 내려가지 않는 경우, 이 부분을 다른 메꿔주는 다른 평면이라는 정도로 이해하면 될 듯 하다. 따라서 앞서 우리가 보았던 HANNING 함수로 생성된 자료를 기반으로 하는 면 그림의 경우는 이러한 스커트가 존재하지 않을 것이다.

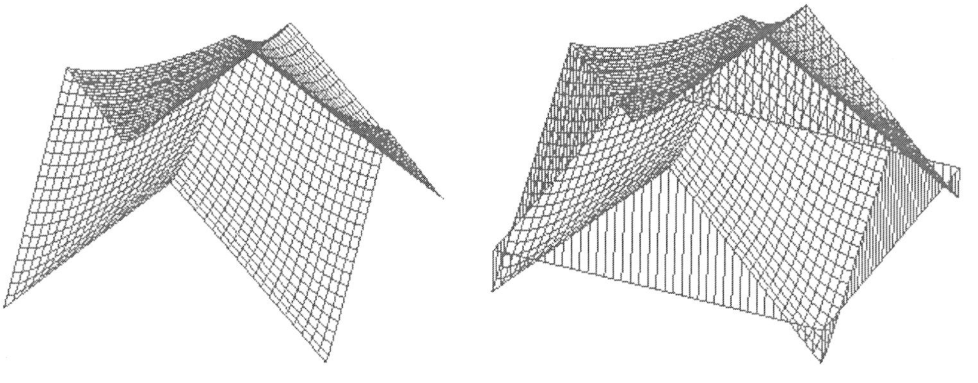

그림 11-2-9 SHOW_SKIRT 속성이 활성화되지 않은 면 객체의 모습(왼쪽) 및 활성화된 면 객체의 모습(오른쪽)[c]

여기서는 스커트의 개념을 시각적으로 나타내기 위하여 면 객체의 기반이 되는 자료를 변경하였다. 처음 생성시 HANNING 함수로 만든 2차원 배열을 사용했지만, 이번에는 DIST 함수로 만든 2차원 배열로 변경하는데, 이를 위하여 DATAZ라는 속성에 이 새로운 2차원 배열을 부여하였다. 이와 같이 어떤 자료를 바탕으로 생성한 면 객체라 하더라도 나중에 그 기반 자료는 얼마든지 바꿀 수 있다. 이어서 SHOW_SKIRT라는 속성을 1로 설정하고, SKIRT라는 속성에 특정한 값을 부여하였다. 이 SKIRT 속성에 부여된 값은 Z축상의 좌표값으로, XY평면 즉 Z=0인 위치로부터 Z=해당값의 위치까지 스커트가 보이게끔 구현하라는 의미이다. 시각적 효과를 높이기 위하여 STYLE을 1로 설정하여 그물망 형태로 구현하였다. 다음 예제 코드를 보면 면 객체인 oSurface에 대하여 SetProperty 메서드를 사용하는 문구가 두 개 나오는데, 이 중 첫 번째 문구는 그림 11-2-9의 왼쪽 그림에 대한 것이고 두번째는 그림 11-2-9의 오른쪽 그림에 대한 것이다.

```
new_data = DIST(50)
oSurface -> SetProperty, DATAZ=new_data, STYLE=1
oSurface -> SetProperty, DATAZ=new_data, STYLE=1, $
  /SHOW_SKIRT, SKIRT=5
```

이 면 객체의 가장 꼭대기 부분의 Z좌표값은 약 28.3이라는 점을 참조하면, 두번째 문구에서 SKIRT 속성에 5라는 값을 부여한 것이 왜 저런 결과를 보여주는가를 이해할 수 있으리라 생각한다. SKIRT 속성의 값을 다양하게 바꿔보면 더 도움이 될 것이다.

11.3. 면 객체에 옷을 입히자!

이번에는 면 객체상에 이미지를 입혀보는 작업을 해보기로 한다. 이와 같이 폴리곤상에 어떤 이미지를 입혀서, 마치 이미지가 그 폴리곤의 표면 굴곡을 그대로 따라가는 듯 보이게하는 기법을 텍스처 맵핑(Texture Mapping) 기법이라고 한다. 역시 나중에 폴리곤 객체에 관한 내용을 다룰 때 또 나오겠지만, 여기서 한번 맛을 보고 넘어가도록 하자. 아마 3차원 그래픽 또는 게임 등에 관심이 있다면 이미 많이 들어봤을만한 용어일 것이다. 예제를 통하여 이와 같은 작업을 간단하게나마 구현해보도록 하겠다. 먼저 다음과 같이 면 객체부터 생성해주고 속성들을 적당히 설정해준다.

```
data = 500*HANNING(360, 480)
oSurface = OBJ_NEW('IDLgrSurface', data)
oSurface -> SetProperty, STYLE=2, COLOR=[255,255,255]
```

여기서는 HANNING 함수를 사용하여 360X480의 크기로 생성된 직사각형 형태의 2차원 배열을 자료로 사용하였다. 이 크기는 나중에 맵핑할 이미지의 크기와 맞추기 위한 것인데, 사실 면과 이미지의 크기가 반드시 같을 필요는 없다. 다만 크기가 서로 안맞을 경우에는 이미지가 면 위에 맵핑될 때 약간의 일그러짐이 발생하겠지만, 크기를 서로 맞추는 것이 자료 해석상의 문제를 야기하지않는 경우라면 아마 큰 문제는 되지 않을 것이다. 그리고 STYLE 속성의 경우 5와 6을 제외한 나머지 경우들은 모두 텍스쳐 맵핑이 가능하며, 여기서는 2로 설정하였다. 주의할 부분은 COLOR 속성인데, 어차피 다른 이미지를 맵핑할 것이므로 굳이 설정할 필요가 없을 것 같지만, 사실 면 객체에 설정된 색상이 맵핑된 이미지의 색상에도 영향을 미친다는 점을 유념해야 한다. 따라서 텍스쳐 맵핑을 적용할 경우, 면 객체의 COLOR 속성은 흰색, 즉 [255,255,255]로 설정해야 맵핑할 이미지의 원 색상을 그대로 유지할 수 있다.

이제 맵핑할 이미지에 해당되는 이미지 객체를 만들어야 한다. 아직 우리가 이미지 객체를 정식으로 다루지는 않았지만, 간단하게 생성하여 이용하기로 하겠다. 이번 예제에서 맵핑할 이미지로, 좀 민망하지만, 필자의 사진을 골라보았다. 물론 액면 그대로의 사진은 아니고, 약간의 처리를 거쳐 마치 캐리커쳐처럼 만든 이미지이다. 형식은 JPG이고 24비트, 즉 RGB 형식의 360X480의 크기를 갖는 이미지로서 그 모습은 그림 11-3-1과 같다. 여러분들은 각자 갖고 있는 적당한 이미지를 사용하길 바란다.

그림 11-3-1 이번 예제에서 사용될 필자의 캐리커쳐 이미지[C]

어쨌든 이 이미지를 갖고 이미지 객체를 다음과 같이 생성한다.

```
ifile = 'myself.jpg'
img = READ_IMAGE(ifile)
```

```
oImage = OBJ_NEW('IDLgrImage', img)
```

이제 면 객체와 이미지 객체 모두 생성해놓았으므로, 본격적인 텍스쳐 맵핑을 해보자. 방법은 의외로 간단하다. 면 객체의 TEXTURE_MAP 속성에 대하여 맵핑할 이미지 객체를 부여하면 된다. 그리고 바로 XOBJVIEW를 사용하여 그 결과물을 보면, 좀 그로테스크하긴 하지만 그림 11-3-2와 같다.

```
oSurface -> SetProperty, TEXTURE_MAP=oImage
XOBJVIEW, oSurface
```

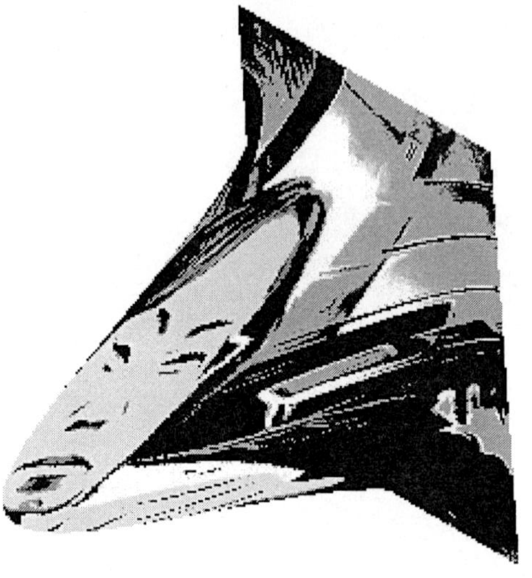

그림 11-3-2 필자의 캐리커쳐 이미지를 면 객체에 맵핑한 끔찍한 결과[c]

여기서 한가지 재미있는 장난을 한번 쳐보기로 하자. XOBJVIEW 명령에 바로 이어서 다음과 같은 문구를 추가적으로 실행해보자. 물론 이 문구는 반복문인데 한 줄로 이어진 명령은 아니기 때문에, 아무래도 이번 예제에 나온 내용들을 하나의 프로시저로 만들어서 실행해야 할 것이다.

```
FOR i = 0, 72 DO BEGIN
  XOBJVIEW_ROTATE, [1,0,0], 5
  WAIT, 0.1
ENDFOR
```

어쨌든 이 내용을 실행하면, 앞서 구현했던 면 객체가 회전하는 일종의 애니메이션을 볼 수 있을 것이다. 여기서 사용된 XOBJVIEW_ROTATE라는 명령은 앞서 XOBJVIEW로 가시화된 그래픽 객체를 회전시키는 역할을 한다. 사실 내부적으로는 XOBJVIEW 인터페이스가 갖고 있는 모델 객체에 대하여 Rotate 메서드를 적용하는 것이라고 이해하면 된다. 여기서는 X축에 대하여 5도씩 회전시켰지만, 다른 방향 축에 대하여도 적용해보자.

이와 같은 텍스쳐 맵핑 기법은 특히 DEM과 같은 지형자료를 3차원적으로 가시화할 때 유용하게 쓰인다. 특정 지역의 고도자료를 담은 2차원 배열자료가 있고, 같은 지역의 촬영사진자료가 있을 경우, 고도자료로부터 얻은 면 그림에 사진을 텍스쳐 맵핑하는 방법이다. 여기에 조금 더한다면, 같은 2차원 자료를 기반으로 얻은 등위선 그림을 함께 표출하면 좀 더 볼만한 결과물을 얻을 수도 있을 것이다. 우리가 이미 등위선 및 면 객체를 살펴봤으므로, 이와 같은 예제를 한번 구현해볼만도 하지않은가? 바로 이어지는 섹션에서 한번 도전해보기로 하자.

11.4. 지형 자료의 입체적 가시화 예제

앞선 예제들에서는 하위 그래픽 객체만 구현하고 XOBJVIEW를 사용하였지만, 이번에는 실전이므로 역시 그래픽 디바이스, 뷰, 모델 등의 객체들을 직접 생성해줘야 한다. 이 예제에서는 기본적으로 면, 이미지, 등위선 객체들이 필요할 것이다. 또한 축 객체들도 생성해야하는데, 이제는 X, Y 뿐 아니라 Z축까지 등장해야 할 것이다. 이러한 점들을 일단 염두에 두고 시작을 해보자. 지금 소개할 예제는 IDL의 커맨드 입력창에서 한 줄씩 입력하여 실행하기 보다는, 하나의 완성된 형태의 프로시저로 만들어서 컴파일 및 실행을 하는 것이 더 바람직하다. 따라서 다음과 같은 형태로 만들어 surface_example.pro라는 파일로 저장한 다음, 실행은 이 파일을 컴파일 및 실행하는 방식을 따르도록 한다. 물론 여기서 ~~~로 표시된 부분은, 이제부터 이어질 예제 코드들을 넣어야 하는 부분이다.

```
PRO surface_example
~~~(예제코드의 내용)~~~
END
```

여기서 사용될 2차원 배열을 다음과 같이 만들어주자. 이 배열은 높이가 각각 1000, 500인 두 개의 peak을 갖는다. HANNING 함수를 사용하여 나름대로 지형자료와 비슷한 느낌을 주도록 만들어본 것인데, 혹시나 지형고도와 같은 자료를 따로 갖고 있다면 그 자료를 대신 사용해도 될 것이다. 전체 크기는 600X600이고, 최소값 및 최대값이 0과 1000인 2차원 자료이다.

```
data = FLTARR(600,600)
data[70:369,50:349] = 1000*HANNING(300,300)
data[410:559,440:589] = 600*HANNING(150,150)
```

이 자료를 기반으로 한 면 객체를 다음과 같이 생성한다. 이 객체의 STYLE 속성은 2로 설정하고, 일단 XOBJVIEW를 임시로 사용하여 그 형태를 살짝 들여다보면 다음 그림 11-4-1과 같은 모습을 띄고 있음을 알 수 있다. 이 XOBJVIEW는 최종적으로는 사용하지 않을 것이므로, 지금 살짝 자료의 모습을 보는 목적으로만 사용하고 바로 지우도록 하자.

```
oSurface = OBJ_NEW('IDLgrSurface', data)
oSurface -> SetProperty, COLOR=[255,0,255], STYLE=2
XOBJVIEW, oSurface; (나중에 이 부분은 지우자)
```

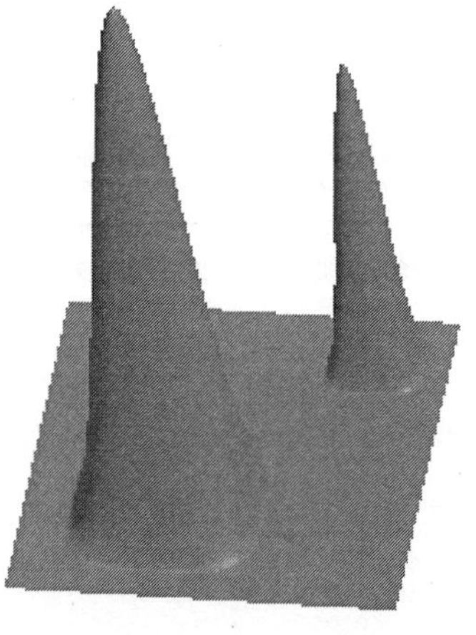

그림 11-4-1 이번 예제에서 사용될 2차원 자료에 대한 면 객체를 XOBJVIEW로 표출해본 모습[c]

이제 본격적으로 윈도우, 뷰, 모델 객체들을 다음과 같이 생성한다.

```
oWindow = OBJ_NEW('IDLgrWindow', DIMENSION=[500,500])
oView = OBJ_NEW('IDLgrView')
oModel = OBJ_NEW('IDLgrModel')
```

그리고 앞서 등위선 객체의 예제에서 했던 것처럼, 면 객체의 X, Y, Z 방향의 범위를 다음과 같이 구한다. 그리고 NORM_COORD 함수를 사용하여 좌표 변환용 벡터들을 생성하고, 이들을 [XYZ]COORD_CONV 속성에 차례로 부여한다. 이것은 결국 축 객체들을 추가하기 위한 사전 작업이다.

```
oSurface -> GetProperty, XRANGE=xr, YRANGE=yr, ZRANGE=zr
xs = NORM_COORD(xr)
xs[0] = xs[0]-0.5
ys = NORM_COORD(yr)
ys[0] = ys[0]-0.5
zs = NORM_COORD(zr)
zs[0] = zs[0]-0.5
oSurface -> SetProperty, XCOORD_CONV=xs, YCOORD_CONV=ys, $
  ZCOORD_CONV=zs
```

이번에는 X, Y, Z 축 객체들을 다음과 같이 차례로 만들어주자. 물론 각 축마다 붙일 축 제목에 해당되는 텍스트 객체도 함께 만들어준다.

```
oTextXAxis = OBJ_NEW('IDLgrText', 'X Axis')
oXAxis = OBJ_NEW('IDLgrAxis', 0, /EXACT, RANGE=[0, 600], $
  LOCATION=[xr[0], yr[0], zr[0]], TITLE=oTextXAxis
oXAxis -> SetProperty, XCOORD_CONV=xs, YCOORD_CONV=ys, $
  ZCOORD_CONV=zs
oTextYAxis = OBJ_NEW('IDLgrText', 'Y Axis')
oYAxis = OBJ_NEW('IDLgrAxis', 1, /EXACT, RANGE=[0, 600], $
  LOCATION=[xr[0], yr[0], zr[0]], TITLE=oTextYAxis
oYAxis -> SetProperty, XCOORD_CONV=xs, YCOORD_CONV=ys, $
  ZCOORD_CONV=zs
oTextZAxis = OBJ_NEW('IDLgrText', 'Z Axis')
oZAxis = OBJ_NEW('IDLgrAxis', 2, /EXACT, RANGE=[0, 1000], $
```

```
  LOCATION=[xr[0], yr[0], zr[0]], TITLE=oTextZAxis
oZAxis -> SetProperty, XCOORD_CONV=xs, YCOORD_CONV=ys, $
  ZCOORD_CONV=zs
```

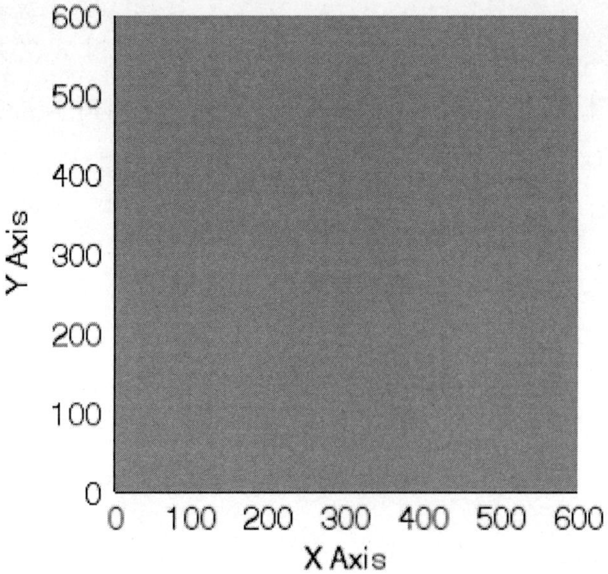

그림 11-4-2 예제 2차원 자료에 대한 면 객체를 표출해본 모습C

일단 이 단계에서 면 및 축 객체들을 모델 객체안에 넣고, 모델 객체는 뷰 객체에 넣은 다음, 이 뷰 객체를 윈도우상에 표출해보자. 그러면 그림 11-4-2와 같은 모습을 보게 된다.

```
oModel -> Add, oSurface
oModel -> Add, [oXAxis, oYAxis, oZAxis]
oView -> Add, oModel
oWindow -> Draw, oView
```

그런데 막상 이 그림을 보면 이게 과연 면 그림을 구현한 것이 맞는지 의문이 들 정도이다. 그냥 X, Y 축에 사각형 이미지 하나 달랑 보이고 끝이다. 하지만 이것은 면 객체가 맞으며, 마치 면 그림을 위쪽에서 바로 내려본 듯한 모습으로 보이는 상황이다. 그러면 그래도 면 그림인데 자료값이 큰 부분의 peak은 이런 시선방향에서라도 윤곽이 어느 정도 보여야 할텐데, 이 그림에서는 전혀 느낄 수가 없다는 점은 좀 이상하다. 이것은 나중에 우리가 또 배우게 될 광원(Light) 객체가 생략되어있기 때문에 나타나는 현상이다. 사실 면 객체를 구현하는데 있어서 자잘하게 신경써야 할 사항들이 몇가지 있는데, 일단 여기서는 나중에 이 면 객체에 텍스쳐 맵핑을 할 것이기 때문에 좀 이상하더라도 일단은 그냥 이렇게 두기로 하자.

사실 우리가 앞서 XOBJVIEW를 사용했던 경우들을 가만히 떠올려보면, 처음에는 항상 이와 같은 모습이 나왔었다. 다만 마우스로 드래그를 해서 방향을 돌려줘야 비로소 면 그림다운 모습을 볼 수 있었던 것을 기억할 것이다. 게다가 광원효과도 들어가 있기 때문에 입체감이 나름대로 느껴지기도 했다. 그런데 불행히도 지금은 그와 같은 광원 효과도 보이지않고, 아무리 윈도우상에서 마우스 드래그를 해본들 그것마저도 제대로 되지 않는다. XOBJVIEW는 하나의 GUI 프로그램으로서 그와 같은 기능들을 제공하도록 프로그래밍이 되어있지만, 지금 우리는 그냥 하나의 윈도우에 표출했을 뿐이기 때문이다. 그렇다면 아무래도 보다 면 그림다운 모습을 보일 수 있도록, 면 객체의 시선방향을 돌려주고, 텍스쳐도 입혀주는 것이 현재로서는 좀 볼만한 그래픽을 얻을 수 있는 가장 최선의 방법일 것이다.

이 시점에서 우리가 앞서 보았던 '객체의 위치 지정', '객체의 변환'과 같은 챕터들의 내용을 잠시 떠올릴 필요가 있다. 지금 우리가 만든 면 객체의 시선방향을 바꿔주기 위해서는 객체를 회전시켜줘야 한다. 즉, Rotate 메서드를 사용해야 한다. 물론 이 메서드는 모델 객체에 대해서만 사용 가능하므로, 지금 현재 면 객체 및 3개의 축 객체들을 포함하고 있는 oModel에 대하여 이 메서드를 적용해야 한다. 그런데 이 메서드를 사용할 때 필요한 인자 두 가지가 있는데, 하나는 회전의 중심이 될 축의 방향을 나타내는 벡터이고 또 하나는 회전의 각도이다. 이떤 방향의 축에 대하여 얼마만큼 회전을 시켜줘야 우리가 보기에 좋은 시선방향을 얻을 수 있을까? 아마 머릿속에서 좀 복잡한 과정들을 거쳐야 하겠지만, 그냥 해답을 바로 제시하겠다. 다음과 같이 oModel 객체에 대하여 Rotate 메서드를 적용시키자. 그러면 그림 11-4-3과 같은 결과를 얻을 수 있다.

```
oView -> Add, oModel
```

```
oModel -> Rotate, [0,0,1], 30
oModel -> Rotate, [1,0,0], -45
oWindow -> Draw, oView
```

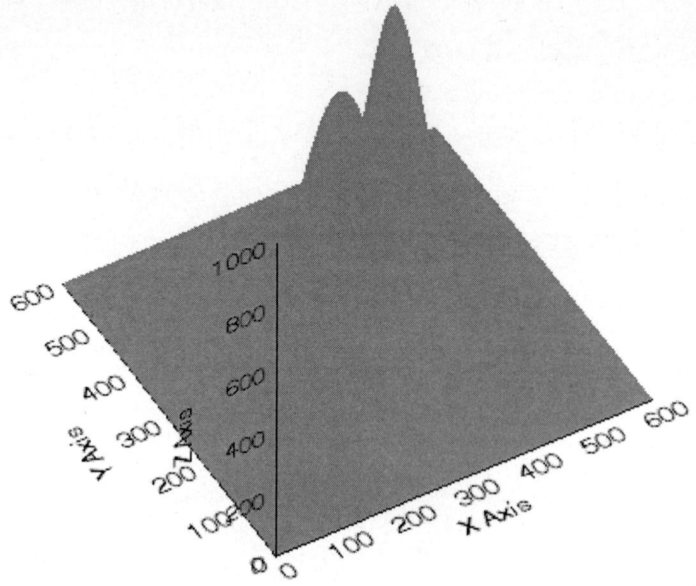

그림 11-4-3 Z 및 X축에 대한 회전을 가한 면 객체의 모습C

물론 면 객체 자체의 입체감은 아직은 전혀 느껴지지 않지만 , 아마도 이제는 뭔가 우리가 자주 보아오던 면 그림의 모습이 보일 것이다. 여기서 Rotate 메서드는 두번에 걸쳐서 사용되었다. 처음에는 Z축에 대한 회전, 그 다음에는 X축에 대한 회전이다. 원래의 그림상에서 X, Y, Z 축이 어느 방향인지 생각해보자. X 및 Y축은 우리가 그래프를 그릴 때 흔히 보는 방향과 같다. 즉, X축은 왼쪽에서 오른쪽으로 향하는 방향이고 Y축은 아래쪽에서 위쪽으로 향하는 방향이다. Z축은 우리의 눈쪽으로 튀어나오는 방향이 된다. 이해를 돕기 위하여 각 축의 위치 및 방향을 그림 11-4-4에서 나름 알기 쉽게 도식화하여 나타내보았다.

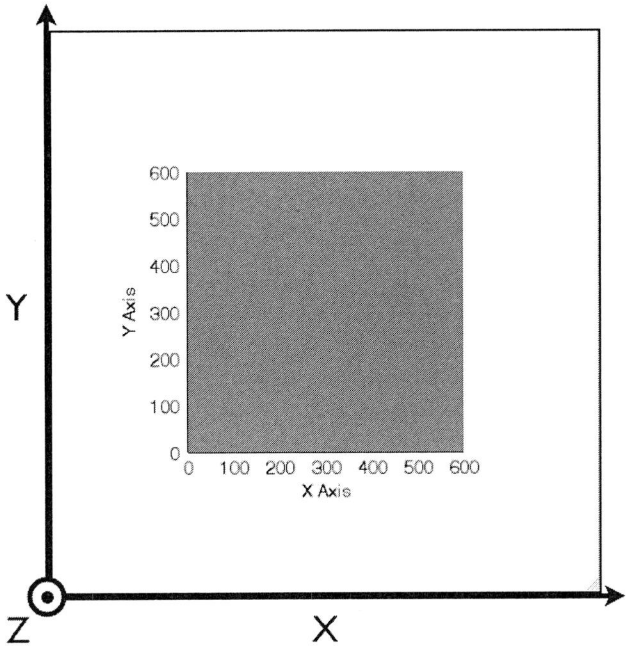

그림 11-4-4 공간상에서 X,Y, Z 축의 모습 및 방향C

그리고 회전각도의 방향은 오른손 법칙을 따른다고 보면 된다. 즉, 회전의 중심축의 방향을 오른손 엄지 손가락과 나란하게 하면, 회전각도는 나머지 손가락들이 향하는 방향이 (+)이고 그 반대는 (-)이다. 축의 방향이 내 눈을 향한다면 반시계 방향이라고 볼 수 있다. 모델 객체인 oModel에 대하여 두 번에 걸쳐 Rotate 메서드가 사용되었는데, 첫번째의 경우 Z축을 중심으로 +30도 회전을 시켰다. 그리고 두번째에서는 X축을 중심으로 -45도 회전을 시킨 것이다. 만약 첫번째 문구만 실행했다고 한다면, 그림 11-4-5와 같이 Z축에 대한 회전만 반영된 결과가 나올 것이다. 이 상태에서 두번째 문구는 결국 우리가 보는 평면 너머로 45도만큼 X축에 대하여 회전을 시킨 것이다. 이때 X, Y, Z 축 자체는 절대 움직이지 않는다. 오직 모델 객체만 움직인다는 사실을 잘 기억해두기 바란다.

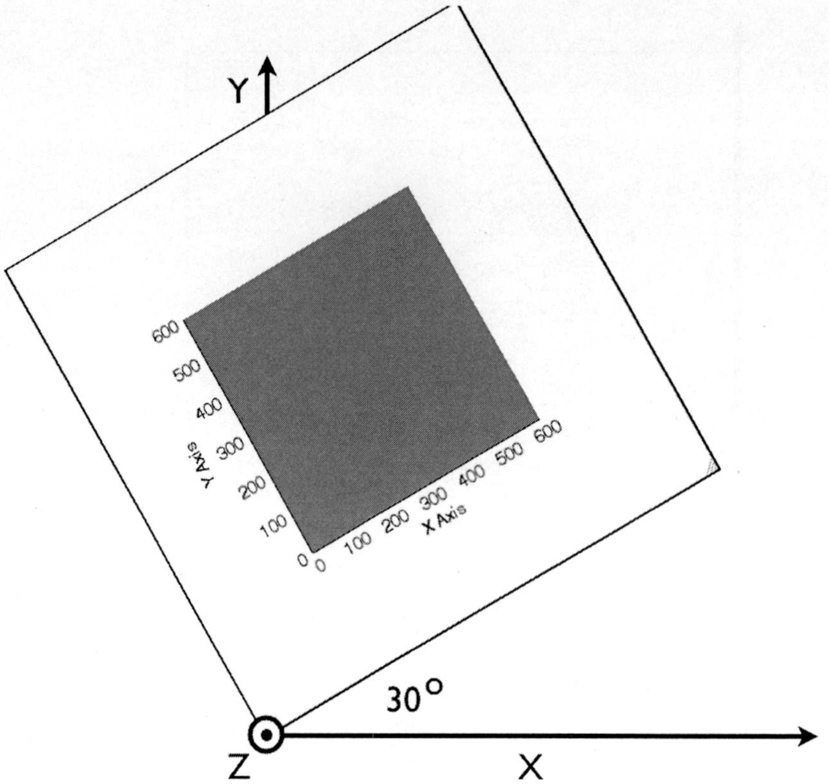

그림 11-4-5 Z축 중심의 +30도 회전만을 적용한 모습[c]

자 이제는 면 객체에 이미지를 입혀보자. 이미지는 역시 data 배열을 이용하여 이미지 객체로 생성하되, 34번 컬러테이블을 사용하여 좀 화려하게 그려보기로 한다. 그리고 이 이미지 객체를 면 객체상에 맵핑한다. 이를 위하여 다음과 같은 문구들이 중간에 삽입되어야 한다. 그러면 그림 11-4-6과 같이 면 객체상에 이미지가 텍스쳐 맵핑된 멋진 모습을 볼 수 있다.

```
oImage = OBJ_NEW('IDLgrImage', BYTSCL(data))
oPalette = OBJ_NEW('IDLgrPalette')
oPalette -> LoadCT, 34
oImage -> SetProperty, PALETTE=oPalette
oSurface -> SetProperty, TEXTURE_MAP=oImage
```

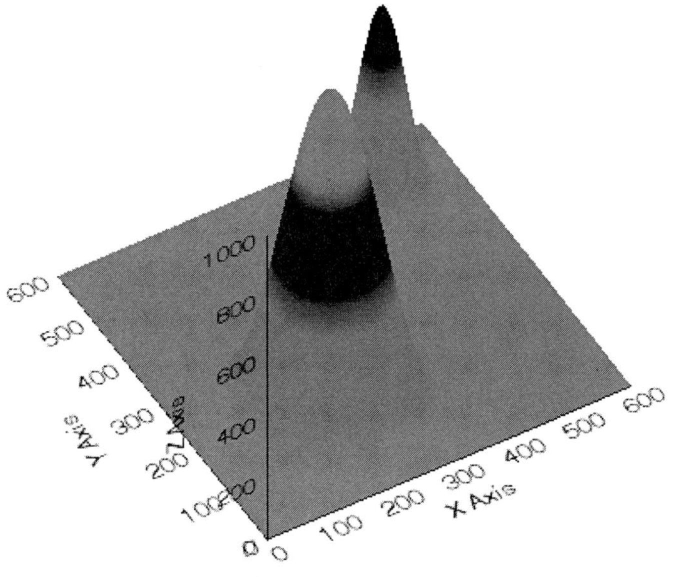

그림 11-4-6 면 객체상에 이미지를 맵핑하여 표출해본 모습[C]

이제 마지막으로 등위선 객체를 만들어 보자. 등위선 그림을 Z축상의 특정 위치에 나타냄으로써, 자료에 대한 더욱 입체적인 가시화를 해보는 것이다. 다음과 같은 문구들을 역시 중간에 삽입하여 실행해보자. 그러면 그림 11-4-7과 같이 등위선 그림이 윗부분에 중첩된 모습을 볼 수 있다.

```
oContour = OBJ_NEW('IDLgrContour', data)
oContour -> SetProperty, XCOORD_CONV=xs, YCOORD_CONV=ys, $
  ZCOORD_CONV=zs
oContour -> SetProperty, C_VALUE=[200,400,600,800], $
  C_LABEL_SHOW=1, C_THICK
oFont = OBJ_NEW('IDLgrFont', SIZE=8)
oContour -> SetProperty, LABEL_FONT=oFont, C_LABEL_INTERVAL=0.8
oContour -> SetProperty, GEOMZ=1000, /PLANAR
```

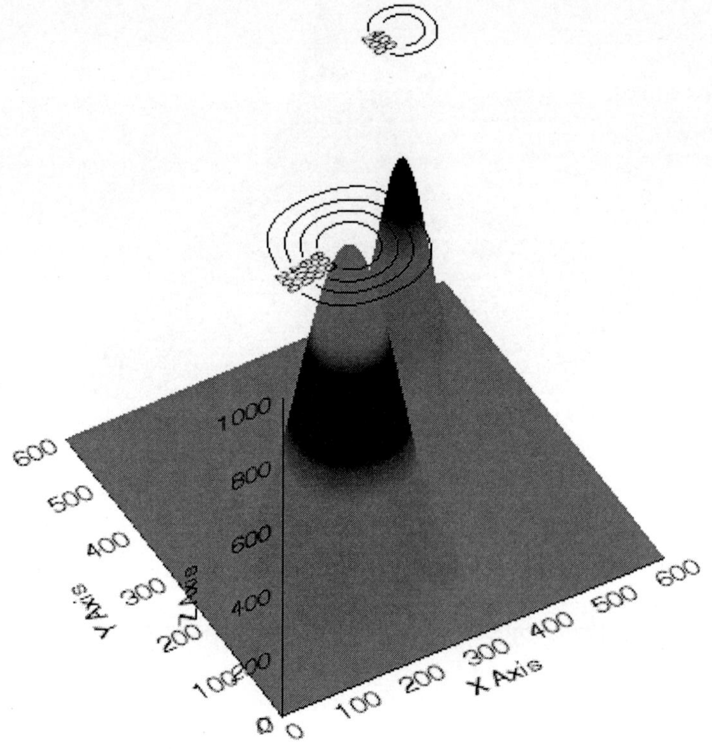

그림 11-4-7 면 객체와 등위선 객체를 함께 표출해본 모습[C]

아마도 이 그림에서는 등위선 그림의 모습이 좀 허전하게 보일 것이다. 좀 더 그럴듯하게 보이려면 등위선 자체의 축도 좀 넣어주는 등 몇 가지 추가작업들이 필요할텐데, 이러한 부분은 앞 장의 내용을 참조하여 여러분들이 직접 해보길 바란다.

여기서 마지막 줄을 보면 등위선 객체에 대하여 GEOMZ, PLANAR라는 속성을 설정하였다. 이것은 등위선 그림을 평면형태로 나타내고 그 위치를 Z축의 가장 높은 위치인 1000에 위치시킨 것이다. 그런데 이 마지막 줄을 무시해보자. 지우거나 아니면 ;를 앞에 붙여 비활성화를 시켜놓은 후 프로그램을 다시 실행하면 그림 11-4-8과 같이 등위선 자체가 면 객체상에 직접 그려지는 형태로 구현이 될 것이다. 물론 라벨의 색상이나 크기, 등위선의 두께 등등을 추가적으로 설정해주면 좀 더 보기 좋은 그림이 나올 것이겠지만, 이러한 방법의 가시화도 가능하다는 것을 참고적으로 알아두면 좋을 것 같다.

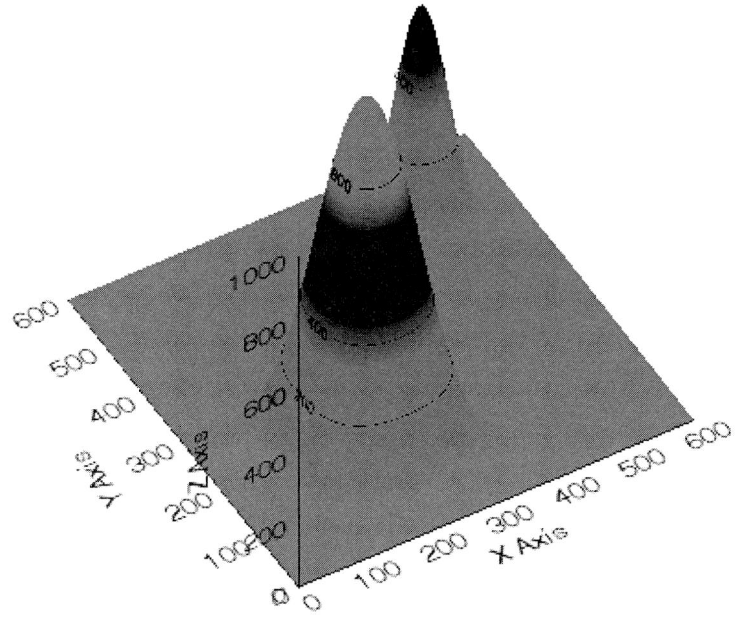

그림 11-4-8 등위선 자체가 면 객체상에 직접 붙어있는 듯하게 표출해본 모습[C]

내용이 좀 길었지만, 이렇게나마 2차원 자료를 좀 더 입체적인 가시화하는 방법을 살펴보았다. 물론 이것은 다른 수많은 방법들 중 하나일 뿐이다. 또 다른 좋은 방법들을 여러분이 직접 고안해낼 수도 있으리라 믿는다. 물론 이 경우 코드의 내용은 더 길어지겠지만, 지금 정도의 단계라면 그렇게 두려운 일은 아닐 것이다. 다음 장에서는 지금까지 간헐적으로 사용해보았던 이미지 객체에 대하여 본격적으로 살펴보기로 한다.

12. Image Objects

이미지 객체 다루기

우리가 2차원 자료를 가시화하는데 있어서 주로 사용하는 3대 방법들 중 세번째 순서로 이제 이미지 객체에 대하여 살펴보기로 한다. 이미지라는 것은 2차원 자료를 가시화하는데 있어서 가장 직접적인 수단이라고 할 수 있다. 2차원 공간상의 특정한 XY좌표를 갖는 지점을 화소(pixel)라고 하며, 그 지점에 대한 자료값을 화소값(pixel value)라고 한다. 이러한 화소값을 그 값에 대응하는 색상으로 나타내면 비로소 우리가 가시적으로 느끼는 이미지(image)라는 형태로 나타난다. 어차피 Direct Graphics에서도 마찬가지겠지만, 이미지 객체라는 것을 이해하는데 있어서도 색상(color)에 대한 이해는 필수이다. 이미지를 객체로 다루는 관점에서 필요한 색상에 대한 기본적인 내용은 앞서 "컬러의 활용"이라는 챕터에서 이미 다루었으므로, 이 내용을 어느 정도 숙지한 다음 이 챕터의 내용을 보면 더 좋을 것이다.

12.1. 이미지 객체의 생성

이미지 객체는 IDLgrImage 클래스에 해당되는데, 생성 방법은 등위선이나 면 객체의 경우와 거의 비슷하다. 다만 등위선이나 면 객체를 구현하기 위해서는 기본적으로 2차원 배열자료가 필요했지만, 이미지 객체의 경우는 기반 자료가 2차원 또는 3차원이 될 수도 있다. 물론 여기서 3차원의 경우는 공간적인 의미는 아니다. 공간적으로야 2차원이겠지만, RGB 각 채널의 값들이 모두 포함되는 경우라든지 또는 투명도(alpha channel)와 같은 값들이 포함되는 경우 등이 바로 3차원이 되는 경우이다. RGB 체계를 따르는 이미지 자료의 경우 그 구조가 [3, n, m]과 같은 형태를 띄지만, 여기서 투명도가 추가된다면 [4, n, m]과 같은 구조가 될 수도 있다. 어쨌든 이러한 배열이 기본인자로 들어가야 객체의 선언이 가능하다. 그냥 단순히 DIST라는 함수를 이용하여 2차원 배열을 생성하고, 이를 바탕으로 한 이미지 객체를 생성하는 방법은 다음과 같다.

```
data = DIST(100)
oImage = OBJ_NEW('IDLgrImage', data)
```

물론 기본적인 객체 생성은 이와 같이 이루어지지만, 이미지 객체 역시 등위선이나 면 객체의 경우와 마찬가지로 상당히 많은 종류의 속성들을 갖고 있다. IDL 도움말에서 IDLgrImage 클래스에 대한 내용을 보면, 그 종류가 역시 수십 가지도 넘는다. 그 중 중요한 일부 속성들을 이용하여 이미지 객체를 그래픽으로 구현하는 방법을 알아보기로 하자.

역시 몇 가지 예제들을 통하여 이미지 객체의 구체적인 이용법을 살펴보기로 하겠다. 이번에는 인위적으로 생성된 자료가 아닌 좀 더 실제에 가까운 자료들을 이용하고자 한다. IDL이 설치된 디렉토리를 보면 examples/data/라는 하위 폴더가 존재하는데, 이 안에 예제로 사용할만한 자료들이 꽤 있으므로 이들을 우선 적극 활용하기로 하겠다. 먼저 2차원 8비트 이미지(그레이 스케일이라고도 함)인 moon_landing.png라는 파일이 이 폴더안에 있으므로, 이를 활용하여 이미지 객체를 생성해보자. 다음과 같은 예제 코드를 사용하면 된다.

```
ifile = FILEPATH('moon_landing.png', $
  SUBDIRECTORY=['examples', 'data'])
img = READ_IMAGE(ifile)
title = 'Moon Landing'
oImage = OBJ_NEW('IDLgrImage', img)
```

이와 같이 하면 이미지 객체가 생성이 된다. 이제 이를 표출할 윈도우, 뷰, 모델 객체들을 다음과 같이 생성하자. 여기서는 이미지의 가로 및 세로 방향의 화소 크기를 SIZE 함수를 이용하여 imgsz라는 벡터에 저장하여, 이를 윈도우의 크기 및 뷰플레인 사각형의 크기를 설정하는데 이용하였다.

```
imgsz = SIZE(img, /DIMENSION)
oWindow = OBJ_NEW('IDLgrWindow', DIMENSION=imgsz, RETAIN=2, $
  TITLE=title)
```

```
oView = OBJ_NEW('IDLgrView'), VIEWPLANE_RECT=[0,0,imgsz])
oModel = OBJ_NEW('IDLgrModel')
```

이제 이미지 객체를 모델 객체안에 넣어주고, 모델 객체는 뷰 객체에 넣어준 다음, 뷰 객체를 윈도우상에 표출한다. 그러면 그림 12-1-1과 같이 이미지가 윈도우상에 구현될 것이다.

```
oModel -> Add, oImage
oView -> Add, oModel
oWindow -> Draw, oView
```

그림 12-1-1 이미지 객체로 표출된 예제 이미지 (8비트 흑백)

모든 작업이 완료된 후에는 다음과 같이 메모리상의 객체들을 제거해주자. 여기서 뷰 객체를 제거해주는데, 사실상 뷰 객체상에 나머지 모든 객체들이 포함되어 있기 때문이다. 물론 윈도우 객체는 이미지를 보고난 후 우리가 직접 제거해줘도 된다. 어차피 윈도우 객체가 살아있으면, 뷰 객체를 제거해도 이미지의 모습은 그대로 볼 수는 있다(엄밀히 얘기하면 볼 수만 있다).

```
OBJ_DESTROY, oView
```

이와 같은 2차원 그레이 스케일 이미지뿐 아니라 3차원 RGB 이미지도 같은 방법으로 화면상에 구현하면 된다. 동일한 폴더인 examples/data안에 elev_t.jpg라는 파일이 있는데, 3차원 RGB 이미지이다. 이를 이용하여 이미지 객체를 구현하려면, 앞선 예제의 앞부분의 내용만 다음과 같이 수정하면 된다. 이 이미지 자료는 3X512X512의 구조를 갖는 24비트 RGB 이미지에 해당된다. 따라서 imgsz를 구할 때, 맨 앞의 차원인 3은 빼고 공간적인 크기값들만 포함시키는 내용이 마지막 줄에 있음을 유의하길 바란다.

```
ifile = FILEPATH('elev_t.jpg', SUBDIRECTORY=['examples', 'data'])
img = READ_IMAGE(ifile)
title = 'Elevation'
oImage = OBJ_NEW('IDLgrImage', img)
imgsz = SIZE(img, /DIMENSION)
imgsz = imgsz[1:2]
```

그림 12-1-2 이미지 객체로 표출된 예제 이미지 (24비트 컬러)C

그리고 뒷부분은 그대로 살려서 실행하면 그림 12-1-2와 같은 이미지 객체를 구현할 수 있다. 기본적인 이미지 객체의 생성 방법은 이와 같다. 아마도 그냥 Direct Graphics에서 TV나 TVSCL같은 명령을 써서 표출한 경우와 별 차이를 못느낄 것이다. 하지만 Object Graphics에서 이미지를 객체로 구현했을 때의 장점은 굉장히 많다. 이어지는 내용에서 군데군데 이러한 점들이 언급될 것이다. 이제 구현된 이미지 객체를 다루는 여러가지 방법들을 본격적으로 차근차근 살펴보기로 하자.

12.2. 이미지 객체의 위치 설정

그래픽 디바이스 객체상에서 이미지 객체를 원하는 위치에 원하는 크기로 표출하는 방법부터 알아보자. 이와 같은 작업이 Direct Graphics에서 어떤 과정으로 이루어졌는지를 떠올려보면 도움이 될 것 같다. 우선 WINDOW 프로시저를 사용하여 윈도우를 띄우는데, XSIZE 및 YSIZE와 같은 키워드를 사용하여 표출될 이미지의 크기에 맞도록 해준다. 그 다음에는 TV 또는 TVSCL 프로시저를 사용하여 이미지를 표출하는데, 뒤에 0, 1, 2 등과 같은 인덱스를 붙이거나 아니면 XY 좌표를 추가인자로 부여하여 위치를 지정해주는 방법이 있었음을 기억할 것이다. 이미지 객체의 표출에 있어서도 이와 비슷한 과정을 거치면 된다. 앞서 예제 이미지로 사용했던 두 이미지 파일들을 모두 이용하여, 하나의 윈도우상에서 두 이미지를 각각 원하는 위치에 표출해보자. 예제 코드는 다음과 같다. 앞부분은 앞서 소개되었던 예제 코드들과 유사한 부분이 많다. 먼저 두 이미지 파일들로부터 각각에 대한 이미지 객체를 생성한다.

```
ifile1 = FILEPATH('moon_landing.png', $
  SUBDIRECTORY=['examples', 'data'])
img1 = READ_IMAGE(ifile1)
oImage1 = OBJ_NEW('IDLgrImage', img)
ifile2 = FILEPATH('elev_t.jpg', $
  SUBDIRECTORY=['examples', 'data'])
img2 = READ_IMAGE(ifile)
oImage2 = OBJ_NEW('IDLgrImage', img)
title = 'Showing two images...'
```

이와 같이 하면 두 개의 이미지 객체가 생성이 된다. 이제 이를 표출할 윈도우, 뷰, 모델 객체들을 다음과 같이 생성하자. 이 때 각 이미지의 가로 및 세로 방향의 화소 크기를 SIZE 함수를 이용하여 imgsz1, imgsz2라는 벡터에 저장하여, 이를 윈도우의 크기 및 뷰플레인 사각형의 크기를 설정하는데 이용하였다. 크기 설정의 단위는 화소(pixel) 단위라는 점을 유념한다. 두 이미지의 크기가 서로 완전히 다르므로, 대각선 방향으로 두 이미지를 위치시키려고 한다. 첫번째 이미지는 왼쪽 상단, 두번째 이미지는 오른쪽 하단에 두면 좋을 것 같다. 이를 위해서는 윈도우 객체의 가로 크기는 두 이미지의 가로 크기를 합산한 크기가 되어야 한다. 세로의 경우는 두 이미지의 세로 크기를 합산한 값이 될 것이다. 뷰플레인 사각형의 크기도 여기에 맞춰준다.

```
imgsz1 = SIZE(img1, /DIMENSION)
imgsz2 = SIZE(img2, /DIMENSION)
imgsz2 = imgsz[1:2]
xsz = imgsz1[0]+imgsz2[0]
ysz = imgsz1[1]+imgsz2[1]
oWindow = OBJ_NEW('IDLgrWindow', DIMENSION=[xsz, ysz], $
  RETAIN=2, TITLE=title)
oView = OBJ_NEW('IDLgrView'), VIEWPLANE_RECT=[0, 0, xsz, ysz])
oModel = OBJ_NEW('IDLgrModel')
```

이 시점에서 각 이미지 객체에 대하여 LOCATION이라는 속성을 설정한다. 이 속성은 이미지의 좌측 하단 구석 부분이 위치할 지점에 대한 XY좌표가 된다.

```
oImage1 -> SetProperty, LOCATION=[0, imgsz2[1]]
oImage -> SetProperty, LOCATION=[imgsz1[0], 0]
```

이제 이미지 객체들을 모델 객체안에 넣어주고, 모델 객체는 뷰 객체에 넣어준 다음, 뷰 객체를 윈도우상에 표출한다. 그러면 그림 12-2-1과 같이 두 이미지가 윈도우상에 구현될 것이다. 메모리 절약을 위해 마지막 부분에 뷰 객체를 제거하는 문구가 들어가는 것도 잊지말자.

```
oModel -> Add, oImage1
oModel -> Add, oImage2
oView -> Add, oModel
```

```
oWindow -> Draw, oView
OBJ_DESTROY, oView
```

그림 12-2-1 하나의 윈도우상에 두 개의 이미지 객체가 표출된 모습[c]

이미지 객체의 위치를 지정하여 표출하는 방법은 이와 같다. 이 예제 코드를 하나의 프로시저의 형태로 저장해두었는가? 그렇다면 여기서 재미있는 장난을 좀 쳐보기로 하자. 다음과 같은 반복문을 OBJ_DESTROY가 있는 줄 바로 앞부분에 삽입하고 실행해보자.

```
For i = 0, 300 DO BEGIN
  oImage1 -> SetProperty, LOCATION=[0, imgsz2[1]-i]
  oImage -> SetProperty, LOCATION=[imgsz1[0], 0+i]
```

```
  oWindow -> Draw, oView
ENDFOR
```

자 어떤 모습을 볼 수 있었는가? 아마 두 이미지의 위치가 동시에 변하는 모습을 마치 애니메이션과 같은 느낌으로 볼 수 있었을 것이다. 왼쪽 상단의 작은 이미지는 아래로 이동하고, 오른쪽 하단의 큰 이미지는 위로 이동하는 모습이다. 물론 이와 같은 효과는 Direct Graphics에서도 연출 가능하다. 다만 위와 같은 반복문안에 TV나 TVSCL이 들어간다는 차이일 뿐이다. 그런데, 시각적인 느낌은 분명히 차이가 난다. 왜냐하면 Direct Graphics의 경우 이와 같은 연출을 하면 화면이 깜박이는 것을 볼 수 있다. 이미지를 지우고 새로운 위치에 그리고 또 지우고 그리는 과정을 반복하기 때문이다. 하지만 Object Graphics에서는 이렇게 그리고 지우고 하는 과정때문에 화면이 깜박일 필요가 없다. 그냥 각 이미지 객체의 위치 속성만 바꿔주는 것이기 때문에, 그냥 새로운 위치로 자연스럽게 이동하는 것처럼 보이게 된다. 이와 같은 시각적인 부드러움이 바로 이미지를 객체로 표현할 때 얻게 되는 장점들 중 하나가 된다. 물론 이러한 장점은 Object Graphics 전체에 해당되며, 바로 객체 지향의 그래픽 기법이 갖는 재미있는 부분이라는 점을 기억해두길 바란다.

12.3. 이미지 객체의 패닝(Panning)

패닝(Panning)이라는 용어는 아마 사진에 조금이라도 관심이 있다면 많이 들어봤을 것이다. 촬영을 할 때 카메라를 특정 방향으로 움직이면서 보는 기법을 뜻하는 것으로 알고 있다. 지금 여기서는 어떤 이미지(특히 크기가 큰 이미지)를 표출할 때, 이미지의 특정 부분으로부터 일정 방향으로 이동하면서 보는 것을 뜻한다. 특히 위성영상을 다룰 때 많이 필요한 기법이기도 하다. 위성영상이라는 것이 기본적으로 화소 사이즈가 매우 큰데, 우리가 보는 컴퓨터의 화면이 커버하는 화소 사이즈보다도 훨씬 큰 경우가 많다. 따라서 기본 표출은 원래 영상의 일부만 보여주는 것으로 시작하고, 마우스 드래그에 의하여 원하는 부분으로 이동하여 보여주는 것과 같은 효과를 뜻한다. 물론 마우스 드래그를 지원하는 것은 GUI의 형태에서만 가능하므로, 여기서는 사전에 약속된 방향으로 이동시키는 방법만 보기로 한다. 아무래도 패닝의 예제로는 위성영상이 어울릴 것이므로, 예제로 사용될 이미지 파일도 위성영상을 담은 것을 사용하기로 하겠다.

앞선 예제들에서 사용되었던 이미지 파일들이 있는 examples/data라는 폴더안에 ohare.jpg라는 파일을 사용할 것이다. 이 파일은 미국 시카고에 있는 O'Hare 국제공항의 위성영상을 담고 있는데, 크기가 무려 5000X5000이다. 따라서 표출에 있어서 패닝 기법이 정말 필요할만한 이미지이기도 하다. 다음과 같이 먼저 기본적인 이미지 객체를 생성하는 작업부터 수행하자. RGB 이미지이기 때문에 크기 자체는 3X5000X5000으로 되어있으므로, 공간적인 2차원 크기만 다시 추출하여 imgsz로 저장하였다.

```
ifile = FILEPATH('ohare.jpg', SUBDIRECTORY=['examples', 'data'])
img = READ_IMAGE(ifile)
title = "O'Hare International Airport"
oImage = OBJ_NEW('IDLgrImage', img)
imgsz = SIZE(img, /DIMENSION)
imgsz = imgsz[1:2]
```

여기서는 윈도우 객체를 두 개를 띄워서, 첫번째 윈도우에서는 전체 이미지를 표출하고 두번째 윈도우에서는 부분 이미지를 표출할 것이다. 그러나 크기 자체가 너무 크기 때문에, 1/10로 줄인 500X500의 크기로 줄여서 전체 이미지를 보기로 한다.

```
xsz = imgsz[0]/10
ysz = imgsz[1]/10
reduced_img = CONGRID(img, 3, xsz, ysz, /INTERP)
oImage -> SetProperty, DATA=reduced_img
```

앞서 oImage를 생성할 때 원래 크기의 이미지 자료인 img를 바탕 자료로 사용하였다. 하지만 크기를 1/10로 줄인 이미지 자료인 reduced_img를 DATA라는 속성에 다시 부여하여 oImage의 바탕 자료를 변경했음을 유의한다. 다음으로 윈도우, 뷰, 모델 객체를 생성하자. 윈도우의 크기 및 뷰플레인 사각형의 크기는 앞서 원래 이미지의 크기의 1/10이 되도록 설정한다.

```
oWindow = OBJ_NEW('IDLgrWindow', DIMENSION=[xsz, ysz], $
```

```
  TITLE=title)
viewplane = [0, 0, xsz, ysz]
oView = OBJ_NEW('IDLgrView', VIEWPLANE_RECT=viewplane
oModel = OBJ_NEW('IDLgrModel')
```

이제 이미지 객체를 모델 객체안에 넣어주고, 모델 객체는 뷰 객체에 넣어준 다음, 뷰 객체를 윈도우상에 표출한다. 그러면 그림 12-3-1과 같이 O'Hare 국제공항의 위성영상이 윈도우상에 구현될 것이다. 물론 원래 크기인 5000X5000을 1/10로 줄인 모습이므로, 전체 이미지의 모습이 어떠한가를 대략적으로 보기 위한 것이다.

```
oModel -> Add, oImage
oView -> Add, oModel
oWindow -> Draw, oView
```

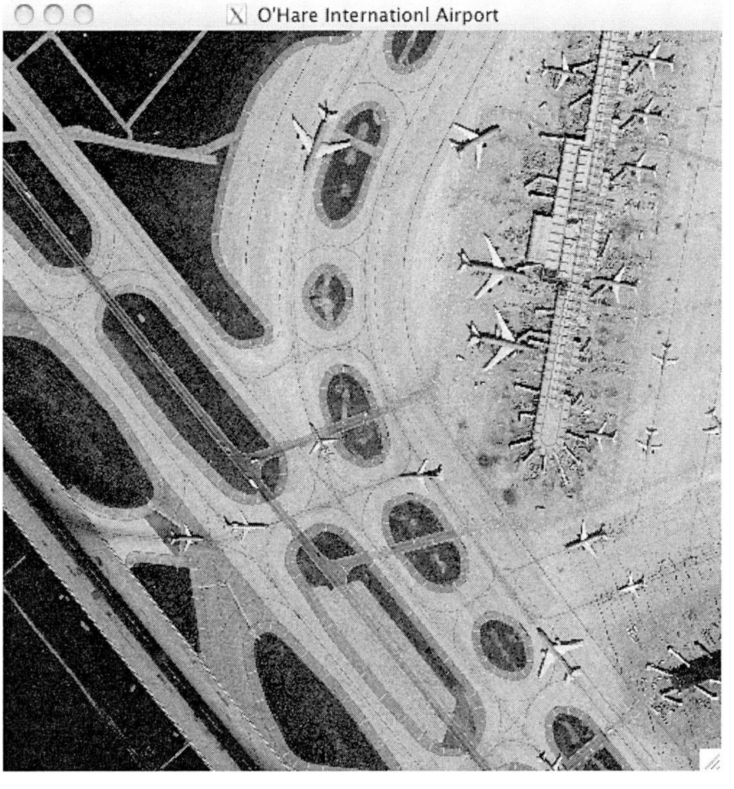

그림 12-3-1 이미지 객체로 표출된 위성 영상[c]

이번에는 우리가 원래 목표로 했던 이미지의 패닝 효과를 구현하기 위한 준비에 들어간다. 이를 위하여 새로운 윈도우 객체를 하나 더 만들자.[14] 그리고 oImage의 바탕 자료를 원래 크기인 img로 다시 복귀시키자. 이것은 이제 새로운 윈도우에서는 이미지의 원래 크기를 살리고, 대신 일부분만 보기 위한 것이다. 그런 다음 이 새로운 윈도우에 뷰를 표출하면 그림 12-3-2와 같은 그림을 보게 된다.

```
title = 'Panning zoomed view'
oWIndow = OBJ_NEW('IDLgrWindow', DIMENSION=[xsz, ysz], $
  TITLE=title)
oImage -> SetProperty, DATA=img
oWindow -> Draw, oView
```

그림 12-3-2 위성 영상의 특정 부분을 확대하여 표출한 모습[C]

---

[14] 여기서 객체의 이름을 앞서 생성했던 윈도우 객체의 이름과 똑같은 oWindow라고 했는데, 어차피 앞서 생성한 윈도우 객체에 대하여 뭔가 더 할 일은 없으므로 이렇게 해도 무방하다. 하지만 그게 아니라면 두 윈도우 객체의 이름을 다르게 하는 것이 안전할 것이다.

이 그림이 원래 이미지의 어느 부분일까? 바로 왼쪽 하단의 맨 구석에 있는, 전체 이미지의 1/10 크기에 해당되는 부분임을 금방 알 수 있을 것이다. 이것은 뷰플레인 사각형의 크기는 원래 이미지 크기의 1/10로 설정되어 있지만, 이 뷰에서 표출되는 이미지는 원래의 크기를 그대로 갖고 있기 때문이다. 따라서 왼쪽 구석에 해당되는 부분만 나타나는 것이다. 이제 본격적으로 패닝 효과를 구현해보기 위하여 다음과 같은 반복문을 삽입한다. 바로 앞선 예제에서 비슷한 경험을 했기 때문에 그래도 좀 친숙하게 느껴질 것이다.

```
FOR i = 0, imgsz[0]-xsz-1 DO BEGIN
  viewplane = viewplane+[1,0,0,0]
  oView -> SetProperty, VIEWPLANE_RECT=viewplane
  oWindow -> Draw, oView
ENDFOR
```

물론 마지막 부분에서 객체 제거 문구를 넣는 것은 잊지 않도록 하자.

```
OBJ_DESTROY, oView
```

이제 이 예제 코드를 하나의 프로시저로 묶어서 컴파일 및 실행을 해보자. 어떤 모습이 보이는가? 마치 원래 이미지의 맨 하단부를 왼쪽부터 오른쪽으로 이동하면서 보는 듯한 패닝 효과를 볼 수 있을 것이다. 패닝이 다 끝나면 그림 12-3-3과 같이 오른쪽 구석 부분이 표출된 채로 프로그램이 종료된다.

만약에 맨 하단부가 아닌 좀 올라간 위치에서 보고자 한다면 어떻게 해야할까? 이를 위해서는 방금 사용했던 반복문 바로 앞에서 다음과 같이 뷰플레인 사각형의 Y방향 위치를 좀 올려주면 된다. 만약 가로 방향이 아닌 세로 방향의 패닝 효과를 구현하려면? 당연히 이 반복문을 좀 고쳐주면 된다. 이것은 여러분이 직접 해보길 바란다. 또 하나, 패닝을 하면서 첫번째 윈도우에 있는 전체 이미지상에 현재 패닝중인 영역을 사각형으로 표시해보는 것은 어떨까? 그러면 패닝 윈도우상에서 나타나는 영역이 원래 이미지상의 어느 부분인가를 쉽게 알 수 있을텐데 말이다. 이것은 나중에 폴리곤이나 폴리라인에 대한 내용도 배우고 난 후에, 지금 이 예제에서 첫번째 윈도우에서 그 영역에 대한 사각형 객체를 만들어 위치를 변경해주면 될 것이다. 그 때 다시 이러한 부분까지 구현해보기로 하자.

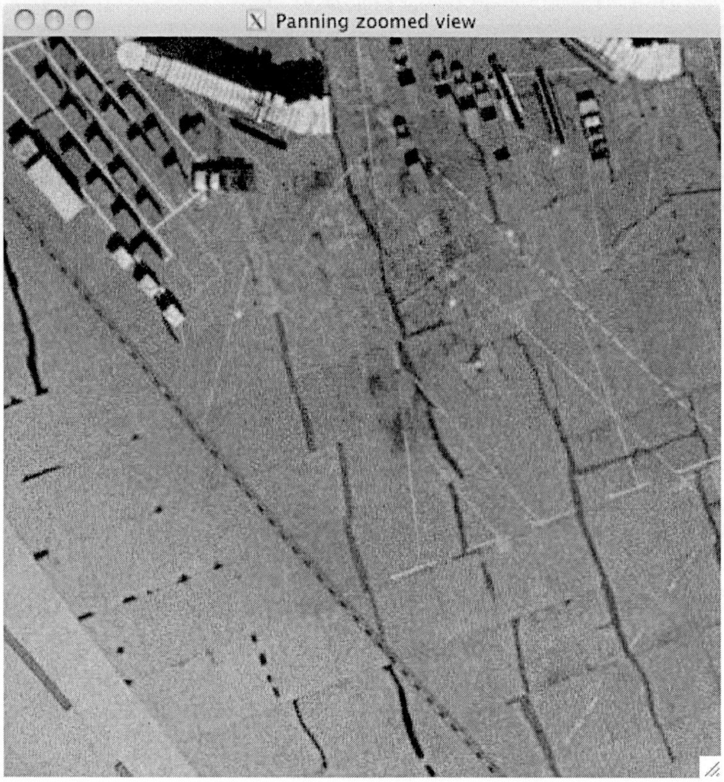

그림 12-3-3 반복문이 종료된 직후의 모습[C]

12.4. 이미지 객체의 투명도(Transparency)

객체로 구현된 이미지가 가질 수 있는 속성들 중 또 하나 유용한 것이 바로 투명도(Transparency)이다. 특히 서로 다른 이미지들을 중첩하여 표출할 경우 더욱 그렇다. 이미지 객체의 투명도를 설정하는 방법은 두 가지가 있다. 하나는 이미지 자료 자체에 투명도에 해당되는 채널을 추가하는 경우이다. 이것은 RGB로 된 이미지의 경우에만 가능한 것으로, 원래 이런 이미지는 3X가로크기X세로크기와 같은 구조를 갖는데, 여기서 3에 해당되는 RGB 3개 채널에 알파 채널(alpha channel)이라는 제 4의 요소가 추가되는 경우이다. 그래서 알파 채널도 다른 RGB 채널과 마찬가지로 0~255의 값을 갖는데, 이 값이 바로 투명도이다. 이 값이 0이면 완전한 투명(전혀 안보이는) 상태이고, 255이면 완전한 불투명 상태가 된다. 또 하나는 이미지 객체의 ALPHA_CHANNEL이라는 속성을 이용하는 것으로, 이 속성에 대하여 0~1의 값을 부여한다. 이 값이 0이면 완전 투명이고, 1이면 완전 불투명이 된다.

그런데 어떠한 방법을 쓰던간에 추가적으로 설정이 필요한 속성이 있는데, 바로 BLEND_FUNCTION이라는 것이다. 이 속성은 알파에 해당되는 값을 어떤 식으로 해석할 것인가를 결정하는 역할을 한다. 사실 이 속성에 대해서는 [3, 4]라는 값을 사용하는 경우가 대부분이므로, 그냥 이렇게 쓰면 된다는 정도로만 알고 있어도 충분할 것 같다. 혹시나 이 속성에 대한 자세한 내용을 알고 싶다면, IDL 도움말에서 IDLgrImage 클래스에 대한 내용을 보면 나와 있으므로, 이를 참조하기 바란다. 어쨌든 이와 같이 [3, 4]로 설정을 하면, ALPHA_CHANNEL 속성에 설정된 값만큼의 비율로만 색상이 재현된다. 즉, 이 속성의 값이 0.3이라면 원래 이미지의 색상의 30%만 구현되고, 배경화면의 색상은 70%가 구현된다는 뜻으로 이해하면 되겠다.

이제 이와 관련된 예제를 하나 살펴보자. 이번에는 천문관측 이미지 자료들을 사용할 것이다. 앞선 예제들에서 사용되었던 이미지 파일들이 있는 examples/data 폴더에 있는 파일들 대신 이번에는 다른 이미지 파일들을 사용해보려고 한다. 아래의 두 링크를 웹브라우저의 주소창에 입력하여 각 링크에 해당되는 파일을 다운로드받으면 된다.

http://www.spweather.com/~lee/hmi_cont.png
http://www.spweather.com/~lee/hmi_mag.png

다운로드된 두 PNG파일들을 현재 여러분이 사용중인 IDL에 설정되어 있는 작업폴더(Working Directory)에 카피해놓길 권한다. 그러면 예제 코드상에서 이 파일명을 적을 때 별다른 폴더경로없이 그냥 파일명만으로도 이 파일을 인식할 수 있다. 물론 작업폴더에 저장되어있지 않더라도 그냥 절대적인 폴더경로를 다 적어주는 방법을 사용해도 무방하다. 예제에 사용될 두 이미지들은 현재 활동중인 태양관측위성인 SDO(Solar Dynamic Observatory)에서 관측한 태양 전면의 연속선(Continuum) 및 자기장맵(Magnetogram)이다. 어차피 같은 대상을 촬영한 서로 다른 성격의 이미지 자료이므로, 중첩을 할 경우 효과적인 분석이 가능한 자료들이다. 다운로드가 제대로 되었다면 그림 12-4-1과 같은 모습의 두 이미지임을 먼저 확인할 수 있다. 참고로 두 이미지 모두 600X600의 크기를 갖는 그레이스케일(Grayscale) 이미지이다.

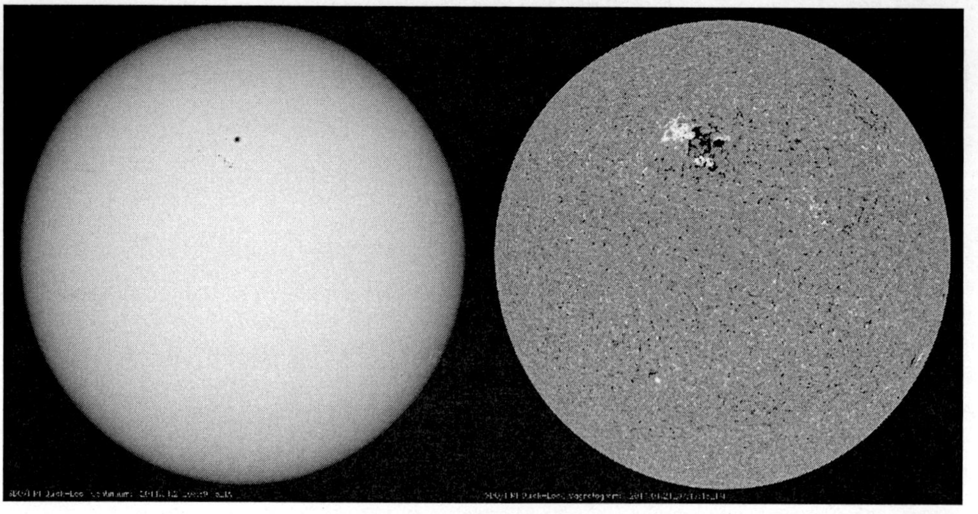

그림 12-4-1 두 예제 이미지의 모습

이제 본격적으로 예제 코드에 들어가보기로 한다. 다음과 같이 READ_IMAGE 함수를 사용하여 파일을 읽고, 각 이미지 자료의 크기를 저장한다.

```
img1 = READ_IMAGE('hmi_cont.png')
img1 = READ_IMAGE('hmi_mag.png')
dims1 = SIZE(img1, /DIMENSION)
dims2 = SIZE(img2, /DIMENSION)
oPalette = OBJ_NEW('IDLgrPalette')
oPalette -> LoadCT, 3
```

읽어들인 두 이미지 배열을 이용하여 이미지 객체를 생성한다. 첫번째가 연속선이고 두번째가 자기장맵인데, 연속선과 같은 태양 이미지의 경우 컬러 테이블을 붉은색 또는 노란색 계열을 사용하는 경우가 많다. 따라서 연속선 이미지에 대해서만 3번 컬러 테이블을 적용하겠다.

```
oPalette = OBJ_NEW('IDLgrPalette')
oPalette -> LoadCT, 3
oImage1 = OBJ_NEW('IDLgrImage', img1, PALETTE=oPalette)
```

```
oImage2 = OBJ_NEW('IDLgrImage', img2)
```

이 예제에서는 두 개의 윈도우 객체를 생성할 것이다. 먼저 첫번째 윈도우 객체를 이미지의 크기에 맞춰 생성한다. 뷰 객체의 경우도 뷰플레인 사각형의 크기가 이미지의 크기와 맞도록 한다. 모델 및 뷰 객체의 포함관계를 설정하고, 첫번째 윈도우 객체에 연속선 이미지를 먼저 표출한다. 그러면 그림 12-4-2와 같은 결과로 나타난다.

```
oWindow1 = OBJ_NEW('IDLgrWindow', DIMENSION=dims1, $
  TITLE='SDO HMI Continuum', RETAIN=2)
oView = OBJ_NEW('IDLgrView', VIEWPLANE_RECT=[0,0,dims1])
oModel = OBJ_NEW('IDLgrModel')
oModel -> Add, oImage1
oView -> Add, oModel
oWindow1 -> Draw, oView
```

그림 12-4-2 컬러 테이블이 적용된 이미지 객체로 표출된 모습[C]

이제 두번째 윈도우 객체를 생성한다. 그 위치를 첫번째 윈도우 객체의 오른쪽으로 하기 위해 LOCATION 속성을 따로 설정하였다. 이 윈도우에서는 연속선 이미지를 그대로 둔 상태에서, 자기장맵 이미지의 투명도를 0.5로 설정하여 중첩할 것이다. 이를 위하여 두번째 이미지 객체의 투명도 관련 속성들을 설정하고, 이를 모델 객체에 포함시킨다. 그리고 뷰 객체를 두번째 윈도우 객체상에 구현하면 그림 12-4-3과 같이 두 이미지가 중첩된 모습을 볼 수 있다. 흑백 컬러 테이블로 되어있는 자기장맵의 이미지가 투명한 상태로 중첩되어 있다.

```
oWindow2 = OBJ_NEW(‘IDLgrWindow’, DIMENSION=dims2, $
  LOCATION=[dims2[0]+10,0], RETAIN=2, $
  TITLE=‘SDO HMI Continuum/Magnetogram’)
oImage2 -> SetProperty, ALPHA_CHANNEL=0.5, BLEND_FUNCTION=[3,4]
oModel -> Add, oImage2
oWindow2 -> Draw, oView
```

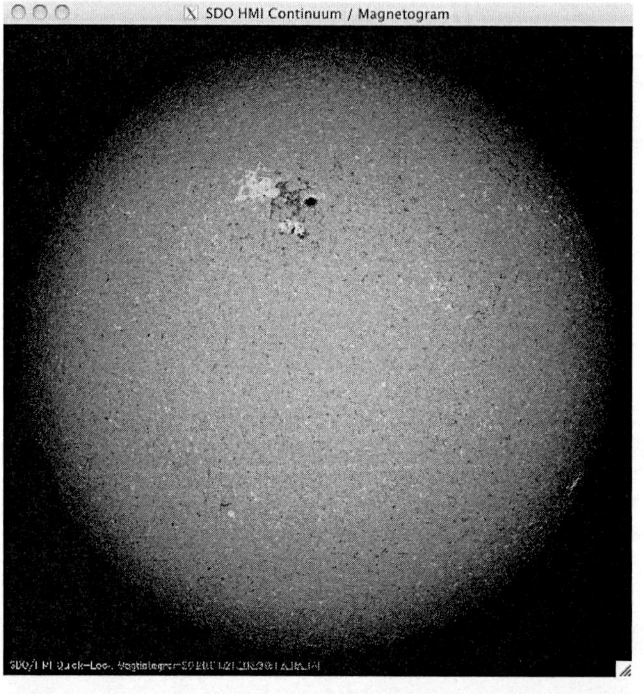

그림 12-4-3 두 이미지를 투명하게 중첩하여 표출한 모습[C]

이미지의 투명도를 조정하여 다른 이미지와 중첩하는 방법은 대략 이와 같다. 그런데 이대로 끝내기가 좀 근질근질하지 않은가? 역시 이번에도 재미있는 효과 하나를 연출해보자. 다음과 같은 반복문을 삽입하고 실행해보자.

```
FOR i = 0, 100 DO BEGIN
  oImage2 -> SetProperty, ALPHA_CHANNEL=0.01*i
  oWindow2 -> Draw, oView
  WAIT, 0.1
ENDFOR
```

어떤 모습이 보이는가? 그렇다. 이 반복문의 역할은 자기장맵 이미지의 투명도를 0~1까지 100단계로 나누어 서서히 높여나가는 것이다. 따라서 처음에는 연속선 이미지만 보였다가, 자기장맵 이미지의 투명도가 점점 높아져서, 나중에는 자기장맵 이미지만 보이게 되는 그러한 효과이다. 여기서 사용된 WAIT라는 명령은 초단위의 시간값을 인자로 사용한다. 즉 0.1초 기다리라는 의미이다. 이것은 반복문의 속도가 너무 빠르면 이미지 속성의 변화를 느긋하게 지켜보기 힘들기 때문에 일부러 삽입되었다. 인자값이 커지만 반복 스텝마다 기다리는 지체시간이 더 길어질 것이다. 어쨌든 이미지의 중첩에 있어서 이러한 투명도 속성의 설정은 매우 유용하게 사용될 수 있는 기법이라는 점을 잘 기억해두기 바란다.

12.4. 기타 이미지 객체 관련 기법들

지금까지 이미지 객체의 표출과 관련된 여러가지 기본적인 기법들을 각종 예제들을 통하여 살펴보았다. 물론 여기서 미처 소개되지 못한 기법들이 너무나도 많다. 어차피 이러한 무궁무진한 기법들을 여기서 다 소개할 수는 없다. 다만 나중을 위하여 남겨둔 내용이 있는데, 바로 폴리곤 맵핑 또는 텍스쳐 맵핑이라는 기법이다. 이것은 나중에 소개될 폴리곤 객체상에 이미지 객체를 입히는 기법이라는 것을 사실 우리는 이미 "면 객체 다루기" 챕터에서 살짝 맛을 보았었다. 이것은 면 객체라는 것이 그 속성 자체가 폴리곤이기 때문이었는데, 나중에 폴리곤에 관한 챕터에서 관련된 예제들을 좀 더 살펴볼 예정이다. 다음 챕터에서는 보조 객체들에 대하여 살펴본 후, 바로 이어서 폴리곤 객체로 넘어가겠다.

13. Attribute and Helper Objects

보조 객체들의 활용법

보조 객체들이라 함은 그 자체가 그래픽적으로 구현되어 우리 눈에 보이는 것이 아니라, 다른 그래픽 객체들의 구현에 있어서 보조적으로 사용되는 객체들을 뜻한다. 예전에는 세부적으로는 Attribute 객체와 Helper 객체로 나누기도 했지만, 이러한 구분은 실제로는 그다지 큰 의미는 없다. 앞서 객체 클래스들의 종류를 소개할 때 개별 그래픽 요소 객체들의 카테고리로 소개되었던 폰트, 팔레트, 패턴, 심볼, Tessellator, Trackball 객체들이 바로 이러한 범주에 속한다. 각각에 대하여 차례로 살펴보기로 한다. 다만, 팔레트 객체의 경우는 '컬러의 활용' 챕터에서 충분히 설명이 되었다고 보고, 여기서는 따로 또 다루지는 않기로 한다.

13.1. 폰트(Font) 객체

폰트 객체는 텍스트 객체를 구현할 때, 문자열의 폰트와 크기를 설정하도록 해주는 역할을 한다. 트루타입(TrueType) 폰트나 IDL 자체에 내장된 Hershey 벡터 폰트 중 하나를 사용할 수 있다. 폰트 객체에 사용되는 폰트는 폰트의 이름 및 그 외 형태(볼드체 또는 이탤릭체)를 나타내는 문자열들로 이루어진 문자변수의 형태로 설정되는데, 그 기본적인 형태는 다음과 같다.

```
'fontname*weight*angle*other_modifiers'
```

여기서 fontname은 말 그대로 폰트의 이름(Helvetica, Courier 등)을 뜻하고, weight는 볼드체 여부, angle은 이탤릭체 여부를 뜻한다. 예를 들어 Helvetica 폰트로 정하되 볼드 및 이탤릭체로 설정하려면 다음과 같이 표현한다.

```
'Helvetica*bold*italic'
```

그리고 Times Roman Regular 폰트를 사용하려면 그냥 'times'라고 표시하면 된다. 폰트 설정시 폰트명은 무조건 앞에 와야 하지만, 나머지 요소들은 순서가 바뀌어도 상관없다. 따라서 위의 폰트 설정을 다음과 같이 해줘도 된다.

```
'Helvetica*italic*bold'
```

만약 텍스트 객체에 대하여 폰트 속성을 따로 지정해주지않은 경우의 기본 설정은 크기가 12인 Helvetica Regular가 된다. 가용한 폰트들의 목록을 살펴보고자 한다면, 그래픽 디바이스 객체를 생성해놓고 이 객체에 대하여 GetFontnames 메서드를 다음과 같이 적용하면 된다.

```
oWindow = OBJ_NEW('IDLgrWindow')
fontname = oWindow -> GetFontname("*")
PRINT, fontname
```

그러면 아마도 다음과 같은 폰트 목록이 출력될 것이다.

```
Courier Courier Bold Courier Bold Italic Courier Italic ENVI
Symbols Helvetica Helvetica Bold Helvetica Bold Italic Helvetica
Italic Monospace Symbol
Symbol Times Times Bold Times Bold Italic Times Italic
```

이 메서드로 얻어지는 가용 폰트들의 목록은 트루타입 폰트에 한하며, Hershey 폰트들은 이 목록에 반영되지는 않는다. 기본적으로 IDL에서는 Courier, Helvetica, Monospace Symbol, Symbol, Times 등 5가지 종류의 트루타입 폰트들이 지원된다. 그러나 사용중인 시스템에 따라서 추가적으로 다른 폰트들이 사용될 수도 있다.

13.2. 한글 폰트(Font)의 사용

앞서 소개된 트루타입 폰트들은 모두 영문 전용 폰트이기 때문에, 텍스트 객체를 생성할 때 한글로 된 문자열을 넣어도 아마 제대로 표시가 안될 것이다. 아무래도 우리는 폰트들 중에서도 한글 트루타입 폰트를 사용해야 할 경우가 많을 수밖에 없다. 이를 위해서는 약간의 수고를 더 해줘야 하는데, 그 방법을 소개하기로 한다. 이 방법은 사실 Direct Graphics에서도 동일하게 사용될 수 있다.

먼저 사용하고자 하는 폰트 파일(트루타입이므로 .ttf라는 확장자를 가짐)을 IDL 설치 폴더내에 있는 resource/fonts/tt라는 하위 폴더안에 카피해야 한다. 이러한 폰트 파일들은 MS Windows의 경우 Windows/Font 폴더안에서 찾아볼 수 있다. 여기서는 우리가 '굴림체'를 사용해보기로 하겠다. 이 폰트 파일은 'gulim.ttc'라는 이름으로 되어있을 것이다. 이 파일을 앞서 언급한 하위 폴더(resource/fonts/tt)로 카피한다. 그리고 같은 폴더에 있는 ttfont.map이라는 텍스트 파일의 내용의 맨 하단에 이 폰트에 관한 항목을 그림 13-2-1과 같이 에디트하여 추가해주면 된다. 이 과정들이 모두 끝나면, IDL을 종료했다가 다시 실행하고, 위에서 설명한 방법대로 폰트 목록을 다시 출력해보자. 그러면 'Gulim'이라는 이름으로 새로 추가된 폰트가 목록상에서 다음과 같이 보일 것이다. 그러면 준비과정은 모두 끝난 것이고, 이제 사용만 하면 된다.

```
"Times"                     tt0011m_.ttf   0.718560     1.0
"Times Bold"                tt0013m_.ttf   0.716349     1.0
"Times Italic"              tt0012m_.ttf   0.718560     1.0
"Times Bold Italic"         tt0014m_.ttf   0.696755     1.0
"Symbol"                    tt9830z_.ttf   0.833529     1.0
"Monospace Symbol"          tt9831z_.ttf   0.668945     1.0
"ENVI Symbols"              envisym_.ttf   1.0          1.0
"Gulim"                     gulim.ttc      1.0          1.0
```

그림 13-2-1 새로운 폰트명을 추가하여 수정한 ttfont.map 파일의 내용

```
Courier Courier Bold Courier Bold Italic Courier Italic ENVI
Symbols Gulim Helvetica Helvetica Bold Helvetica Bold Italic
Helvetica Italic Monospace Symbol
Symbol Times Times Bold Times Bold Italic Times Italic
```

테스트를 위하여 이전 챕터의 마지막 부분에서 'IDL User'라는 문자를 출력했던 예제 코드를 약간 수정해보기로 하자. 이 예제에서 oText라는 텍스트 객체를 생성한 부분을 약간 수정하고, 바로 뒤에 다음과 같은 내용을 추가해본다. 그리고 베이스라인 속성을 설정하는 문구는 비활성화시킨 다음 실행을 해보면 그림 13-2-2와 같이 한글이 제대로 출력되는 모습을 볼 수 있을 것이다.

```
oText = OBJ_NEW('IDLgrText', 'IDL 유저', $
  LOCATION=[4,4], COLOR=[255,0,255])
oFont = OBJ_NEW('IDLgrFont', 'Gulim', SIZE=32)
oText = SetProperty, FONT=oFont
```

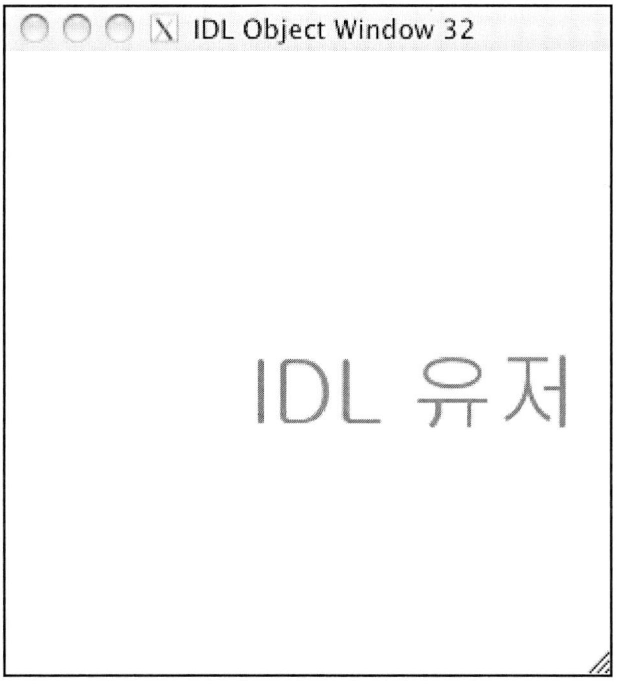

그림 13-2-2 텍스트 객체의 형태로 한글을 출력한 모습[C]

13.3. 폰트 객체의 생성 및 이용

폰트 객체를 생성하고 이용하는 방법은 앞선 예제에서 어느 정도 설명이 되었을 것으로 생각된다. 다시 정리해보면, 사용할 폰트의 이름, 형태, 크기 등을 결정하고 이를 바탕으로 폰트 객체를 생성한다. 예를 들어, 크기가 20이고 볼드체인 Times Roman 폰트를 객체로 생성하는 방법은 다음과 같다.

```
oFont = OBJ_NEW('IDLgrFont', 'times*bold', SIZE=20)
```

만약 Hershey 타입의 폰트 객체를 생성하려면, 폰트의 인덱스를 포함한 문자열과 크기를 정해준다. 예를 들어 크기가 14인 Duplex Roman 폰트 객체를 생성하려면 다음과 같이 해준다.

```
oHersheyFont = OBJ_NEW('IDLgrFont', 'hershey*5', SIZE=14)
```

그런데 Object Graphics에서는 Hershey 폰트보다는 트루타입을 사용하는 빈도가 더 높을 것이다. Hershey 폰트는 Direct Graphics에서도 가장 기본적으로 사용되는 폰트로서, 시각적인 품질이 그리 높은 편은 아니기 때문에 굳이 Object Graphics에서 이 폰트를 사용할 일이 그다지 많지는 않기 때문이다.

이와 같이 생성된 폰트 객체를 실제로 적용하려면, 텍스트 객체를 생성하여 FONT 속성에 이 폰트 객체를 부여하면 된다. 물론 이 속성은 텍스트 객체 생성 이후에라도 SetProperty 메서드를 사용하여 추후 변경이 가능함을 이미 앞서 한글 폰트 적용 예제에서 확인한 바 있다.

그림 13-3-1 다양한 포맷으로 표시된 텍스트 객체의 모습

Direct Graphics에서 문자를 표시할 때 !로 시작하는 각종 포맷 커맨드들을 사용하여 첨자나 특수문자 등을 표현하는 방법이 있었음을 기억할 것이다. 이러한 포맷 커맨드들을 이용한 문자 표시가 Object Graphics에서도 가능하다. 이를 위해서는 다음과 같이 텍스트 객체의 ENABLE_FORMATTING이란 속성을 활성화시켜주면 된다. 다음 예제를 실행해보면 그림 13-3-1과 같이 다양한 포맷 커맨드들이 적용된 문자를 표시할 수 있음을 확인할 수 있다.

```
oText = OBJ_NEW('IDLgrText', /ENABLE_FORMATTING)
oText -> SetProperty, STRING='!LLower!S!EExponent!R!IIndex' + $
  '!N  Normal!S!EExp!R!IInd!N!S!U Up' + $
  ' !R!D Down!N!S!A Above!R!B Below'
XOBJVIEW, oText
```

여기서 사용된 XOBJVIEW라는 커맨드는 하위 그래픽 객체만을 생성한 상태에서 이 모습을 바로 볼 수 있는 인터페이스를 실행하는 역할을 한다. 디바이스나 뷰, 모델 등 원래 기본적으로 필요한 객체들을 굳이 생성하지 않고도, 바로 하위 그래픽 객체의 모습을 볼 수 있게 해주는 장점이 있어서 종종 사용되는 명령이니 기억해두면 좋을 것이다.

마지막으로 폰트 객체의 사용에 있어서 유의할 사항은, 폰트 객체가 점유하는 시스템 리소스가 그리 작지가 않다는 점이다. 따라서 폰트 객체를 이용할 때에는 가급적 최소한의 갯수만 생성해놓고, 필요시 그 속성을 변경해가며 이용하는 것이 바람직하다. 더 이상 필요없게 되었을 때에는 반드시 제거해주는 것이 좋다는 것도 잊지말자.

13.4. 심볼(Symbol) 객체

심볼 객체는 플롯이나 폴리라인 객체를 사용할 때, 개개의 꼭지점(vertex)들을 어떤 심볼로 표시할 것인가를 결정하는 역할을 한다. 마치 Direct Graphics에서 PLOT 명령을 사용할 때 종종 이용되는 PSYM 키워드와 비슷한 역할이라고 보면 되겠다. 이 심볼 객체는 나중에 플롯 또는 폴리라인 객체의 속성으로 부여됨으로써 그 역할을 하게 된다. IDL에서 가용한 심볼의 종류는 기본적으로 다음과 같이 7가지가 존재한다.

1 : (+)표시 (default)
2 : (*) 표시
3 : (.) 표시
4 : 다이아몬드
5 : 삼각형

6 : 사각형

7 : X

예를 들어, 붉은색 삼각형으로 심볼 객체를 생성하는 방법은 다음과 같다.

```
oSymbol = OBJ_NEW('IDLgrSymbol', 5, COLOR=[255,0,0])
```

하지만 이 7가지 기본 심볼들외에도 따로 사용자가 직접 제작한 그래픽 객체 또는 모델 객체 자체가 심볼이 될 수도 있다. 심볼로 사용하기에 적당한 그래픽 객체는 X, Y, Z 모든 방향에 대하여 -1~1의 좌표범위내에 존재하는 것이 바람직하다. 다음은 펜타곤 형태의 폴리곤 객체를 만들어 이를 심볼 객체로 사용하는 예제이다.[15]

```
oPentagon = OBJ_NEW('IDLgrPolygon', $
  [-0.8,0,0.8,0.4,-0.4], [0.2,0.8,0.2,-0.8,-0.8], $
  COLOR=[0,0,255])
oSymbol = OBJ_NEW('IDLgrSymbol', oPentagon)
```

이 예제를 보면 펜타곤의 좌표범위가 모든 방향으로 대략 -1에서 +1 사이에 위치하도록 꼭지점(vertex)들이 정의되어 있음을 알 수 있다. 이 심볼들을 사용하여 실제 플롯 객체를 한번 생성해보자. 먼저 기본 심볼을 갖고 플롯을 생성하는 다음 예제를 실행해본다.

```
oSymbol = OBJ_NEW('IDLgrSymbol', 5, COLOR=[255,0,0])
oPlot = OBJ_NEW('IDLgrPlot', INDGEN(10), SYMBOL=oSymbol)
XOBJVIEW, oPlot
```

그러면 그림 13-4-1의 왼쪽 그림과 같은 결과가 나오는데, 아마도 심볼의 크기가 너무 크다는 느낌이 들 것이다. 이러한 경우 심볼의 크기는 심볼 객체의 SIZE라는 속성을 조절함으로써 적당한 크기로 변경이 가능하다. 다음 문구를 XOBJVIEW 바로 전에 삽입하여 크기를 조절해보자. 그러면 그림 13-4-1의 오른쪽 그림과 같이 좀 더 적당한 크기로 바꿀 수 있다.

```
oSymbol -> SetProperty, SIZE=[0.4,0.4]
```

---

15 폴리곤 객체에 대한 자세한 소개는 나중에 따로 하나의 챕터로 다루게 된다.

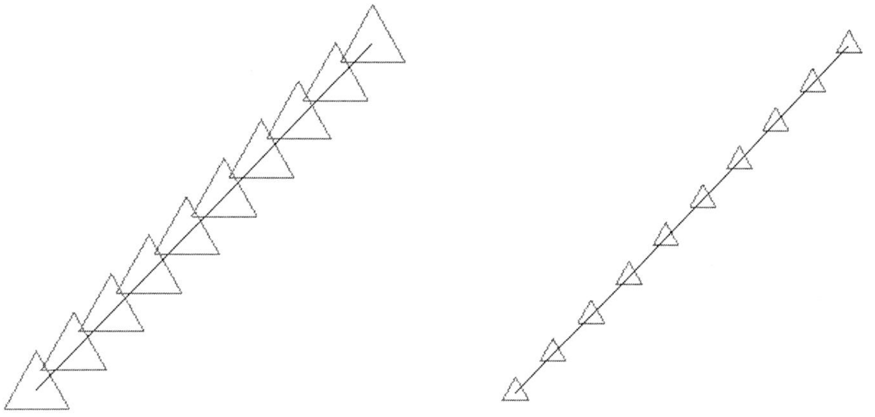

그림 13-4-1 다양한 크기의 심볼을 사용하여 플롯 객체를 표출한 모습[C]

심볼의 크기는 기본으로 제공되는 심볼의 경우 가로 및 세로 크기가 1로 되는 것이 기본 설정이다. 그런데, 심볼의 크기는 표출하고자 하는 자료값의 단위를 기준으로 인식이 된다. 이 예제에서 사용된 플롯 객체의 경우, 해당 자료는 0~9의 범위를 갖는 정수이므로, 심볼 사용시 이 단위에 맞춰지다보니 거의 눈금 하나만큼의 크기로 나온 것이다. 따라서 심볼의 SIZE 속성을 나중에 변경함으로써 적절한 크기로 조정하는 과정이 종종 필요할 것이다. 이 예제를 보면 SIZE 속성외에도 COLOR 속성을 이용하여 원하는 색상의 심볼을 얻었다는 사실 역시 확인할 수 있으므로 참조하길 바란다.

이번에는 기본 심볼이 아닌 따로 만들어진 그래픽 객체를 심볼로 하는 플롯 객체를 생성해보자. 다음 예제를 실행해보면, 이번에는 폴리곤 객체로 직접 생성한 오각형 객체가 심볼로 사용된 플롯을 그림 13-4-2와 같이 얻을 수 있다. 이 예제에서는 심볼의 크기도 보기 적당한 크기로 조정하는 과정도 함께 포함되어 있음을 유의한다.

```
oPentagon = OBJ_NEW('IDLgrPolygon', $
  [-0.8,0,0.8,0.4,-0.4], [0.2,0.8,0.2,-0.8,-0.8], $
  COLOR=[0,0,255])
oSymbol = OBJ_NEW('IDLgrSymbol', oPentagon)
oPlot = OBJ_NEW('IDLgrPlot', INDGEN(10), SYMBOL=oSymbol)
oSymbol -> SetProperty, SIZE=[0.4,0.4]
XOBJVIEW, oPlot
```

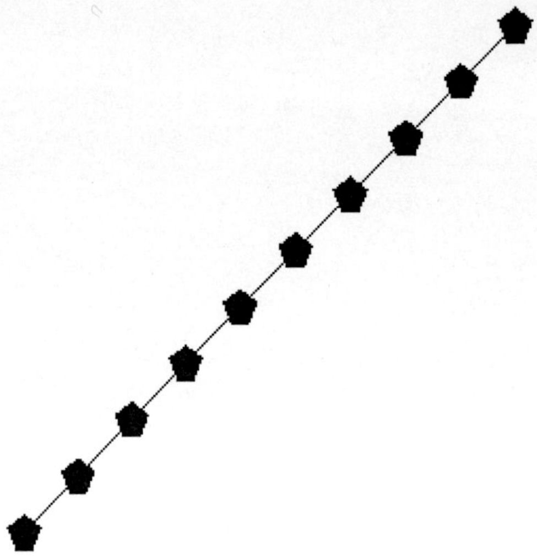

그림 13-4-2 오각형 심볼로 표출된 플롯 객체의 모습C

여기서 한가지 또 유의할 사항은 심볼의 컬러이다. 예제 코드와 그림을 보면 알 수 있듯이, 심볼을 생성할 때 사용된 폴리곤 객체의 COLOR 속성이 [0,0,255], 즉 푸른색으로 설정이 되어 있다. 이렇게 따로 그래픽 객체를 만들어서 이를 심볼로 사용할 경우에는 그래픽 객체 자체의 컬러가 심볼의 컬러가 된다. 원래 심볼 객체 역시 COLOR라는 속성을 따로 갖고있기는 하다. 하지만 이와 같은 예제에서 심볼의 컬러 속성을 따로 변경한다 하더라도, 아무런 효력을 발휘하지 못한다는 사실을 유념해야 한다. 즉, XOBJVIEW 앞부분에 다음과 같은 문구를 삽입해도 아무 변화가 없을 것이다. 직접 실행해서 확인해보길 바란다.

```
oSymbol -> SetProperty, COLOR=[0,255,0]
```

13.5. 심볼(Symbol) 객체의 활용

앞서 소개된 예제들과 같이 생성된 심볼 객체들은 다음과 같이 플롯 또는 폴리라인 객체의 SYMBOL이라는 속성으로 부여되어 활용된다.

이번에는 조금 더 복잡해 보이는 예제를 한번 실행해보자. 앞서 만들어봤던 펜타콘 형태의 폴리곤 객체를 심볼로 활용하되, 여러 차례에 걸쳐서 이 심볼의 색, 크기, 방향 등을 바꿔보고자 한다. 이를 위하여 IDL이 설치된 폴더에서 examples/visual이라는 하위 폴더에 있는 penta.pro라는 프로시저를 활용하기로 한다. 이 프로시저의 사용법은 다음과 같다.

```
PENTA, SYMBOL=sym, MODEL=symModel
```

그러면 펜타곤 형태의 폴리곤 객체를 생성하여 이를 sym이라는 이름의 객체로 대응시키고, 이 객체를 symModel이라는 모델 객체에 포함시키게 된다. 이렇게 생성된 모델 객체 자체를 다음과 같이 심볼 객체로 정의하게 된다.

```
oSymbol = OBJ_NEW('IDLgrSymbol', symModel)
```

이 심볼 객체를 사용하는 플롯 객체를 다음과 같이 생성한다.

```
oPlot = OBJ_NEW('IDLgrPlot', INDGEN(10), SYMBOL=oSymbol)
```

그리고 이 플롯 객체를 화면상에 표시하기 위하여 다음과 같은 과정들을 실행한다. 이번에는 XOBJVIEW는 사용하지 않는다.

```
oView = OBJ_NEW('IDLgrView', VIEWPLANE_RECT=[0,0,10,10])
oModel = OBJ_NEW('IDLgrModel')
oView -> Add, oModel
oModel -> Add, oPlot
oWindow = OBJ_NEW('IDLgrWindow', DIMENSION=[400,400])
oSymbol -> SetProperty, SIZE=[0.5,0.5]
oWindow -> Draw, oView
```

이제 다음과 같이 SPIN이라는 이름의 프로시저를 만들어서 spin.pro라는 이름으로 저장하고 컴파일을 해보자. 이 프로시저는 펜타곤 심볼들이 Z축에 대하여 XY평면상에서 빙글빙글 회전하는 것과 같은 시각적 효과를 나타내는 것이다.

```
PRO SPIN, model, view, window, steps
FOR i = 0, steps DO BEGIN
  model -> Rotate, [0,0,1], 10
  window -> Draw, view
```

```
ENDFOR
END
```

컴파일까지 끝난 후 다음과 같은 명령을 커맨드 입력창에서 실행해보면 재미있는 모습을 볼 수 있을 것이다. 화면 자체는 그림 13-5-1처럼 나타나겠지만, 실제로는 심볼들이 빙글빙글 돌아가게 된다.

```
SPIN, symModel, oView, oWindow, 100
```

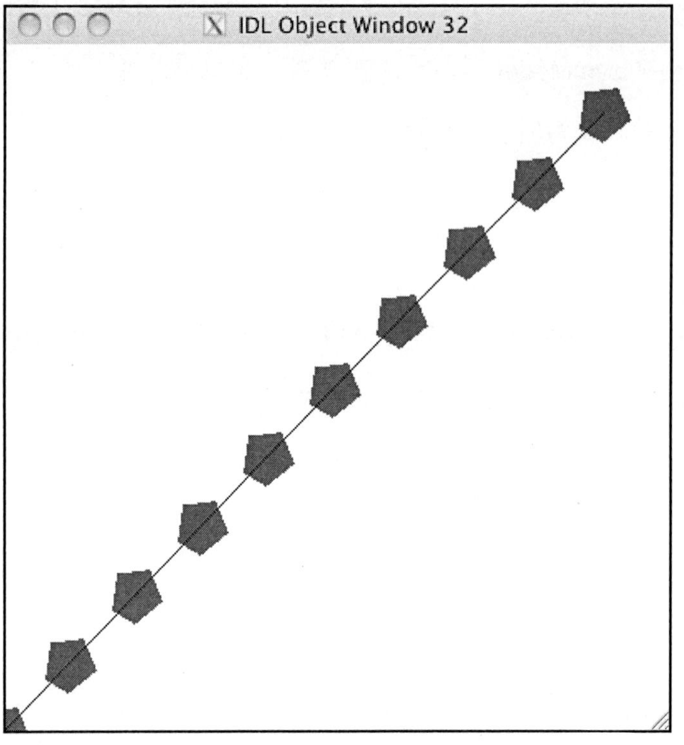

그림 13-5-1 모든 심볼들이 회전하는 모습의 스냅샷[C]

물론 이 예제처럼 플롯을 그리고 그 심볼들을 회전시킨다는 것이 실전에서 자주 사용될만한 작업은 아닐 것이다. 하지만, 이 예제는 객체 지향 그래픽스가 가질 수 있는 장점을 나름대로 보여준다. 즉, 일단 생성되어 있는 그래픽 객체를 나중에도 얼마든지 여러 메서드들의 적용 또는 속성 변경 등을 통하여 변화시키고 그 모습을 즉각적으로 보여줄 수 있다는 장점이 될 것이다. 만약 이와 같은 효과를 Direct Graphics에서 구현한다고 생각해보자. 그러면 PLOT 명령을 계속 반복 실행해야하므로 그림을 반복적으로 여러번 그리다보니 화면이 자꾸 깜박이는 모습을 보게 될 것이다. 이건 혼자서 만 볼 경우라면 혹시 모르겠지만, 대외적으로 다른 사람들에게 보여줄 경우에는 그리 아름다운 모습은 아닐 것 같다. 어쨌든 이러한 재미있는 효과들을 효과적으로 나타낼 수 있다는 장점이 Object Graphics의 가장 큰 장점들 중 하나라는 점을 염두에 두면 좋겠다.

13.6. 패턴(Pattern) 객체

패턴 객체는 폴리곤 객체의 생성에 있어 주로 사용되는데, 폴리곤 객체의 내부를 일정한 패턴으로 채워주는 역할을 한다. 기본 설정은 폴리곤의 내부를 빈틈없이 채우는 solid 방식이지만, 선모양의 패턴이나 직접 만든 형태의 패턴을 적용하는 것도 가능하다. 패턴 객체는 자체적으로 컬러 속성을 갖고 있지는 않고, 대신 폴리곤 객체가 갖고 있는 COLOR라는 속성에 부여되어 있는 색상을 그대로 따르게 된다. 패턴 객체를 생성할 때에는 그 형태를 결정하는 인자를 함께 사용해야 한다. 이 인자의 값이 0이면 solid 방식, 1이면 선, 2이면 비트맵 형태의 바이트값 배열을 그 형태로 갖게 된다. 예를 들어 solid 방식의 패턴 객체를 생성하는 방법은 다음과 같다.

```
oPattern = OBJ_NEW('IDLgrPattern', 0)
```

그리고 선 방식의 패턴의 경우, 선의 간격, 두께, 기울기 등을 해당 속성들을 통하여 조절할 수 있다. 다음은 선들 사이의 간격이 10픽셀이고 두께는 5픽셀이며 기울기가 30도인 선들로 이루어진 패턴 객체를 생성하는 방법이다.

```
oPattern = OBJ_NEW('IDLgrPattern', 1, SPACING=10, THICK=5, $
  ORIENTATION=30)
```

패턴 객체를 비트맵 방식으로 생성한다는 것은, 내가 원하는 모양의 패턴 객체를 만든다는 의미이다. 구체적으로는 패턴 객체의 PATTERN이라는 속성이 있는데, 여기에 32X4의 크기를 갖는 바이트형 배열을 지정해주면 된다. 그러면 이 배열의 형태가 마치 타일처럼 폴리곤의 내부를 채우게 된다. 다음은 랜덤한 형태를 갖는 바이트형 배열을 생성하여 이를 이용한 패턴 객체를 생성하는 예제이다.

```
pattern = BYTE(RANDOMN(seed, 32, 4)*255)
```

```
oPattern = OBJ_NEW('IDLgrPattern', 2, PATTERN=pattern)
```

13.7. 패턴(Pattern) 객체의 사용

패턴 객체가 갖는 패턴으로 폴리곤의 내부를 채우기 위해서는 다음과 같이 폴리곤 객체의 FILL_PATTERN이라는 속성에 대하여 패턴 객체를 부여하면 된다.

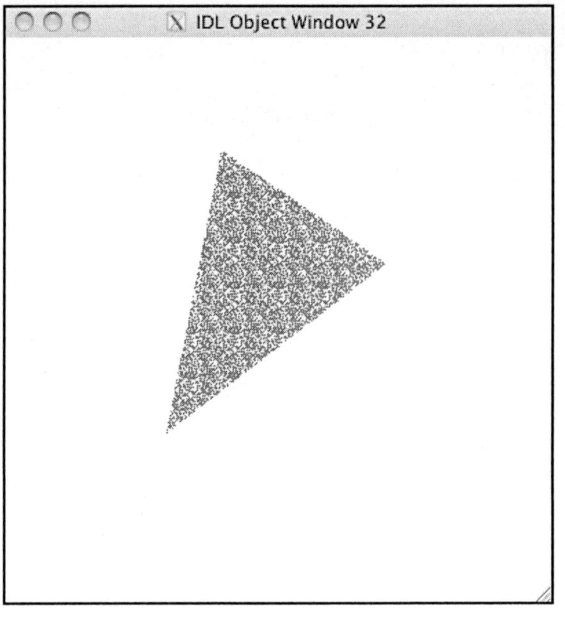

그림 13-7-1 랜덤 비트맵 패턴으로 채워진 폴리곤 객체의 모습[C]

다음 예제에서는 삼각형 폴리곤 객체를 생성하고 그 내부를 랜덤한 형태의 비트맵 패턴으로 채우게 된다. 정상적으로 실행되면 그림 13-7-1과 같은 결과가 나올 것이다.

```
pattern = BYTE(RANDOMN(seed, 32, 4)*255)
oPattern = OBJ_NEW('IDLgrPattern', 2, PATTERN=pattern)
oView = OBJ_NEW('IDLgrView', VIEWPLANE_RECT=[0,0,10,10])
oModel = OBJ_NEW('IDLgrModel')
oPolygon = OBJ_NEW('IDLgrPolygon', [4,7,3], [8,6,3], $
  COLOR=[255,0,255], FILL_PATTERN=oPattern)
oView -> Add, oModel
oModel -> Add, oPolygon
oWindow = OBJ_NEW('IDLgrWindow', DIMENSION=[400,400])
```

```
oWindow -> Draw, oView
```

어차피 랜덤한 형태의 패턴을 기반으로 한 것이므로, 이 그림의 결과와 실제 여러분이 실행한 결과는 아마 십중팔구는 다르게 나올 것이다. 그리고 이러한 비트맵 패턴 말고도 채워진(Solid) 패턴 및 선 형태의 패턴들도 똑같이 적용해볼 수 있다. 앞의 예제의 처음 두 줄을 그 이전에 이미 소개한 패턴 인자가 0 또는 1인 문구로 대체하여 실행해보면 된다. 그러면 인자가 0인 경우와 1인 경우가 각각 그림 13-7-2의 왼쪽 및 오른쪽 그림과 같이 나타날 것이다. 참고로 패턴 객체는 자체적으로 컬러 속성을 갖지않으므로, 폴리곤의 색상을 그대로 따른다.

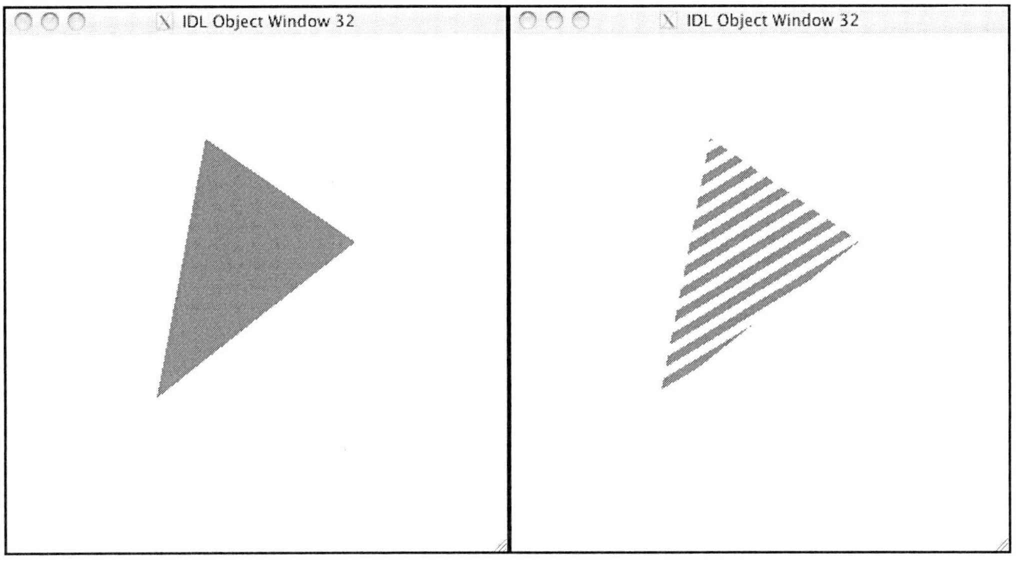

그림 13-7-2 Solid(왼쪽) 및 Line(오른쪽) 형 패턴으로 채워진 폴리곤 객체의 모습C

13.8. Tessellator 객체

앞서 객체들의 종류를 소개하는 챕터에서 설명한 바 있지만, 이 객체의 역할은 하나의 단순 오목 폴리곤(simple concave polygon) 또는 구멍이 있는 폴리곤을 여러 개의 단순 볼록 폴리곤(simple convex polygon)들로(대개 삼각형) 변환하는 것이다. 여기서 단순(simple) 폴리곤이라는 의미는 겹치는 꼭지점(vertex)이 없고, 모서리는 꼭지점에서만 교차하며, 두 개의 모서리가 하나의 꼭지점에서만 만나는 다각형을 뜻한다.

예를 들어서 우리가 흔히 별모양을 손으로 그릴 경우를 생각해보자. 5개의 선들을 순차적으로 이어서 그리는 것이 일반적인데, 최종적으로 그려진 형태를 보면 모서리에 해당되는 선들이 다른 모서리 선들을 가로지는 경우들이 발생하게 된다. 이것은 단순 폴리곤이 아닌 예이며, 바로 앞에서 본 삼각형을 비롯하여 사각형, 오각형 등등이 바로 단순 폴리곤에 해당된다. 이와 관련해서는 그림 13-8-1을 참조하길 바란다.

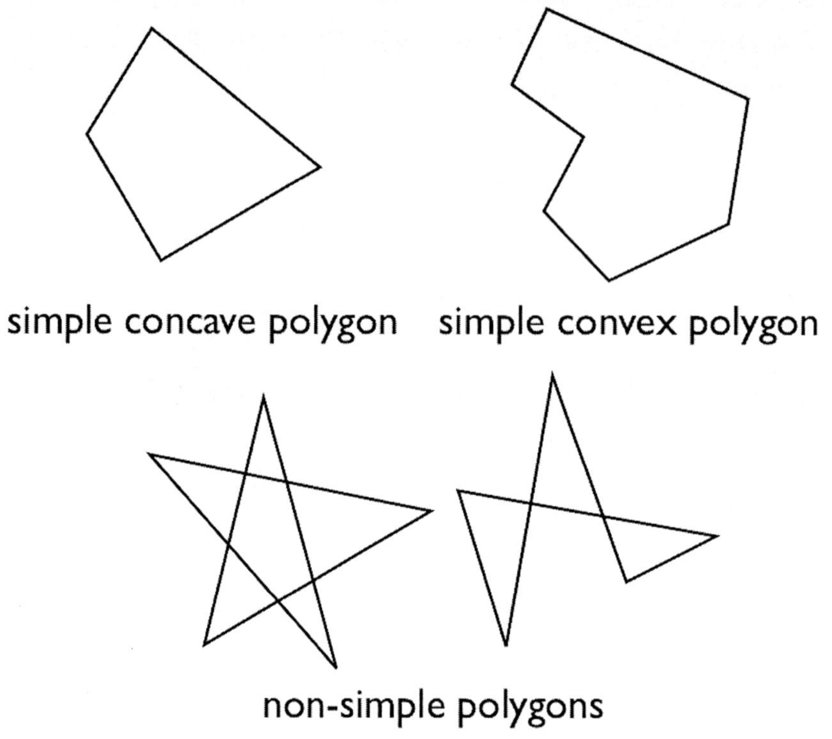

그림 13-8-1 다양한 형태의 폴리곤(다각형)들의 모습

그래서 폴리곤이라는 것은 여러 개의 삼각형들이 모자이크의 형태로 모여서 구성되는 것이라고 봐도 된다. 이러한 개념을 Tessellation이라고 하는데, 이 개념이 유용한 이유는 IDL의 폴리곤 객체는 항상 볼록한 폴리곤들만 받아들이기 때문이다. 따라서 Tessellator 객체를 사용함으로써, 오목 폴리곤을 여러 개의 볼록 폴리곤들의 구성으로 변환할 수 있다. 이 객체를 생성할 때에는 다음과 같이 아무런 추가인자없이 클래스명만 붙여주면 된다.

```
oTess = OBJ_NEW('IDLgrTessellator')
```

이와 관련된 예제는 IDL이 설치된 폴더의 examples/visual이라는 하위 폴더안에 있는 obj_tess.pro라는 루틴이 있으므로, IDL 커맨드 입력창에서 obj_tess를 입력하고 엔터키를 눌러주면 된다. 그러면 오목 폴리곤이 윈도우상에 그려지고, 계속해서 엔터키를 눌러주면 이를 분해하여 다시 그리는 모습을 볼 수 있다.

필자의 경험으로는 실제로 이 객체를 활용할 일이 그리 많지는 않을 것 같다. 물론 폴리곤들을 이용한 아주 심오한 작업을 할 때 필요할 수도 있겠지만, 혹시라도 이 개념이 머릿속에 잘 안들어온다면 그냥 넘어가도 좋겠다. 하지만 이제 다음 챕터부터 폴리곤, 폴리라인, 볼륨 등 3차원 그 자체인 객체들이 등장하므로, 이 내용을 숙지한 다음 이 챕터를 다시 보면 아마 이해가 더 쉬워지리라 기대한다.

13.9. 광원(Light) 객체

광원(Light) 객체는 그 특성상 눈으로 볼 수 있는 모습으로 구현되는 것이 아니고 다른 그래픽 객체들을 위한 보조적인 역할을 하며, 주로 볼륨이나 폴리곤 객체와 함께 이용되는 경우가 많다. 광원 객체는 말 그대로 다른 그래픽 객체들을 빛으로 비춰주는 광원의 역할을 한다. 따라서 항상 모델 객체안에 다른 그래픽 객체들과 함께 포함되어 사용된다. 물론 어떤 모델 객체안에 광원 객체를 따로 넣어주지 않아도 기본적인 배경광(ambient light)은 존재한다. 사실 플롯, 이미지, 등위선 등과 같은 2차원적인 성격이 강한 그래픽 객체들의 경우라면 이 배경광만으로도 충분하다. 그러나 면(surface), 폴리곤, 볼륨 등과 같이 3차원적인 성격이 강한 그래픽 객체들을 표출하는데 있어서는 이것만으로는 불충분하다. 이러한 객체들에 대하여 그냥 배경광만이 광원으로 지원된다면, 예를 들어 3차원 폴리곤의 경우도 마치 2차원 평면상에 붙어있는 것처럼 보이기 때문이다. 따라서 그림자 등과 같이 시각적으로 3차원적인 표출이 필요하다면 이 광원 객체를 잘 활용해야 한다.

광원 객체는 IDLgrLight라는 클래스명을 갖고 있으므로 다음과 같이 간단하게 생성 가능하다.

```
oLight = OBJ_NEW('IDLgrLight')
```

하지만 이 광원 객체 역시 여러가지 속성들을 갖고 있는데, 그 중 가장 기본적으로 알아야 할 속성이 바로 TYPE이다. 이 속성을 통하여 광원 객체를 4개의 형태들 중 하나로 설정할 수 있다. 이를 정리해보면 표 13-9-1과 같다.

표 13-9-1 광원 객체의 TYPE별 특성

TYPE	광원 종류	설명
0	Ambient Light	특정한 위치나 방향성이 없는 배경광으로서, 모든 부분들을 똑같이 비춰준다. 기본 설정이다.
1	Positional Light	광원의 위치로부터 발산광(divergent light ray)의 형태로 빛을 비춰주는 방식이다.
2	Directional Light	광원의 위치로부터 평행광(parallel light ray)의 형태로 빛을 비춰주는 방식이다.
3	Spot Light	마치 연극무대에서 특정 부분만 빛을 비추는 것과 같은 방식인 스포트라이트의 형태로 빛을 비춰준다. 광원의 위치, 방향 및 퍼짐각도 등의 요소들이 함께 설정되어야 한다.

13.10. 광원(Light) 객체의 사용

이번에는 면 객체를 하나 생성하고 여기에 광원 객체를 추가하는 예제를 하나 제시하겠다. 그리고 이 광원 객체의 형태를 바꿔가면서 각각의 경우 그래픽 객체가 시각적으로 어떻게 변화하는가를 살펴보자. 아무래도 좀 각진 폴리곤이어야 광원의 효과를 극명하게 볼 수 있으므로, DIST 함수로 생성된 2차원 자료로부터 면 객체를 생성하여 이용하고자 한다. 먼저 다음과 같이 면 객체를 비롯하여 윈도우, 뷰, 모델 등 필요한 객체들을 생성하고, 포함관계를 설정한다.

```
zdata = DIST(40)
oWindow = OBJ_NEW('IDLgrWindow', DIMENSION=[400,400])
oView = OBJ_NEW('IDLgrView')
oModel = OBJ_NEW('IDLgrModel')
oSurface = OBJ_NEW('IDLgrSurface', zdata, STYLE=2)
oView -> Add, oModel
oModel -> Add, oSurface
```

생성된 면 객체의 X, Y, Z 방향 범위를 추출하고 이를 NORM_COORD 함수에 적용하여 각 방향별로 좌표변환을 수행한다. 그리고 지금 현재 뷰플레인 사각형의 좌표계가 각 방향 모두 -1~+1이 되므로, NORM_COORD 함수를 적용한 첫번째 원소에 대해서는 0.5라는 값을 빼준 것을 유의한다. 그래야 면 객체를 화면상의 가운데에 위치시킬 수 있다.

```
oSurface -> GetProperty, XRANGE=xr, YRANGE=yr, ZRANGE=zr
xs = NORM_COORD(xr)
xs[0] = xs[0]-0.5
ys = NORM_COORD(yr)
ys[0] = ys[0]-0.5
zs = NORM_COORD(zr)
zs[0] = zs[0]-0.5
oSurface -> SetProperty, XCOORD_CONV=xs, YCOORD_CONV=ys, $
  ZCOORD_CONV=zs
```

우리가 일반적으로 면 객체의 모습을 보기에 편하게 느낄만한 시선방향이 되도록 면 객체를 회전시킨다. 물론 회전에 해당되는 Rotate 메서드를 모델 객체에 대하여 적용한다. 그리고 뷰 객체를 윈도우 객체상에 나타낸다. 그러면 그림 13-10-1과 같은 모습을 보게 된다.

```
oModel -> Rotate, [0,0,1], 30
oModel -> Rotate, [1,0,0], -45
```

그림 13-10-1 아직은 입체감이 전혀 느껴지지 않는 면 객체의 모습

아마 면 객체의 모습에서 아직은 입체감이 전혀 느껴지지 않을 것이다. 왜냐하면 우리가 애용했던 XOBJVIEW로 구현할 경우에는 적당한 광원 객체도 자동적으로 들어가도록 프로그래밍이 미리 되어있었기 때문이다. 이제 여기서는 광원 객체를 직접 생성하고 그 위치도 직접 설정해줘야 한다. 따라서 다음과 같이 광원 객체를 생성하고 이를 모델 객체에 포함시킨 다음, 뷰 객체를 윈도우상에 다시 그려보자. 여기서 광원 객체의 형태는 발산광으로 설정했고, 위치는 [-1, -1, 1]이라는 지점이 됨을 유념한다. 이 위치는 앞의 그림상에서 왼쪽 하단 구석으로부터 우리쪽으로 1만큼 올라온 지점이 된다. 그 지점에 발산광원이 자리잡고 있는 상황이 된다. 따라서 이와 같은 광원 객체가 존재할 경우 그림 13-10-2와 같이 빛과 그림자가 구분되어 입체적인 모습을 보이게 된다.

```
oLight = OBJ_NEW('IDLgrLight', TYPE=1, LOCATION=[-1,-1,1])
oModel -> Add, oLight
oWindow -> Draw, oView
```

광원 객체 역시 여러 종류의 속성들을 갖고 있는데, 그 중 몇 개만 적용해보자. 먼저 광원 객체의 색상에 해당되는 COLOR 속성이 있다. 다음과 같이 이 속성에 대하여 붉은색을 부여해보자. 그러면 그림 13-10-3과 같이 빛을 받는 부분은 붉은색으로 나타난다.

```
oLight -> SetProperty, COLOR=[255,0,0]
oWindow -> Draw, oView
```

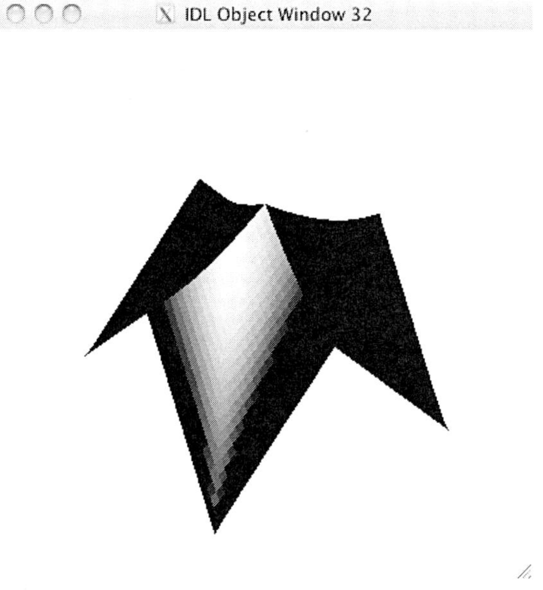

그림 13-10-2 광원 객체가 추가되어 입체감이 느껴지기 시작한 면 객체의 모습

앞서 그림 13-10-2에서는 빛을 받는 부분이 흰색이었던 점을 상기해보자. 즉 COLOR 속성의 기본 설정은 흰색, 즉 [255, 255, 255]이다. 그리고 원래 그래픽 객체가 자체적으로 갖고 있는 색상이 있었다고 해도, 광원 객체의 색상도 결국 최종적으로 우리 눈에 보이는 색상에 큰 영향을 끼친다는 점을 기억해두면 좋겠다.

이번에는 빛의 강도를 INTENSITY라는 속성을 사용하여 다음과 같이 조정해보자. 그러면 그림 13-10-4와 같이 빛의 세기가 조금 약해진 것을 볼 수 있다. 이 속성의 경우 기본값은 1.0이고 0.0~1.0 사이의 값을 가질 수 있다.

```
oLight -> SetProperty, INTENSITY=0.7
oWindow -> Draw, oView
```

그림 13-10-3 광원의 색상을 붉은 색으로 바꿔본 모습[C]

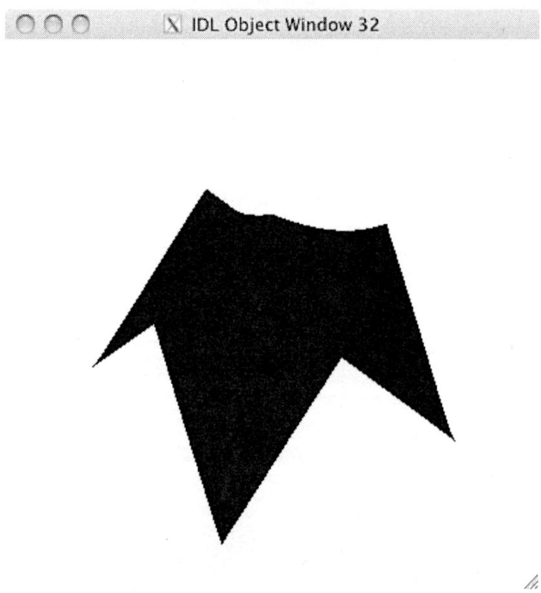

그림 13-10-4 광원의 강도(INTENSITY 속성)를 낮춰본 모습[C]

아마도 광원 객체를 다루는데 있어서는 광원의 위치 및 빛의 방향이 가장 핵심적인 부분이 된다. 지금 예제에서 사용중인 발산광의 경우는 위치에 해당되는 LOCATION 속성만 정하면 된다. 어차피 광원으로부터 모든 방향으로 방사상으로 빛이 퍼져나가기 때문에 방향이라는 속성은 의미가 없다. 평행광의 경우는 LOCATION 속성에 정해진 위치로부터 무조건 원점, 즉 [0, 0, 0]을 향하는 방향이 된다. 따라서 여기서도 방향이라는 속성이 의미가 없다. 사실 방향에 해당되는 DIRECTION 속성이 의미있는 경우는 TYPE이 3인 스포트라이트뿐이다. 이러한 점들을 염두에 두고, 광원의 위치 속성을 여러가지로 변경해보면서 실제 가시적으로 어떤 효과를 나타내는지를 눈여겨봐두길 바란다. 예를 들면, 다음과 같은 반복문안에서 광원의 위치를 다양하게 변화시켜보는 것도 이 관계를 이해하는데 있어서 도움이 될 것이다.

```
FOR i = 0, 5 DO BEGIN
  oLight -> SetProperty, LOCATION=[-1,-1,i]
  oWindow -> Draw, oView
  WAIT, 0.5
ENDFOR
```

14. Polygon and Polyline Objects

폴리곤 및 폴리라인 객체 다루기

자 이제 드디어, 그야말로 3차원다운 객체들을 맞이하게 되었다. 이 챕터에서 소개할 폴리곤(Polygon) 및 폴리라인(Polyline), 그리고 다음 챕터에서 소개할 볼륨(Volume) 객체들은 이미 시각적으로도 3차원적인 모습을 제대로 보여주는 객체들이다. 물론, Object Graphics의 세계에서는 모든 객체들이 3차원 공간상에 존재한다. 겉으로 보이기에 2차원적으로 보이는 플롯, 이미지, 등위선 등의 객체들도 사실 3차원 공간상에 존재한다는 사실을 관련 챕터들을 통하여 이미 확인했을 것이다.

폴리곤과 폴리라인 객체들은 기본적으로 여러 개의 꼭지점들(Vertices)이 그 바탕자료가 된다. 이러한 꼭지점(vertex)의 갯수는 적게는 몇 개부터 시작하여 많게는 수백, 수천, 수만 또는 그 이상이 될 수도 있다. 3차원 그래픽에 관하여 조금이라도 관심이 있다면, 아마 많이 접했을만한 내용이다. 결국 꼭지점들의 갯수가 많으면 많을수록 더욱 세밀한 표현이 가능해진다. 물론 이렇게 될수록 처리해야 할 연산의 양도 엄청나게 많아진다. 따라서 하드웨어의 사양 및 처리속도 등이 이슈로 등장하게 될 시점이기도 하다. 물론 이러한 얘기들은 아마 3차원 게임 등과 관련해서 자주 등장하는 내용이기도 하다. 눈으로 보기에 정말 세밀하고 멋진 그래픽을 구현하려면, 기본적으로 그 안에 등장하는 3차원 폴리곤들을 구성하는 꼭지점 갯수가 매우 많아야하고, 이 많은 연산을 처리하려면 그에 맞는 사양의 컴퓨터가 필요하다는 것은 이제는 거의 상식이 되었다고 봐도 될 것 같다.

하지만 우리가 IDL에서 다루게 될 3차원 그래픽은 게임의 그것과는 방향이 다르다. 어차피 게임쪽은 그에 맞는 개발툴들이 이미 있으므로, 굳이 IDL이 그런 방향을 쫓아갈 이유는 전혀 없다. 다만, 과학기술의 세계에서도 요즘은 3차원 가시화라는 것이 거의 필수가 되어있다. 따라서 자료의 효율적인 표출이라는 측면에서 IDL의 3차원 객체지향 그래픽스 기능을 어떻게 사용하면 좋을 것인가를 앞으로 살펴보기로 하자.

14.1. 폴리곤(Polygon) 객체의 생성

앞서 언급했듯이 폴리곤 객체를 생성하려면 이 폴리곤들을 구성하게 될 꼭지점들의 좌표를 알아야 한다. 결국 이러한 좌표값들로 구성된 배열 또는 벡터가 있어야 한다. 예를 들어, 사각형 폴리곤을 생성하는데 가로 및 세로의 길이는 1이고 왼쪽 하단의 구석에 해당되는 꼭지점의 좌표가 [0, 0]이라고 하자. 그러면 다음과 같이 IDLgrPolygon이라는 클래스로 객체를 선언하되, 이 좌표 정보를 담은 배열을 인자로 주면 된다.

```
vertices = [[0,0], [0,1], [1,1], [1,0]]
oPolygon = OBJ_NEW('IDLgrPolygon', vertices)
```

여기서는 4개의 꼭지점들의 XY좌표를 차례차례 담아서 2X4의 구조를 갖는 배열을 인자로 부여하였다. 기본적으로는 nXm의 구조를 갖는데, 여기서 m은 꼭지점들의 갯수가 될 것이다. 그러면 n은 결국 차원에 해당이 된다. 물론 원래는 3차원이 기본이겠지만, 만약 입체가 아닌 평면 폴리곤이라면 그냥 2차원으로 좌표를 설정해도 무방하다. 어차피 이 경우에는 Z좌표를 0으로 인식하기 때문이다.

이렇게 모든 좌표정보를 담은 하나의 배열을 인자로 줄 수도 있지만, 각 차원별 좌표값만들 따로따로 벡터처럼 구성하여 인자로 줄 수도 있다. 다음과 같이 X 및 Y 좌표값들을 따로따로 모은 벡터를 차례로 부여하는 방식이다. 물론 Z 좌표가 있을 경우는 그 뒤에 이어서 부여하면 된다.

```
xvs = [0,0,1,1] & yvs = [0,1,1,0]
oPolygon = OBJ_NEW('IDLgrPolygon', xvs, yvs)
```

따라서 둘 중 어떤 방법을 이용하더라도 똑같은 형태의 폴리곤이 생성된다는 사실을 기억하도록 하자. 이제 이렇게 구현된 폴리곤의 모습을 바로 보기 위하여 XOBJVIEW 를 사용해보자. 그러면 그림 14-1-1의 왼쪽 그림과 같은 사각형 폴리곤의 모습을 볼 수 있다.

```
XOBJVIEW, oPolygon
```

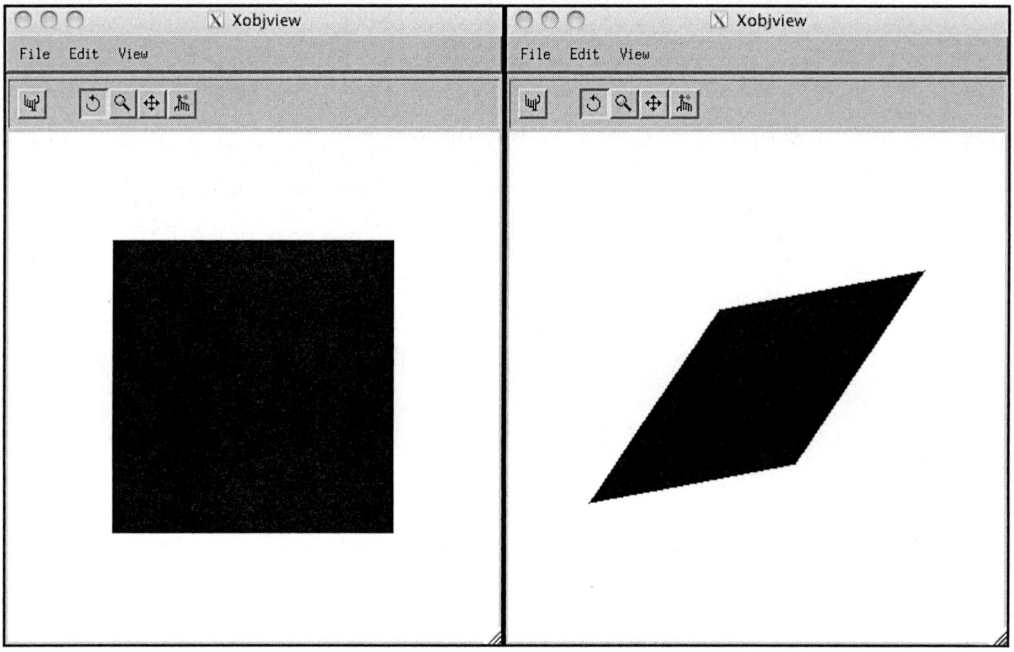

그림 14-1-1 XOBJVIEW로 본 폴리곤 객체의 모습

그냥 봐서는 아마 그냥 2차원 사각형 그림으로밖에 보이지 않을 것이다. 하지만 XOBJVIEW로 구현되는 인터페이스에는 객체를 마우스 드래그로 돌려가며 볼 수 있는 기능이 있다. 그러므로 이 사각형 폴리곤을 마우스로 드래그해보자. 그러면 그림 14-1-1의 오른쪽 그림과 같이, 이 폴리곤이 3차원 공간상에 존재하는 그래픽 객체임을 비로소 실감할 수 있을 것이다.

폴리곤을 생성하는데 있어서 꼭지점(vertex)의 갯수는 최소 3개 이상이어야 한다. 다각형의 가장 최소에 해당되는 형태가 바로 삼각형이기 때문이다. 그리고 생성될 폴리곤들은 항상 단순 볼록 폴리곤(simple convex polygon)이어야 한다. 만약 오목 폴리곤(concave polygon)을 생성하려면, 앞선 챕터에서 언급된 바 있는 Tessellator 객체를 사용해야 한다.

14.2. 폴리곤(Polygon) 객체의 POLYGONS 속성

이 시점에서는 당연히 폴리곤 객체가 갖는 상당히 많은 종류의 속성들을 살펴보는 것이 순서겠지만, 그 전에 폴리곤에 관하여 알고 넘어가야 할 내용이 있다. 폴리곤은 기본적으로 꼭지점들을 바탕으로 생성이 되는데, 이 꼭지점들의 갯수는 최소 3개부터 많으면 정말 수백, 수천, 수만 또는 그 이상이 될 수도 있다. 그런데 꼭지점의 갯수가 불과 몇 개에 불과할 때에는 생각할 필요가 거의 없지만, 갯수가 많아질수록 우리가 신경써야할 문제가 있다. 바로 연결성(connectivity)이라는 문제이다. 예를 들어 어떤 폴리곤을 생성하는데 있어서 그림 14-2-1과 같이 12개의 꼭지점들이 있고, 각 꼭지점마다 일련번호가 0, 1, 2, ..., 10, 11로 부여되어 있다고 가정하자. 그리고 문제를 단순화하기 위하여 이 꼭지점들은 모두 같은 2차원 평면상에 있다고 가정해보자. 그러면 이 꼭지점들을 갖고 폴리곤 객체를 생성한다면 어떤 모습이 될 것인가?

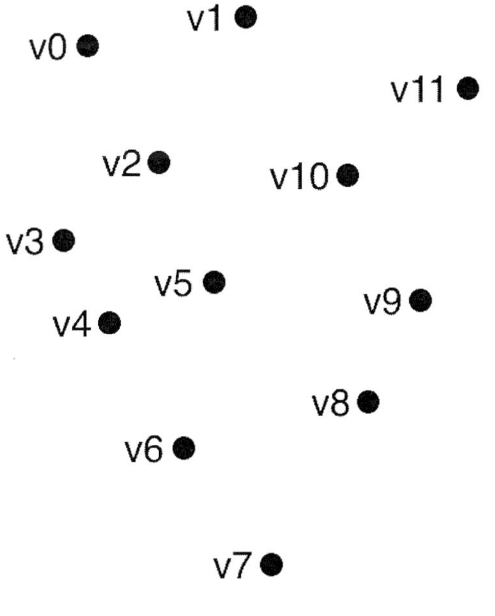

그림 14-2-1 이와 같은 12개의 꼭지점들로 폴리곤을 구성한다면?

사실 이 문제에 있어서는 상당히 다양한 경우의 수가 존재한다. 물론 가장 먼저 떠오르는 경우라면 다음 그림 14-2-2와 같은 모습일 것이다. 즉 마치 가장 외곽에 위치한 꼭지점들끼리만 연결해놓은 선이 결국 최종적인 형태의 경계선처럼 보이게 되는 형태이다.

그림 14-2-2 가장 먼저 떠오르는 가장 단순한 폴리곤 구성 방법

그런데 어차피 최종적인 형태가 이렇게 될 것이라면 외곽선 안쪽에 위치한 v2, v5, v10은 처음부터 필요가 없는 꼭지점들이진 않을까? 그런데 사실 이렇게 꼭지점의 갯수가 많아지는 경우에는 어차피 이 모든 꼭지점들을 한번에 다 이어서 폴리곤을 만들 수는 없다. 그 대신 주어진 꼭지점들 중 일부만을 이용하여 형성되는 하위 폴리곤들의 집합체와 같은 형태로 만들어지게 된다. 예를 들면 그림 14-2-3의 왼쪽 그림과 같이 모든 꼭지점들 중 3개씩만을 추려서 여러 개의 삼각형들을 얻을 수 있다. 그래서 궁극적으로는 그림 14-2-3의 오른쪽 그림과 같이 마치 삼각형의 퍼즐조각들이 합쳐진 것과 같은 형태의 폴리곤 객체를 얻는 것이다.

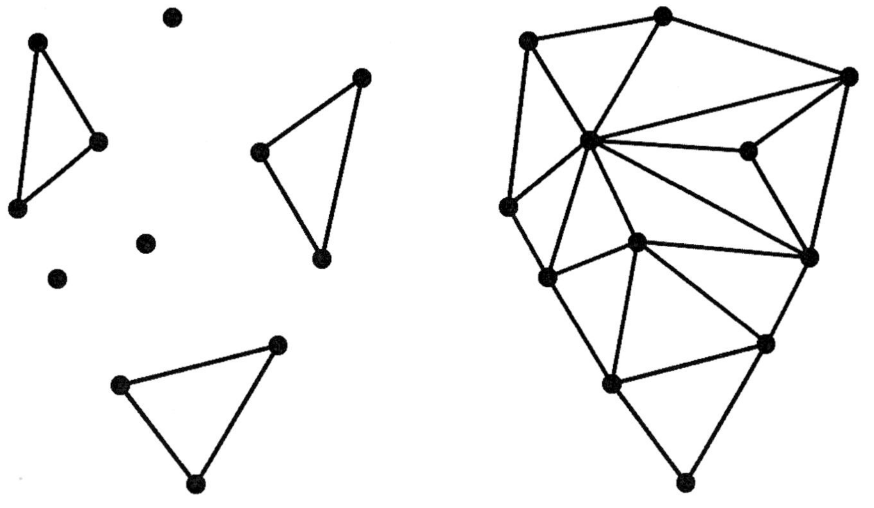

그림 14-2-3 세개씩의 꼭지점들만으로 구성된 하위 폴리곤들

물론 이와 같은 퍼즐조각들이 항상 삼각형이어야 할 이유는 없다. 사각형이나 오각형 등 단순 폴리곤의 형태라면 무엇이든 다 가능하다. 예를 들어 그림 14-2-4는 기본적으로 사각형들로 이루어지되 하나의 삼각형만 추가적으로 사용된 경우이다.

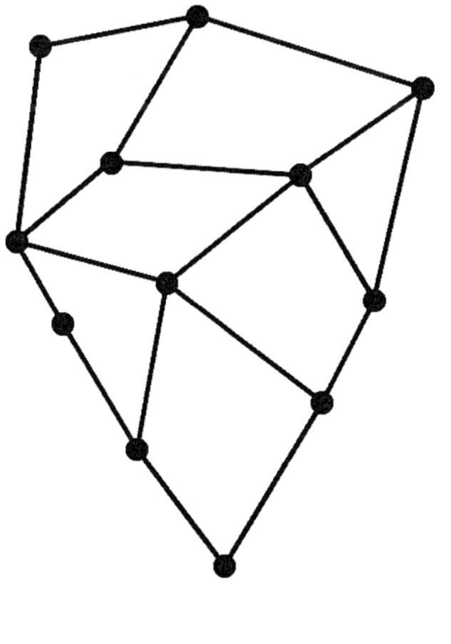

그림 14-2-4 주로 네개씩의 꼭지점들로 구성된 하위 폴리곤들

이와 같이 많은 수의 꼭지점들로부터 최종적인 폴리곤 형태를 생성하는데 있어서, 세부적으로 하위 폴리곤들의 형태나 갯수, 연결성(connectivity) 등을 설정하는 과정이 필요하다. 이것이 바로 3차원 그래픽 분야에서 자주 등장하는 폴리곤 메쉬(polygon mesh)라는 개념이다. 여기서 메쉬(mesh)는 그물이라는 뜻인데, 많은 갯수의 꼭지점들을 세분화하여 여러 개의 하위 폴리곤들로 나누고 이들을 마치 그물을 짜듯이 서로 이어붙여서 결국 하나의 최종적인 폴리곤을 완성한다는 의미이다.[16] 따라서 꼭지점들을 어떤 식으로 연결해줄 것인지, 하위 폴리곤들은 어떤 식으로 구성할 것인지 등의 정보를 폴리곤 객체에 대하여 하나의 속성으로 지정해줄 수 있다. 이 속성이 바로 POLYGONS라는 이름의 속성이다.

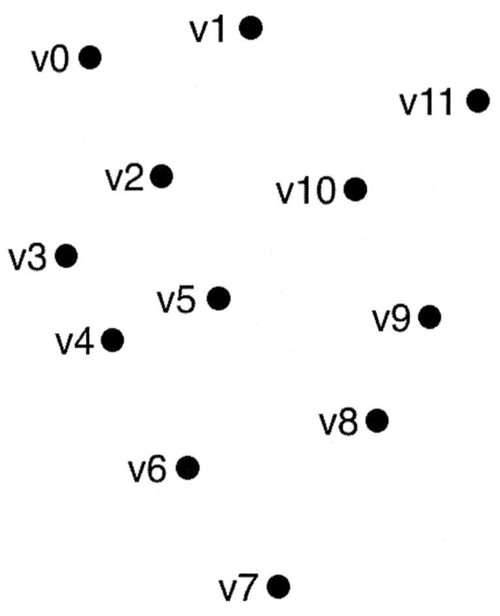

그림 14-2-5 꼭지점들의 일련번호를 잘 봐두자 (사실 그림 자체는 14-2-1과 동일)

---

[16] 이 시점에서 아마도 '폴리곤'이라는 용어의 사용에 있어서 다소 혼동이 있을 수 있다. 필자도 사실 3차원 그래픽이라는 분야에 정통한 것은 아니기 때문에, 맞는지는 모르겠지만 그냥 나름대로 정리하자면, 세분화된 세포와 같은 폴리곤들은 '하위 폴리곤'이라고 부르고, 모든 꼭지점들이 반영된 최종적인 형태의 폴리곤은 그냥 '최종적인 폴리곤' 또는 이와 유사한 의미의 표현을 쓰는 것으로 하겠다.

그러면 이 POLYGONS 속성을 어떻게 사용하는가를 한번 살펴보자. 이 속성에 대해서는 앞서 설명한 것과 같은 모든 꼭지점들간의 연결성에 대한 정보를 담은 배열(polygon descriptive array)이 부여된다. 이 배열은 기본적으로 다음과 같은 형태를 갖는다.

$[n, i_0, i_1, ..., i_{n-1}]$

여기서 n은 폴리곤(하위 폴리곤이라고 보면 됨)을 정의하는 꼭지점의 갯수이고, 나머지 원소들은 원래 꼭지점 목록상의 인덱스이다. 이 때 '원래 꼭지점 목록'이라는 것은 폴리곤 객체에 대하여 주어지는 전체 꼭지점들의 목록을 뜻한다. 예를 들어, [5, 0, 1, 2, 3, 4]라는 배열이라면, 5개의 꼭지점들을 갖는 폴리곤인데 그 꼭지점들은 전체 꼭지점들의 목록상에서 첫번째부터 다섯번째까지에 해당되는 꼭지점 좌표들을 뜻한다는 의미이다. 아마 설명만으로는 부족할 것 같으므로, 앞서 보았던 그림 14-2-5와 같은 예제 꼭지점 자료들을 갖고 폴리곤 객체를 구현해보기로 한다. 다음 예제 코드에서는 이 그림과 유사한 좌표를 갖는 12개의 꼭지점들의 X 및 Y 좌표 배열을 정의하고, 이를 바탕으로 한 폴리곤 객체를 생성한다. 그리고 POLYGONS 속성에 부여할 배열도 정의하여 이를 활용한다.

```
xvs = [0.08,0.30,0.15,0.01,0.10,0.23,0.18,0.31,0.58,$
0.69,0.54,0.87]
yvs = [0.95,0.99,0.77,0.65,0.57,0.60,0.26,0.02,0.33,$
0.58,0.72,0.90]
polygons = [3,0,1,2]
oPolygon = OBJ_NEW('IDLgrPolygon', xvs, yvs, POLYGONS=polygons)
```

여기서 POLYGONS 속성에 부여된 배열을 보면 [3, 0, 1, 2]라고 되어 있다. 즉 3개의 꼭지점을 갖는 삼각형인데 그 꼭지점들은 전체 목록상에서 0, 1, 2라는 인덱스에 해당되는 것들이 된다는 의미이다. 이제 XOBJVIEW를 사용하여 과연 어떤 식으로 폴리곤 객체가 구현되었는가 살펴보면, 그림 14-2-6과 같다.

```
XOBJVIEW, oPolygon
```

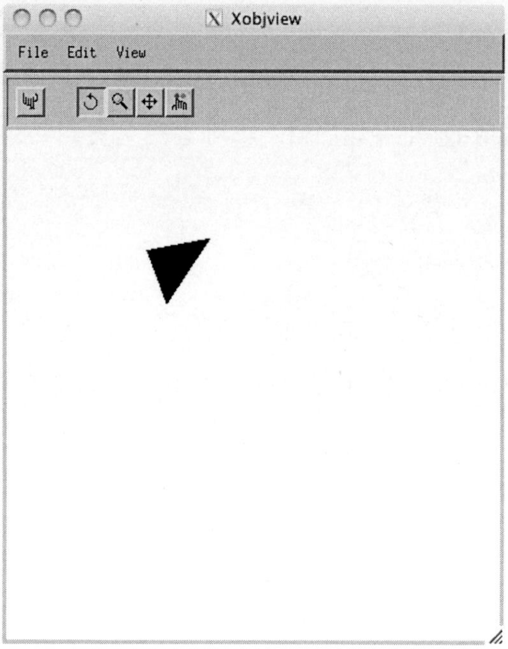

그림 14-2-6 세개의 꼭지점들(0, 1, 2)만으로 구현된 폴리곤 객체의 모습

이 그림에서 보는 것처럼 v0, v1, v2 세 개의 꼭지점으로 이루어진 삼각형만 구현되고 나머지 꼭지점들은 무시된 것을 볼 수 있다. 즉, 전체 꼭지점 갯수는 12개였음에도 불구하고, 단 3개만이 활용된 상태이다. 물론 POLYGONS 속성에 부여되는 배열을 수정하여 더 많은 꼭지점들이 반영되도록 할 수 있다. 이번에는 다음과 같이 polygons 배열의 내용을 수정한 다음 다시 폴리곤 객체를 구현해보자. 이번에는 세 개의 삼각형을 구현하기 위하여 4X3=12개의 원소들로 이루어진 배열이 된다. 그러면 그림 14-2-7과 같이 세 개의 삼각형들이 구현된 모습을 보게 될 것이다.

```
polygons = [3,0,1,2,3,0,2,3,3,6,7,8]
```

물론 polygons 배열의 내용을 또 수정하여 더 많은 꼭지점들을 포함시키면 나머지 꼭지점들에 대한 하위 폴리곤들도 모두 구현되어, 결국 완전한 형태의 최종적인 폴리곤을 얻게 될 것이다. 그런데 이와 같이 하려면, 총 13개의 삼각형이 필요할 것이다. 그러면 4X13=52개의 원소들로 구성된 polygons 배열이 필요하다. 물론 실전에서는 훨씬 더 많은 갯수의 꼭지점들이 필요할 것이므로, 이 POLYGONS 속성에 부여될 배열의 원소 갯수는 어마어마하게 불어날 것이다. 그러면 아마도 이 속성 설정하다가 지쳐서 폴리곤 객체를 만드는 작업 자체를 아마 포기하게 될 지도 모르겠다.

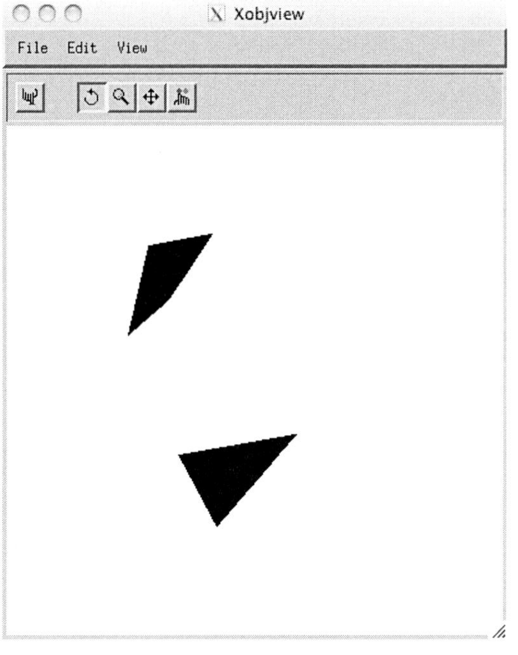

그림 14-2-7 더 많은 꼭지점들로 구현된 폴리곤 객체의 모습

하지만 이와 같은 연결성 정보를 정의하는 일을 우리가 직접 할 필요는 실전에서는 그리 많지는 않을 것이다(물론 3차원 그래픽 디자이너라면 혹시 모르겠다). 그 이유는 우리가 자주 쓸만한 형태의 폴리곤들에 대한 꼭지점 및 연결성 정보를 자동으로 생성해주는 프로시저가 다행히 IDL에 내장되어 있기 때문이다. 다음 섹션에서 이에 관하여 좀 더 알아보기로 하자.

14.3. MESH_OBJ 프로시저의 활용

바로 앞에서 언급했던 그 프로시저가 바로 MESH_OBJ라는 것이다. 일단 IDL 도움말에서 이 프로시저에 관한 내용을 한번 찾아보기 바란다. 이 프로시저의 역할은 주로 사용되는 몇몇 기본 폴리곤 형태들을 정의하는 꼭지점 및 연결성 정보, 즉 한 마디로 폴리곤 메쉬 생성에 기본적으로 필요한 정보들을 자동적으로 생성해주는 것이다. 예를 들어 우리가 구체(sphere)의 형태를 폴리곤 객체로 구현하고자 한다면, 이를 생성하는데 필요한 꼭지점 목록 및 연결성 목록에 해당되는 배열을 계산해주는 역할이다. 물론 구현하고자 하는 구체(sphere) 객체에 대한 최소한의 정보(이 경우는 반경)는 입력인자로 제공해야 한다. 이 프로시저에서 지원되는 폴리곤의 형태들은 사각형(Rectangular), 원통(Cylindrical), 구체(Sphere) 등 여러가지가 있는데 자세한 목록은 IDL 도움말을 참조하길 바란다. 그러면 이 프로시저의 사용법 및 예제를 자세히 살펴보도록 하자. 우선 이 프로시저를 사용할 때 기본적인 문법은 다음과 같다.

```
MESH_OBJ, Type, Vertex_List, Polygon_List, Array1[, Array2]
```

여기서 첫번째 인자는 구현할 형태를 지정하는 인덱스이다. 예를 들어, 이 인자가 0이면 삼각화(triangulated) 폴리곤, 3이면 실린더형 폴리곤, 4면 구체 폴리곤이 된다. 두번째 및 세번째 인자는 프로시저를 실행한 후 그 값을 얻게 되는 출력 인자로서 각각 꼭지점 및 연결성 정보에 해당된다. 따라서 각각의 인자에 대한 배열의 이름만 지정해주면, 나중에 그 이름의 배열을 출력인자로 얻게 된다. 그리고 네번째 인자는 사전에 정해줘야 하는 입력 인자인데, 그 형태 및 값은 구현할 형태에 따라 다르다. 즉 첫번째 인자의 값에 따라 달라진다. 경우에 따라서 다섯번째 인자가 필요할 수도 있다.

그러면 실제 예제를 살펴볼텐데, 먼저 형태 인덱스가 0에 해당되는 삼각화 폴리곤의 경우를 보자. 여기서 '삼각화(triangulated)'의 의미는, 주어진 꼭지점들을 3개씩 나누어 구성된 삼각형들의 집합체로서 최종적인 폴리곤 객체를 구현한다는 것이다. 그렇다. 바로 앞의 섹션인 14.2에서 언급한 예제에 대하여 적용 가능한 경우이다. 즉, 14.2의 예제에서 봤던 12개의 꼭지점들로 이루어진 폴리곤 객체를 삼각형들의 집합체로 구현하는데 필요한 각 삼각형의 연결성을 모두 담은 정보를 이 MESH_OBJ 프로시저로 산출하여 적용해보는 것이다. 하지만 우선은 아주 간단한 예부터 먼저 살펴보는 것이 좋을 것 같다. 다음과 같은 예제 코드를 실행하여 삼각형 폴리곤 객체를 생성해보자.

```
arr = [[0,0,0], [1,0,0], [0,1,0]]
MESH_OBJ, 0, vertices, polygons, arr
oPolygon = OBJ_NEW('IDLgrPolygon', vertices, POLYGONS=polygons)
```

여기서 arr은 구현하고자 하는 삼각형의 꼭지점의 좌표들을 담은 배열이다. 그리고 MESH_OBJ를 사용하는데 있어서 이 arr을 네번째 인자로 부여하였다. IDL 도움말을 보면 형태 인덱스가 0인 경우, 이 네번째 인자는 3Xn의 형태를 갖는 배열이어야 한다고 되어 있다. 즉 폴리곤 객체를 구현하는데 사용될 n개의 꼭지점들의 XYZ 좌표값들을 이와 같은 형태의 배열로 구성하여 부여하라는 의미이다. 좌표들의 값을 보면 Z좌표는 모두 0이고, XY평면상에서 [0, 0]이 직각인 직각삼각형이 될 것임을 알 수 있다. 과연 이런 형태의 폴리곤이 구현되는지 알아보기 위하여 XOBJVIEW를 사용하여 그 결과를 보면 그림 14-3-1의 왼쪽 그림과 같다.

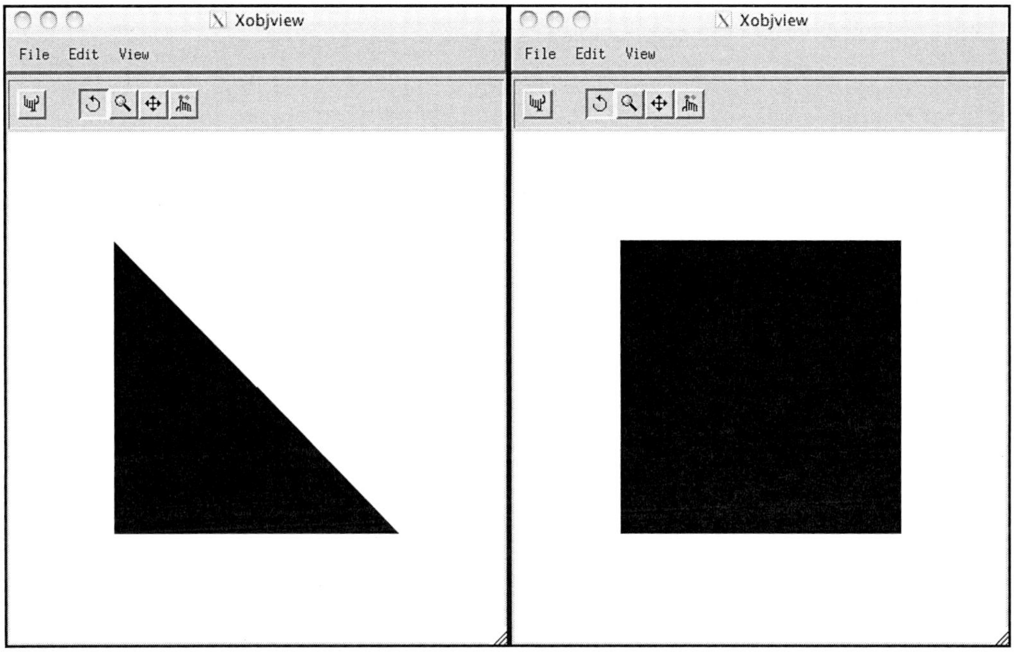

그림 14-3-1 MESH_OBJ 프로시저를 사용하여 3개(왼쪽) 및 4개(오른쪽)의 꼭지점들로 구현된 폴리곤 객체의 모습

이번엔 제 4의 꼭지점을 추가해보자. 다음과 같이 arr의 내용만 바꾸어서 같은 방법으로 구현된 폴리곤의 모습은 그림 14-3-1의 오른쪽 그림과 같다.

```
arr = [[0,0,0], [1,0,0], [0,1,0], [1,1,0]]
```

물론 4개의 꼭지점이므로 그 형태는 사각형이다. 하지만 세부적으로는 두 개의 삼각형이 합쳐진 모습이다. 이와 같은 방식으로, 여러 개의 꼭지점들이 주어지더라도 최종적인 형태를 구현하는데 필요한 꼭지점 및 연결성 정보를 이 MESH_OBJ 프로시저를 사용하여 얻을 수 있다. 그러면 앞의 섹션에서 본 12개의 꼭지점들로 이루어진 폴리곤을 구현하려면, MESH_OBJ 프로시저의 네번째 인자에 해당되는 배열을 다음과 같이 설정하면 될 것이다.

```
xvs = [0.08,0.30,0.15,0.01,0.10,0.23,0.18,0.31,0.58,$
0.69,0.54,0.87]
yvs = [0.95,0.99,0.77,0.65,0.57,0.60,0.26,0.02,0.33,$
0.58,0.72,0.90]
zvs = REPLICATE(0, 12)
arr = TRANSPOSE([[xvs], [yvs], [zvs]])
```

같은 방법으로 최종적인 폴리곤의 형태를 구현한 모습은 다음 그림 14-3-2와 같다.

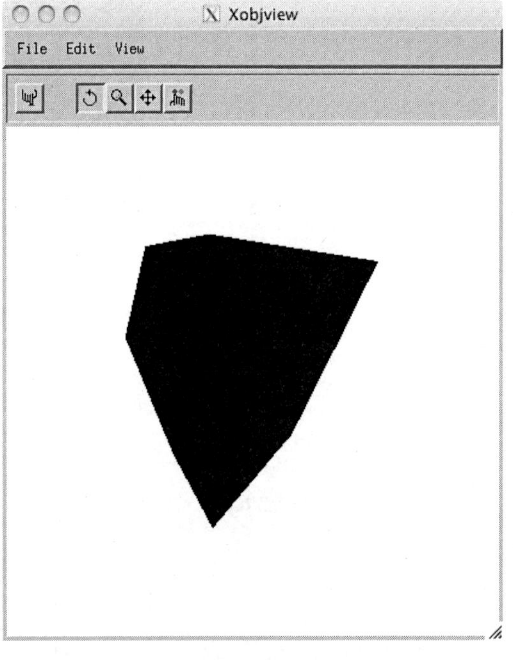

그림 14-3-2 MESH_OBJ 프로시저를 사용하여 12개의 전체 꼭지점들로 구현된 폴리곤 객체의 모습

XOBJVIEW의 기능을 활용하여 이 폴리곤 객체를 마우스 드래그로 이리저리 돌려가며 살펴보면, 당연히 모든 꼭지점들이 동일한 평면상에 존재하는 마치 종잇장과 같은 모양의 폴리곤임을 확인할 수 있다. 여기서 조금 더 입체적인 모습으로 만들기 위하여 앞의 예제코드에서 zvs만 다음과 같이 바꿔주고 구현해보자. 구현된 폴리곤을 역시 마우스 드래그로 돌려보면 그림 14-3-3과 같이 좀 더 입체적인 모습(그래봐야 마치 구겨진 종이같긴 하지만)을 볼 수 있을 것이다. 물론 꼭지점의 갯수가 이보다 훨씬 많아진다면 좀 더 세밀하고 멋진 모습의 폴리곤을 볼 수 있음은 자명한 사실이다.

```
xvs = [0.08,0.30,0.15,0.01,0.10,0.23,0.18,0.31,0.58,$
0.69,0.54,0.87]
yvs = [0.95,0.99,0.77,0.65,0.57,0.60,0.26,0.02,0.33,$
0.58,0.72,0.90]
zvs = 0.07*FINDGEN(12)
```

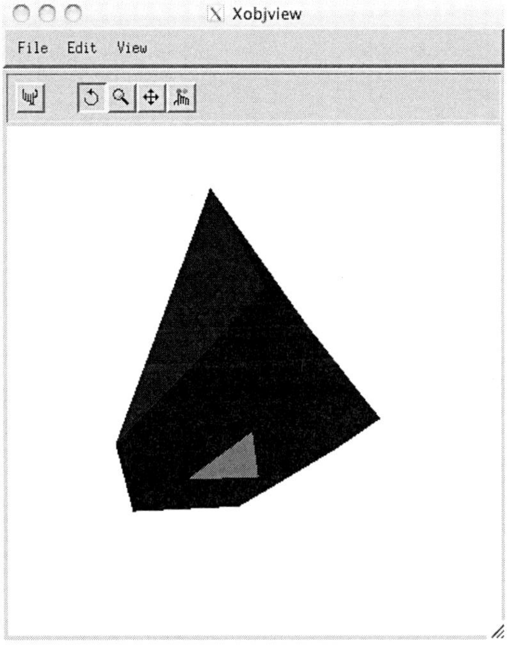

그림 14-3-3 좀 더 입체적으로 구현된 폴리곤 객체의 모습

다른 형태 인덱스에 해당되는 경우들도 구현해보면 좋을 것 같다. 그 전에 먼저 다음 섹션에서 폴리곤 객체의 그 밖의 속성들에 대하여 알아본 후, 이어지는 섹션에서는 이 인덱스가 4인 경우인 구체(sphere) 폴리곤을 구현하는 예제를 살펴보기로 하자.

14.4. 폴리곤(Polygon) 객체의 기타 속성들

먼저 STYLE이라는 속성부터 소개하고자 한다. 이 속성은 폴리곤의 구현(rendering) 방식을 결정하는 것으로 0, 1, 2 중 하나의 값이 부여된다. 바로 앞 섹션에서 구현했던 폴리곤 객체에 대하여 이 속성을 다음과 같이 0이란 값으로 조정해보자.

```
oPolygon -> SetProperty, STYLE=0
```

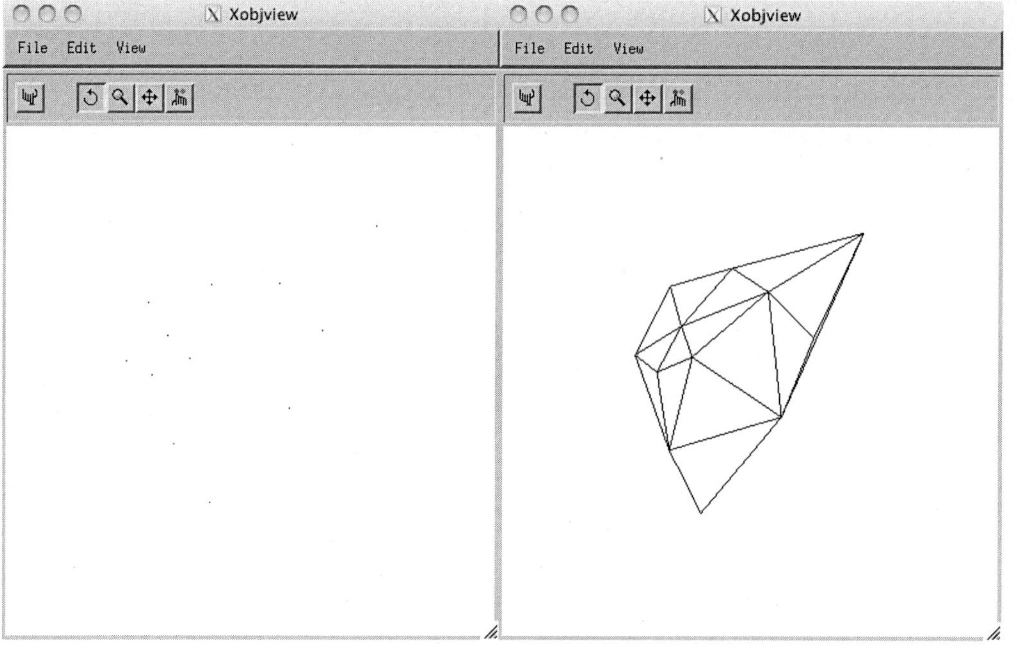

그림 14-4-1 STYLE 속성이 0(왼쪽) 및 1(오른쪽)로 설정된 폴리곤 객체의 모습

이 값이 0이면 꼭지점들만 구현된다. 그리고 1이면 꼭지점 및 꼭지점들 사이를 잇는 선(모서리라고도 함)들까지 구현된다. 속성을 조정한 후 XOBJVIEW를 사용하면 그 결과를 볼 수 있는데, 그림 14-4-1에서 왼쪽은 0인 경우, 오른쪽은 1인 경우이다.

그러면 2인 경우는 어떨까? 이 값이 사실 기본 설정값으로서 면까지 채워진 형태로 폴리곤을 구현하는 옵션이 된다. 따라서 2가 된다면 당연히 이전 섹션의 마지막 부분에서 구현했던 그림과 같은 형태로 구현될 것이다. 아무래도 기본 설정인 2가 가장 많이 사용되겠지만, 폴리곤을 구성하는 꼭지점 및 모서리들의 모습을 마치 뼈대와 같은 느낌으로 적나라하게 보여주기 위하여 1 또는 0으로 사용되는 경우도 심심치않게 있다.

이번에는 VERT_COLORS라는 속성을 보기로 한다. 아마 그 이름에서 대충 짐작할 수 있으리라 생각되는데, 바로 각 꼭지점의 색상을 설정하는 역할을 한다. 이 속성에 대해서는 색상의 RGB값들로 이루어진 배열을 부여하면 되는데, 역시 앞에서 생성했던 폴리곤 객체에 대하여 다음과 같이 이 속성을 조정해보자. 이 때 STYLE 속성은 1로 해놓으면, 그림 14-4-2의 왼쪽 그림과 같은 결과를 얻게 된다.

```
vcolors = [[255,0,0],[0,255,0],[0,0,255],[0,255,255]]
oPolygon -> SetProperty, VERT_COLORS=vcolors, STYLE=1
```

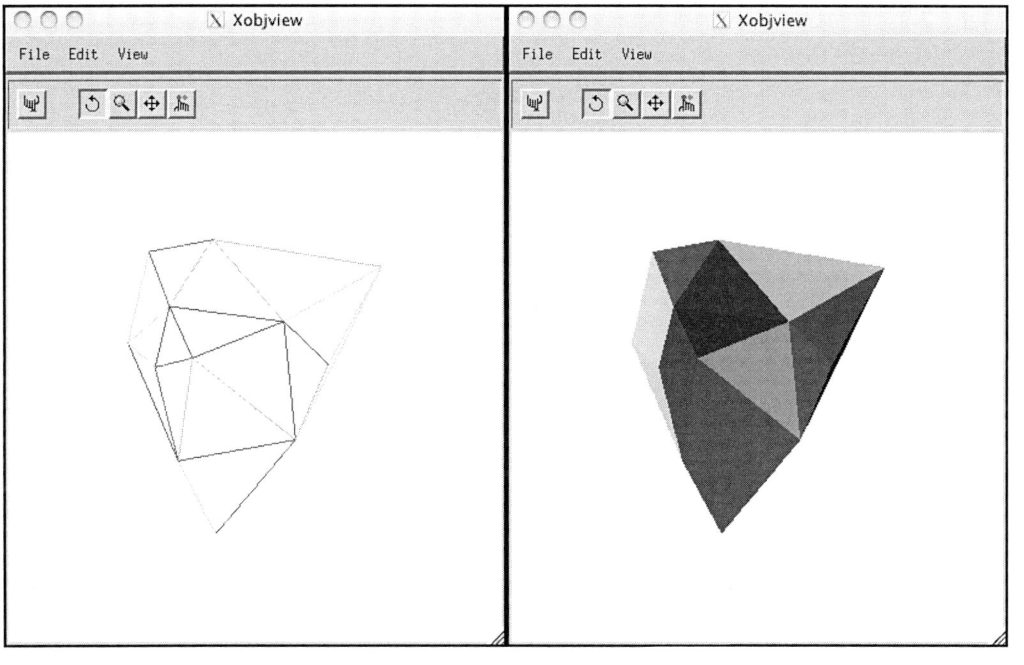

그림 14-4-2 꼭지점들의 색상이 컬러풀한 상태에서 STYLE 속성이 1(왼쪽) 및 2(오른쪽)인 폴리곤 객체의 모습[C]

여기서 vcolors라는 배열을 보면 빨간색, 초록색, 파란색, 하늘색 등 4개의 색상들에 해당되는 RGB조합이 순서대로 들어가 있다. 따라서 이 폴리곤이 구현될 때 이 색상의 순서대로 순환적으로 각 꼭지점마다 그 색상이 부여된다. 이 그림을 보면 꼭지점들을 연결한 각 모서리선들의 색상이 다르게 보인다. 그 순서는 이 예제에서 사용된 MESH_OBJ에서 생성된 polygons 배열상에 내장된 꼭지점별 구현 순서를 따른다고 보면 된다. 이번에는 STYLE 속성을 2로 설정하고 똑같은 과정을 반복해보자. 그러면 그림 14-4-2의 오른쪽 그림과 같이 각 면마다 색상이 다르게 보이는 그림을 얻게 된다. 여기서 각 면의 색상은 그 면을 구성하는 첫번째 꼭지점에 부여되는 색상을 따른다.

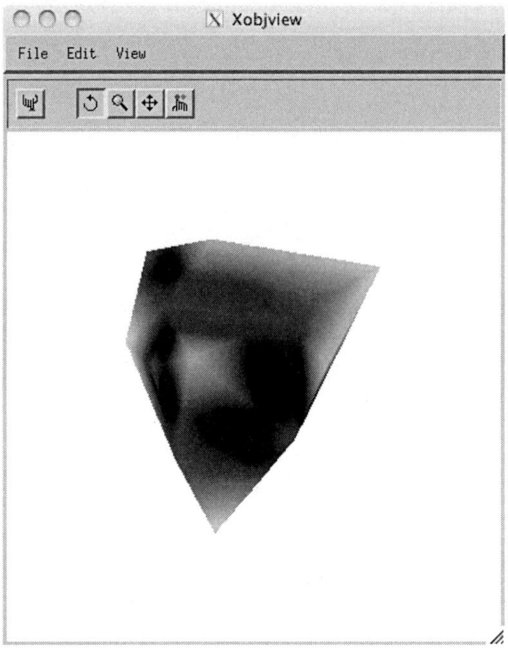

그림 14-4-3 SHADING 속성이 1로 설정된 폴리곤 객체의 모습[C]

여기서 바로 SHADING이라는 속성을 소개하겠다. 일단 다음과 같이 SHADING 속성을 1로 설정하고 똑같은 과정을 반복해보자. 그러면 그림 14-4-3과 같이 색상들이 뭉개진듯한 모습을 보게 된다. 사실은 뭉게졌다기보다는 인접한 색상끼리 서로 부드럽게 변하도록 구현된 것이다. 앞서 보았던 색상간의 경계선이 뚜렷한 경우는 SHADING의 속성이 0인 경우가 되고, 이번처럼 뭉개진듯한 경우는 이 속성이 1인 경우이다. 후자의 경우를 Gouraud shading이라고도 한다. 결국 색상의 변화를 불연속적으로 또는 연속적으로 구현하느냐를 결정하는 속성이라고 이해하면 되겠다.

```
oPolygon -> SetProperty, SHADING=1
```

이 밖에도 IDLgrPolygon 클래스에는 매우 다양한 종류의 속성들이 존재한다. 어차피 바로 뒤에 소개될 예제에도 몇가지가 더 소개될 것이므로, 바로 다음 섹션으로 넘어가기로 한다.

14.5.폴리곤(Polygon) 객체 실전 예제

이번 예제에서는 구체 폴리곤을 구현하고 그 표면에 세계지도 이미지를 맵핑하여 지구 구체의 형태를 3차원적으로 구현해보고자 한다. 여기서 사용된 세계지도 이미지는 여러분 각자 갖고 있는 것이 있다면 그 이미지를 사용해보는 것도 좋겠다. 이 예제에서는 다음 링크에 있는 JPG 이미지 파일을 사용하기로 한다. 다음 그림 14-5-1은 이 이미지 파일의 모습이다.

http://www.spweather.com/~lee/earth.jpg

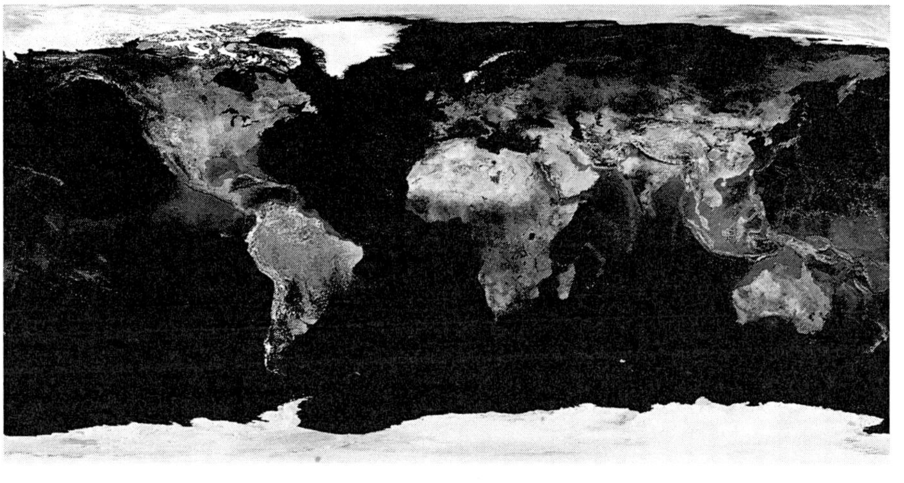

그림 14-5-1 예제로 사용될 세계지도 이미지의 모습C

이 파일을 IDL의 작업 디렉토리에 저장한 후, 다음과 같이 이 파일의 내용을 읽어오는 것부터 시작한다. 물론 여기서 소개되는 예제 코드는 하나의 프로시저로 저장하여 컴파일 및 실행하는 것을 권한다.

```
ifile = 'earth.jpg'
img = READ_IMAGE(ifile)
oImage = OBJ_NEW('IDLgrImage', img)
```

이 이미지 파일의 내용을 읽어 img라는 배열로 저장하는데, 그 크기를 확인해보면 3X3200X1600라는 꽤 큰 이미지임을 알 수 있다. 이 img를 바탕자료로 하는 이미지 객체를 생성한 다음 나중에 폴리곤상에 맵핑할 때까지 두고, 이제는 구체 폴리곤을 구현한다. 물론 앞서 이미 소개했던 MESH_OBJ 프로시저를 사용하기로 한다. 구체 폴리곤을 생성하려면 이 프로시저의 첫번째 인자인 형태 인덱스의 값을 4로 해야함을 기억할 것이다.

```
MESH_OBJ, 4, vertices, polygons, REPLICATE(0.25, 101, 101)
```

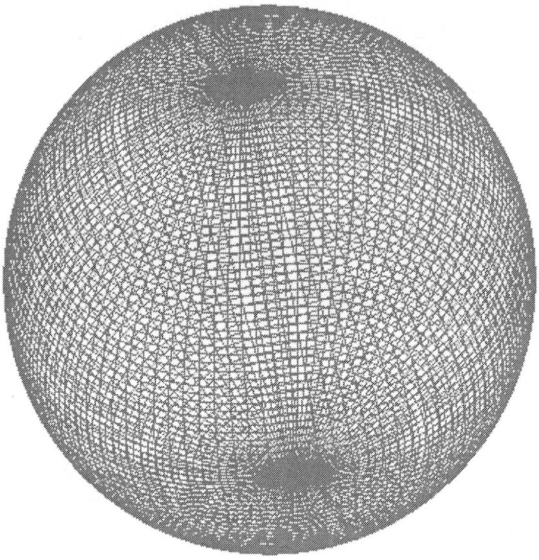

그림 14-5-2 구형의 나름 촘촘한 폴리곤 메쉬의 모습[C]

여기서 vertices와 polygons는 구현될 구체 폴리곤의 그물망 구조(mesh)를 구성할 꼭지점 및 연결성 정보를 담은 배열로서 명령 실행후 출력인자로 얻게 된다. 그리고 네번째 인자로 주어진 배열을 보면, 크기는 101X101이며 배열내 모든 원소들이 0.25라는 값을 갖는다는 것을 알 수 있다. 이것은 MESH_OBJ로 구체 폴리곤을 구현할 경우 주어져야하는 네번째 인자는, 구체 폴리곤이 갖게 될 꼭지점의 갯수만큼의 갯수로 구체의 반경값을 갖는 배열이 되어야 한다. IDL 도움말에서 MESH_OBJ에 관한 내용을 보면 나오는데, 이 배열은 nXm의 크기를 가지며 구성원소들의 값은 모두 그 반경값이 되어야 한다. 그리고 n에 해당되는 차원은 경도(0~360도)에 해당되고, m에 해당되는 차원은 위도(-90~90도)에 해당된다. 이러한 nXm의 구조를 갖는 폴리곤 메쉬를 생성하도록 한다는 의미이다.[17] 그림 14-5-2는 이와 같이 생성된 폴리곤 메쉬의 모습이다. 이 예제에서는 101X101의 크기로 구성되었지만, 이 배열의 크기가 더 작으면 덜 촘촘한 그리고 더 크다면 더 촘촘한 메쉬가 될 것이다.

이제는 여기서 산출된 vertices, polygons 배열을 바탕으로 구체 폴리곤을 구현하고 그 표면에 img 배열로 존재하는 이미지 자료를 맵핑하면 될 것이다. 이를 위하여 다음과 같이 폴리곤 객체를 생성한다. 여기서 이미지를 폴리곤상에 텍스쳐 맵핑을 하기 위하여 TEXTURE_MAP이라는 속성에 이미지 객체를 부여하였다. 이것은 앞서 면(surface) 객체에 대한 예제에서와 같은 요령이다.

```
oPolygon = OBJ_NEW('IDLgrPolygon', vertices, SHADING=1, $
  POLYGONS=polygons, COLOR=[255,255,255], $
  TEXTURE_MAP=oImage, /TEXTURE_INTERP)
```

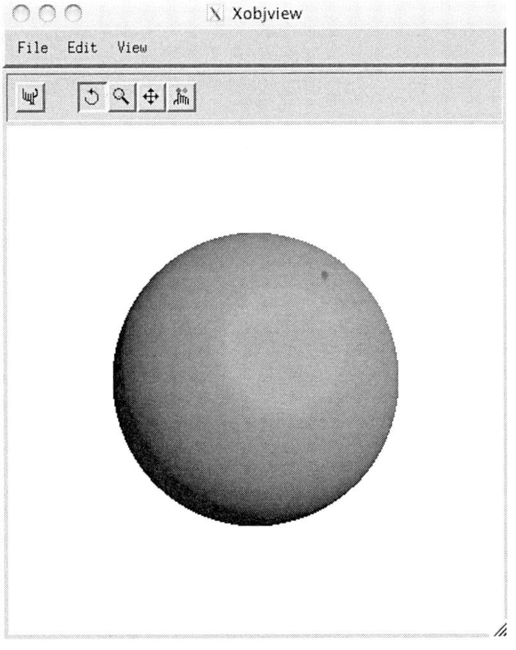

그림 14-5-3 XOBJVIEW로 본 구체 폴리곤의 썰렁한 모습

---

17 참고로 원통형(cylinder)의 경우도 이와 유사한데, 차이점은 n이 방위각 방향이고 m은 Z축 방향이 된다는 것이다.

XOBJVIEW를 사용하여 이 폴리곤 객체의 모습을 살펴보자. 그런데 뭔가 좀 이상하다. 당연히 지도 이미지가 폴리곤상에 맵핑된 모습을 기대했는데, 이미지는 전혀 보이지 않고 그림 14-5-3과 같이 썰렁한 구체만 보이지않는가?

사실 여기서 우리가 매우 중요한 한가지 과정이 빠뜨렸기 때문에 이런 현상이 벌어진 것이다. 그 과정이란 이미지 텍스쳐가 폴리곤 메쉬상에 어떤 식으로 대응될 것인가에 대한 정보를 담은 중요한 속성인 TEXTURE_COORD라는 속성을 설정하는 것이다. 원래 이미지 텍스쳐의 좌표는 가로 세로 모두 0~1.0 사이의 값을 갖는 형태로 인식된다. 이 좌표가 폴리곤 메쉬상에서 어느 부분으로 맵핑되어야 하는가를 명시하는 배열 정보를 TEXTURE_COORD 속성에 부여해야 한다는 의미이다. 이를 위한 배열정보를 다음과 같이 생성하자. 그리고 앞서 생성했던 폴리곤 객체에 속성으로 부여하자.

```
vector = FINDGEN(101)/100
texture_coords = FLTARR(2, 101, 101)
texture_coords[0, *, *] = vector#REPLICATE(1., 101)
texture_coords[1, *, *] = REPLICATE(1., 101)#vector
oPolygon -> SetProperty, TEXTURE_COORD=texture_coords
```

여기서 texture_coords라는 배열은 2X101X101의 크기를 갖는데, 101X101은 폴리곤 메쉬의 크기와 같다. 그리고 2에 해당되는 차원은 각각 X 및 Y 방향을 뜻한다. 그래서 이 배열의 [0, *, *]에 해당되는 부분은 X방향의 텍스쳐 좌표이고 [1, *, *]에 해당되는 부분은 Y방향의 텍스쳐 좌표에 해당된다. 이러한 텍스쳐 좌표가 폴리곤 메쉬상의 해당위치에 대응되는 것이다. 자 이와 같은 과정을 거친 폴리곤 객체를 다시 XOBJVIEW로 구현해보자. 그러면 그림 14-5-4와 같이 이미지가 제대로 맵핑된 구체 폴리곤을 얻을 수 있다.

```
XOBJVIEW, oPolygon
```

마우스 드래그를 해보면 마치 지구본을 돌리는 것과 비슷한 느낌을 받게 될 것이다. 물론 조금 더 제대로 된 그래픽을 구현해보려면, 모델이나 뷰 객체들을 직접 생성하고, 여기서 자전축이나 적도평면 등에 해당되는 객체들도 그려보면 좋을 것 같다. 이와 같은 그래픽도 한번 만들어보자. 다만 그 전에 폴리라인 객체에 관한 내용을 알아본 후 예제를 계속 이어나가도록 하겠다.

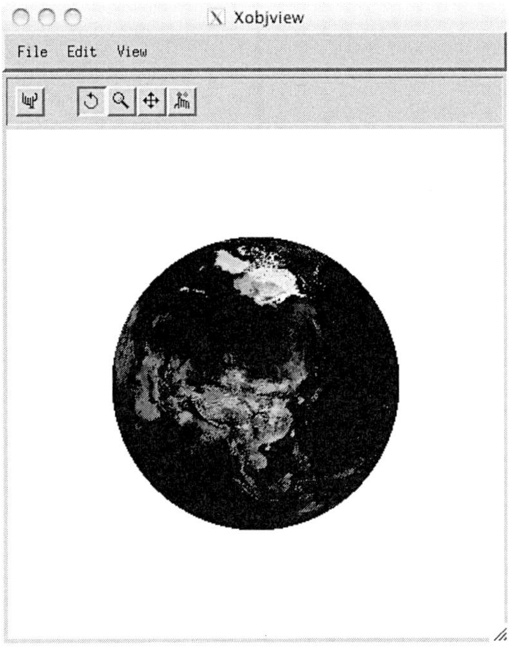

그림 14-5-4 세계지도 이미지가 제대로 맵핑된 구체 폴리곤의 모습C

14.6. 폴리라인(Polyline) 객체

폴리라인 객체는 그 기본적인 구성요소가 꼭지점(vertex)들이라는 측면에서 폴리곤 객체와 유사한 부분이 많다. 다만, 폴리곤의 경우는 이 꼭지점들을 마치 그물망처럼 이어서 하나의 닫혀진 도형과 같은 형태로 구현되는 것이지만, 폴리라인의 경우는 이 꼭지점들을 이어놓은 선의 형태로 구현된다는 차이점이 있다. 다음 예제는 [0, 0], [1, 2], [4, 3] 세 개의 꼭지점을 순서대로 잇는 폴리라인 객체를 생성하는 방법인데, 클래스 이름만 다를 뿐 거의 폴리곤 객체와 같은 문법을 사용하고 있음을 볼 수 있다. 이 객체를 XOBJVIEW로 본 모습은 그림 14-6-1의 왼쪽 그림과 같다. 참고를 위하여 같은 꼭지점들로 생성된 폴리곤 객체의 모습도 오른쪽 그림에 함께 나타내었다.

```
verts = [[0,0], [1,2], [4,3]]
oPolyline = OBJ_NEW('IDLgrPolyline', verts)
```

```
XOBJVIEW, oPolyline
```

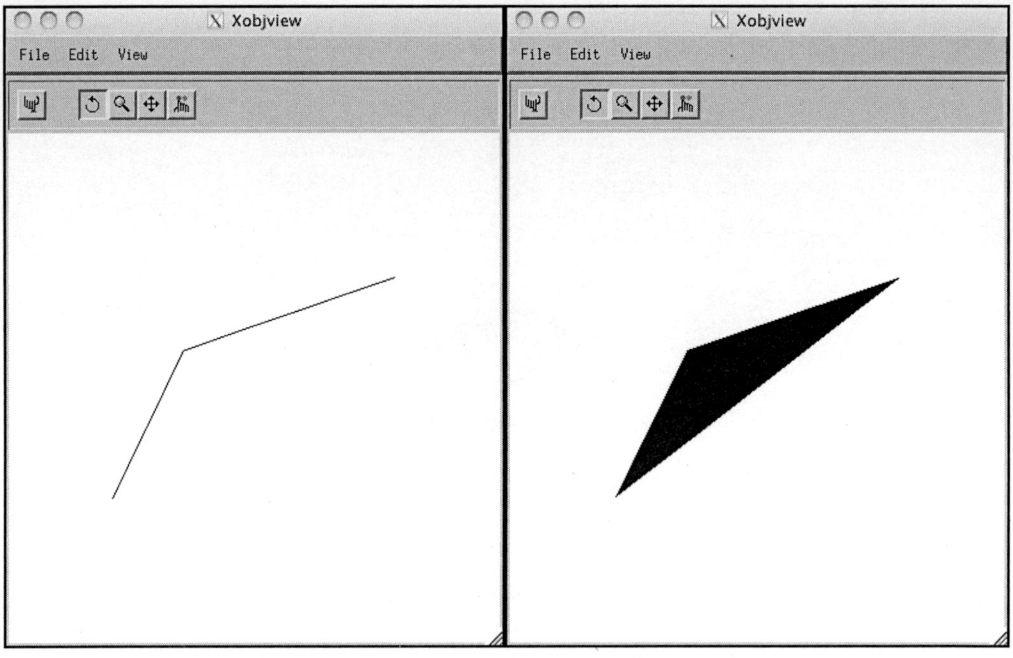

그림 14-6-1 동일한 꼭지점들로 구성된 폴리라인(왼쪽) 및 폴리곤(오른쪽) 객체의 모습

폴리라인 객체에 대하여 설정 가능한 속성들 역시 폴리곤의 경우와 마찬가지로 꽤 많다. 그 중에서 VERT_COLORS, SHADING 등의 속성은 그 사용법이나 효과가 폴리곤의 경우와 같다고 보면 된다. 그리고 SYMBOL 속성을 사용하여 각 꼭지점 부분을 이 속성에 부여된 심볼 객체로 표현하기도 한다. 앞서 심볼 객체에 관하여 살펴본 예제에서는 플롯 객체를 구현할 때 SYMBOL 속성을 사용하였는데, 폴리라인 객체의 경우도 그 사용법이나 효과는 거의 유사하다고 보면 된다. 이와 같은 속성들에 대해서는 구체적인 설명은 생략하기로 하겠다.

앞서 폴리곤 객체에 관한 내용에서 꼭지점들의 연결성 정보를 갖고 있는 배열을 POLYGONS라는 속성에 부여했던 것을 기억할 것이다. 사실 폴리라인 객체의 경우도 이와 유사한 POLYLINES라는 속성이 있다. 마찬가지로 많은 꼭지점들이 존재할 때 이 꼭지점들의 연결성 정보를 이 속성을 통하여 설정할 수 있다. 하지만, 폴리곤의 경우에 비해서는 이 속성을 설정하는 경우가 그리 많지는 않은 것 같다. 폴리라인 객체를 사용하는 대부분의 경우들을 보면, 바탕 자료로 주어지는 꼭지점들의 좌표가 담긴 배열상에서의 순서대로 선을 이어서 구현되는 폴리라인 객체를 사용하는 경우가 많다. 이러한 경우에는 POLYLINES와 같은 속성은 필요가 없다. 따라서 이 속성에 관해서도 구체적인 설명은 생략하기로 하겠다. 우리가 이미 폴리곤 객체에 관한 많은 것들을 살펴보았으므로, 폴리라인 객체에 대한 이해는 그리 어렵지 않을 것으로 믿는다. 뒤에 이어질 실전 예제에서 폴리라인 객체가 바로 또 등장할 것이다.

14.7. 폴리곤 및 폴리라인 객체 실전 예제

이번 예제에서는 앞서 폴리곤 객체 실전 예제에서 구현했던 지구 구체 폴리곤을 이용하면서, 여기서 지구의 자전축과 적도평면을 추가적으로 구현해보기로 한다. 아무래도 자전축은 폴리라인 객체로, 그리고 적도평면은 폴리곤 객체로 구현이 되어야 할 것이라는 것은 쉽게 짐작할 수 있을 것이다.

앞서 14.5에서 세계지도 이미지가 맵핑된 구체 폴리곤을 만드는 과정을 소개하였는데, 지금 우리가 할 작업에 있어서 앞부분은 이 내용과 동일하다. 다만 이 내용의 뒷부분에서 자전축 및 적도평면에 해당되는 그래픽 객체를 삽입하게 될 것이다. 따라서 먼저 다음과 같은 방식으로 먼저 지구 구체 폴리곤부터 만들자.

```
ifile = 'earth.jpg'
img = READ_IMAGE(ifile)
oImage = OBJ_NEW('IDLgrImage', img)
MESH_OBJ, 4, vertices, polygons, REPLICATE(0.25, 101, 101)
oPolygon = OBJ_NEW('IDLgrPolygon', vertices, SHADING=1, $
  POLYGONS=polygons, COLOR=[255,255,255], $
  TEXTURE_MAP=oImage, /TEXTURE_INTERP)
vector = FINDGEN(101)/100
texture_coords = FLTARR(2, 101, 101)
texture_coords[0, *, *] = vector#REPLICATE(1., 101)
texture_coords[1, *, *] = REPLICATE(1., 101)#vector
oPolygon -> SetProperty, TEXTURE_COORD=texture_coords
```

이 상태에서 폴리곤 객체를 XOBJVIEW로 구현해보면, 당연히 그림 14-5-4와 같은 형태로 나타날 것이다. 이제 다음과 같이 지구의 북극과 남극을 잇는 자전축에 해당되는 폴리라인 객체를 만들자. 그리고 내친 김에 북극 지점을 "North Pole"이라는 문자로 나타내기 위하여 텍스트 객체도 함께 만들기로 한다.

```
oRotAxis = OBJ_NEW('IDLgrPolyline', [[0,0,1], [0,0,-1]])
oRotAxis -> SetProperty, THICK=3, COLOR=[0, 0, 255], ANTIALIAS=1
oNPText = OBJ_NEW('IDLgrText', 'North Pole', $
  LOCATIONS=[0, 0, 1.1])
oNPText -> SetProperty, /ONGLASS, ALIGNMENT=0.5
```

여기서 자전축에 해당되는 폴리라인 객체인 oRotAxis를 생성할 때 주어진 좌표값을 보면, Z축상의 +1과 -1에 해당되는 부분을 이어준 선임을 알 수 있다. 그리고 이 객체에 대하여 SetProperty 메서드를 적용하여, 두께를 늘리고 색상은 파란색으로 바꿔주었다. 그리고 ANTIALIAS라는 속성을 사용하였는데, 이 속성을 사용하면 폴리라인 객체가 시각적으로 더 부드럽게 보이는 효과가 있다. 이 속성을 사용하지 않으면 어떤 식으로 나타나는가는 이 속성값을 0으로 해보면 되므로 여러분이 직접 확인해보길 바란다. 텍스트 객체인 oNPText를 생성하는 과정은 별다른 것이 없다. 다만 ONGLASS라는 속성을 활성화하였는데, 앞서 텍스트 객체를 소개할 때 이 속성에 대하여 살펴보았듯이, 이는 XOBJVIEW에서 회전을 시킬 때 시선방향이 어떻게 되든 문자가 제대로 보이도록 하기 위한 것이다. 이 속성을 사용하지 않을 때 어떤 식으로 나타나는가 역시 여러분이 직업 확인해보길 바란다.

일단 이 과정까지 거친 상태에서 폴리곤 객체, 폴리라인 객체, 텍스트 객체들을 다음과 같이 하나의 모델 객체에 포함시키자. 지금 우리가 하는 작업에서는 그래픽 객체들이 여러 개가 등장하기 때문에 이제는 이들을 모델 객체에 담아놓을 필요가 있기 때문이다. 최종적으로는 이 모델 객체를 XOBJVIEW의 인자로 사용하여, 구현된 그래픽 결과를 보면 된다.

```
oModel = OBJ_NEW('IDLgrModel')
oModel -> Add, oEarth
oModel -> Add, oRotAxis
```

```
oModel -> Add, oNPText
```

그러면 다음과 같이 XOBJVIEW로 현재까지 구현된 결과를 확인해보자. 그러면 그림 14-7-1과 같은 모습을 보게 될 것이다.

```
XOBJVIEW, oModel
```

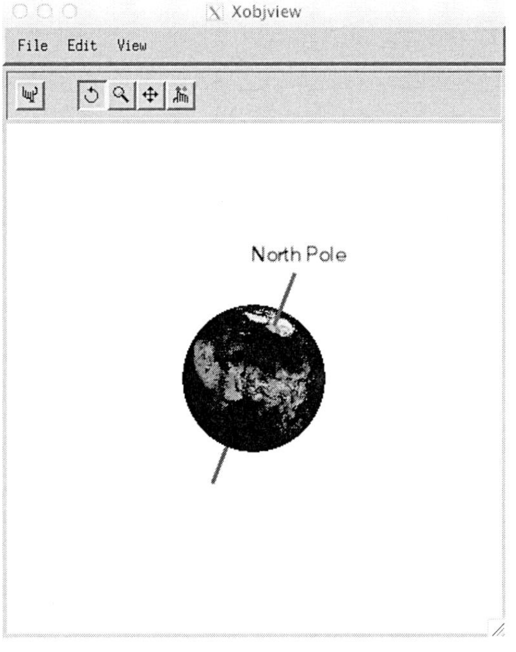

그림 14-7-1 자전축 및 텍스트가 삽입된 모습[C]

이제는 적도평면에 해당되는 그래픽 객체를 만들어보자. 기본적으로 적도평면과 같은 형태를 구현하려면 폴리곤 객체로 만들어야 할 것이다. 여기서는 디스크(Disk), 즉 원반 형태의 폴리곤 객체를 만들기로 한다. 그러면 원반 형태의 폴리곤이 되려면 꼭 지점(Vertex)들이 어떤 식으로 구성되어야 할 것인가? 갑자기 머리가 아파지는데, 앞서 몇번 사용했던 MESH_OBJ를 사용하면 된다. 앞서 모델 객체를 생성하는 문구가 있었는데 그 앞부분에 다음과 같은 내용을 삽입하여 적도평면 폴리곤 객체를 만들어 보자.

```
MESH_OBJ, 2, vertices, polygons, REPLICATE(0, 36, 5), P3=0.5, $
  P4=1.5
oPlane = OBJ_NEW('IDLgrPolygon', DATA = vertices, $
```

```
  POLYGONS = polygons)
oPlane -> SetProperty, SHADING=1, COLOR = [0, 255, 0], $
  ALPHA_CHANNEL=0.5
```

여기서 MESH_OBJ의 내용을 보면 첫번째 인자가 2라는 값을 갖고 있다. IDL 도움말에서 찾아보면 이 값은 Polar의 형태를 갖는다고 되어있는데, 사실상 우리가 필요로 하는 원반형태에 해당된다고 보면 된다. 여기서 입력인자로 들어가는 배열의 형태는 0이란 값들로만 이루어진 36X5의 크기를 갖는데, 36은 각도(polar angle)에 해당되고 5는 반경 방향에 해당된다. 그리고 P3 및 P4라는 키워드로 주어진 0.5와 1.5는 원반을 마치 링의 형태로 구현할 때, 시작 반경과 끝 반경에 해당된다고 보면 된다. 이 내용을 나름 도식적으로 나타내어 본다면 그림 14-7-2와 같다.

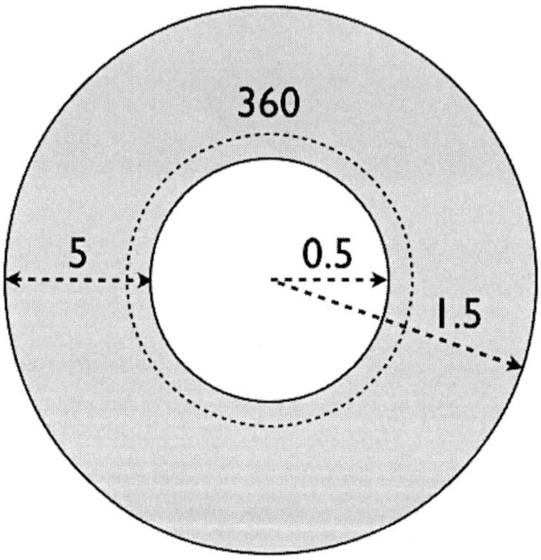

그림 14-7-2 링 형태의 원반형 폴리곤 구현을 위하여 MESH_OBJ에서 사용된 인자값들

그래서 이렇게 얻어진 vertices, polygons 배열을 활용하여 oPlane이라는 폴리곤 객체를 생성하였다. 그리고 SetProperty 메서드를 사용하여 색상은 초록색으로, 그리고 투명도를 0.5로 설정하여 약간 투명하게 보이도록 처리하였다. 이제 이 폴리곤 객체를 다음과 같이 모델 객체안에 포함시키자.

```
oModel -> Add, oPlane
```

그리고 XOBJVIEW로 이 모델 객체를 구현해보면 그림 14-7-3과 같은 모습을 보게 될 것이다.

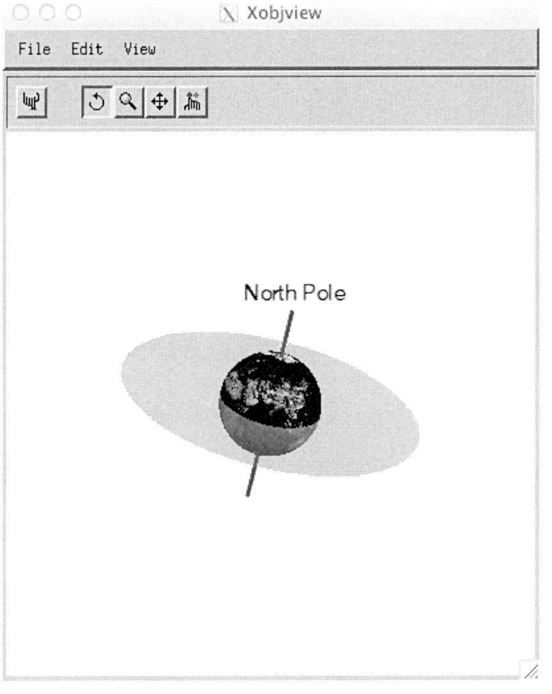

그림 14-7-3 적도평면까지 삽입된 최종적인 모습C

지금까지 폴리곤 및 폴리라인 객체를 활용하여 지구, 자전축, 적도평면을 그래픽으로 구현해보았다. 좀 더 복잡하고 다양한 형태의 그래픽도 이와 비슷한 요령으로 구현할 수 있음을 이제 점점 피부로 느낄 수 있으리라 생각된다. 다만 폴리곤의 경우, 지금까지 구현해본 아주 기하학적이고 정형화된 형태들이야 MESH_OBJ와 같은 기능으로 만들 수 있지만, 좀 더 특수하고 복잡한 것들(예를 들면, 주전자나 인공위성 등)은 아마도 꼭지점 및 연결성 정보들을 따로 받아서 사용해야 할 것이다. 하지만 그러한 정보만 받아올 수 있다면, 구현하는 방법은 지금까지 설명된 예제의 내용과 기본적으로 유사하다고 보면 될 것 같다.

15. Volume Objects

볼륨 객체 다루기

폴리곤, 폴리라인에 이어서 이제 볼륨 객체로 들어가보자. 볼륨 객체의 바탕이 되는 자료는 3차원 공간상의 값들로 구성된 3차원 배열이 된다. 3차원 공간상의 특정 지점을 흔히 복셀(voxel)이라고 한다. 이는 마치 2차원 공간상의 특정 지점을 화소(pixel)라고 하는 것과 유사한 개념이다. 2차원 자료의 경우 이 화소마다 값이 부여되어 있지만, 3차원 자료의 경우는 각 복셀마다 값이 부여되어 있다는 차이점이 있다. 볼륨 자료의 표출은 3차원 공간상의 특정 XYZ 좌표에 해당되는 복셀에 대한 값을 컬러 및 불투명도(opacity)로 가시화하는 방식으로 이루어진다. 따라서 복셀값에 대한 컬러 테이블 및 불투명도 테이블도 함께 지정함으로써 진정한 3차원 자료의 표출이 이루어진다고 볼 수 있다.

15.1. 볼륨 객체의 생성

볼륨 객체는 IDLgrVolume 클래스에 해당되며, 바탕 자료에 해당되는 3차원 배열을 인자로 하여 생성된다. 다음 예제에서는 IDL의 examples/data 폴더에 있는 jet.dat라는 파일에 들어있는 3차원 자료를 읽은 배열을 바탕자료로 이용하였다. 먼저 다음과 같이 파일로부터 자료를 읽어 data라는 3차원 배열을 생성하고 이를 이용하여 볼륨 객체를 생성한다.

```
ifile = FILEPATH('jet.dat', SUBDIR=['examples', 'data'])
data = READ_BINARY(ifile, DATA_DIMS=[81, 40, 101])
oVolume = OBJ_NEW('IDLgrVolume', data)
```

다음과 같이 XOBJVIEW를 사용하여 이 볼륨 객체의 모습을 보면 그림 15-1-1과 같다.

```
XOBJVIEW, oVolume
```

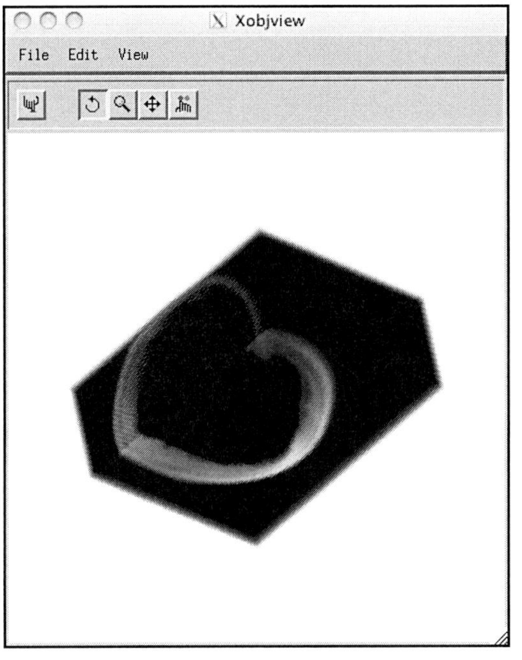

그림 15-1-1 XOBJVIEW로 본 볼륨 객체의 모습

처음에는 그냥 사각형만 보이는 듯 하겠지만, 마우스 드래그로 방향을 돌려보면 3차원 볼륨자료다운 모습이 제대로 보일 것이다. 이 3차원 자료는 81X40X101의 격자 크기를 갖고 있다. 이 XOBJVIEW의 인터페이스상에서 메뉴버튼들 중 View - Drag Quality로 들어가면 아마 Medium으로 설정이 되어있을텐데, 이를 High로 바꾸고 다시 볼륨 객체를 마우스로 드래그해보자. 기존의 경우 마우스 드래그로 시점을 변경할 때 볼륨의 그래픽 질감이 좀 떨어져보였던 반면, 지금은 질감이 거의 떨어지지않는다는 것을 시각적으로 느낄 수 있을 것이다. 그 대신 드래그할 때 약간 더 버벅거리는 듯한 느낌이 들지도 모른다.

대개 볼륨 객체를 가시화하는 GUI 프로그램들의 경우 마우스 드래그로 객체를 회전시킬 때, 시점의 변화에 따른 객체의 모습의 변화를 일일이 렌더링하는데 필요한

CPU(또는 GPU)의 부담을 줄이기 위하여 일부러 이렇게 볼륨의 질감을 떨어뜨리는 경우들이 종종 있다. 물론 지금 여러분이 사용중인 컴퓨터가 비교적 최신 사양에 속한다면 하드웨어적인 부담이 그리 크지 않을 수도 있다. 하지만 볼륨 객체의 바탕자료에 해당되는 배열의 격자 크기가 더 커진다면 얘기가 좀 달라질 수도 있다. 어쨌든 폴리곤, 볼륨 등의 객체를 다루는데 있어서는 이와 같은 하드웨어적인 문제도 고려해야할 경우도 있다는 점을 일단 염두에 두길 바란다. 참고로 이와 같은 볼륨의 질감을 결정하는 것은 볼륨 객체의 RENDER_STEP이라는 속성이다. 바로 뒤 섹션에서 볼륨 객체의 몇몇 속성들을 알아보면서 함께 살펴보기로 하자.

15.2. 볼륨 객체의 색상(color)

볼륨 객체 역시 IDL 도움말에서 찾아보면 꽤 많은 종류의 속성들이 지원됨을 확인할 수 있다. 이 중 몇몇 주요 속성들만 추려서 살펴보기로 하자. 가장 먼저, 볼륨 객체를 구성하는 각 복셀값에 대한 색상을 어떻게 표출할 것인가를 결정하는 RGB_TABLE0 라는 속성이 있다. 이 속성에 대하여 색상 정보를 담은 컬러 테이블에 해당되는 배열을 부여하는 방식이 된다. 이 배열은 256X3의 구조를 갖는데, 배열의 구조에서 어느 정도 짐작이 되겠지만 256이라는 것은 0~255의 바이트 스케일값에 해당되고 3이라는 것은 RGB 채널값에 해당된다. 즉 복셀의 값이 얼마냐에 따라 이에 대응되는 RGB 조합에 해당되는 색상이 부여되는 것이다. 여기서 한가지 반드시 알아두어야 할 사항은, 3차원 배열자료가 볼륨 객체로 생성될 때, 배열내의 자료값은 무조건 바이트 스케일, 즉 0~255로 환산된다는 것이다.

예를 들어, 특정한 2차원 지역에 대하여 고도별로 풍속 자료를 측정하여 얻어진 3차원 배열이 있고 풍속의 값은 0~25m/s의 범위를 갖는다고 하자. 이 3차원 배열자료를 갖고 볼륨 객체를 생성할 경우, 실제 볼륨 객체상에서는 무조건 0~255로 재조정되어 인식된다는 뜻이다. 따라서 색상의 시각적인 구현은 이렇게 바이트 스케일로 재조정된 값을 근거로 하여 이루어진다. 일단 앞서 구현되었던 볼륨 객체로부터 이 RGB_TABLE0 속성의 기본값이 어떻게 주어져있는가를 다음과 같은 방법으로 확인해보자.

```
oVolume -> GetProperty, RGB_TABLE0=rgb
HELP, rgb
PRINT, rgb
```

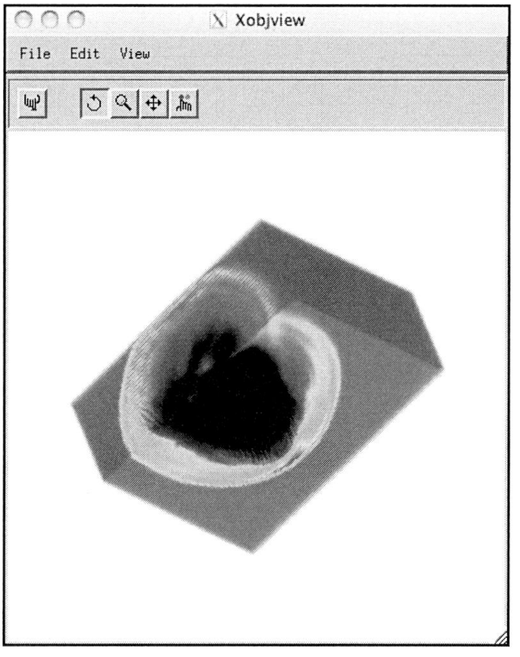

그림 15-2-1 RGB_TALBE0 속성을 통하여 컬러 테이블이 반영된 볼륨 객체의 모습[C]

이렇게 추출된 rgb라는 배열을 보면 256X3의 구조를 갖는 2차원 배열이며, RGB 각 채널마다 그 값이 0, 1, 2, ..., 254, 255와 같이 되어있다. 즉, 복셀값이 0인 부분은 [0, 0, 0]에 해당되는 검은색이 되고, 복셀값이 255인 부분은 [255, 255, 255]에 해당되는 흰색이 된다. 복셀값이 100이라면 [100, 100, 100]에 해당되는 진한 회색이 된다. 앞서 구현해봤던 예제 볼륨 객체가 흑백으로 보였던 이유는 바로 기본 컬러 테이블이 이와 같은 흑백 체계로 되어있었기 때문이다. 물론 이것은 기본 설정이므로, 사용자 임의로 언제든 바꿀 수 있다. 그러면 흑백이 아닌 다른 컬러 테이블을 사용하여 볼륨 객체의 모습을 좀 더 컬러풀하게 바꿔보기로 하자. 다음과 같이 256X3의 구조를 갖는 새로운 rgb라는 배열을 만드는데, 39번 컬러 테이블의 RGB채널값들을 이 배열안에 넣고, 결국 이 rgb를 볼륨 객체의 RGB_TABLE0 속성으로 부여하는 과정이 된다.

```
rgb = BYTARR(256, 3)
LOADCT, 39
TVLCT, red, green, blue, /GET
rgb[*, 0] = red
rgb[*, 1] = green
rgb[*, 2] = blue
oVolume -> SetProperty, RGB_TABLE0=rgb
```

이와 같은 과정을 다 거치게 되면 다음 그림 15-2-1과 같이 변화된 볼륨 객체의 모습을 볼 수 있다. 다른 컬러 테이블에 대해서도 같은 방법을 적용하면 되므로, 여러가지 컬러 테이블들을 적용해보는 것도 재미있을 것이다.

15.3. 볼륨 객체의 불투명도(Opacity)

이번에는 OPACITY_TABLE0라는 속성을 볼텐데, 이 속성은 복셀의 값에 따른 불투명도(opacity) 테이블에 해당된다. 볼륨 객체에서는 복셀의 값에 따라 불투명도를 달리 할 수 있다. 앞서 이미 언급했듯이 3차원 배열자료를 볼륨 객체로 생성할 때, 자료값은 무조건 바이트 스케일, 즉 0~255로 환산된다. 앞의 예제에서 사용된 data 배열의 경우도 원래 자료값 자체는 0~240의 범위를 갖는데, 볼륨 객체상에서는 0~255로 조정된다. 그리고 이렇게 볼륨 객체로 구현될 때, 0~255의 복셀값 하나하나에 대하여 불투명도를 어떻게 부여할 것인가를 설정할 수 있다. 우선 앞서 구현했던 볼륨 객체로부터 이 속성을 추출하여 기본 설정이 어떻게 되어있는가 알아보자.

```
oVolume -> GetProperty, OPACITY_TABLE0=opa
HELP, opa
PRINT, opa
```

여기서 추출된 opa를 보면 256개의 원소들로 구성된 1차원 배열이며, 그 값은 0, 1, 2, ..., 254, 255와 같이 되어있다. 이 값이 바로 불투명도인데, 0이면 완전히 투명한 상태이고 255면 완전히 불투명한 상태를 의미한다. 결국 이 opa는 불투명도 테이블이 되는데, 복셀값이 0이면 불투명도도 0이고, 복셀값이 1이면 불투명도도 1이고, 이와 같은 식으로 복셀값이 255이면 불투명도도 255로 대응된다는 의미가 된다. 우리가 이미지를 다룰 때 흔히 다루었던 컬러 테이블의 경우 화소값에 대하여 각각 고유의 색상이 지정된 것과 마찬가지로, 3차원 자료의 불투명도 테이블은 복셀값에 대하여 각각 고유의 불투명도를 지정하는 하나의 약속이다. 따라서 이 opa라는 불투명도 테이블에 의하면, 복셀값이 작을수록 투명하게 나타내고 복셀값이 클수록 불투명하게 나타내라는 뜻이 된다. 우리가 앞서 XOBJVIEW로 본 모습을 떠올리면, 검은 부분일수록 투명하게 그리고 흰 부분일수록 불투명하게 보이게 된다.

그림 15-3-1 불투명도 속성을 적용해본 볼륨 객체의 모습

물론 지금의 상태로도 이러한 복셀값에 따른 불투명도의 변화를 어느 정도 감지할 수는 있다. 하지만 좀 더 극단적인 방법으로 살펴보기로 하자. 다음과 같이 새로운 불투명도 테이블에 해당되는 256개짜리 1차원 배열을 만들고, 이를 OPACITY_TABLE0 속성에 부여해보자. 이 테이블에 의하면 복셀값이 0~99일 경우는 불투명도가 0이고, 복셀값이 100~255면 불투명도가 255이다. 즉, 복셀값이 0~99인 부분은 아예 보이지도 않게 처리하고, 100~255인 부분만 완전 불투명으로 나타내라는 뜻이다. 이와 같은 속성 변경이 적용된 볼륨 객체를 다시 XOBJVIEW로 나타내면 그림 15-3-1과 같은 모습을 보이게 된다.

```
opa1 = BYTARR(256)
```

```
opa1[100:255] = 255
oVolume -> SetProperty, OPACITY_TABLE0=opa1
```

물론 대개의 경우는 이와 같이 불투명도의 값이 너무 불연속적으로 변하는 테이블보다는 좀 더 서서히 변하는 테이블이 주로 선호된다. 하지만 이와 같은 예제를 통하여 볼륨 객체에 있어서 불투명도 테이블이 어떤 역할을 하는가를 쉽게 확인할 수 있을 것이다. 어떤 3차원 자료를 볼륨 객체로 나타냈을 때, 주로 관심의 대상이 되는 값의 범위가 있다면 이 복셀값 범위에 대해서는 불투명도를 높이고 그 외의 복셀값에 대해서는 불투명도를 낮추는 식으로 자료의 성격에 맞는 불투명도 테이블을 사용하여 좀 더 효과적인 가시화를 구현할 수 있다.

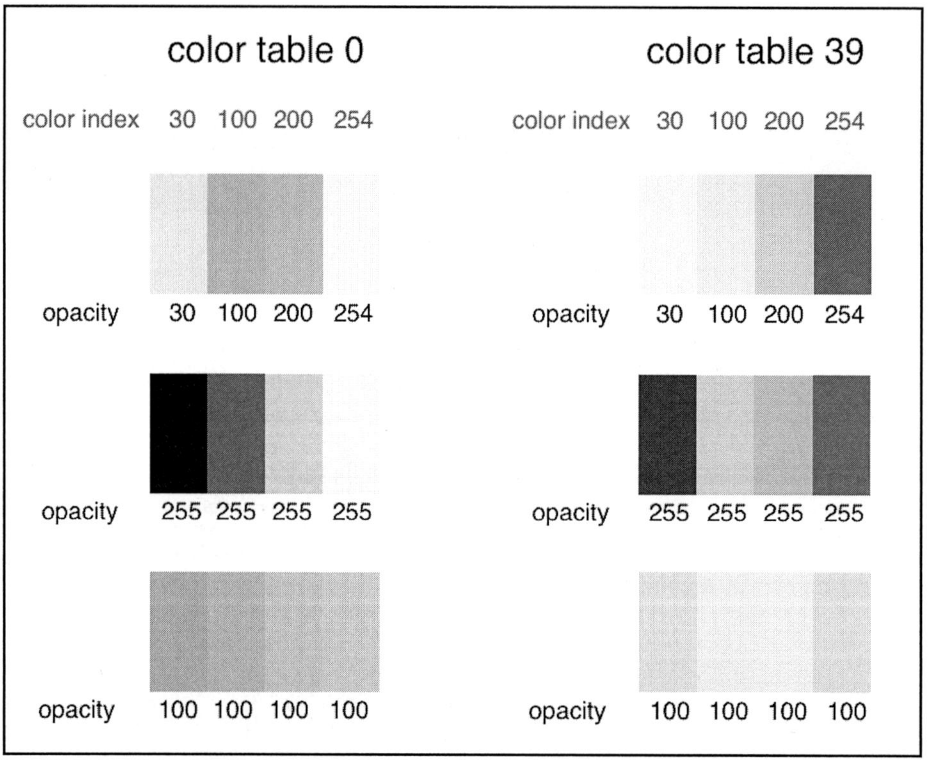

그림 15-3-2 색상과 불투명도의 상호관계[c]

이 시점에서 색상과 불투명도에 관하여 다시 정리해보면, 볼륨 객체의 표출에 있어서는 이 두가지 요소가 복합적으로 작용하는데, 아무래도 이 관계를 직관적으로 이해하기가 처음엔 다소 어려울 수도 있다. 그래서 이해를 돕기 위하여 색상과 불투명도의 상호관계를 그림 15-3-2에서 도식적으로 나타내어 보았다. 이 그림에서 왼쪽 컬럼은 0번 컬러 테이블에 해당되고, 오른쪽 컬럼은 39번 컬러 테이블에 해당된다. 4개의 복셀이 붙어있는 작은 그림이 6개가 있는데, 4개의 복셀의 색상값은 30, 100, 200, 254로 고정되어 있다. 하지만 각 복셀마다 부여된 불투명도의 값은 다르다. 따라서 동일한 색상이라 하더라도 불투명도의 값에 따라 시각적으로 어떻게 다르게 보일 수 있는가를 확인할 수 있을 것이다. 각 컬러 테이블별로 가운데 부분의 불투명도가 모두 255인 경우의 색상이 아무래도 일반적인 모습에 해당될 것이다. 향후 3차원 자료를 볼륨 객체로 가시화하는데 있어서 참고가 되길 바란다.

15.4. 볼륨 객체로부터 등위면(Isosurface) 추출

우리가 2차원 자료의 경우 같은 값을 나타내는 부분들이 이어진 선이라 할 수 있는 등위선(contour)이라는 개념이 있었음을 기억할 것이다. 이번에는 그 3차원 버전이라 할 수 있는 등위면(isosuface)을 그려보고자 한다. 즉, 3차원 자료상에서 같은 값을 나타내는 복셀들로 구성된 일종의 폴리곤이라고 볼 수 있다. 이와 같은 등위면은 3차원 자료에 대한 분석에 있어서 대단히 유용하게 사용되는 개념이다. 같은 복셀값을 나타내는 부분들을 3차원 폴리곤의 형태로 공간적으로 가시화할 수 있기 때문이다. IDL에서는 3차원 자료로부터 특정 복셀값에 대한 등위면을 얻을 수 있는 프로시저가 제공되는데, 바로 ISOSURFACE라는 프로시저이다. 지금부터 이 프로시저를 이용하여 3차원 등위면을 얻는 과정을 예제로 살펴보기로 한다. 앞선 예제에서 사용했던 jet.dat 파일을 사용할 것이므로, 이번 예제의 경우도 전반부는 다음과 같이 비슷하게 시작된다. 파일의 내용을 읽고 볼륨 객체를 생성한 다음, 컬러테이블 39에 해당되는 색상을 입힌다.

```
ifile = FILEPATH('jet.dat', SUBDIR=['examples', 'data'])
data = READ_BINARY(ifile, DATA_DIMS=[81, 40, 101])
oVolume = OBJ_NEW('IDLgrVolume', data)
rgb = BYTARR(256, 3)
LOADCT, 39
TVLCT, red, green, blue, /GET
rgb[*, 0] = red
```

```
rgb[*, 1] = green
rgb[*, 2] = blue
oVolume -> SetProperty, RGB_TABLE0=rgb
```

이제 등위면을 생성하기 위하여 ISOSURFACE라는 프로시저를 사용해보자. 이 프로시저는 볼륨에 해당되는 3차원 배열 및 원하는 값을 인자로 주면 그 값에 해당되는 등위면 폴리곤의 꼭지점 및 연결성 정보를 전달해주는 역할을 한다. 사용법은 마치 MESH_OBJ 프로시저와도 유사한 부분이 있다.

```
ISOSURFACE, data, 150, verts, conn
```

여기서 처음 두 인자는 입력인자이고, 뒤의 두 인자는 프로시저의 실행 후 얻어지는 출력인자이다. 첫번째 인자는 볼륨에 해당되는 3차원 배열, 두번째 인자는 등위면을 얻고자 하는 값이다. 이렇게 얻어진 꼭지점 및 연결성 정보를 바탕으로 등위면 폴리곤을 생성하고, 이 폴리곤의 STYLE 및 COLOR 속성도 다음과 같이 설정해준다.

```
oIsoSurf = OBJ_NEW('IDLgrPolygon', verts, POLYGONS=conn)
oIsoSurf -> SetProperty, STYLE=2, COLOR=[100,100,100]
```

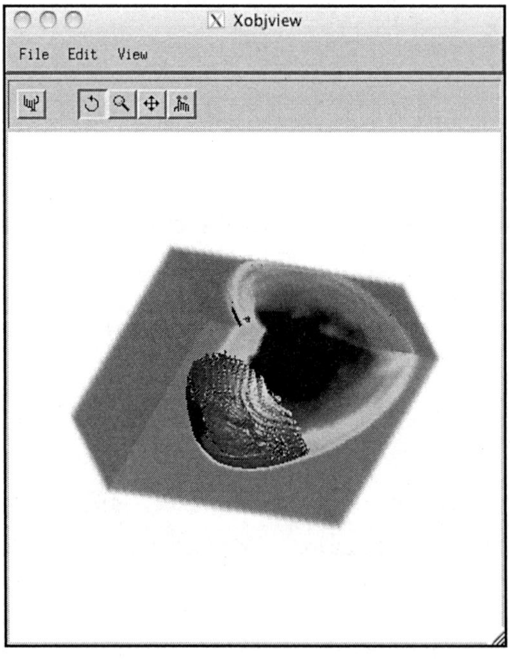

그림 15-4-1 볼륨 및 등위면 객체를 함께 구현한 모습[C]

이제 이 등위면 폴리곤 객체의 모습을 보기 위하여 XOBJVIEW를 사용할텐데, 이왕이면 볼륨 객체도 함께 보고자 한다. 이를 위하여 모델 객체를 하나 생성하여 이 안에 볼륨 및 폴리곤 객체를 모두 넣고, 이 모델 객체를 XOBJVIEW로 보면 된다. 그러면 다음 그림 15-4-1과 같이 원래의 볼륨 객체와 등위면 폴리곤 객체를 함께 볼 수 있다.

```
oModel = OBJ_NEW('IDLgrModel')
oModel -> Add, oVolume
oModel -> Add, oPolygon
XOBJVIEW, oModel
```

15.5. 볼륨 객체로부터 단면 이미지 생성

앞서 3차원 볼륨 객체로부터 등위면을 추출해보았지만, 3차원 자료의 가시화에 있어서 유용하게 사용되는 또 다른 개념이 있다면 바로 단면도가 있다. 즉, 3차원 공간상의 볼륨을 XY, YZ, ZX 등의 평면으로 잘라서 그 단면을 보는 것이다. 그래서 이번에는 이와 같은 단면도를 구현하는 예제를 만들어보고자 한다.

단면도는 기본적으로 이미지이다. 따라서 이미지 객체의 형태로 생성되어야 한다. 그리고 단면을 그리려면 어떤 방향의 평면을 어느 좌표에 대하여 그릴 것인지를 결정해야 한다. 즉 XY, YZ, ZX 중 어떤 평면을 쓸 것인지, 그리고 그 평면의 좌표는 어떻게 될 것인지가 된다. 예를 들어 XY 평면이라면, Z축상에서 어느 좌표에 위치하는 평면이 되어야 할 것인지를 결정해야 한다. 그러면 3차원 배열 자료로부터 이와 같은 단면 이미지에 해당되는 2차원 배열을 추출하고, 이를 근거로 이미지 객체를 생성하면 된다. 앞서 사용된 3차원 자료의 경우 Z방향의 크기는 101이므로, 이번 예제에서는 Z방향의 인덱스가 50인 XY 평면을 그려보기로 하겠다. 먼저 파일을 읽고 볼륨 객체를 생성하는 기본 과정부터 다음과 같이 시작한다.

```
ifile = FILEPATH('jet.dat', SUBDIR=['examples', 'data'])
data = READ_BINARY(ifile, DATA_DIMS=[81, 40, 101])
oVolume = OBJ_NEW('IDLgrVolume', data)
```

이번 예제에서는 볼륨 객체는 흑백 컬러테이블로 표출하고, 대신 단면도 이미지에 대해서는 34번 컬러테이블을 적용하기로 한다. 이제 다음과 같이 단면 이미지 객체를 생성하자.

```
zci = 50; 단면의 z좌표
img = REFORM(data[*, *, zci])
oPalette = OBJ_NEW('IDLgrPalette')
oPalette -> LoadCT, 34
oImage = OBJ_NEW('IDLgrImage', img, PALETTE=oPalette)
```

단면 이미지를 그냥 화면상의 어느 특정 위치에 평범하게 나타낼 수도 있겠지만, 직관적인 표출을 위해서는 볼륨 객체상의 해당 위치에 직접 나타나게 하는 것이 좋을 것이다. 다만 이를 위해서는 이미지 객체만으로는 안되고, 단면에 해당되는 사각형 폴리곤을 생성하여 이 폴리곤에 대하여 이미지를 맵핑하는 방법을 사용해야 한다. 따라서 다음과 같이 이미지를 맵핑할 폴리곤을 생성한다.

```
vts = [[0,0,zci], [80,0,zci], [80,39,zci], [0,39,zci]]
oImgPolygon = OBJ_NEW('IDLgrPolygon', vts, COLOR=[255,255,255])
oImgPolygon -> SetProperty, TEXTURE_MAP=oImage, $
  TEXTURE_COORD=[[0,0], [1,0], [1,1], [0,1]]
```

여기서 폴리곤의 네 개의 꼭지점들로 구성된 vts라는 배열을 주목한다. Z좌표는 당연히 단면의 위치 인덱스인 50이 되겠지만, X 및 Y 좌표는 원래 3차원 배열의 크기에 맞춰서 부여하면 된다. 그리고 이 폴리곤의 TEXTURE_COORD라는 속성에 부여된 배열은, 이미지가 맵핑된 폴리곤상의 위치를 나타내는 좌표로서 항상 0~1의 범위를 갖는다는 점을 유의한다.

```
oModel = OBJ_NEW('IDLgrModel')
oModel -> Add, oVolume
oModel -> Add, oImgPolygon
XOBJVIEW, oModel
```

이제 모델 객체를 하나 만들어 볼륨 및 단면 폴리곤 객체를 포함시키고, 이 모델 객체를 XOBJVIEW로 보면 된다. 그러면 다음 그림 15-5-1과 같이 단면도가 볼륨상의 해당 좌표에 정확히 표출된다.

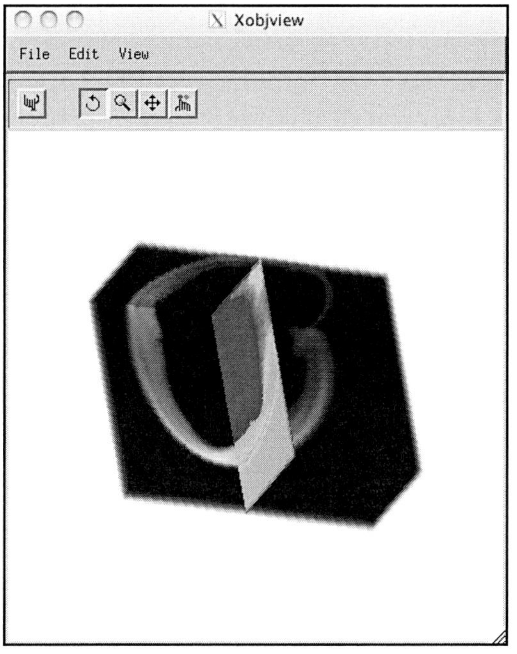

그림 15-5-1 볼륨 및 단면 폴리곤 객체를 함께 구현한 모습[C]

이와 같은 방법을 사용하여 다른 Z좌표에 대한 단면도를 그려보거나, 아니면 YZ, ZX 같은 평면도 그려볼 수 있을 것이다. 또한 앞서 소개된 등위면 객체도 함께 구현하면 좀 더 입체적인 가시화가 가능할 것이다.

15.6. 볼륨 객체의 단면도와 등위면의 좀 더 생생한 활용

앞선 두 섹션에서 구현해본 볼륨의 단면도와 등위면 표출기법을 응용하여 좀 더 생동감있는 표출 예제를 만들어보자. 이번 예제에서는 XOBJVIEW를 사용하지 않고, 윈도우 및 뷰 객체를 직접 생성하기로 하겠다. 다른 예제들도 마찬가지였지만 이번 예제 역시 하나의 프로시저로 묶어서 컴파일 및 실행하는 방식을 따라주기 바란다. 먼저 자료파일을 읽고 볼륨 객체를 생성하고 단면도 이미지 및 폴리곤 객체를 생성하는 과정은 앞 섹션에서와 유사하다.

```
ifile = FILEPATH('jet.dat', SUBDIR=['examples', 'data'])
data = READ_BINARY(ifile, DATA_DIMS=[81, 40, 101])
oVolume = OBJ_NEW('IDLgrVolume', data)
```

```
zci = 50; 단면의 z좌표
img = REFORM(data[*, *, zci])
oPalette = OBJ_NEW('IDLgrPalette')
oPalette -> LoadCT, 34
oImage = OBJ_NEW('IDLgrImage', img, PALETTE=oPalette)
vts = [[0,0,zci], [80,0,zci], [80,39,zci], [0,39,zci]]
oImgPolygon = OBJ_NEW('IDLgrPolygon', vts, COLOR=[255,255,255])
oImgPolygon -> SetProperty, TEXTURE_MAP=oImage, $
  TEXTURE_COORD=[[0,0], [1,0], [1,1], [0,1]]
```

모델 객체를 생성하고, 이 안에 볼륨 및 단면도 폴리곤 객체를 포함시킨다.

```
oModel = OBJ_NEW('IDLgrModel')
oModel -> Add, oVolume
oModel -> Add, oImgPolygon
```

윈도우 및 뷰 객체를 생성하고, 앞서 생성한 모델 객체를 뷰 객체에 포함시킨다.

```
oWindow = OBJ_NEW('IDLgrWindow', DIMENSION=[600, 600])
oView = OBJ_NEW('IDLgrView', COLOR=[255,255,255])
oView -> Add, oModel
```

좌표변환을 위하여 볼륨 객체의 X, Y, Z 방향 범위를 구하고, NORM_COORD 함수를 사용하여 얻은 좌표변환값을 볼륨 및 단면도 폴리곤에 적용한다.

```
oVolume -> GetProperty, XRANGE=xrn, YRANGE=yrn, ZRANGE=zrn
xs = NORM_COORD(xrn)
ys = NORM_COORD(yrn)
zs = NORM_COORD(zrn)
xs[0] = xs[0] - 0.5
ys[0] = ys[0] - 0.5
zs[0] = zs[0] - 0.5
oVolume -> SetProperty, XCOORD_CONV=xs, YCOORD_CONV=ys, $
  ZCOORD_CONV=zs
oImgPolygon -> SetProperty, XCOORD_CONV=xs, YCOORD_CONV=ys, $
  ZCOORD_CONV=zs
```

모델 객체를 적당히 회전시켜 보기 좋은 시선방향으로 보정한다. 그리고 뷰 객체를 윈도우 객체상에 그리면 그림 15-6-1의 왼쪽 그림과 같은 모습을 보게 될 것이다.

```
oModel -> Rotate, [0, 0, 1], 45
oModel -> Rotate, [1, 0, 0], -45
oWindow -> Draw, oView
```

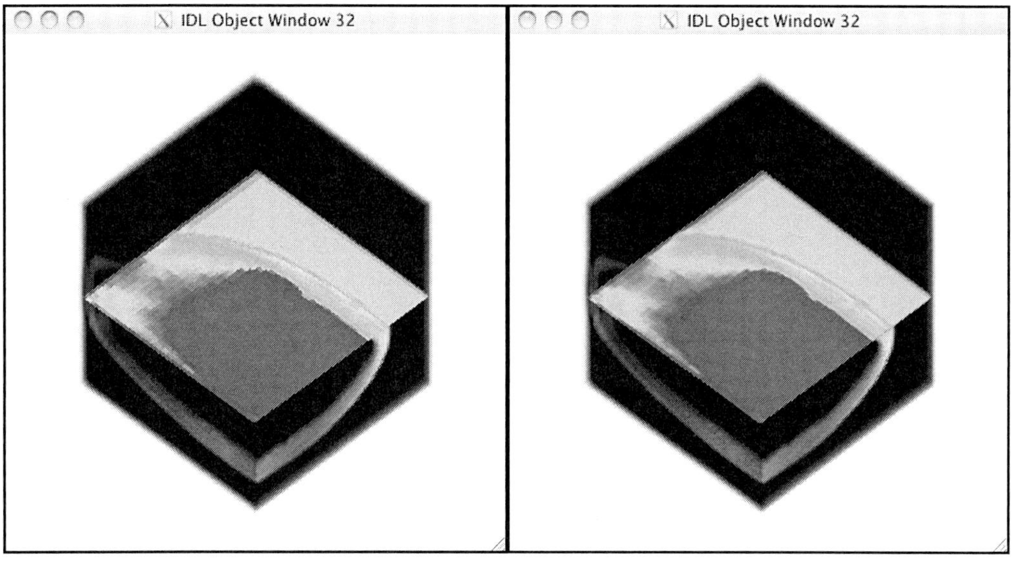

그림 15-6-1 단면 폴리곤 객체의 TEXTURE_INTERP 속성을 0(왼쪽) 및 1(오른쪽)로 설정하여 맵핑된 두 이미지 사이의 차이점을 주목해보자[C]

현재까지는 구현된 내용은 앞의 섹션에서와 거의 유사하다. 단지 XOBJVIEW로 보느냐 직접 구현한 윈도우 객체상에서 보느냐의 차이일뿐이다. 그리고 지금의 경우는 좌표계가 모든 방향에 대하여 -1~1의 범위를 갖도록 구현되어 있어서, 볼륨 자체가 정육면체처럼 보인다. 물론 이것이 좀 거슬린다면 좌표계를 나름대로 바꿔주면 된다.

단면 이미지를 보면 좀 거칠게, 즉 각 화소의 사각형 형태가 그대로 살아있는 것이 보일 것이다. 맵핑된 이미지를 부드럽게 보이게 하려면 다음과 같이 단면도 폴리곤의 TEXTURE_INTERP라는 속성에 1이란 값을 부여하면 된다[18]. 물론 이 예제에서는 단

18 상식적으로 생각해보면 이미지 객체의 INTERP 속성을 변경해주면 될 것 같으나, 폴리곤에 맵핑된 이미지일 경우에는 이렇게 처리한다.

면 이미지가 81X40이므로 그 효과가 아주 두드리지지 않는다는 측면은 있다. 어쨌든 이렇게 하면 그림 15-6-1의 오른쪽 그림과 같이 좀 더 부드러워진 모습의 단면도 이미지를 볼 수 있다[19].

```
oVolume -> SetProperty, XCOORD_CONV=xs, YCOORD_CONV=ys, $
  ZCOORD_CONV=zs
oImgPolygon -> SetProperty, XCOORD_CONV=xs, YCOORD_CONV=ys, $
  ZCOORD_CONV=zs, TEXTURE_INTERP=1
```

이번에는 다음과 반복문을 삽입하여 실행해보자. 이 반복문의 역할은 단면도의 Z축 좌표를 0에서 100까지 순차적으로 변화시켜 단면도의 이미지 및 위치가 이에 따라 변화하도록 하는 것이다. 마치 볼륨 자료를 가시화하는 응용 프로그램에서 단면도의 좌표를 제어하는 슬라이더가 있고 이 슬라이더를 마우스로 드래그하는 것과 같은 느낌의 시각적 효과처럼 느껴질 것이다. 맞다. 실제로 IDL에서 Widget Programming 기법을 사용하여 제작된 GUI상에서라면 이러한 기능을 넣을 수 있을 것이다.

```
FOR i = 0, 100 DO BEGIN
  img = REFORM(data[*, *, i])
  oImage -> SetProperty, DATA=img
  vts = [[0,0,i], [80,0,i], [80,39,i], [0,39,i]]
  oImgPolygon -> SetProperty, DATA=vts
  oWindow -> Draw, oView
ENDFOR
```

여기서 한가지 주목할 점은 반복문이 실행되는 속도이다. 우리의 이전의 경험으로는 이와 같은 반복문은 그 실행속도가 매우 빨라서, 반복문안에 WAIT와 같은 명령을 넣어 의도적으로 시간을 조금씩 지연시켜 실행해야 그 과정을 좀 더 차분히 지켜볼 수 있었다. 그런데, 이번 경우는 WAIT를 쓰지 않았는데도 그 속도가 아주 빠르지는 않다는 것을 느낄 것이다. 이것은 볼륨 객체 렌더링되어있는 상태에서 단면도 폴리곤을 함께 보여주기 때문이다. 즉, 매 프레임마다 볼륨 객체의 렌더링에 이미 CPU의 자원을 적지않게 사용하고 있기 때문이다. 이와 같이 볼륨 객체를 구현하는 것은 사용중

---

[19] 윈도우를 좀 크게 해보면 두 그림 사이의 차이가 실제로 좀 더 두드러지게 보일 것이다.

인 PC의 사양에 따라 다르겠지만, 어느 정도 이상의 CPU 자원을 점유할 수 밖에 없는 작업이다.

따라서 볼륨 객체가 구현된 상태에서 다른 그래픽 요소들도 함께 가시화할 경우에는, 전반적인 속도 향상을 위하여 볼륨 객체의 디테일을 감소시키거나 아예 볼륨 객체 자체를 제거하기도 한다. 먼저 반복문 바로 앞에 다음과 같은 문구를 삽입하고 실행해 보자.

```
oVolume -> SetProperty, RENDER_STEP=[3, 3, 3]
```

그림 15-6-2 볼륨 객체의 디테일을 줄인 상태로 반복문이 실행되고 있는 모습[c]

그러면 그림 15-6-2와 같이 볼륨의 디테일이 좀 뭉개짐과 동시에, 단면도가 순차적으로 구현되는 속도가 좀 더 빨라짐을 느낄 수 있다. 여기서 조정된 RENDER_STEP이라는 속성은 볼륨 객체를 구현할 때 X, Y, Z 각 방향으로 복셀을 얼마만큼 건너뛰고 구현할 것인가를 결정한다. 기본 설정은 [1, 1, 1]이다. 즉 각 방향에 대하여 모든 복셀들을 렌더링한다는 뜻이다. 따라서 앞선 문구에서 [3, 3, 3]으로 설정한 것은 각 방향으로 복셀을 3개씩 건너뛰어 렌더링한다는 뜻이 된다. 따라서 이에 따른 시스템의 부담은 더 줄어들게 되고, 반복문의 실행속도도 더 빨라지게 된다. 이러한 기법은 3차원 볼륨 자료를 가시화하는 응용 프로그램에서는 자주 사용된다. 사용자가 마우스 드래그로 볼륨을 회전시키거나 확대/축소를 할 때, 드래그를 하는 동안만 CPU의 부담을 줄이기 위하여 이 속성을 활용하고, 드래그가 끝나면 원래의 디테일을 복구하는 방식이다.

이번에는 좀 더 극단적으로 아예 볼륨 객체를 없애보자. 반복문 바로 앞에 다음과 같은 문구를 삽입하고 실행해보자.

```
OBJ_DESTROY, oVolume
```

그러면 속도가 더욱 빨라져서 이제는 정말 WAIT 명령이 필요하겠단 생각이 들 정도일 것이다. 이와 같이 볼륨 객체를 구현할 때에는 이에 따른 CPU의 부담도 함께 고려할 필요가 있다. 볼륨이 갖는 복셀의 갯수가 많을수록 그 부담은 더욱 가중된다는 사실을 염두에 두길 바란다.

이번에는 등위면 객체를 생성해보자. 먼저 여기서는 앞서 생성했던 단면도 폴리곤은 제거하겠다. 단, 앞서 삽입했던 볼륨 객체의 디테일을 줄이거나 아예 제거했던 문구들도 일단 없애놓고 시작하기 바란다. 그런 다음 등위면 폴리곤을 생성하고 이를 모델 객체에 포함시킨다.

```
OBJ_DESTROY, oImgPolygon
ISOSURFACE, data, 150, verts, conn
oIsoSurf = OBJ_NEW('IDLgrPolygon', verts, POLYGONS=conn)
oIsoSurf -> SetProperty, STYLE=2, COLOR=[255, 0, 255]
oIsoSurf -> SetProperty, XCOORD_CONV=xs, YCOORD_CONV=ys, $
  ZCOORD_CONV=zs
oModel -> Add, oIsoSurf
```

그리고 등위면의 모습을 좀 더 입체적으로 보이도록 하기 위하여 광원 객체를 다음과 같이 생성하여 모델 객체에 포함시킨다[20]. 그리고 뷰 객체를 윈도우 객체에 그리면 그림 15-6-3과 같은 모습을 보게 될 것이다.

```
oLight = OBJ_NEW('IDLgrLight', TYPE=2, LOCATION=[-1,-1,1])
```

---

[20] XOBJVIEW에서는 폴리곤 객체를 구현할 경우, 광원 객체가 자동으로 생성됨을 상기한다.

```
oModel -> Add, oLight
oWindow -> Draw, oView
```

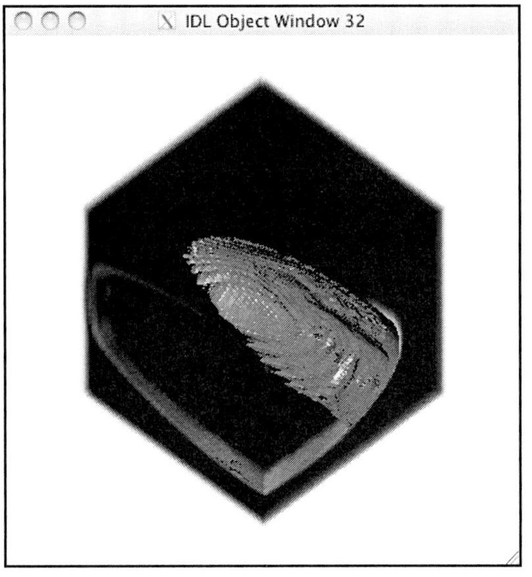

그림 15-6-3 볼륨 및 등위면 객체를 광원 객체와 함께 구현한 모습[C]

이번에는 다음과 같은 반복문을 삽입하여 실행해보자. 이 반복문의 역할은 등위면을 그리는 값을 100부터 150까지 변화시켜가며 등위면 폴리곤의 형태가 이에 따라 변화하는 모습을 보기 위한 것이다. 아마도 앞서 단면도 폴리곤이 변화하는 모습과 유사한 느낌으로 다가올 것이다. 또한 볼륨 객체가 함께 렌더링됨으로 인한 속도의 저하 현상도 마찬가지로 나타난다. 따라서 반복문 바로 앞에서 볼륨 객체의 디테일을 낮추거나 아예 없애는 방법을 사용하여 속도를 높일 수 있다는 것 또한 동일하다.

```
FOR i = 100, 150 DO BEGIN
  ISOSURFACE, data, i, verts, conn
  oIsoSurf -> SetProperty, DATA=verts, POLYGONS=conn
  oWindow -> Draw, oView
ENDFOR
```

어쨌든 지금까지 본 여러 기법들을 응용하여 3차원 볼륨자료에 대한 다양한 가시화가 가능하다는 것을 알 수 있었다. 그리고 이러한 가시화에 있어서 CPU의 부담요소가 있을 수 있고, 이에 따른 적절한 밸런스 조절이 필요하다는 점도 함께 유념하기 바란다.

15.7. 볼륨 객체의 광원효과

우리가 폴리곤 객체를 구현할 때 그 입체감을 가시적으로 나타내기 위하여 광원 객체를 사용한다는 것은 이미 잘 알고 있을 것이다. 사실 볼륨 객체도 3차원적인 성격을 갖기 때문에, 광원의 존재가 볼륨 객체에도 시각적인 영향을 끼치게 된다. 이렇게 광원 객체가 볼륨 객체에 대하여 영향력을 갖도록 하기 위해서는 기본적으로 볼륨 객체의 LIGHTING_MODEL이란 속성을 활성화시켜줘야 한다. 이 섹션에서는 이와 관련된 몇 가지 속성들을 예제를 통하여 알아보기로 한다. 이번 예제에서도 앞선 섹션들에서 사용했던 3차원 자료를 그대로 사용하게 된다. 그래서 자료를 읽고 볼륨 객체를 생성하여 나타내는 전반적인 과정은 다음과 같이 앞선 섹션들의 내용과 거의 유사하다.

```
ifile = FILEPATH('jet.dat', SUBDIR=['examples', 'data'])
data = READ_BINARY(ifile, DATA_DIMS=[81, 40, 101])
oVolume = OBJ_NEW('IDLgrVolume', data)
oModel = OBJ_NEW('IDLgrModel')
oModel -> Add, oVolume
oWindow = OBJ_NEW('IDLgrWindow', DIMENSION=[600, 600])
oView = OBJ_NEW('IDLgrView', COLOR=[255,255,255])
oView -> Add, oModel
oVolume -> GetProperty, XRANGE=xrn, YRANGE=yrn, ZRANGE=zrn
xs = NORM_COORD(xrn)
ys = NORM_COORD(yrn)
zs = NORM_COORD(zrn)
xs[0] = xs[0] - 0.5
ys[0] = ys[0] - 0.5
zs[0] = zs[0] - 0.5
oVolume -> SetProperty, XCOORD_CONV=xs, YCOORD_CONV=ys, $
  ZCOORD_CONV=zs
oModel -> Rotate, [0, 0, 1], 45
```

```
oModel -> Rotate, [1, 0, 0], -45
oWindow -> Draw, oView
```

그림 15-7-1 아직 광원 객체없이 볼륨 객체만 구현된 모습

일단 이 내용만으로 구현되는 볼륨 객체의 모습은 그림 15-7-1과 같다. 그 다음으로는 광원 객체를 다음과 같이 추가하도록 하자. 참고로 볼륨 객체에 영향을 끼치려면 광원 객체의 TYPE 속성이 2가 되어야 한다. 즉, 평행광일 경우만 효과가 있다. 그 이유는 그림자 효과의 구현을 위하여 각 복셀의 표면에 수직인 벡터들을 계산해야 하는데, 평행광일 경우는 모든 복셀들에 대하여 이 벡터의 방향이 모두 같지만 그 외의 광원을 경우는 복셀마다 그 방향이 서로 다르다. 따라서 서로 다른 벡터들을 모두 계산하려면 렌더링에 지나치게 많은 시간이 소요될 수 있기 때문에, 이렇게 평행광으로만 제한된다는 점을 유념하기 바란다. 광원 객체를 생성하여 모델 객체에 포함시킨 다음, 광원 객체가 실제 효과를 발휘하도록 하기 위하여 볼륨 객체의 LIGHTING_MODEL이라는 속성을 활성화시킨다. 그러면 그림 15-7-2와 같이 광원 효과가 적용된 볼륨 객체의 모습을 볼 수 있다.

```
oLight = OBJ_NEW('IDLgrLight', TYPE=2, LOCATION=[-1, -1, 1])
oModel -> Add, oLight
oVolume -> SetProperty, LIGHTING_MODEL=1
```

```
oWindow -> Draw, oView
```

그림 15-7-2 광원 객체와 볼륨 객체를 함께 구현된 모습

광원의 색상을 조절하여 볼륨 객체의 배경색을 바꿀 수도 있다. 다음과 같이 볼륨 객체의 AMBIENT라는 속성에 대하여 원하는 컬러값을 부여하면 된다. 물론 이 색상은 배경색(ambient color)이므로 광원 객체에 컬러 속성이 변경되는 경우와는 그 효과가 다름을 유의하자. 어쨌든 그 결과는 그림 15-7-3의 왼쪽그림과 같다.

```
oVolume -> SetProperty, LIGHTING_MODEL=1, AMBIENT=[255,0,0]
```

그 외에 TWO_SIDED라는 속성이 있는데, 이 속성을 활성화하면 복셀의 양면이 모두 고려된 광원효과를 나타낼 수 있다. 원래 기본 설정상으로는 복셀이 빛을 받는 쪽의 면만 고려되는데, 이 속성이 활성화되면 양쪽 면 모두 고려된다는 정도로 기억하면 되겠다. 다음과 같이 일단 AMBIENT 속성은 적용하지 않고 TWO_SIDED 속성만을 활성화하여 그 결과를 보면 그림 15-7-3의 오른쪽 그림과 같다. 마치 볼륨의 내부까지도 약간 비쳐보이는 듯한 효과를 얻게 됨을 알 수 있다.

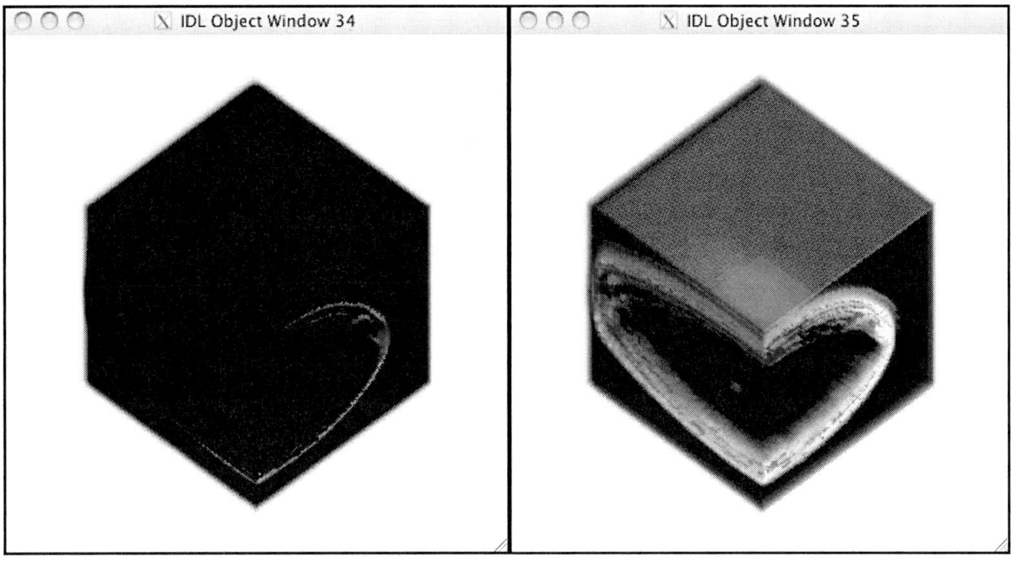

그림 15-7-3 광원 객체의 색상을 붉은색으로 설정한 경우(왼쪽) 및 TWO_SIDED 속성을 활성화한 경우(오른쪽)[c]

이와 같이 볼륨에 대하여 다양한 광원 효과를 추가할 수 있다. 다만, 광원 효과가 볼륨 객체에 적용될 경우 렌더링에 필요한 시간 및 CPU 자원도 그만큼 증가하기 때문에 전반적인 효율성을 고려하여 적용 여부를 결정하는 것이 좋다.

16. Object Graphic Destinations

그래픽 출력 객체의 활용

이 챕터에서는 그래픽 출력과 관련된 객체들에 관하여 알아볼 것이다. 앞서 우리가 Object Graphics의 여러가지 방법들을 사용하여 다양한 종류의 그래픽을 구현해보았지만, 궁극적으로는 어딘가에 이 내용을 출력해야만 비로소 우리 손에 쥐어지는 실체가 된다. 물론 앞서 보았던 여러 예제들을 보면 구현된 그래픽 컨텐츠를 항상 윈도우 객체에 구현하는 방식을 사용해왔다. 당연히 일단은 화면상에서 봐야 작업이 제대로 되었는지를 체크할 수 있기 때문이다. 하지만 구현되어 있는 그래픽 컨텐츠를 담을 수 있는 수단은 컴퓨터 화면(즉 윈도우)나 프린터와 같은 물리적인 디바이스외에도 Z-Buffer, 클립보드와 같은 메모리상의 어떤 위치가 될 수도 있고, VRML이나 PDF와 같은 특정한 파일 형식이 될 수도 있다. 이러한 출력 수단에 해당되는 객체들을 편의상 그래픽 출력 객체라고 부르기로 하겠다[21]. 이 챕터에서는 윈도우를 비롯하여 몇몇 주요 그래픽 출력 객체들에 대하여 간략히 소개하고 그 활용 방법들을 살펴보기로 하겠다.

16.1. 윈도우(Window) 객체의 생성

우리가 여태까지 많은 예제들에서 사용했던 객체이기 때문에 아마 지금쯤이면 그 생성이나 사용법에 대해서는 어느 정도 익숙할 것이다. 하지만 윈도우 객체 자체를 세

[21] 원래 용어상으로는 Destination Object, 즉 직역하면 목적지(?) 객체가 될텐데, 의미상 이렇게 부르기로 한다.

부적으로 다루지는 않았으므로 여기서 제대로 짚고 넘어가보기로 한다. 윈도우 객체를 생성하는 방법은 두 가지가 있다. 첫번째 방법은 물론 다음과 같이 우리가 지금까지 계속 써왔던 방법이다.

```
oWindow = OBJ_NEW('IDLgrWindow')
```

이 방법을 사용하면 화면상에 윈도우 하나가 단독으로 생성된다. 그런데 이 방법말고 또 다른 그 두번째 방법이란 뭘까? 그것은 바로 GUI상의 윈도우에 해당된다. 즉, Widget Programming 기법을 사용하여 응용 프로그램의 인터페이스상에 구현되는 객체 기반의 윈도우를 뜻한다. 원래 GUI상의 윈도우를 구현할 때에는 WIDGET_DRAW라는 함수를 사용하는데, 이 때 다음과 같이 GRAPHICS_LEVEL이라는 키워드에 2라는 값을 부여하면 객체 기반의 윈도우로 선언된다.

```
wdraw = WIDGET_DRAW(base, GRAPHICS_LEVEL=2)
```

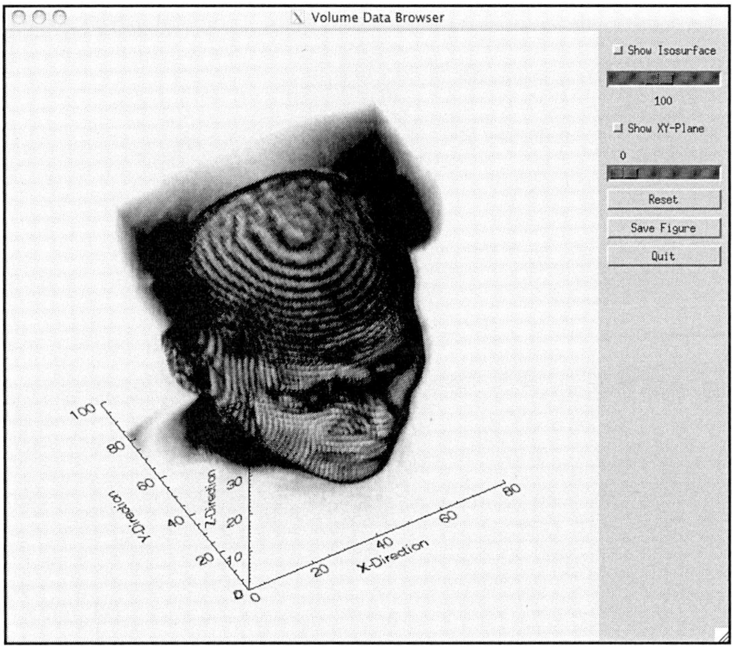

그림 16-1-1 Object Graphics의 속성을 지닌 윈도우를 삽입하여 Widget Programming으로 구현한 GUI의 예제

원래 Widget Programming에서는 이렇게 선언된 GUI 요소가 실제 눈으로 보이도록 구현하기 위하여 다음과 같은 문구가 반드시 사용된다.

```
WIDGET_CONTROL, tlb, /REALIZE
```

여기서 tlb는 top-level-base, 즉 모든 GUI요소들을 포함하는 총괄 역할에 해당된다. 이렇게 GUI가 구현된 다음, 앞서 WIDGET_DRAW 함수로 선언된 윈도우 요소의 속성을 다음과 같이 끌어내면, 이것이 바로 윈도우 객체가 된다.

```
WIDGET_CONTROL, wdraw, GET_VALUE=oWindow
```

이와 같이 WIDGET_DRAW로 생성된 GUI상의 윈도우는 Direct Graphics의 속성과 Object Graphics의 속성 중 하나만을 가질 수 있음을 유의한다. 하나의 윈도우가 두 속성을 동시에 가질 수는 없다. 그림 16-1-1은 이와 같은 방식으로 GUI상에 객체 기반의 윈도우를 생성하여 사용한 하나의 예이다.

16.2. 윈도우(Window) 객체의 사용

구현된 그래픽 컨텐츠를 윈도우 객체에 나타내려면 Draw라는 메서드를 다음과 같이 사용하면 된다.

```
oWindow -> Draw, oView
```

여기서 Draw 메서드의 인자는 뷰 객체 또는 씬(Scene) 객체가 될 수 있다. 반대로 윈도우상의 그래픽 컨텐츠를 모두 지우려면 Erase라는 메서드를 사용한다. 이 때 지우고 난 후의 배경색을 다음과 같이 이 메서드의 COLOR 속성으로 지정할 수도 있다. 다음의 경우에는 윈도우 객체상의 내용을 모두 지우고 노란색으로 채우게 된다. 그러면 그 결과는 다음 그림 16-2-1과 같을 것이다.

```
oWindow -> Erase, COLOR=[255, 255, 0]
```

여러 개의 윈도우 객체들이 동시에 존재할 경우, 그 중 하나의 윈도우 객체를 맨 앞에서 보이도록 하려면 Show라는 메서드를 사용한다. 다음과 같이 원하는 윈도우 객체에 대하여 0이 아닌 값을 이 메서드의 인자로 주면 된다. 만약 0을 주게 되면 이 윈도우 객체를 뒤로 숨기게 된다.

```
oWindow -> Show, 1
```

윈도우 객체를 최소화하는 Iconify라는 메서드도 있다. 역시 0이 아닌 값을 이 메서드의 인자로 주면 그 역할을 하고, 0을 주게 되면 윈도우 객체를 원상태로 복귀시킨다.

```
oWindow -> Iconify, 1
```

그림 16-2-1 배경색을 노란색으로 처리한 윈도우 객체의 모습[C]

현재 윈도우 객체상에 구현된 그래픽 컨텐츠를 캡쳐하여 그래픽 파일로 만들어야 할 경우가 상당히 많을 것이다. 이 경우에는 윈도우 객체에 대하여 Read라는 메서드를 사용하면, 캡쳐된 이미지에 해당되는 이미지 객체가 얻어진다. 그러면 이 이미지 객체로부터 이미지 배열을 추출하고, 이 배열을 그림파일로 만드는 명령을 사용하면 된다. 그 일련의 과정은 다음과 같다.

```
oWindow -> Draw, oView
oCaptureImage = oWindow -> Read()
oCaptureImage -> GetProperty, DATA=img
WRITE_PNG, 'capture.png', img
```

이와 같은 기법은 자주 사용되는 편이므로 잘 알아두도록 하자. 물론 맨 마지막 줄의 명령은 저장할 그림파일의 형식에 따라 WRITE_JPEG, WRITE_GIF, WRITE_IMAGE

등을 사용하면 된다. 앞서 볼륨 객체에 관한 챕터의 맨 마지막 섹션의 예제 프로그램의 위의 내용을 삽입하여 실행해보면 그 결과를 바로 알 수 있다. 그러면 현재 작업 디렉토리안에 capture.png라는 그림파일이 생성되어 있을 것이고 이를 조회해보면 그림 16-2-2와 같은 모습을 하고 있을 것이다.

그림 16-2-2 윈도우 객체상의 이미지를 캡쳐한 모습[C]

16.3. 버퍼(Buffer) 객체의 사용

버퍼 객체는 사실상 윈도우 객체와 거의 모든 면에서 유사하다고 볼 수 있다. 다만 그래픽 컨텐츠를 담는 그릇이 화면상의 윈도우가 아닌 메모리상의 버퍼라는 차이만 있을 뿐이다. 버퍼 객체는 다음과 같이 생성한다.

```
oBuffer = OBJ_NEW('IDLgrBuffer')
```

그리고 이 객체에 대한 메서드 및 속성의 종류 역시 윈도우 객체의 경우와 비슷하다고 보면 된다. 이 버퍼 객체가 필요한 경우는 그래픽 컨텐츠를 완성해나가는 과정을 굳이 화면상에서 보여주지 않고 조용히 작업을 진행하고자 할 때이다. 예를 들면, 어떤 웹페이지상에서 주기적으로 업데이트되어야 하는 그림이 있다고 하자. 이 그림을 파일로 생성하고 저장하는 웹서버에서는 굳이 이 그림을 윈도우를 띄워 보여주지 않는 것이 더 좋을 경우도 있다. 이러한 경우라면 윈도우 객체 대신 버퍼 객체를 사용해야 한다. 물론 이 그림 생성 프로그램을 만들고 테스트하는 과정에서는 윈도우 객체를 써야하겠지만, 다 완성이 된 후라면 윈도우 객체를 버퍼 객체로 대체하기만 하면 된다.

바로 앞 섹션인 16.2에서는 그래픽 컨텐츠를 윈도우 객체상에 그리고 이 내용을 PNG 파일로 저장해보았는데, 이 프로그램 후반부의 내용에서 다음과 같이 oWindow를 버퍼 객체인 oBuffer로 대체해서 실행해보자. 그러면 화면상에는 전혀 그림이 보이지 않지만, 그림 파일은 새로 만들어져 있는 것을 확인할 수 있을 것이다. 이와 같은 방법으로 생성된 그림 파일의 내용은 당연히 16.2에서 생성했던 것과 그대로 일치하는 것을 확인할 수 있을 것이다.

```
oBuffer = OBJ_NEW('IDLgrBuffer')
oBuffer -> Draw, oView
oCaptureImage = oBuffer -> Read()
oCaptureImage -> GetProperty, DATA=img
WRITE_PNG, 'capture.png', img
```

16.4. 클립보드(Clipboard) 객체의 사용

그래픽 컨텐츠를 클립보드 객체에 구현하면 컴퓨터상의 클립보드 메모리상으로 보내지기도 하고, 또는 BMP와 같은 비트맵 형식의 파일이나 EPS와 같은 벡터 형식의 파일로 보내지기도 한다. 따라서 흔히 사용되는 포스트스크립트 형식의 파일로 만들 경우 이 클립보드 객체를 사용하면 된다. 단, 이 경우에는 파일이 EPS(Encapsulated PostScript) 형식으로 만들어진다. 우선 클립보드 객체는 다음과 같이 생성한다.

```
oClip = OBJ_NEW('IDLgrClipboard')
```

그리고 이 객체에 대하여 Draw 메서드를 적용할 때 어떤 식으로 하느냐에 따라 그 결과가 달라진다. 다음과 같이 별다른 설정이 없을 경우에는 컴퓨터상의 클립보드로 보내진다. 단 MS 윈도우즈에서 이 방법을 사용할 경우 기존의 클립보드상의 내용은 모두 지워진다는 점을 유의하기 바란다.

```
oClip -> Draw, oView
```

만약 다음과 같이 FILENAME이라는 키워드를 사용하게 되면, 추가적으로 VECTOR, POSTSCRIPT 키워드가 함께 필요하다. 이 두 키워드의 값에 따라 출력파일의 형식이 결정되는데 그 관계는 다음 표 16-4-1과 같다.

```
oClip -> Draw, oView, VECTOR=1, POSTSCRIPT=1, FILENAME='test.eps'
```

표 16-4-1 VECTOR 및 POSTSCRIPT 키워드의 값에 따른 출력파일의 형식

VECTOR	POSTSCRIPT	윈도우즈 파일 형식	유닉스 파일 형식
1	1	EPS	EPS
1	0	EMF	EPS
0	1	EPS	EPS
0	0	BMP	EPS

이 표에서 보다시피 MS 윈도우즈에서는 EPS, EMF(Enhanced MetaFile), BMP가 모두 지원되지만, 그 외에 리눅스, 유닉스, Mac OS 등에서는 오직 EPS밖에 지원이 안 됨을 참고하기 바란다.

16.5. PDF 객체의 사용

PDF 객체는 IDL 8.0 버전부터 도입되었으며, 말 그대로 그래픽 컨텐츠를 바로 PDF 파일로 만들 수 있는 기능을 제공한다. PDF는 하나의 문서와 같은 역할을 하기 때문에, PDF 객체에만 특화된 메서드 및 속성들이 존재한다. 이와 관련하여 예제를 통하여 좀 더 자세히 살펴보기로 하자. 이번 예제에서는 IDL의 examples/data 폴더에 있는 head.dat라는 파일의 자료를 읽은 3차원 배열을 바탕자료로 이용하였다. 이 배열을 활용하여 볼륨, 등위면, 단면 등 다양한 그래픽 요소들을 생성하고 이 내용을 하나의 PDF 파일로 만들어 보고자 한다. 역시 이번 예제도 모든 내용을 하나의 프로시저로 저장하여 컴파일 및 실행하는 방식이 되는 것이 바람직하다. 내용이 좀 길어보일 수 있겠지만, 상당 부분이 이미 앞서 배웠던 내용들과 비슷하기 때문에 그리 낯설지는 않을 것이다.

먼저 다음과 같이 파일로부터 자료를 읽어 data라는 3차원 배열을 생성하고 이를 이용하여 볼륨 객체를 생성한다.

```
ifile = FILEPATH('head.dat', SUBDIR=['examples', 'data'])
data = READ_BINARY(ifile, DATA_DIMS=[80, 100, 57])
PRINT, MIN(data), MAX(data)
oVolume = OBJ_NEW('IDLgrVolume', data)
```

필요한 모델 및 뷰 객체를 다음과 같이 생성한다. 이 때 모델 객체를 두 개를 생성하게 되는데, oModel은 그래픽 객체들을 위한 모델 객체이고, oTitleModel은 타이틀 문자 객체를 위한 모델 객체이다. 이렇게 타이틀 문자를 위한 모델 객체를 따로 만드는 이유는, 그래픽 객체를 위한 모델이 3차원 기반이며 회전을 시켜야 하기 때문에 이 안에 문자 객체가 들어갈 경우 같이 회전이 되기 때문이다.

```
oModel = OBJ_NEW('IDLgrModel')
oView = OBJ_NEW('IDLgrView', COLOR=[255, 255, 255])
oView -> Add, oModel
oTitleModel = OBJ_NEW('IDLgrModel')
oView -> Add, oTitleModel
```

볼륨 객체로부터 각 축 방향의 범위를 구하고 이를 기반으로 좌표변환용 배열을 생성한다. 그리고 이를 볼륨 객체에 적용하여 크기를 맞춘다.

```
oVolume -> GetProperty, XRANGE=xrn, YRANGE=yrn, ZRANGE=zrn
xs = NORM_COORD(xrn)
ys = NORM_COORD(yrn)
zs = NORM_COORD(zrn)
xs[0] = xs[0] - 0.5
ys[0] = ys[0] - 0.5
zs[0] = zs[0] - 0.5
oVolume -> SetProperty, XCOORD_CONV=xs, YCOORD_CONV=ys, $
  ZCOORD_CONV=zs
```

이제 복셀값 120에 해당되는 등위면 객체를 ISOSURFACE 프로시저를 활용하여 다음과 같이 생성한다. 물론 필요한 속성들에 대한 설정도 함께 해준다.

```
ISOSURFACE, data, 120, verts, conn
oIsoSurf = OBJ_NEW('IDLgrPolygon', verts, POLYGONS=conn)
oIsoSurf -> SetProperty, STYLE=2, COLOR=[255, 100, 255], $
  XCOORD_CONV=xs, YCOORD_CONV=ys, ZCOORD_CONV=zs
```

이번에는 Z축의 좌표가 30인 XY평면상의 이미지 단면을 표출하기 위하여, 이미지 객체 및 단면 폴리곤 객체를 생성한다. 그리고 이미지 객체는 단면 폴리곤 객체상에 맵핑한다.

```
zci = 30
img = REFORM(data[*, *, zci])
oPalette = OBJ_NEW('IDLgrPalette')
oPalette -> LoadCT, 39
oImage = OBJ_NEW('IDLgrImage', img, PALETTE=oPalette)
vts = [[0,0,zci], [80,0,zci], [80,99,zci], [0,99,zci]]
oImgPolygon = OBJ_NEW('IDLgrPolygon', vts, COLOR=[255,255,255])
oImgPolygon -> SetProperty, TEXTURE_MAP=oImage, $
  TEXTURE_COORD=[[0,0], [1,0], [1,1], [0,1]]
oImgPolygon -> SetProperty, XCOORD_CONV=xs, $
  YCOORD_CONV=ys, ZCOORD_CONV=zs
```

그래픽 객체들이 포함된 모델 객체를 보기 좋은 시선 방향으로 적당히 회전시킨다. 또한 광원 객체를 생성하여 포함시키고, 볼륨 객체에 대해서도 시각적으로 필요한 속성들을 설정해준다.

```
oModel -> Rotate, [0, 0, 1], 45
oModel -> Rotate, [1, 0, 0], -45
oLight = OBJ_NEW('IDLgrLight', TYPE=2, LOCATION=[-1,-1,1])
oModel -> Add, oLight
oVolume -> SetProperty, LIGHTING_MODEL=1, AMBIENT=[0, 0, 255]
```

X, Y, Z 각 방향의 축 객체들을 생성한다. 그리고 타이틀 문자를 위한 텍스트 객체도 생성한다. 축 객체들은 그래픽 객체들을 위한 모델에 포함시키고, 타이틀 문자 객체는 이를 위한 모델 객체에 따로 포함시킨다.

```
oTextXAxis = OBJ_NEW('IDLgrText', 'X-Direction')
oPlotXAxis = OBJ_NEW('IDLgrAxis', 0, /EXACT, RANGE=xrn, $
  TITLE=oTextXAxis, XCOORD_CONV=xs, YCOORD_CONV=ys, $
  ZCOORD_CONV=zs, LOCATION = [xrn[0], yrn[0], zrn[0]], $
  TICKDIR = 0, TICKLEN = 0.02*(xrn[1]-xrn[0]))
oTextYAxis = OBJ_NEW('IDLgrText', 'Y-Direction')
oPlotYAxis = OBJ_NEW('IDLgrAxis', 1, /EXACT, RANGE=yrn, $
  TITLE=oTextYAxis, XCOORD_CONV=xs, YCOORD_CONV=ys, $
  ZCOORD_CONV=zs, LOCATION = [xrn[0], yrn[0], zrn[0]], $
  TICKDIR = 0, TICKLEN = 0.02*(yrn[1]-yrn[0]))
oTextZAxis = OBJ_NEW('IDLgrText', 'Z-Direction')
oPlotZAxis = OBJ_NEW('IDLgrAxis', 2, /EXACT, RANGE=zrn, $
  TITLE=oTextZAxis, XCOORD_CONV=xs, YCOORD_CONV=ys, $
  ZCOORD_CONV=zs, LOCATION = [xrn[0], yrn[0], zrn[0]], $
  TICKDIR = 0, TICKLEN = 0.02*(zrn[1]-zrn[0]))
oTitle = OBJ_NEW('IDLgrText', LOCATION=[0, 0.8], $
  ALIGNMENT=0.5, COLOR=[0, 0, 255])
oModel -> Add, oPlotXAxis
oModel -> Add, oPlotYAxis
oModel -> Add, oPlotZAxis
oTitleModel -> Add, oTitle
```

아직까지는 축 객체들을 제외한 나머지 그래픽 객체들은 모델상에 포함시키지 않았다. 이제 필요한 그래픽 객체를 순차적으로 모델에 포함시켜가면서 작업을 진행하겠다. 이제 PDF 객체를 다음과 같이 생성하자.

```
oPDF = OBJ_NEW('IDLgrPDF')
```

PDF 객체의 경우 각 페이지의 레이아웃은 가로 8.5인치, 세로 11인치의 규격을 따른다. 물론 이것은 기본설정인 Portrait일 경우이고 Landscape일 경우 이 순서가 바뀐다. PDF 객체의 속성들 중 DIMENSIONS라는 속성으로 이 레이아웃상에서 실제로 컨텐츠가 구현된 영역의 크기를 정할 수 있다. 지금 우리의 경우 가로 및 세로의 크기가 같은 것이 바람직하므로, 다음과 같이 가로 및 세로 방향이 모두 8인치가 되도록 설정하겠다. 참고로 LOCATION이라는 속성도 있어서, 이는 구현 영역의 왼쪽 하단부의 위치에 해당된다. 이 속성의 기본값은 인치 단위로 [0.25, 2.5]가 되며, 여기서는 그냥 기본 설정을 사용하겠지만 필요할 경우 얼마든지 변경할 수 있다.

```
oPDF -> SetProperty, DIMENSIONS=[8, 8]
```

다음 순서는 아마도 뷰 객체를 PDF 객체에 그리는 것이 되어야 할 것이다. 그런데 PDF 객체의 경우에는 이 과정에 앞서서 한가지 필요한 과정이 있다. 바로 페이지를 추가해주는 것이다. 다음과 같이 PDF 객체에 대하여 AddPage라는 메서드를 실행해주어야만 비로소 Draw 메서드의 실행이 가능하다는 점을 잘 염두에 두기 바란다. 일단 이에 앞서 타이틀 문자의 내용을 'IsoSurface'라고 변경하자. 그리고 등위면을 실제로 나타내어야 하므로 등위면 폴리곤 객체를 모델 객체에 포함시킨 다음에, PDF 객체에 대하여 다음과 같이 Draw 메서드를 수행한다.

```
oPDF -> AddPage
oTitle -> SetProperty, STRING='IsoSurface'
oModel -> Add, oIsoSurf
oPDF -> Draw, oView
```

이 정도면 다 끝난 것 같은데 사실 필요한 과정이 또 있다. 바로 이 내용을 저장할 PDF 파일의 이름을 정하고 이 이름으로 저장하는 것이다. 이는 다음과 같이 PDF 객체에 대하여 SAVE 메서드를 수행함으로써 이루어진다.

```
oPDF -> Save, 'test_pdf.pdf'
```

그러면 필요한 모든 과정이 일단 끝났다. 현재 설정된 IDL의 작업 디렉토리를 보면 'test_pdf.pdf'라는 이름의 PDF 파일이 만들어져 있을 것이다. 이 파일을 Acrobat와 같은 PDF 뷰어 프로그램으로 열어보자. 아마 그림 16-5-1과 같은 모습의 한 페이지만 보일 것이다.

실제로 이 Save 메서드를 수행하는 과정은 약간의 시간이 걸린다. 왜냐하면 등위면 폴리곤 자체가 꽤 많은 꼭지점들을 갖고 있기 때문에, 이 내용을 PDF에 다 옮기려면 그만큼 파일 사이즈도 커지기 때문이다. 필자의 경우 약 7.7MB 정도의 크기로 PDF 파일이 생성되었다. 사실 플롯과 같은 비교적 단순한 그래픽 컨텐츠의 경우라면 PDF 파일의 크기도 1MB를 넘지 않는 경우가 대부분이겠지만, 폴리곤이나 볼륨 등으로 넘어가면 얘기가 달라지게 됨을 염두에 두자.

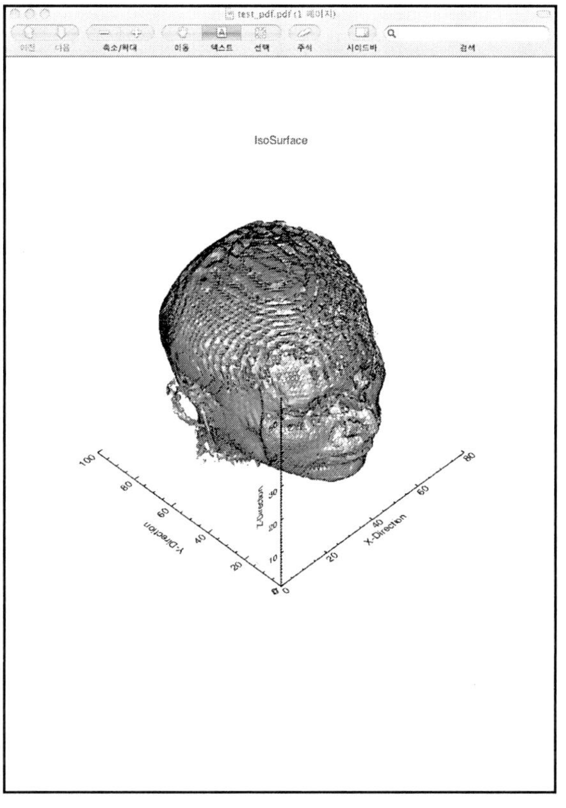

그림 16-5-1 생성된 PDF파일을 뷰어로 본 모습C

이번에는 페이지를 하나 추가하여 단면도 폴리곤을 표출해보자. 이를 위하여 앞서 표출했던 등위면 객체는 HIDE 속성을 사용하여 안보이도록 처리하겠다. PDF 객체에 대하여 Save 메서드를 수행하는 부분 앞에 다음과 같은 내용을 추가하면 될 것이다. 이와 같은 방법으로 새로 생성된 PDF 파일은 두 개의 페이지로 구성된다. 이 파일을 열어보자.

```
oModel -> Add, oImgPolygon
oIsoSurf -> SetProperty, HIDE=1
```

```
oPDF -> AddPage
oTitle -> SetProperty, STRING='XY Image Plane'
oPDF -> Draw, oView
```

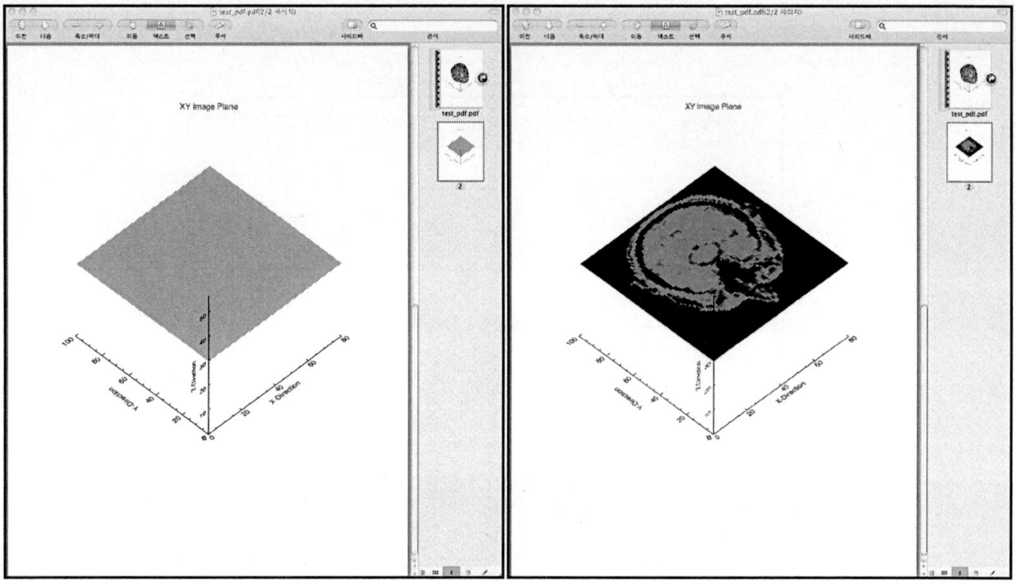

그림 16-5-2 두 개의 페이지로 구성된 PDF파일을 뷰어로 본 모습[C]

그런데 뭔가 좀 이상하다. 두번째 페이지에서 분명히 단면 이미지를 나타내려고 했는데, 막상 PDF 파일을 열어보니 그림 16-5-2의 왼쪽 그림과 같이 이미지 자체는 안보이고 단면 폴리곤만 달랑 보인다. 이것은 PDF 객체상에 Draw 메서드를 수행할 때, 기본 설정상으로는 벡터 그래픽으로 표출하기 때문이다. 즉 플롯, 등위선, 폴리곤 등과 같이 벡터 기반인 그래픽 요소들에 맞춰진 상태이기 때문이다. 이미지나 볼륨과 같은 비트맵 기반의 그래픽 요소들을 PDF상에 표출하려면 따로 설정이 필요하다. 이는 Draw 메서드의 VECTOR라는 키워드로 변경 가능하다. 이 키워드의 기본값은 1로서 이는 벡터 그래픽에 해당된다. 그리고 이 값을 0으로 해주면 비트맵 기반의 표출이 가능해진다. 따라서 PDF 객체에 대한 Draw 메서드를 수행할 때, 다음과 같이 이 키워드에 대하여 0이란 값을 부여하면 된다. 그리고 이렇게 생성된 PDF 파일을 열어보면 그림 16-5-2의 오른쪽 그림과 같이 비로소 단면 이미지의 모습이 제대로 나타나게 된다.

```
oPDF -> Draw, oView, VECTOR=0
```

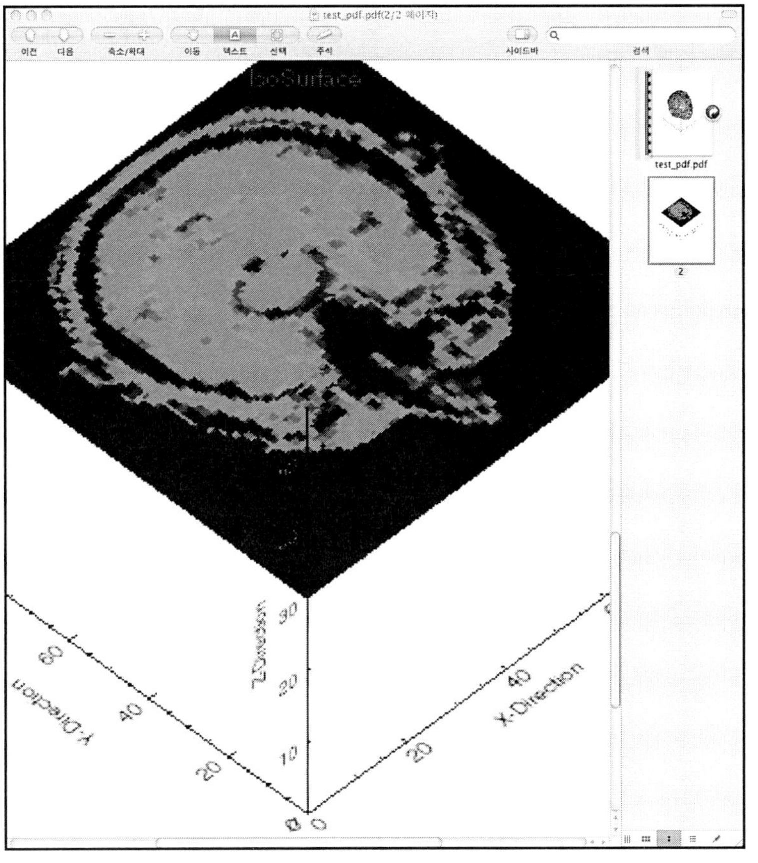

그림 16-5-3 생성된 PDF파일의 두번째 페이지를 확대하여 본 모습[C]

그런데 이 두번째 페이지를 좀 확대하여 자세히 보면 그림 16-5-3과 같이 전반적으로 그래픽의 디테일이 다소 떨어진 듯하게 보일 것이다. 이것은 PDF를 생성할 때 화소의 해상도의 문제이다. 기본 설정은 72DPI(Dots Per Inch)로서 1인치당 72개의 화소들로 구성되는데, 이 해상도에서는 비트맵 기반의 그래픽이 다소 거칠게 보이게 된다. 따라서 이 해상도를 인위적으로 높여줄 필요가 있는데, 이는 PDF 객체의 RESOLUTION이라는 속성으로 조절할 수 있다. 이 속성의 값은 화소 한 개당 cm단위의 길이로 부여된다. 따라서 기본 설정인 72DPI는 2.54(cm)/72에 해당된다. 여기서는 더 높은 해상도인 300DPI로 변경하기 위하여, 2.54(cm)/300이란 값을 부여하기로 한다.

이제 다음과 같이 두번째 페이지 생성에 앞서(AddPage 메서드 수행 이전에) 이와 같이 속성을 변경을 해주고, 이렇게 생성된 PDF 파일을 열어서 확대해보자. 그러면 그림 16-5-4와 같이 두번째 페이지의 디테일이 훨씬 높아져 있음을 확인할 수 있을 것이다. 물론 생성되는 PDF 파일의 크기도 약간 더 커진다는 점 또한 유의하길 바란다.

```
oPDF -> SetProperty, RESOLUTION=[2.54, 2.54]/300
```

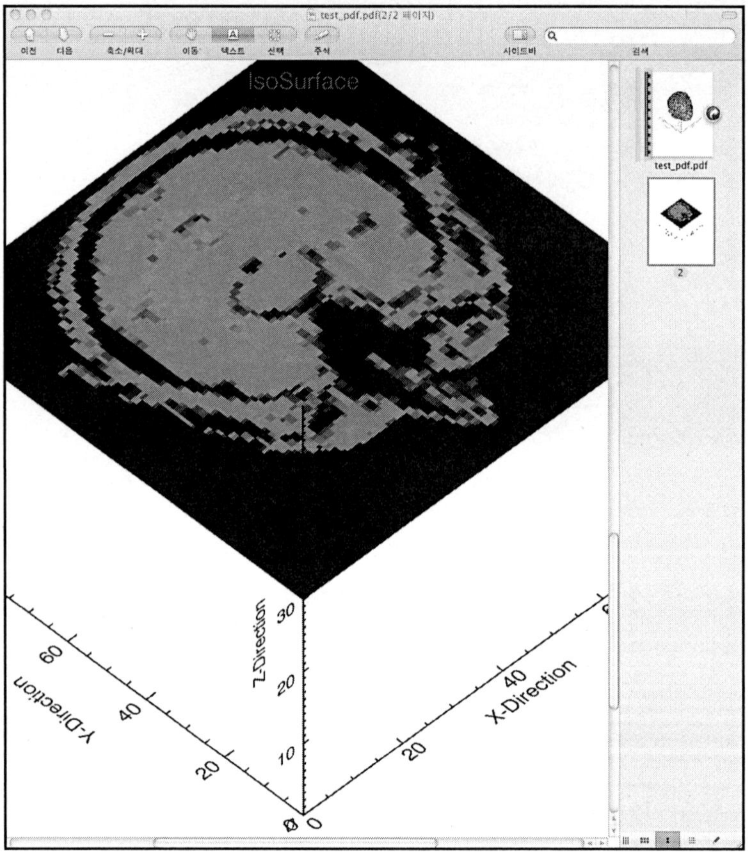

그림 16-5-4 DPI의 값을 높여서 다시 생성한 PDF파일의 두번째 페이지를 확대하여 본 모습[C]

이번에는 세번째 페이지를 만들어 볼륨 자체를 표출해보기로 하자. 볼륨은 이미지와 마찬가지로 비트맵 기반의 그래픽이기 때문에, PDF 객체에 대하여 Draw 메서드를 사용할 때 VECTOR 키워드의 값을 0으로 설정해야 한다. 그리고 페이지의 해상도 역시 앞서 설정했던 300DPI를 그대로 살리기로 하자. 이를 위하여 다음과 같은 내용을

Save 메서드가 수행되는 부분 앞에 추가하면 된다. 이렇게 생성된 PDF 파일을 열어 보면 그림 16-5-5와 같은 모습을 한 세번째 페이지가 추가되어 있음을 확인할 수 있다. 물론 볼륨이 추가되었으므로 PDF 파일의 크기도 더 증가했음은 당연하다.

```
oModel -> Add, oVolume
oImgPolygon -> SetProperty, HIDE=1
oPDF -> AddPage
oPDF -> Draw, oView, VECTOR=0
```

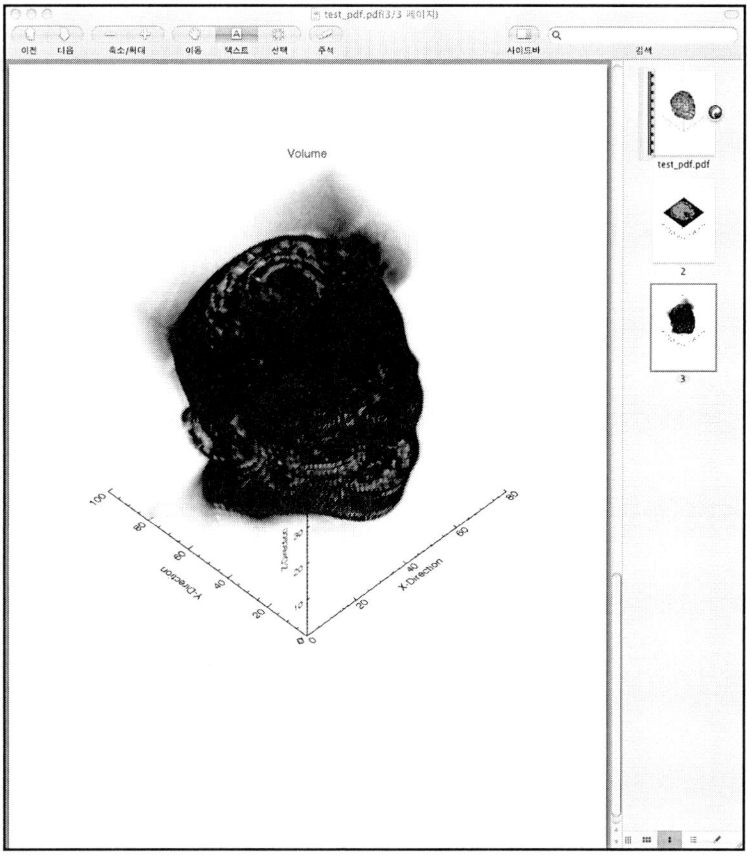

그림 16-5-5 생성된 PDF파일의 세번째 페이지의 모습[C]

IDL 도움말에서 PDF 객체에 관한 내용을 살펴보면 그 외에도 몇몇 흥미로운 속성 및 메서드들을 찾아볼 수 있다. 이 내용은 직접 살펴보길 바라며, 이들의 적절한 활용을 통하여 자신의 그래픽 결과물을 효과적으로 PDF 파일에 담아 다른 사람들에게 전달할 수 있는 유용한 수단이 될 수 있음을 기억해두길 바란다.

17. Basics in Making IDL Applications

IDL 어플리케이션 제작의 기초

이 챕터에서는 지금까지 배운 내용을 바탕으로 Object Graphics 기반의 IDL 어플리케이션을 개발하는 방법을 소개하고자 한다. 이 책의 초반부에서 Object Graphics의 장점들을 소개한 바 있는데, 그 중 중요한 부분이 바로 그래픽 객체들의 속성을 필요할 때 바로 변경해줄 수 있으며, 이러한 변경을 위하여 구현 과정을 일일이 반복할 필요가 없다는 것이었다. 이러한 장점은 아마 지금쯤이면 어떤 것인지 그리고 어떤 식으로 구현되는지 이해가 되었으리라 생각된다. 그러면 이러한 장점을 더욱 두드러지게 하는 방법이 무엇일까? 바로 그래픽 유저 인터페이스(GUI, Graphical User Interface)를 활용하는 것이다. 즉, 이러한 GUI상에 Object Graphics 기반의 그래픽을 구현해놓고, 대화형 인터페이스를 통하여 사용자의 각종 입력에 대응하여 그래픽의 다양한 속성들을 즉각적으로(인터액티브하게) 변경할 수 있도록 하는 것을 의미한다.

사실 우리는 이미 이러한 GUI의 한 예를 경험한 바 있다. 바로 XOBJVIEW를 사용했을 때 등장하는 GUI가 그것이다. 물론 이 프로시저도 하나의 훌륭한 예제가 되겠지만, 우리가 필요로 하는 기능들을 갖는 GUI를 우리 스스로 만들 수 있다면 더욱 좋을 것이다. 다만 이를 위해서는 IDL에서 GUI 기반의 어플리케이션을 제작하는 기본적인 기법을 알아야 한다. 그래서 이 챕터에서는 우선 이와 관련된 기본적인 방법, 즉 Widget Programming에 관한 기본적인 내용들을 소개하고자 한다. 원래 IDL Widget Programming에 대해서도 제대로 다루려면 그 양이 상당히 많아질 수 밖에 없다. 하지만 여기서는 아주 핵심적이고 필요한 부분만을 추려서 소개하기로 하겠다. 그런 다음에 실전 예제들을 본격적으로 다뤄보기로 할 예정이다.

17.1. IDL 위젯 프로그래밍(Widget Programming)

먼저 위젯(Widget)이라는 개념부터 알아보면, IDL에서 만들어진 GUI를 구성하고 있는 각 요소들을 뜻한다. 이미 우리에게 익숙한 XOBJVIEW를 실행했을 때 등장하는 GUI의 모습을 보면(그림 17-1-1), 메뉴버튼, 그래픽창, 사각버튼 등의 세부 구성요소들을 볼 수 있다. 이들 하나하나가 모두 위젯들이다. 각 위젯은 나름대로의 형태를 가지며, 사용자가 어떤 상호작용을 하느냐에 따라 나름대로의 반응을 하게 된다. XOBJVIEW의 경우를 보면, 그래픽창에서 마우스 드래그를 하면 그에 따라 그래픽 객체의 시선방향을 돌린다든지, 돋보기 버튼을 누르면 확대/축소 상태로 전환한다든지 하는 동작들이 각 위젯마다 약속이 되어 있는 상태이다.

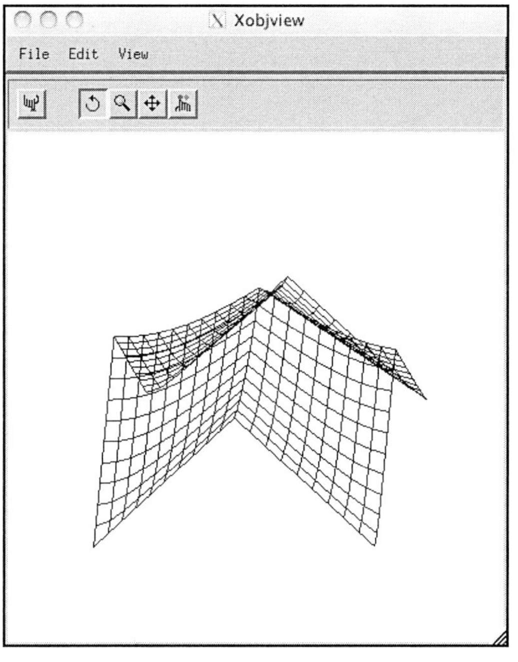

그림 17-1-1 XOBJVIEW도 IDL의 Widget Programming으로 구현된 하나의 GUI 어플리케이션이다

따라서 위젯 프로그래밍이라고 하는 것은, 이러한 GUI의 외형적인 요소들을 꾸미는 것 뿐만 아니라, 각 위젯 요소마다 사용자의 동작에 대하여 내부적으로 수행할 작업의 내용까지도 정해주는 것이다. 이 때 사용자의 동작에 의하여 발생되는 일종의 자극과 같은 현상을 여기서는 이벤트(event)라고 한다. 버튼이라는 위젯이 있고 사용자가 이 버튼을 누르면 이 버튼 위젯은 내부적으로 이벤트를 발생시킨다. 그러면 이 버튼에서 발생하는 이벤트를 처리하게 되어 있는 내부 IDL 루틴이 해당 작업을 처리하는 방식으로 진행된다. 이러한 외형적인 그리고 내부적인 부분들을 프로그래밍을 통하여 구현하는 과정이라고 볼 수 있다.

17.2. 위젯(Widget)의 종류

IDL에서는 다양한 종류의 위젯들을 지원하며, 이러한 위젯들을 개별적으로 혹은 단계적으로 묶어 하나의 GUI의 외형을 설계할 수 있다. IDL에서 지원되는 주요 위젯들은 다음 표 17-2-1과 같다. 각각의 위젯들은 실제 프로그램상에서는 표의 맨 오른쪽 컬럼에서 명시된 이름을 가진 함수의 형태로 정의된다.

이와 같은 여러 종류의 위젯들 중, 우리가 GUI를 만드는데 있어서 가장 기본적으로 필요한 것이 바로 기반(base) 위젯이다. 이것은 마치 그림을 그릴 때 스케치북과 같은 역할을 한다. 각종 형형색색의 물감들을 갖고 있어도 막상 스케치북이 없으면 아무것도 할 수 없다. 마찬가지로 기반 위젯이 없으면, 버튼, 슬라이더, 윈도우 등의 위젯들도 전혀 구현할 수 없다. 이 기반 위젯이 일단 존재해야 그 위에 다른 여러 위젯들을 배치할 수 있다는 점을 가장 먼저 알아두기 바란다. 이것은 GUI상에 여러 개의 위젯들이 있을 때, 각 위젯간의 위계질서(서열)를 정의하는 계층구조(Hierarchy)를 구축하는 바탕이 된다. 이 계층구조는 이미 우리가 살펴보았던 Object Graphics에서 객체들의 계층구조와 매우 유사하다. 이에 관한 내용은 바로 다음 섹션에서 다룰 것이다.

원래는 이 표에 있는 각 종류의 위젯들에 대한 세부적인 내용을 순차적으로 소개하는 것이 맞겠지만, 일단 여기서는 어떤 종류들이 있는가만 확인하고 넘어가기로 한다. 어차피 새로운 종류의 위젯들이 앞으로 이어질 내용에서 등장할 때마다, 그 위젯에 대하여 알아둘 필요가 있는 내용은 그때그때 살펴보기로 하겠다.

표 17-2-1 주요 위젯(Widget)들의 종류 및 기능

종류	기능	함수
Base	타 위젯들을 포함하는 주춧돌의 역할	widget_base
Button	클릭 가능한 버튼	widget_button
Draw	그래픽 윈도우	widget_draw
Droplist	풀다운 메뉴의 역할	widget_droplist
Label	문자로 된 라벨 (사용자의 편집 불가)	widget_label
List	항목 선택이 가능한 목록	widget_list
Slider	수평 혹은 수직 방향의 슬라이더	widget_slider
Tab	탭 생성	widget_tab
Table	테이블 (항목 단위로 사용자의 편집 가능)	widget_table
Text	텍스트 창 (사용자의 편집 가능)	widget_text

17.3. 위젯(Widget)의 계층구조(Hierarchy)

앞 섹션에서 소개했던 기반(base) 위젯은 GUI를 만드는데 있어서 가장 기본적으로 필요한 위젯이다. 하나의 GUI상에는 사실 이러한 기반 위젯이 여러 개가 존재할 수 있다. 그리고 하나의 기반 위젯이 다른 기반 위젯을 포함할 수도 있다. 사실 이러한 관계는 마치 모델 객체의 경우와 다소 유사한 면이 있다. 모델 객체가 포함하는 각종 그래픽 객체들은 여기서는 버튼, 슬라이더 등의 각종 위젯들에 해당된다고 봐도 무방하다. 결국 이 모델 객체들도 이보다 더 상위 개념인 뷰 객체가 존재하는데, 이와 마찬가지로 기반 위젯들의 경우도 이들을 포함하는 상위 개념이 존재한다. 이러한 역할을 하는 것이 바로 최상위 레벨 기반 위젯(tob-level-base widget)이다. 굳이 표현한다면 “모든 위젯들을 포함하는 절대 위젯”이라고 볼 수 있다. 그래서 이와 같은 최상위 레벨 기반 위젯이 하나 존재하고, 여기에 속하는 여러 하위 기반 위젯들이 있으며, 각 하위 기반 위젯마다 또 다양한 종류의 위젯들들 포함할 수 있다. 이러한 구조가 위젯들의 계층구조(Hierarchy)가 된다. 다음 그림 17-3-1은 이러한 계층구조의 하나의 예이다.

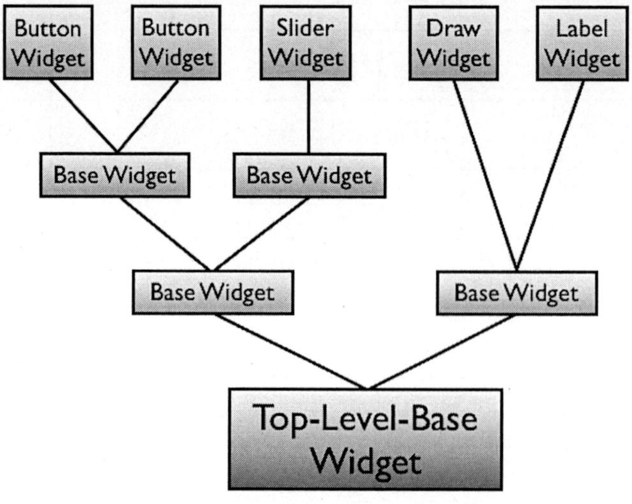

그림 17-3-1 위젯의 계층구조의 한 예[c]

아마 이 시점에서 왜 기반 위젯이 여러 개가 될 수 있는가에 대하여 의문이 들 수도 있겠다. 나중에 예제 GUI를 만들 때 어차피 설명을 하겠지만, 각 기반 위젯은 개별적인 레이아웃을 가질 수 있는데 이러한 레이아웃이 전체 GUI상에서 항상 같을 수는 없기 때문이다. 어떤 부분에서는 버튼들을 가로 방향으로 배열해야 하는데, 또 다른 부분에서는 세로 방향으로 배열해야 할 수도 있다. 일단 여기서는 이 정도로 설명하기로 한다. 나중에 예제 코드를 보면 아마 이해가 더 쉬울 것이다.

그러면 위젯의 계층구조에 대한 이해의 첫 단계로서 다음과 같은 아주 간단한 예제 코드를 살펴보기로 한다. 여기서는 최상위 레벨 기반 위젯을 만들고, 그 하위에 'Exit'라는 이름을 갖는 버튼을 하나 만들게 된다. 이 내용을 하나의 프로시저로 저장하고 제대로 컴파일 및 실행이 되었다면, 다음 그림 17-3-2와 같은 모습의 GUI를 보게 될 것이다[22].

```
tlb = WIDGET_BASE(TITLE='My First GUI!')
wbutton = WIDGET_BUTTON(tlb, VALUE='My First Button')
WIDGET_CONTROL, tlb, /REALIZE
```

그림 17-3-2 버튼 하나만 존재하는 아주 단순한 GUI의 모습[c]

여기서 첫번째 줄을 보면 tlb라는 이름의 기반 위젯을 생성하는데, 이것이 여기서는 바로 최상위 레벨 기반 위젯이 된다. 이는 WIDGET_BASE 함수를 사용할 때 TITLE이라는 키워드외에 아무런 인자가 없기 때문이다. 인자가 있으면 그 인자에 해당되는 기반 위젯에 소속된 하위 기반 위젯으로 생성되지만, 인자가 없으면 그 자체가 바로 최상위가 된다는 점을 기억하자. 그래서 일반적으로 최상위 레벨 기반 위젯을 만들 때 그 이름을 'tlb'와 같은 방식으로 붙이는 경우가 많다. 그리고 두번째 줄에서는 WIDGET_BUTTON 함수를 사용하여 버튼 위젯을 생성하는데, 이는 tlb라는 기반 위젯에 소속되어 있으며 이름은 'My First Button'으로 정의되었다. 그리고 세번째 줄에서는 WIDGET_CONTROL이라는 명령이 등장하는데, 이름 그래도 위젯들에 대한 여러가지 작동을 제어하는 역할을 한다. 여기서는 tlb라는 이름의 최상위 레벨 기반 위젯에 대하여 /REALIZE, 즉 구현하라는 의미의 작동을 한다. 이 WIDGET_CONTROL 명령이 없으면 GUI는 메모리상에만 존재할 뿐 우리 눈에는 보이지 않는다. 이것은 마치 윈도우 객체에 대하여 Draw 메서드를 사용해야 그래픽 내용이 보이는 것과 유사하다.

막상 구현된 GUI의 모습을 보면 그리 마음에 들지는 않을 것이다. 버튼의 모습은 온전하게 보이지만, 구현된 윈도우의 타이틀은 아예 보이지도 않는 상태이다. 이것은

---

[22] 이 그림에서 왼쪽의 GUI는 Mac OS에서 구현된 모습이고, 오른쪽의 GUI는 MS 윈도우즈에서 구현된 모습이다. 향후 이어질 예제들은 모두 Mac OS에서 구현된 모습으로 통일하겠다.

어차피 다른 위젯들이 추가되어 윈도우의 크기가 그에 맞게 커지면 자연스레 보이게 될 것이다. 물론 인위적으로 버튼의 크기를 키워드를 통하여 조절할 수도 있다. 두번째 줄의 WIDGET_BUTTON 함수에서 다음과 같이 XSIZE라는 키워드를 사용해보자. 그러면 그림 17-3-3과 같이 그나마 좀 더 보기 좋은 GUI가 나타날 것이다.

```
wbutton = WIDGET_BUTTON(tlb, VALUE='My First Button', $
  XSIZE=300)
```

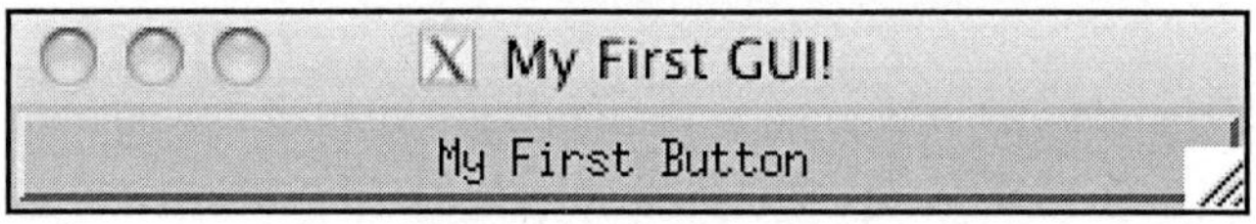

그림 17-3-3 버튼의 X방향 크기를 늘려 보기 좋게 바꾼 모습

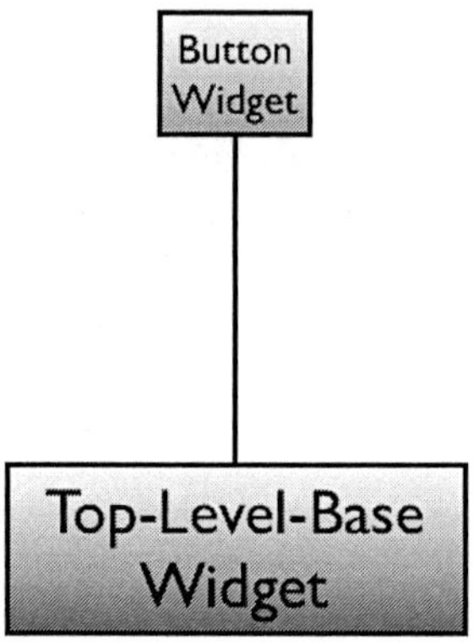

그림 17-3-4 현재 구현된 GUI가 갖는 계층구조의 모습[C]

어쨌든 이 GUI의 계층구조를 본다면, 최상위 레벨 기반 위젯에 버튼 위젯 하나만 달랑 속해있는 아주 단순한 구조가 될 것이다. 굳이 그림을 그려보면 그림 17-3-4와 같이 매우 썰렁한 모습이 된다.

17.4. 위젯(Widget)의 특성인자

각 위젯들은 나름대로 고유한 특성인자들을 갖게 되는데, 그 중 모든 종류의 위젯들에 대하여 공통적으로 존재하는 두 개의 중요한 특성인자들이 있다. 이 인자들은 위젯을 생성할 때 키워드를 통하여 초기값으로 부여되지만, 그 이후에도 WIDGET_CONTROL 명령을 통하여 변경할 수도 있다[23]. 이 두 가지 특성들은 바로 위젯값(widget value)과 위젯의 유저값(widget user value)라는 것이다.

먼저 위젯값이라는 것은 위젯을 생성하는 함수의 VALUE라는 키워드에 해당되는데, 주로 위젯의 외형적인 특징을 좌우한다. 예를 들어, 라벨 위젯을 생성하기 위하여 WIDGET_LABEL 함수를 사용할 때 VALUE 키워드에 부여되는 문자열이 바로 라벨 자체의 문자열이 된다. 그리고 앞선 예제에서 버튼 위젯을 생성할 때에도 WIDGET_BUTTON 함수의 VALUE 키워드에 부여된 문자열이 바로 버튼의 이름이 되었음을 확인한 바 있다. 이렇게 관련 함수를 사용할 때 초기 설정을 하지만, 나중에 WIDGET_CONTROL 명령의 SET_VALUE라는 키워드를 사용하여 변경할 수도 있다. 예를 들어, 앞선 예제에서 다음과 같은 내용의 한 줄을 추가하고 컴파일 및 실행을 해보면, 버튼의 이름이 다음 그림 17-4-1과 같이 변경되었음을 볼 수 있다.

```
WIDGET_CONTROL, wbutton, SET_VALUE='My Second Button'
```

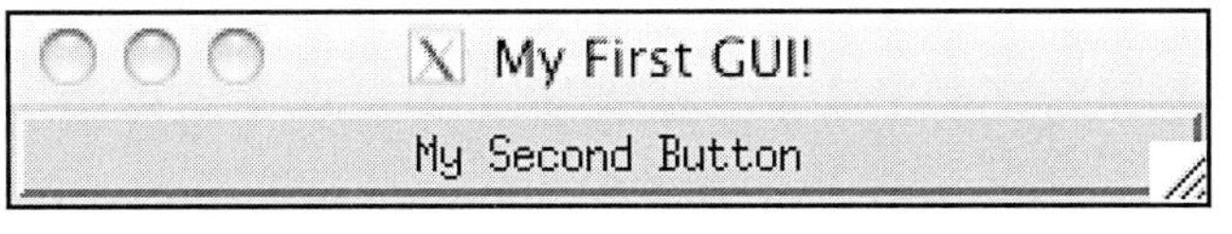

그림 17-4-1 버튼의 이름을 변경해본 모습

다음으로 위젯의 유저값이라는 것은 위젯값과 같이 겉으로 드러나는 성격이 아니고 내부적으로 부여되는 이름이라고 보면 된다. 대개의 경우 위젯의 특성을 나타내는 문자로 부여하는 경우가 많으며, 이벤트 처리 루틴에서 해당 위젯을 인식하는 일종의 인식표와 같은 역할로 사용된다. 아마 이러한 설명만으로는 이해가 다소 어려울 수 있으므로, 역시 나중에 실전 예제 코드를 다룰 때 좀 더 자세히 소개하기로 하겠다.

위젯값, 위젯의 유저값외에도 위젯의 형태나 특성을 결정짓는 기타 요소들이 있다. 역시 키워드의 형태로 설정되는데, 표 17-4-1에서 몇몇 주요 키워드들을 정리해보았

---

[23] 이 부분은 마치 객체의 속성이 처음 객체 생성시 설정될 수도 있지만, 나중에 SetProperty메서드에 의하여 변경 가능한 것과 유사하다.

다. 이 키워드들은 어떤 종류의 위젯이든 공통적으로 갖고 있으므로, 잘 알아두는 것이 좋다. 특히 SENSITIVE와 같은 키워드는 해당 위젯을 활성화 또는 비활성화시키는 역할을 한다. 즉, 어떤 시점에서는 그 위젯에 대한 사용을 막아놓았다가 필요시 사용 가능하게 해야 할 경우 이 키워드를 사용하여 해당 위젯의 활성화 여부를 조절할 수 있다. GUI를 만들 때 꽤 자주 사용되기 때문에 잘 기억해두면 좋을 것이다.

표 17-4-1 위젯 함수들의 주요 키워드들

키워드	기능
VALUE	위젯값 설정
UVALUE	위젯의 유저값 설정
GROUP_LEADER	해당 위젯이 속한 계층구조상의 최상위 레벨 위젯
FRAME	위젯의 주변에 프레임을 그리고 그 폭을 설정
SENSITIVE	해당 위젯의 활성화 여부 설정

17.5. 위젯(Widget)의 이벤트 처리

앞선 예제에서 만든 GUI를 보면 버튼이 하나 있다. 그런데 막상 이 버튼을 눌러보면 어떠한 일도 발생하지 않는다. 이것은 아직까지 이 GUI를 만든 프로그램상에서 이와 같은 자극에 대하여 뭔가 반응을 보이도록 하는 내용이 없기 때문이다. 먼저 이벤트(event)라는 것은 각 위젯마다 사용자가 가하는 동작에 의하여 발생하는 일종의 자극과 같다. 버튼 위젯의 경우라면 버튼을 누르는 동작, 슬라이더 위젯이라면 슬라이드 바를 움직이는 동작, 그래픽 창이라면 마우스 버튼을 화면상에서 클릭하거나 드래그하는 동작 등 사용자에 의한 여러 종류의 동작이 이루어졌을 때, 해당 위젯은 이에 대한 이벤트를 발생시킨다. 따라서 어떤 이벤트가 어떤 위젯에서 발생했는가를 파악하여 이에 맞는 행동을 취하도록 하는 루틴이 있어야 하는데, 이를 이벤트 처리 루틴 또는 이벤트 핸들러(event handler)라고 한다.

앞선 예제 프로그램에서는 각 위젯들이 사용자의 동작에 따라 이벤트를 발생하도록 되어있지 않은 상태이다. 즉 위젯들이 아직 '죽어있는' 상태인 것이다. 그러면 이들을 '살아있는' 상태로 만들어줘야 하는데, 이와 같은 역할을 하는 명령이 바로 XMANAGER이다. 그림 17-5-1은 이벤트의 처리에 있어서 XMANAGER가 어떤 역할을 하는가를 도식적으로 나타낸 것이다.

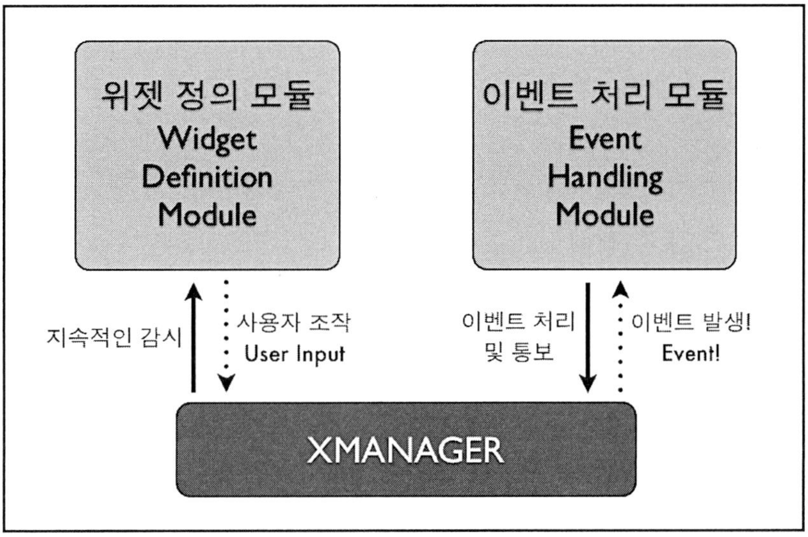

그림 17-5-1 XMANAGER의 역할

앞선 예제 프로그램에 한 줄을 추가하여 다음과 같은 내용을 삽입하고, 컴파일 및 실행을 해보자.

```
XMANAGER, 'firstgui', tlb
```

여기서 첫번째 인자로 부여된 문자열은 예제 프로그램의 내용이 저장된 프로시저의 이름이다. 따라서 각자 사용중인 프로시저 이름을 사용하기 바란다. 그리고 두번째 인자는 최상위 레벨 기반 위젯의 이름이 된다. XMANAGER라는 프로시저를 사용하려면 이와 같이 두 개의 기본 인자들이 필요하다. 이제 이 상태로 프로그램을 실행을 해보면 일단 GUI의 겉모습은 앞선 예제에서의 결과와 비교하면 겉보기에는 아무런 변화가 없다. 하지만 버튼을 눌러보면 이전과는 달리 뭔가 변화가 생긴다. 물론 기대했던 것과는 달리 다음과 같은 내용의 에러가 발생할 것이다.

```
% XMANAGER: Caught unexpected error from client application.
Message follows...
% Attempt to call undefined procedure/function: 'FIRSTGUI_EVENT'.
```

이 내용은 'firstgui_event'라는 이름의 이벤트 처리 루틴을 호출해야 하는데 막상 존재하지 않기 때문에 에러가 발생했다는 것이다. 일단 XMANAGER가 프로그램상에 존재하기 때문에 각 위젯들이 사용자의 동작에 반응을 보이게 된, 즉 '살아있는' 상태가 되었다. 그런데 버튼을 누르는 것과 같은 사용자에 의한 동작이 발생했을 때, 해당 위젯은 기본적으로 이 프로그램의 이름에 '_event'가 붙은 이름의 이벤트 처리 루틴을 찾아가도록 되어 있다. 하지만 우리는 아직까지 이러한 이름의 루틴을 정의해놓지 않았다. 그래서 이와 같은 에러가 발생한 것이다. 괜찮다. 이러한 루틴을 만들어주면 되는 것이다. 다음과 같이 메인 프로그램의 앞부분에 이벤트 처리 루틴을 만들어주자.

```
PRO firstgui_event, event
HELP, event, /STRUCTURE
END

PRO firstgui
tlb = WIDGET_BASE(TITLE='My First GUI!')
wbutton = WIDGET_BUTTON(tlb, VALUE='My First Button', $
  XSIZE=300)
WIDGET_CONTROL, tlb, /REALIZE
WIDGET_CONTROL, wbutton, SET_VALUE='My Second Button'
XMANAGER, 'firstgui', tlb
END
```

이벤트 처리 루틴의 이름은 'firstgui_event'로 되어 있고, event라는 이름의 인자를 갖고 있다. 이 루틴의 내용은 간단하다. 바로 이 event라는 이름의 인자에 대한 정보를 출력하는 것이다. GUI상의 버튼을 눌렀을 때 해당 위젯은 이벤트에 관한 정보를 담은 구조체(structure) 형태의 변수를 이벤트 처리 루틴으로 전달하게 된다. 그래서 현재 이벤트 처리 루틴으로 정의되어 있는 firstgui_event는 event라는 이름의 인자로서 이 구조체를 전달받는다. 그래서 이 구조체의 내용을 출력하게 된다. 프로그램을 실행하여 GUI가 구현된 상태에서 버튼을 눌러보자. 그러면 다음과 같은 내용이 IDL의 상태창에 출력될 것이다.

```
** Structure WIDGET_BUTTON, 4 tags, length=16, data length=16:
   ID              LONG                 2
   TOP             LONG                 1
   HANDLER         LONG                 1
   SELECT          LONG                 1
```

이것은 버튼을 눌렀을 때 이벤트 처리 루틴으로 전달된 이벤트 구조체(event structure)의 내용이다. 기본적으로 이벤트 구조체는 ID, TOP, HANDLER라는 세가지 항목들을 필수적으로 갖고 있다. ID 항목은 이벤트를 발생시킨 위젯의 ID로서 여기서는 바로 wbutton으로 정의된 버튼 위젯에 해당된다[24]. TOP 항목은 이벤트를 발생시킨 위젯이 속한 최상위 레벨 기반 위젯의 ID로서 여기서는 바로 tlb로 정의된 기반 위젯에 해당된다. HANDLER는 이벤트의 처리와 연계되어 있는 위젯의 ID로서, 일반적으로는 ID 항목과 일치하는 경우가 대부분이다. 이러한 세가지 항목외에도 각 위젯의 특성에 따라 특화된 별도의 항목들이 존재한다. 지금과 같은 버튼 위젯의 경우, SELECT라는 항목이 있는데 이것은 마우스로 버튼을 눌렀는지 떼었는지를 나타내는 값이다. 이 값이 1이면 눌러진 것이고, 0이면 떼어진 것이다. 다른 종류의 위젯들은 또 나름대로의 항목들이 있는데, 이에 관한 자세한 내용은 각 종류의 위젯 함수에 대한 IDL 도움말을 참조하면 된다.

17.6. 위젯(Widget)의 이벤트의 식별

지금 우리가 다루고 있는 예제에서는 사용자의 동작을 받아들이는 위젯이 버튼 하나뿐이다. 그렇지만, 일반적으로 GUI상에는 여러 종류의 위젯들이 존재하여 다양한 사용자의 동작을 받아들여야 한다. 따라서 이벤트가 발생했을 때 그 이벤트를 발생시킨

---

[24] ID는 각 위젯마다 IDL이 매기는 일련번호라고 보면 된다. 이 예제에서는 버튼 위젯을 wbutton이라는 이름으로 생성하였지만, 실제로 이 wbutton은 이러한 일련번호를 값으로 갖는 변수이다. 따라서 wbutton을 출력하면 이 번호값이 출력된다.

장본인이 누구인지를 가려내는 것은 매우 중요하다. 이러한 식별작업을 위하여 유용하게 쓰이는 것이 바로 앞서 소개되었던 위젯의 유저값이다. 이것은 위젯을 처음 정의할 때 해당 함수의 UVALUE라는 키워드에 부여되어 있는 문자열이다. 이벤트 처리 루틴에서는 이벤트 구조체를 전달받았을 때 이 유저값을 추출하여 식별인자로 활용하면 된다. 이해를 돕기 위하여 예제 프로그램의 내용을 다음과 같이 수정하고 실행해보자. 그러면 그림 17-6-1과 같은 모습의 GUI를 보게 될 것이다. 버튼을 눌러보면 GUI가 없어지는 것을 확인할 수 있다.

```
PRO firstgui_event, event
WIDGET_CONTROL, event.id, GET_UVALUE=uval
IF uval EQ 'Exit' THEN WIDGET_CONTROL, event.top, /DESTROY
END

PRO firstgui
tlb = WIDGET_BASE(TITLE='My First GUI!')
wbutton = WIDGET_BUTTON(tlb, VALUE='My First Button', $
  XSIZE=300, UVALUE='Exit')
WIDGET_CONTROL, tlb, /REALIZE
WIDGET_CONTROL, wbutton, SET_VALUE='Press me to exit!'
XMANAGER, 'firstgui', tlb
END
```

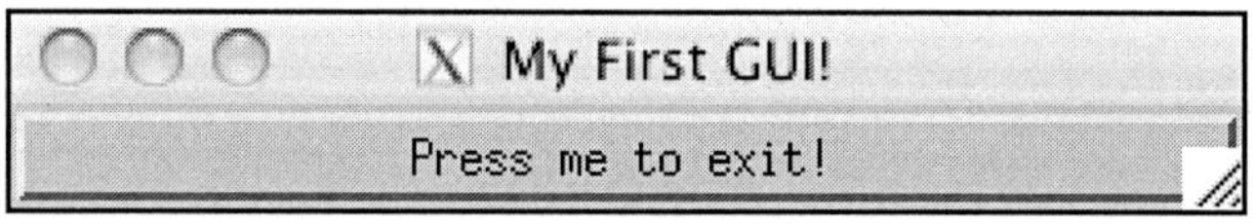

그림 17-6-1 '나가기' 버튼이 삽입된 GUI의 모습

여기서는 메인 루틴에서 버튼 위젯에 대하여 UVALUE 키워드에 'exit'라는 문자열을 부여하였다. 그리고 이벤트 처리 루틴에서는 이벤트 구조체의 ID항목, 즉 이벤트를 발생시킨 위젯에 대하여 WIDGET_CONTROL을 이용하여 유저값을 GET_UVALUE라는 키워드로 추출한다. 그래서 이 추출된 유저값이 'exit'가 맞다면 GUI를 소멸시키도록 되어있다. 결국 이 GUI의 버튼이 종료 버튼의 역할을 하도록 정의된 것이다. 참고로 GUI를 종료하기 위해서는 최상위 레벨 기반 위젯(여기서는 event.top)에 대하여

WIDGET_CONTROL을 /DESTROY 키워드와 함께 사용하면 된다. 이와 같은 기법은 GUI를 프로그래밍하는데 있어서 자주 애용되므로 잘 기억해두도록 하자.

17.7. GUI 프로그램의 기본 흐름

지금까지 구현해본 예제는 고작 GUI의 종료만 가능할 정도로 매우 간단한 프로그램이었다. 하지만 이를 통하여 일반적인 GUI 프로그래밍의 핵심적인 흐름을 확인할 수 있다. 이를 정리해보면 다음과 같다.

- GUI의 구성은 기반(base) 위젯상에 각종 GUI 요소들(버튼, 그래픽창, 라벨, 슬라이더 등등)을 올리는 방식으로 이루어진다.

- GUI의 요소들과 관련된 대부분의 작업들은 WIDGET_CONTROL이라는 프로시저에 의하여 수행된다. GUI의 시작(/REALIZE)과 종료(/DESTROY)를 비롯하여 다양한 종류의 작업들이 이 WIDGET_CONTROL로 이루어진다.

- XMANAGER 프로시저는 GUI 프로그램에서 이벤트 처리의 흐름을 총괄적으로 지휘한다. 사용자가 GUI상에서 특정한 동작을 하게 되면, 이 상황을 이벤트로 발생시켜 이벤트 처리 루틴으로 전달한다. 그리고 다음 이벤트가 발생할 때까지 항시 대기체제를 유지한다. 이 상태는 GUI의 종료 때까지 유지된다. 결국 GUI가 생명력을 가지기 위하여 기본적으로 필요한 존재라 할 수 있다.

- 위젯의 유저값(user value)는 각 위젯에 대하여 우리가 필요한 의도에 따라 어떠한 타입의 자료든 저장하고 꺼내 쓸 수 있게 하는 일종의 보조 저장소라고 할 수 있다. 이벤트를 발생시킨 위젯을 식별하는데 있어서도 매우 유용한 수단이 된다.

- 이벤트 발생시에는 오직 이벤트 구조체만이 이벤트 처리 루틴으로 전달된다. 이 구조체로부터 ID, TOP을 꺼내고, 이를 시작으로 WIDGET_CONTROL을 이용하여 위젯에 대한 필요한 정보를 알아내거나 위젯에 대하여 필요한 조치를 취하게 된다.

18. Let's Make IDL Applications!

IDL 어플리케이션을 만들어보자!

앞의 챕터에서 GUI 프로그래밍의 기본적인 내용을 살펴보았다. 이제부터는 좀 더 실전에 가까운 GUI 예제들을 만들어보고자 한다. 물론 우리가 앞에서 배워왔던 Object Graphics 기반의 GUI가 될 것이다. 그래서 앞의 챕터의 예제보다는 약간 더 복잡한, 즉 여러 개의 GUI 요소(위젯)들로 이루어진 예제들을 활용하여 GUI 프로그래밍의 다양한 기법들을 살펴보기로 하겠다.

18.1. GUI 프로그램 실전 예제 1

이번 예제에서는 GUI상에 객체 기반의 윈도우를 만들고, 이 윈도우상에서 텍스트 객체를 표출한다. 그리고 텍스트 위젯을 통한 사용자의 입력을 받아 그 내용대로 텍스트 객체의 모습이 변하도록 하는 기능을 삽입할 것이다. 그러면 기본적으로 어떤 위젯들이 필요할 것인지 생각해보자. 물론 가장 먼저 최상위 레벨 기반 위젯이 당연히 필요할 것이다. 그리고 그 위에 그래픽창, 텍스트, 버튼 등의 위젯들이 필요할 것이다. 이를 바탕으로 GUI의 외형적인 부분부터 만들기 위하여 다음과 같은 내용으로 프로그램을 작성하면 될 것이다. 이 내용을 저장하고 컴파일 및 실행해보면 그림 18-1-1과 같은 제법 그럴듯한 모습의 GUI를 볼 수 있다.

```
PRO text_editing

tlb = WIDGET_BASE(TITLE='Text Editing Example', /COLUMN)
wdraw = WIDGET_DRAW(tlb, XSIZE=400, YSIZE=400, GRAPHICS_LEVEL=2)
wtext = WIDGET_TEXT(tlb, XSIZE=20)
```

```
wbutton = WIDGET_BUTTON(tlb, VALUE='Exit')
WIDGET_CONTROL, tlb, /REALIZE

END
```

그림 18-1-1 그래픽 창을 삽입하여 구현해본 GUI의 모습

여기서 우리가 전에 사용하지 않았던 새로운 키워드 또는 위젯들이 몇몇 보일 것이다. 먼저 최상위 레벨 기반 위젯을 생성하는 WIDGET_BASE 함수에서 COLUMN이라는 키워드가 보인다. 이 키워드의 의미는, 이 기반 위젯상에 구현될 하위 위젯들은 컬럼방향 즉 세로방향으로 배치된다는 것이다. 현재 이 최상위 레벨 기반 위젯인 tlb 상에는 3개의 하위 위젯들이 존재하는데, 이들의 배치 방향을 보면 세로 방향이라는 것을 눈으로 알 수 있다. 물론 가로 방향의 배치도 가능한데 이 경우 ROW라는 키워드를 사용하면 된다. 이 두 키워드는 GUI상에서 구현된 여러 하위 위젯들의 적절한 시각적 배치를 위하여 자주 활용되므로 꼭 기억해두길 바란다.

그리고 WIDGET_DRAW라는 함수가 처음 등장한 것을 볼 수 있다. 이 함수는 그래픽창을 GUI상에 생성하는 기능을 한다. 그래서 tlb상에 가로 및 세로 크기가 400화소인 그래픽창이 만들어져 있다. 그리고 GRAPHICS_LEVEL이라는 키워드에 2라는 값이 주어진 것이 보인다. 이것은 이 그래픽창이 Object Graphics 기반의 그래픽을 구현하기 위한 것임을 뜻한다. 이러한 설정이 따로 없을 경우에는 Direct Graphics 기반의 그래픽창으로 정의된다. 그리고 WIDGET_TEXT라는 함수도 역시 처음 접하는 것으로, 텍스트 문자열을 표출하는 기능을 하는 위젯을 생성한다. 여기서 XSIZE라는 키워드가 사용되었는데, 텍스트창의 가로방향 크기를 글자수 단위로 나타낸 것이다. 참고로 YSIZE의 경우는 줄의 수를 단위로 한다.

그런데 현재 구현된 GUI의 레이아웃을 보면 그리 나쁘진 않으나, 텍스트창 및 버튼의 가로 방향의 길이가 필요 이상으로 길다는 느낌이 없지 않다. 텍스트창과 버튼을 세로 방향이 아닌 가로 방향으로 배치하면 불필요한 공간 낭비를 줄일 수도 있지 않을까? 그러면 레이아웃을 바꿔보기로 하자. 이를 위해서는 두 위젯을 위한 별도의 기반 위젯이 필요하다. 그리고 이 기반 위젯은 ROW 속성을 가져야 할 것이다. 따라서 다음과 같이 프로그램의 내용을 수정해보자. 그리고 실행해보면 그림 18-1-2와 같이 좀 달라진 모습을 볼 수 있다.

```
PRO text_editing

tlb = WIDGET_BASE(TITLE='Text Editing Example', /COLUMN)
wdraw = WIDGET_DRAW(tlb, XSIZE=400, YSIZE=400, GRAPHICS_LEVEL=2)
wbase = WIDGET_BASE(tlb, /ROW)
wtext = WIDGET_TEXT(wbase, XSIZE=20)
wbutton = WIDGET_BUTTON(wbase, VALUE='Exit')
WIDGET_CONTROL, tlb, /REALIZE

END
```

여기서는 wbase라는 기반 위젯을 추가적으로 생성하고 ROW 속성을 부여하였다. 그리고 텍스트창 및 버튼 위젯을 tlb가 아닌 wbase상에 구현한 것이다. 그러면 ROW 속성에 따라 가로 방향으로 배치가 된다. 특이한 것은 텍스트창의 가로방향 사이즈가 이전의 경우와 달리 시각적으로 줄어들어 있는 모습이다. XSIZE의 값은 전혀 변화가 없었음에도 불구하고 이러한 현상이 나타나는 것은, 이 설정은 ROW 속성을 갖는 기반 위젯상에서만 유효하기 때문이다[25]. 어쨌든 GUI에 포함되어야 할 위젯들의 종류나 갯수가 많아질수록, 여러 개의 기반 위젯들이 필요할 수도 있으며 각 기반 위젯마다 하위 위젯들의 배치 방향을 적절하게 조절해줘야함을 염두에 두어야 할 것이다.

그림 18-1-2 몇몇 구성요소들을 추가하여 구현해본 GUI의 모습

이번에는 그래픽창 위젯으로부터 윈도우 객체 정보를 추출하고, 이 윈도우상에 기본적인 텍스트 객체를 하나 생성하여 구현해보자. 다음과 같은 내용이 프로그램에 추가되어야 하는데, 아마 지금쯤이면 이 부분의 내용에 대한 이해에는 전혀 불편함이 없을 것으로 믿는다. 수정을 마치고 실행해보면 그림 18-1-3과 같이 화면상의 한가운데에 'Modify Me!'라는 텍스트 객체가 보인다.

---

[25] 사실 이 현상에 대한 해결책도 나름 존재한다. 그렇지만 약간 번잡스러운 내용이 될 것 같으므로 혹시나 나중에 필요할 경우 다시 언급하기로 하겠다.

```
PRO text_editing

tlb = WIDGET_BASE(TITLE='Text Editing Example', /COLUMN)
wdraw = WIDGET_DRAW(tlb, XSIZE=400, YSIZE=400, GRAPHICS_LEVEL=2)
wbase = WIDGET_BASE(tlb, /ROW)
wtext = WIDGET_TEXT(wbase, XSIZE=20)
wbutton = WIDGET_BUTTON(wbase, VALUE='Exit')
WIDGET_CONTROL, tlb, /REALIZE

WIDGET_CONTROL, wdraw, GET_VALUE=oWindow
oView = OBJ_NEW('IDLgrView')
oModel = OBJ_NEW('IDLgrModel')
oText = OBJ_NEW('IDLgrText', 'Modify Me!')
oFont = OBJ_NEW('IDLgrFont', SIZE=20)
oText -> SetProperty, FONT=oFont, LOCATION=[0, 0], ALIGNMENT=0.5
oView -> Add, oModel
oModel -> Add, oText
oWindow -> Draw, oView

END
```

여기서 새로 추가된 부분의 첫번째 줄을 보면 WIDGET_CONTROL을 사용하여 그래픽창 위젯인 wdraw로부터 위젯값을 추출하였는데, 그 위젯값이 바로 윈도우 객체가 됨을 알 수 있다[26]. 그래서 뒤이어 뷰, 모델, 텍스트 등의 객체들을 생성하고 포함관계를 설정함으로써 이 그래픽창에서 텍스트 객체가 보이게 되었음을 그림 18-1-3에서 보는 것과 같이 확인할 수 있다.

---

26 만약 그래픽창 위젯이 Direct Graphics 기반이었다면, 위젯값은 해당 윈도우의 인덱스가 된다.

그림 18-1-3 그래픽 창에 텍스트를 삽입해본 모습

이제부터는 본격적으로 이벤트 처리 부분을 구현해보자. 텍스트창에서 사용자의 텍스트 입력을 하도록 하고, 엔터키를 누르면 입력된 내용으로 텍스트 객체의 내용이 바뀌도록 하는 것이 1차 목표이다. 그리고 'Exit' 버튼을 누르면 GUI가 종료되도록 하는 것이 2차 목표이다. 따라서 이벤트를 발생시킬 위젯이 두 개가 되고 이들에 대해서는 생성단계에서 유저값을 정의해줄 필요가 있다. 그리고 이벤트 처리 루틴을 메인 루틴의 앞부분에서 정의하고, 텍스트창으로부터 이벤트가 전달되었을 경우의 처리 내용을 담아야 할 것이다. 따라서 프로그램을 일단 다음과 같이 수정해보기로 한다.

```
PRO text_editing_event, event

WIDGET_CONTROL, event.id, GET_UVALUE=uval
IF uval EQ 'Text' THEN BEGIN
  WIDGET_CONTROL, event.id, GET_VALUE=str
  PRINT, str
```

```
ENDIF
IF uval EQ 'Exit' THEN BEGIN
  PRINT, 'Exit Complete!'
  WIDGET_CONTROL, event.top, /DESTROY
ENDIF

END

PRO text_editing

tlb = WIDGET_BASE(TITLE='Text Editing Example', /COLUMN)
wdraw = WIDGET_DRAW(tlb, XSIZE=400, YSIZE=400, $
  GRAPHICS_LEVEL=2)
wbase = WIDGET_BASE(tlb, /ROW)
wtext = WIDGET_TEXT(wbase, XSIZE=20, /EDITABLE, UVALUE='Text')
wbutton = WIDGET_BUTTON(wbase, VALUE='Exit', UVALUE='Exit')
WIDGET_CONTROL, tlb, /REALIZE

WIDGET_CONTROL, wdraw, GET_VALUE=oWindow
oView = OBJ_NEW('IDLgrView')
oModel = OBJ_NEW('IDLgrModel')
oText = OBJ_NEW('IDLgrText', 'Modify Me!')
oFont = OBJ_NEW('IDLgrFont', SIZE=20)
oText -> SetProperty, FONT=oFont, LOCATION=[0, 0], ALIGNMENT=0.5
oView -> Add, oModel
oModel -> Add, oText
oWindow -> Draw, oView

XMANAGER, 'text_editing', tlb

END
```

여기서는 먼저 텍스트 위젯에 대하여 유저값을 'Text'로 부여하였다. 그리고 또 한가지 눈여겨 볼 수정사항이 있는데, 바로 /EDIATBLE이라는 키워드가 추가되었다. 이 키워드의 역할은 텍스트 위젯상에서 사용자의 키보드 타이핑을 지원하는 것이다. 이 키워드가 있기 전까지는 텍스트 위젯상에서 아무런 입력도 지원하지 않았다. 그래서 이제부터는 텍스트 위젯상에서 아무 문자나 타이핑한 후 엔터키를 누르면 이벤트가 발생하게 된다. 그리고 'Exit' 버튼에 대해서도 유저값을 'Exit'로 부여하였다. 메인 루틴의 마지막 부분에서는 XMANAGER를 추가하여 이제 이벤트가 발생할 경우 해당 구조체를 이벤트 처리 루틴으로 전달하는 체제를 구축하였다.

그림 18-1-4 텍스트 위젯의 이벤트를 인식하여 처리할 수 있게 되었다

그리고 메인 루틴의 앞부분에는 드디어 이벤트 처리 루틴이 정의되어 있다. 내용을 보면 이벤트를 발생시킨 위젯의 유저값을 추출하고, 이 값에 따라 처리할 내용을 IF문으로 묶어놓았다. 일단 'Exit' 버튼을 눌렀을 때의 처리내용은 보면 이해가 갈 것이다. 그러면 유저값이 'Text'일 경우를 살펴보자. 해당 IF문을 보면, WIDGET_CONTROL을 사용하여 이벤트를 발생시킨 텍스트 위젯으로부터 위젯값을 추출한다. 물론 이 내용은 텍스트창에서 사용자가 타이핑한 내용(엔터키를 누르는 순간의)이 될 것이다. 그래서 그 내용을 일단 IDL상에서 출력하도록까지만 구현되어 있다. 이 상태에서 프로그램을 실행하면 그림 18-1-4와 같은 GUI가 나타나는데, 하단의 텍스트창에서 아무 내용이나 타이핑한 다음 엔터키를 눌러보자. 그러면 IDL의 상태창에 그 내용이 출력될 것이다.

물론 아직은 우리의 최종 구현 목표는 달성되지 않았다. 타이핑한 내용이 윈도우상의 텍스트 객체에 반영이 되어야 한다. 그런데 이를 위해서는 어떤 과정이 추가적으로 필요할까? 그렇다. 이벤트 처리 루틴내에서 텍스트 객체를 인식하고 그 속성을 변경해줘야 할 것이다. 이를 위해서는 텍스트 객체에 관한 정보를 이벤트 처리 루틴으로 전달해줘야 한다. 이와 같은 과정은 GUI 프로그래밍에 있어서는 통상적으로 다음과 같이 구현된다.

```
PRO text_editing_event, event

WIDGET_CONTROL, event.top, GET_UVALUE=info
WIDGET_CONTROL, event.id, GET_UVALUE=uval

IF uval EQ 'Text' THEN BEGIN
  WIDGET_CONTROL, event.id, GET_VALUE=str
  PRINT, str
  info.oText -> SetProperty, STRING=str
  info.oWindow -> Draw, info.oView
ENDIF
IF uval EQ 'Exit' THEN BEGIN
  PRINT, 'Exit Complete!'
  OBJ_DESTROY, OBJ_VALID()
  WIDGET_CONTROL, event.top, /DESTROY
ENDIF

END

PRO text_editing

tlb = WIDGET_BASE(TITLE='Text Editing Example', /COLUMN)
wdraw = WIDGET_DRAW(tlb, XSIZE=400, YSIZE=400, GRAPHICS_LEVEL=2)
```

```
wbase = WIDGET_BASE(tlb, /ROW)
wtext = WIDGET_TEXT(wbase, XSIZE=20, /EDITABLE, UVALUE='Text')
wbutton = WIDGET_BUTTON(wbase, VALUE='Exit', UVALUE='Exit')
WIDGET_CONTROL, tlb, /REALIZE

WIDGET_CONTROL, wdraw, GET_VALUE=oWindow
oView = OBJ_NEW('IDLgrView')
oModel = OBJ_NEW('IDLgrModel')
oText = OBJ_NEW('IDLgrText', 'Modify Me!')
oFont = OBJ_NEW('IDLgrFont', SIZE=20)
oText -> SetProperty, FONT=oFont, LOCATION=[0, 0], ALIGNMENT=0.5

oView -> Add, oModel
oModel -> Add, oText
oWindow -> Draw, oView

info = {oText:oText, oView:oView, oWindow:oWindow}
WIDGET_CONTROL, tlb, SET_UVALUE=info
XMANAGER, 'text_editing', tlb

END
```

여기서는 메인 루틴에서 정의되었지만 이벤트 처리 루틴에서도 필요한 정보들을 info 라는 이름의 구조체로 묶었다. 배열이 아닌 구조체를 사용하는 이유는, 서로 다른 타입의 정보들을 함께 묶어야 하기 때문이다. 배열의 경우는 실수면 실수, 정수면 정수와 같이 타입이 고정되어 버린다는 단점이 있을 수 밖에 없다. 그리고 이 구조체를 최상위 레벨 기반 위젯의 유저값으로 저장해놓는다. 그러면 이벤트 처리 루틴에서는 이벤트를 발생시킨 위젯의 최상위 레벨 기반 위젯인 event.top으로부터 유저값을 꺼내어, 이 구조체에 포함된 정보들을 활용하는 방식이다. 따라서 GUI 프로그래밍에서 메인 루틴과 이벤트 처리 루틴간의 정보 교환은 통상적으로 이와 같은 방식으로 이루어진다는 점을 잘 기억해두기 바란다. 단 여기서는 구조체 자체를 유저값으로 저장하였는데, 구조체에 포함되는 정보의 양이 많아질 경우에는 이 구조체에 대한 포인터

(pointer)를 정의하여 활용하기도 한다. 포인터의 활용 예제는 나중에 소개하기로 하겠다.

그래서 이벤트 처리 루틴에서는 텍스트 객체에 대한 정보를 info.oText라는 이름으로 꺼내어 활용한다. 사용자가 타이핑한 내용으로 텍스트 객체의 속성을 변경하고, 윈도우 객체(info.oWindow)상에 뷰 객체(info.oView)를 다시 Draw하면 비로소 타이핑한 내용이 텍스트 객체에도 반영된다. 따라서 그림 18-1-5와 같은 결과를 얻을 수 있을 것이다. 그리고 'Exit' 버튼을 눌렀을 때의 처리부분에서는 GUI의 종료와 동시에 그래픽 관련 객체들을 모두 제거하는 문구를 추가하였다. 이는 불필요한 메모리를 제거하기 위한 것으로 GUI가 종료된 후에는 필요한 내용이라 할 수 있다.

그림 18-1-5 텍스트 위젯에 입력된 문자열이 화면상에도 그대로 표출된다

지금까지 구현해 본 예제 GUI는 형태상으로는 간단해 보이지만, GUI 프로그래밍에 있어서 원활한 이벤트 처리에 필요한 핵심적인 내용들을 대부분 담고 있다. 이보다 더 복잡한 GUI를 만들 경우에도 그 핵심적인 뼈대는 크게 다르지 않다. 따라서 이 내용을 잘 숙지하면, 향후 이어지는 더 복잡한 예제들에 대한 이해도 그리 어렵지 않을 것이다.

18.2. GUI 프로그램 실전 예제 2

이번에는 좀 더 복잡한 GUI를 만들어보기로 한다. 이제는 뭔가 시각적으로 볼만한 것들을 좀 넣어보자. 그래서 이미지 객체를 하나 생성하고, 이 이미지에 클리핑(clipping) 기법을 적용하여 컨트라스트(contrast)를 조절할 수 있는 기능을 넣어보기로 한다. 이를 위해서는 이미지의 최소값 및 최대값을 사용자가 조절할 수 있어야 한다. 그러면 이번 GUI에서는 어떤 위젯들이 필요할 것인지 짐작해볼 수 있다. 기본적으로 이미지를 표출할 그래픽창 위젯이 필요하다. 그리고 이미지의 최소값 및 최대값을 조절하기 위한 뭔가가 필요한데, 슬라이더 위젯이 가장 적당할 것이다. 그리고 GUI를 종료하기 위한 버튼 정도가 추가된다면 아마 충분할 것이다. 이를 바탕으로 GUI의 외형적인 부분부터 만들기 위하여 다음과 같은 내용으로 프로그램을 작성해보자. 이 내용을 저장하고 컴파일 및 실행해보면 그림 18-2-1과 같은 모습의 GUI를 볼 수 있다.

```
PRO image_processing

tlb = WIDGET_BASE(TITLE='Image Processing Example', /COLUMN)
wdraw = WIDGET_DRAW(tlb, XSIZE=400, YSIZE=400, GRAPHICS_LEVEL=2)
base1 = WIDGET_BASE(tlb, /ROW)
wslider_min = WIDGET_SLIDER(base1, MINIMUM=0, MAXIMUM=255, $
  XSIZE=100, UVALUE='wslider_min', TITLE='Adjust Minimum')
wslider_max = WIDGET_SLIDER(base1, MINIMUM=0, MAXIMUM=255, $
  XSIZE=100, UVALUE='wslider_max', TITLE='Adjust Maximum')
base2 = WIDGET_BASE(tlb, /ROW)
wbutton = WIDGET_BUTTON(base2, VALUE='Exit', UVALUE='Exit')
WIDGET_CONTROL, tlb, /REALIZE

END
```

그림 18-2-1 그래픽 창, 슬라이더 등 다양한 위젯들을 삽입하여 구현해본 GUI의 모습

이 프로그램을 보면 두 개의 슬라이더 위젯이 사용되었음을 알 수 있다. 각각 이미지의 최소값 및 최대값을 조절하기 위한 것이다. 그리고 이 두 슬라이더 위젯들을 위한 base1이란 이름의 기반 위젯이 있다. 그리고 종료 버튼을 위해서는 base2란 이름의 기반 위젯을 따로 만들었다. 슬라이더 위젯의 생성을 위하여 WIDGET_SLIDER라는 함수가 사용되었는데, 슬라이더상에서의 최소 및 최대값은 MINIMUM, MAXIMUM 키워드를 이용하여 각각 0, 255로 설정하였다. 어차피 우리가 사용할 예제 이미지가 바이트스케일된 것이므로 이렇게 미리 설정해두었다. XSIZE 키워드는 슬라이더의 가로방향 크기를 화소 단위로 설정하는데 사용되며, TITLE 키워드로 슬라이더 자체의 제목을 부여할 수 있다. 아직 이벤트가 활성화되지는 않았지만 슬라이더를 마우스 드래그로 움직여보자. 그러면 슬라이더상의 최대 및 최소값이 0부터 255까지 변하는 것을 볼 수 있다.

이제 이 프로그램에서 사용할 이미지를 읽어 화면상에 표출해보자. 아래의 링크를 웹 브라우저의 주소창에 입력하여 해당 파일을 다운로드받으면 된다.

http://www.spweather.com/~lee/AIA_0171.png

다운로드된 PNG파일을 현재 여러분이 사용중인 IDL에 설정되어 있는 작업폴더(Working Directory)에 카피해놓길 권한다. 그러면 예제 코드상에서 이 파일명을 적을 때 별다른 폴더경로없이 그냥 파일명만으로도 이 파일을 인식할 수 있다. 물론 작업폴더에 저장되어있지 않더라도 그냥 절대적인 폴더경로를 다 적어주는 방법을 사용해도 무방하다. 예제에 사용될 이미지는 현재 활동중인 태양관측위성인 SDO(Solar Dynamic Observatory)에서 관측한 태양 전면의 자외선 이미지이다. 참고로 이 이미지는 1024X1024의 크기를 갖는 그레이 스케일(Grayscale) 이미지이다. 이 이미지 파일을 읽고 표출하기 위한 내용을 추가하면 다음과 같은 프로그램이 될 것이다. 이와 같이 수정하고 컴파일 및 실행해보면 그림 18-2-2와 같이 이미지가 그래픽창에 표출된 모습을 볼 수 있다.

```
PRO image_processing

tlb = WIDGET_BASE(TITLE='Image Processing Example', /COLUMN)
wdraw = WIDGET_DRAW(tlb, XSIZE=400, YSIZE=400, GRAPHICS_LEVEL=2)
base1 = WIDGET_BASE(tlb, /ROW)
wslider_min = WIDGET_SLIDER(base1, MINIMUM=0, MAXIMUM=255, $
  XSIZE=100, UVALUE='wslider_min', TITLE='Adjust Minimum')
wslider_max = WIDGET_SLIDER(base1, MINIMUM=0, MAXIMUM=255, $
  XSIZE=100, UVALUE='wslider_max', TITLE='Adjust Maximum')
base2 = WIDGET_BASE(tlb, /ROW)
wbutton = WIDGET_BUTTON(base2, VALUE='Exit', UVALUE='Exit')
WIDGET_CONTROL, tlb, /REALIZE
WIDGET_CONTROL, wslider_max, SET_VALUE=255

WIDGET_CONTROL, wdraw, GET_VALUE=oWindow
```

```
oView = OBJ_NEW('IDLgrView', VIEWPLANE_RECT=[0, 0, 1, 1])
oModel = OBJ_NEW('IDLgrModel')

ifile = 'AIA_0171.png'
img = READ_IMAGE(ifile)
oImage = OBJ_NEW('IDLgrImage', img)
oImage -> GetProperty, XRANGE=xrn, YRANGE=yrn
xs = NORM_COORD(xrn)
ys = NORM_COORD(yrn)
oImage -> SetProperty, XCOORD_CONV=xs, YCOORD_CONV=ys

oView -> Add, oModel
oModel -> Add, oImage
oWindow -> Draw, oView

END
```

여기서는 이미지 표출을 위하여 뷰 객체의 뷰플레인 사각형의 좌표계를 X, Y 방향 모두 0~1로 설정하였다. 그리고 이미지의 X, Y 방향 크기를 읽어 좌표변환을 수행하였다. 아마 이 정도의 내용은 이제 많이 익숙해졌을 것으로 생각한다. 그리고 또 하나 눈여겨 볼 부분은 볼드체로 된 첫번째 줄이다. 여기서는 최대값에 해당되는 슬라이더인 wslider_max의 초기값을 255로 설정해놓았다. 그 이유는 이미지가 표출된 초기 상태가 사실 최소값이 0이고 최대값이 255인 상태이기 때문이다. 즉, 스케일 조정이 사용자에 의해서 이루어지기 전의 상태임을 나타내기 위한 것이다. 이런 부분은 GUI를 사용하는 사용자의 편의를 위한, 그리고 불필요한 혼란을 막기 위한 하나의 배려이다. GUI를 제작하는데 있어서는 이러한 제작자의 입장에서는 다소 귀찮을 수도 있는 부분까지도 세심하게 고려해야 한다. 특히나 나 혼자가 아니라 여러 사람이 사용해야 할 GUI라면 더욱 더 그렇다. 그래서 GUI상의 기능이 늘어날수록 이러한 고려사항들은 점점 더 늘어나게 될 것이다.

이제부터는 이벤트 처리에 필요한 내용들을 프로그램에 추가해보자. 이벤트를 발생시키게 될 위젯은 슬라이더 두 개 및 버튼 한 개이다. 슬라이더 위젯 및 버튼 위젯과 관련된 이벤트 처리를 위하여 이벤트 처리 루틴을 추가하였다. 그리고 앞 섹션의 예제에서와 마찬가지로 메인루틴에서 이벤트 처리 루틴으로 전달이 필요한 정보들을 구조체에 담아 이 구조체를 최상위 레벨 기반 위젯의 유저값으로 설정하였다. 필요한 내용들이 추가된 프로그램은 다음과 같다. 물론 컴파일 및 실행을 해보면 처음 보이는 겉모습은 그림 18-2-2와 같을 것이다.

```
PRO image_processing_event, event

WIDGET_CONTROL, event.top, GET_UVALUE=info
WIDGET_CONTROL, event.id, GET_UVALUE=uval

IF uval EQ 'wslider_min' OR uval EQ 'wslider_max' THEN BEGIN
  WIDGET_CONTROL, info.wslider_min, GET_VALUE=mn
  WIDGET_CONTROL, info.wslider_max, GET_VALUE=mx
  info.oImage -> SetProperty, DATA=BYTSCL(info.img>mn<mx)
  info.oWindow -> Draw, info.oView
ENDIF

IF uval EQ 'Exit' THEN BEGIN
  OBJ_DESTROY, OBJ_VALID()
  WIDGET_CONTROL, event.top, /DESTROY
ENDIF

END

PRO image_processing

tlb = WIDGET_BASE(TITLE='Image Processing Example', /COLUMN)
wdraw = WIDGET_DRAW(tlb, XSIZE=400, YSIZE=400, GRAPHICS_LEVEL=2)
base1 = WIDGET_BASE(tlb, /ROW)
wslider_min = WIDGET_SLIDER(base1, MINIMUM=0, MAXIMUM=255, $
  XSIZE=100, UVALUE='wslider_min', TITLE='Adjust Minimum')
wslider_max = WIDGET_SLIDER(base1, MINIMUM=0, MAXIMUM=255, $
  XSIZE=100, UVALUE='wslider_max', TITLE='Adjust Maximum')
```

```
base2 = WIDGET_BASE(tlb, /ROW)
wbutton = WIDGET_BUTTON(base2, VALUE='Exit', UVALUE='Exit')
WIDGET_CONTROL, tlb, /REALIZE
WIDGET_CONTROL, wslider_max, SET_VALUE=255

WIDGET_CONTROL, wdraw, GET_VALUE=oWindow
oView = OBJ_NEW('IDLgrView', VIEWPLANE_RECT=[0, 0, 1, 1])
oModel = OBJ_NEW('IDLgrModel')

ifile = 'AIA_0171.png'
img = READ_IMAGE(ifile)
oImage = OBJ_NEW('IDLgrImage', img)
oImage -> GetProperty, XRANGE=xrn, YRANGE=yrn
xs = NORM_COORD(xrn)
ys = NORM_COORD(yrn)
oImage -> SetProperty, XCOORD_CONV=xs, YCOORD_CONV=ys

oView -> Add, oModel
oModel -> Add, oImage
oWindow -> Draw, oView

info = {wslider_min:wslider_min, wslider_max:wslider_max, $
        img:img, oImage:oImage, oView:oView, oWindow:oWindow}
WIDGET_CONTROL, tlb, SET_UVALUE=info
XMANAGER, 'image_processing', tlb

END
```

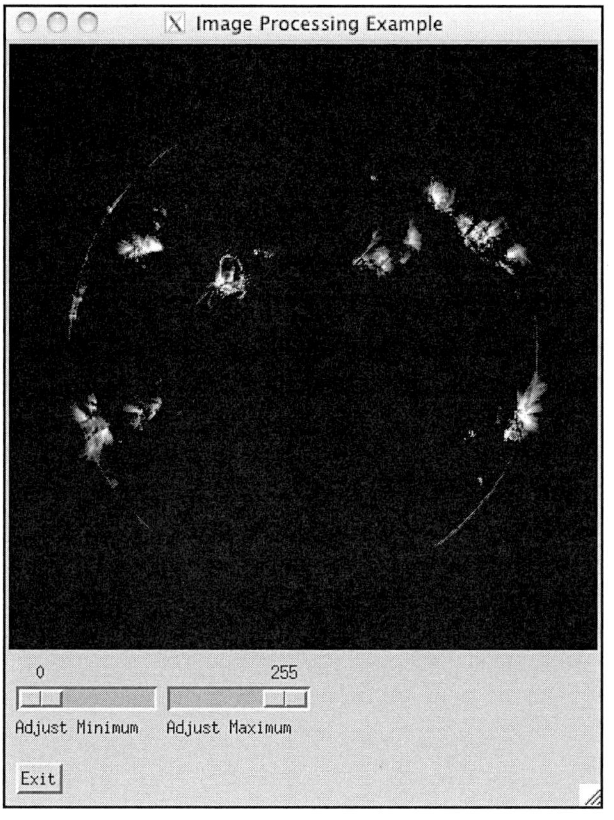

그림 18-2-2 그래픽 창에 이미지를 표출한 모습

먼저 메인 루틴의 후반부에 있는 구조체 부분부터 살펴보자. 이 구조체안에는 두 개의 슬라이더 위젯, 이미지 자료 배열, 이미지 객체, 뷰 객체, 윈도우 객체 등이 들어가 있다. 특히 두 개의 슬라이더 위젯이 포함되어 있음을 주목한다. 그 이유는 이벤트 처리 루틴의 내용을 보면 알게 된다. 이벤트 처리 루틴의 내용을 보자. 그러며 각 슬라이더 위젯에서 이벤트가 발생할 경우에 대한 처리 부분이 IF문의 형태로 먼저 나온다. 그런데 내용을 자세히 보면 두 개의 슬라이더 중 어느 한 슬라이더에서만 이벤트가 발생해도 이 IF문의 내용을 수행하도록 되어 있다. IF문의 수행 내용을 보면, 어느 슬라이더에서 이벤트가 발생했건 두 개의 슬라이더로부터 모두 값을 읽어들이도록 되어 있음을 볼 수 있다. 이는 이미지의 스케일을 재조정할 때 최소값과 최대값 모두가 필요하기 때문이다. 그래서 이에 맞춰 스케일을 재조정한 결과를 이미지 객체에 반영하여 보여주는 것이다. 슬라이더를 움직여 다음 그림 18-2-3과 같이 이미지의 컨트라스트가 변하는 것을 보면 그 의미를 알 수 있다.

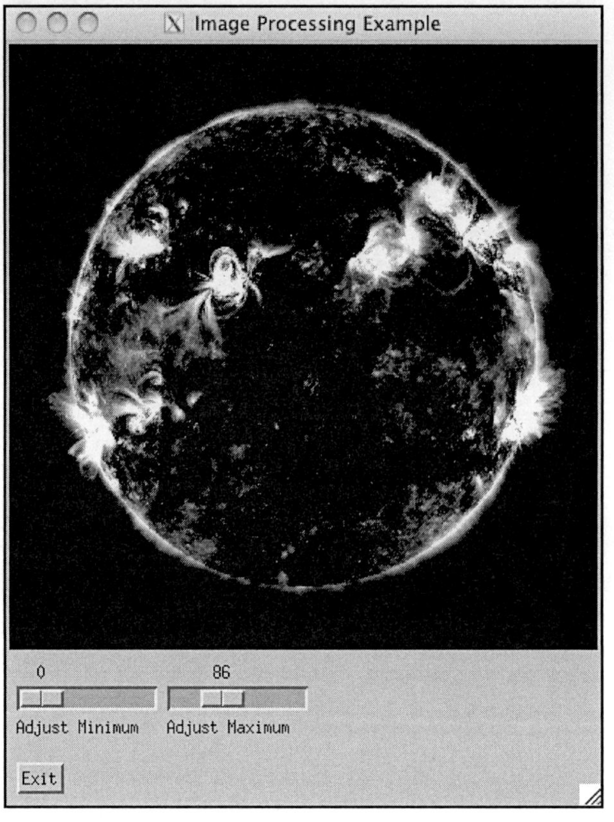

그림 18-2-3 슬라이더 위젯의 이벤트를 반영하여 이미지의 컨트라스트가 조정된 모습

그런데 슬라이더를 움직이면서 한가지 아쉬운 느낌이 들 것이다. 왜냐하면 지금의 상태에서는 슬라이더를 마우스 드래그로 움직이다가 마우스 버튼을 떼는 순간에만 컨트라스트가 재조정되는 모습을 볼 수 있다. 이왕이면 마우스 드래그를 할 때에도 순간순간 스케일 재조정이 수행된다면 더 좋을 것이다. 이것은 간단하게 해결이 가능하다. 메인 루틴에서 두 슬라이더 위젯의 생성을 위하여 WIDGET_SLIDER 함수를 사용하였는데 여기에 다음과 같이 /DRAG라는 키워드만 추가하면 된다. 이와 같이 수정하고 프로그램을 다시 실행해보자. 그러면 이제는 마우스 드래그가 이루어지는 순간순간마다 컨트라스트가 변하는 것을 볼 수 있을 것이다.

```
wslider_min = WIDGET_SLIDER(base1, MINIMUM=0, MAXIMUM=255, $
  XSIZE=100, UVALUE='wslider_min', TITLE='Adjust Minimum', /DRAG)
wslider_max = WIDGET_SLIDER(base1, MINIMUM=0, MAXIMUM=255, $
  XSIZE=100, UVALUE='wslider_max', TITLE='Adjust Maximum', /DRAG)
```

이번 예제에서는 앞 섹션의 예제에서 보지 못했던 몇몇 기법들이 소개되었다. 조금 더 그럴듯한 GUI를 만들어가는 과정이라고 생각하면 된다. 만약 이 GUI에 기능들을 추가한다면 어떤 기능들을 넣으면 좋을 것인지 생각해보자. 이미지의 컬러테이블을 조절하는 기능이 될 수도 있고, 화면상에서 마우스 커서를 움직이면 해당 위치에서의 화소값이 표시되도록 하는 기능이 될 수도 있고, 마우스로 드래그한 사각형 영역만 확대해서 보여주는 기능이 될 수도 있을 것이다. 생각해볼 수 있는 추가 기능들이야 밑도 끝도 없을 것이다. 그래서 이번에는 이 중 하나인 화면상에서 마우스 커서를 움직일 때 그 위치의 화소값을 표시하는 기능만을 추가해보기로 하자.

이러한 기능을 구현하려면 그래픽창 위젯이 이벤트를 발생하도록 해야 한다. 아직까지는 그래픽창에서 어떠한 마우스 조작하더라도 아무런 이벤트가 발생하지 않는다. 그래픽창 위젯에서 마우스의 움직임에 의한 이벤트를 활성화하려면 다음과 같이 WIDGET_DRAW 함수에 MOTION_EVENTS라는 키워드를 추가해야 한다. 그리고 유저값도 추가해주는 것이 바람직할 것이다.

```
wdraw = WIDGET_DRAW(tlb, XSIZE=400, YSIZE=400, $
  GRAPHICS_LEVEL=2, /MOTION_EVENTS, UVALUE='wdraw')
```

그리고 이벤트 처리 루틴에서는 그래픽창 위젯에서 발생한 이벤트를 처리하기 위한 내용이 들어가야 한다. 일단 다음과 같은 내용을 추가해보자. 여기서는 그래픽창에서 마우스의 움직임이 감지되면 움직임을 감지했다는 메시지만 출력하도록 되어 있다.

```
IF uval EQ 'wdraw' THEN BEGIN
  PRINT, 'mouse motion detected!'
ENDIF
```

이 상태에서 프로그램을 컴파일 및 실행해보자. 그리고 화면상에서 마우스를 움직여 보자. 그러면 움직일 때마다 다음 그림과 같이 IDL의 상태창에서 'mouse motion detected!'라는 문자가 계속 출력되는 것을 보게 된다. 마우스의 위치가 미세하게라도 바뀌면 그때 그때 이벤트가 발생한다는 것을 확인할 수 있다.

이제 우리가 목적으로 하는 기능을 구현하려면 기본적으로 어떤 정보가 필요할까? 그렇다. 마우스 커서가 화면상에 있을 때, 화면상에서 마우스 커서의 위치 좌표를 얻는 것이 가장 기본적으로 필요하다. 이 좌표를 화소 단위의 좌표로 변환한 다음, 이미지 배열상에서 이 좌표에서의 화소값을 읽어 표시하면 된다. 그렇다면 마우스 커서의 위치 좌표는 어디서 얻어야 할까? 이 좌표는 그래픽창 위젯에서 마우스 움직임 이벤트가 발생할 때 전달되는 이벤트 구조체안에 포함되어 있다. 참고로 IDL 도움말에서 WIDGET_DRAW 함수에 관한 내용을 찾아보면, 내용의 후반부에 그림 18-2-4와 같이 이 함수에서 전달되는 이벤트 구조체에 관한 자세한 설명이 나온다[27]. 이 내용에 의하면 구조체의 항목들중 X 및 Y라는 항목이 바로 마우스 커서의 위치에 대한 화소 기반의 좌표(device coordinate)가 됨을 알 수 있다.

Widget Events Returned by Draw Widgets

By default, draw widgets do not generate events. If the BUTTON_EVENTS keyword is set when the widget is created, pressing or releasing any mouse button while the mouse cursor is over the draw widget causes events to be generated. Specifying the MOTION_EVENTS keyword causes events to be generated *continuously* as the mouse cursor moves across the draw widget. Specifying the EXPOSE_EVENTS keyword causes events to be generated whenever the visibility of any portion of the draw window (or viewport) changes. Specifying the KEYBOARD_EVENTS keyword causes events to be generated when the draw widget has keyboard focus and a keyboard key is pressed. Specifying the WHEEL_EVENTS keyword causes events to be generated when the draw widget has focus and the scroll wheel is rolled.

Note: For an example using motion events with WIDGET_DRAW, see Accessing Draw Widget Events

Draw widgets can also generate events when an item is dragged onto the drawing area and the mouse button is released. See Drop Events and the DROP_EVENTS keyword for details.

The event structure returned by the WIDGET_EVENT function is defined by the following statement:

```
{WIDGET_DRAW, ID:0L, TOP:0L, HANDLER:0L, TYPE: 0, X:0L, Y:0L,
   PRESS:0B, RELEASE:0B, CLICKS:0L, MODIFIERS:0L, CH:0B, KEY:0L }
```

Note: If you defined your own {WIDGET_DRAW} structures prior to the IDL 5.3 release before the structure was defined by an internal call, the MODIFIERS field will break the existing user code.

Note: If you defined your own {WIDGET_DRAW} structures prior to the IDL 5.6 release before the structure was defined by an internal call, the CH and KEY fields will break the existing user code.

그림 18-2-4 IDL 도움말에서 Draw 위젯에서 전달되는 이벤트 구조체에 관한 설명내용을 찾아본 모습

[27] 다른 위젯 관련 함수들에 대한 도움말에서도 이와 같은 내용이 항상 있으므로, 해당 위젯에서 발생하는 이벤트 구조체에 관한 정보를 여기서 얻을 수 있다.

이를 근거로 하여 이벤트 처리 루틴에 앞서 삽입했던 내용을 다음과 같이 수정하여 실행해보자. 그러면 GUI의 그래픽창에서 마우스 커서를 움직일 때 그 위치 좌표가 IDL의 상태창에 출력될 것이다.

```
IF uval EQ 'wdraw' THEN BEGIN
  PRINT, event.X, event.Y
ENDIF
```

다음 단계는 이렇게 출력되는 좌표를 이미지 배열상의 좌표로 변환하여 이 위치에 대한 화소값을 읽어들이는 것이다. 현 단계에서 출력되는 좌표들을 보면 X, Y 각 방향으로 모두 0~399의 범위를 갖는다. 이것은 WIDGET_DRAW 함수에서 윈도우의 크기를 400X400으로 정의했기 때문이다. 그런데 이미지 배열의 크기는 1024X1024이다. 따라서 이미지 배열의 크기에 대하여 환산된 좌표를 근거로 화소값을 얻어야 한다. 이를 위하여 위의 내용을 다음과 같이 수정하고, 프로그램을 다시 실행해보자. 이 상태에서 마우스 커서를 움직여보면 이미지 배열의 크기에 맞게 환산된 좌표 및 화소값이 출력되는 것을 확인할 수 있을 것이다.

```
IF uval EQ 'wdraw' THEN BEGIN
  xc = ROUND(event.X/399.*1024)
  yc = ROUND(event.Y/399.*1024)
  PRINT, xc, yc, info.img[xc, yc]
ENDIF
```

이제는 이 결과가 IDL의 상태창이 아닌 GUI상에서 출력되도록 수정해야 한다. GUI상에서는 슬라이더 위젯의 바로 아래 부분에 라벨 위젯 세 개를 만들어 각각 X좌표, Y좌표, 화소값이 되도록 하려고 한다. 이를 위하여 프로그램을 다음과 같이 수정해보자.

```
PRO image_processing_event, event

WIDGET_CONTROL, event.top, GET_UVALUE=info
WIDGET_CONTROL, event.id, GET_UVALUE=uval

IF uval EQ 'wslider_min' OR uval EQ 'wslider_max' THEN BEGIN
  WIDGET_CONTROL, info.wslider_min, GET_VALUE=mn
```

```
  WIDGET_CONTROL, info.wslider_max, GET_VALUE=mx
  info.oImage -> SetProperty, DATA=BYTSCL(info.img>mn<mx)
  info.oWindow -> Draw, info.oView
ENDIF

IF uval EQ 'wdraw' THEN BEGIN
  xc = ROUND(event.X/399.*1024)
  yc = ROUND(event.Y/399.*1024)
  val = FIX(info.img[xc, yc])
  WIDGET_CONTROL, info.wlabel_x, $
    SET_VALUE='X : '+STRTRIM(STRING(xc), 2)
  WIDGET_CONTROL, info.wlabel_y, $
    SET_VALUE='Y : '+STRTRIM(STRING(yc), 2)
  WIDGET_CONTROL, info.wlabel_val, $
    SET_VALUE='Value : '+STRTRIM(STRING(val), 2)
ENDIF

IF uval EQ 'Exit' THEN BEGIN
  OBJ_DESTROY, OBJ_VALID()
  WIDGET_CONTROL, event.top, /DESTROY
ENDIF

END

PRO image_processing

tlb = WIDGET_BASE(TITLE='Image Processing Example', /COLUMN)
wdraw = WIDGET_DRAW(tlb, XSIZE=400, YSIZE=400, $
  GRAPHICS_LEVEL=2, /MOTION_EVENTS, UVALUE='wdraw')
base1 = WIDGET_BASE(tlb, /ROW)
wslider_min = WIDGET_SLIDER(base1, MINIMUM=0, MAXIMUM=255, $
  XSIZE=100, UVALUE='wslider_min', TITLE='Adjust Minimum', /DRAG)
wslider_max = WIDGET_SLIDER(base1, MINIMUM=0, MAXIMUM=255, $
  XSIZE=100, UVALUE='wslider_max', TITLE='Adjust Maximum', /DRAG)
base2 = WIDGET_BASE(tlb, /ROW)
```

```
wlabel_x = WIDGET_LABEL(base2, VALUE='X : ', /DYNAMIC_RESIZE)
wlabel_y = WIDGET_LABEL(base2, VALUE='Y : ', /DYNAMIC_RESIZE)
wlabel_val = WIDGET_LABEL(base2, VALUE='Value : ', $
  /DYNAMIC_RESIZE)
base3 = WIDGET_BASE(tlb, /ROW)
wbutton = WIDGET_BUTTON(base3, VALUE='Exit', UVALUE='Exit')

WIDGET_CONTROL, tlb, /REALIZE
WIDGET_CONTROL, wslider_max, SET_VALUE=255
WIDGET_CONTROL, wdraw, GET_VALUE=oWindow
oView = OBJ_NEW('IDLgrView', VIEWPLANE_RECT=[0, 0, 1, 1])
oModel = OBJ_NEW('IDLgrModel')

ifile = 'AIA_0171.png'
img = READ_IMAGE(ifile)
oImage = OBJ_NEW('IDLgrImage', img)
oImage -> GetProperty, XRANGE=xrn, YRANGE=yrn
xs = NORM_COORD(xrn)
ys = NORM_COORD(yrn)
oImage -> SetProperty, XCOORD_CONV=xs, YCOORD_CONV=ys

oView -> Add, oModel
oModel -> Add, oImage
oWindow -> Draw, oView

info = {wslider_min:wslider_min, wslider_max:wslider_max, $
        img:img, oImage:oImage, oView:oView, oWindow:oWindow, $
        wlabel_x:wlabel_x, wlabel_y:wlabel_y, $
        wlabel_val:wlabel_val}
WIDGET_CONTROL, tlb, SET_UVALUE=info
XMANAGER, 'image_processing', tlb

END
```

기존의 내용에 비해 달라진 부분들을 보면, 기반 위젯을 하나 추가하여 세 개의 라벨 위젯들을 여기에 생성하였다. 각 라벨 위젯을 정의하는 WIDGET_LABEL 함수에서 /DYNAMIC_RESIZE라는 키워드가 사용된 것을 볼 수 있는데, 라벨 위젯을 생성할 때 부여된 문자열의 문자 갯수가 고정되지 않도록 풀어두는 역할을 한다. 나중에 이벤트 처리 루틴에서 좌표 및 화소값이 산출될 때 이 값에 해당되는 문자열로 업데이트가 가능하도록 하기 위한 사전 조치이다. 그리고 이 세 개의 라벨 위젯들을 info 구조체에 추가해넣었다. 당연히 이벤트 처리 루틴에서 사용할 수 있도록 하기 위해서이다. 그리고 이벤트 처리 루틴에서는 산출된 좌표 및 화소값을 적당한 문자열로 만든 후, 각 라벨 위젯에 대한 새로운 문자열로 부여하는 과정이 포함되었다. 프로그램이 제대로 실행되었다면 그림 18-2-5와 같이 마우스를 화면상에서 움직일 때마다 좌표 및 화소값이 업데이트되어 표출되는 것을 볼 수 있다.

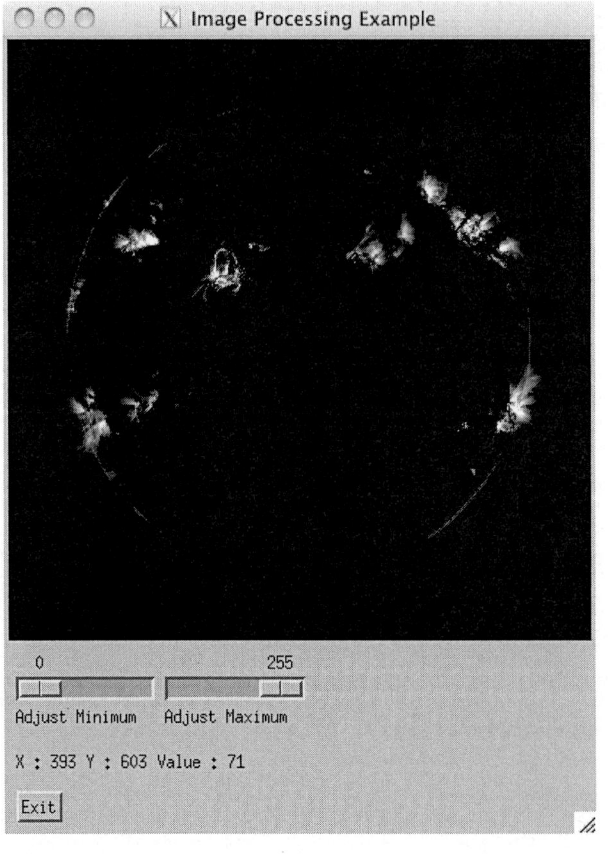

그림 18-2-5 그래픽 창위의 커서의 위치 좌표가 표시되는 모습

지금까지 이미지 표출 GUI을 만들어보면서 여러가지 새로운 프로그래밍 기법들을 알아보았다. 소개된 다양한 기법들은 GUI 프로그래밍에 있어서 자주 사용되기 때문에 잘 기억해두면 좋을 것이다. 이제 다음 섹션에서는 좀 더 다양한 기능을 갖는(그러므로 더 복잡한) GUI에 도전해보기로 한다.

18.3. GUI 프로그램 실전 예제 3

이번에는 3차원 볼륨 자료를 가시화하는 GUI를 만들어보고자 한다. 기본적으로 3차원 배열 자료를 볼륨 객체로 만들어 표출한다. 그리고 그래픽창에서는 사용자의 마우스 드래그에 의하여 볼륨 객체의 시선 방향을 조절할 수 있도록 할 것이다[28]. 일단 이 기능만 먼저 구현해보고, 그 외에 기능들을 순차적으로 추가해보기로 한다.

이번 예제에서 사용될 3차원 자료는 앞서 볼륨 객체에 관한 챕터에서 다루었던 head.dat라는 파일이다. GUI의 제작에 있어서는 일단 첫 단계로서 그래픽창 위젯만 구현하기로 한다. 그래서 이 그래픽창에 해당되는 윈도우 객체를 추출하고, 여기서 뷰 및 모델 객체를 포함시킨다. 그리고 3차원 자료로부터 볼륨 객체를 생성하고, 이 볼륨 객체의 X, Y, Z 방향 범위를 추출하여 좌표변환 인자를 생성한 다음 [XYZ]COORD_CONV 속성으로 부여한다. 그리고 모델 객체를 적당한 시선 방향으로 회전시킨 다음, 뷰 객체를 윈도우 객체에 구현하는 과정을 밟게 된다. 이 과정들을 프로그램화하면 다음 내용과 같다.

```
PRO show_volume_data

ifile = FILEPATH('head.dat', SUBDIR=['examples', 'data'])
data = READ_BINARY(ifile, DATA_DIMS=[80, 100, 57])
mn = MIN(data)
mx = MAX(data)
PRINT, mn, mx

tlb = WIDGET_BASE(TITLE='Volume Data Browser', /ROW)
```

[28] XOBJVIEW의 GUI상에서 마우스 드래그에 의하여 객체를 이리저리 돌려보는 기능과 같다고 보면 된다.

```
wdraw = WIDGET_DRAW(tlb, XSIZE=600, YSIZE=600, GRAPHICS_LEVEL=2)

WIDGET_CONTROL, tlb, /REALIZE
WIDGET_CONTROL, wdraw, GET_VALUE=oWindow
bkg_color = [255, 255, 255]
oWindow -> Erase, COLOR=bkg_color
oView = OBJ_NEW('IDLgrView', COLOR=bkg_color)
oModel = OBJ_NEW('IDLgrModel')
oView -> Add, oModel

oVolume = OBJ_NEW('IDLgrVolume', data)
oVolume -> GetProperty, XRANGE=xrn, YRANGE=yrn, ZRANGE=zrn
xs = NORM_COORD(xrn)
ys = NORM_COORD(yrn)
zs = NORM_COORD(zrn)
xs[0] = xs[0] - 0.5
ys[0] = ys[0] - 0.5
zs[0] = zs[0] - 0.5
oVolume -> SetProperty, XCOORD_CONV=xs, YCOORD_CONV=ys, $
  ZCOORD_CONV=zs
oModel -> Add, oVolume
oModel -> Rotate, [0, 0, 1], 30
oModel -> Rotate, [1, 0, 0], -45
oWindow -> Draw, oView

END
```

그리고 이 프로그램을 컴파일 및 실행하면 그림 18-3-1과 같은 아주 단순한 형태의 GUI를 볼 수 있다. 물론 볼륨 객체의 스냅샷 하나만 보여지는 상태이고, 이벤트 처리 루틴도 아직 등장하지 않는 단계이다. 일단 여기까지가 가장 기본적으로 필요한 첫 과정이다. 프로그램의 내용을 보면 아마 지금 정도의 시점에서라면 다 알만한 내용일 것이므로, 더 이상의 자세한 설명은 생략한다.

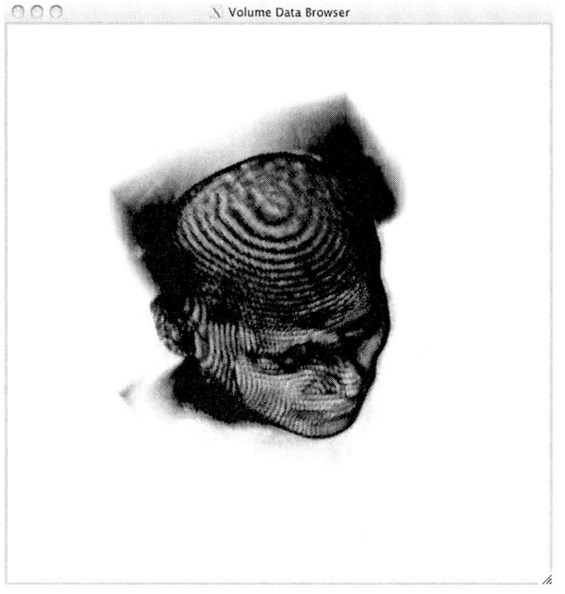

그림 18-3-1 그래픽 창에 볼륨 객체를 구현한 GUI의 모습

이제 그래픽창에서 마우스 드래그를 할 때 볼륨 객체의 시선 방향이 이에 따라 회전하는 기능을 넣어보겠다. 이러한 기능을 구현하기 위하여 꼭 필요한 객체 클래스가 있다. 바로 Trackball이라는 클래스의 객체이다. 이 객체는 뷰나 모델 어디에도 속하지 않고 독립적으로 존재한다. 이 객체를 선언하는 문법은 다음과 같다.

```
Obj = OBJ_NEW('Trackball', center, radius, [PROPERTY=value])
```

여기서 center라는 인자는 윈도우 객체상에서 회전의 중심이 될 지점의 [X, Y] 좌표이다. 그리고 radius라는 인자는 회전반경에 해당되는 값이다. 두 인자 모두 화소 단위의 좌표(device coordinate)로 주어진다. 지금 우리가 구현하고 있는 GUI의 그래픽창의 크기는 가로 및 세로 모두 600화소로 되어 있다. 따라서 첫번째 인자는 [300, 300]이 되어야 하고, 두번째 인자는 300이 되어야 할 것이다. 이와 같은 트랙볼 객체가 삽입되어야 한다.

다음으로 필요한 작업은 GUI의 이벤트를 활성화시키는 것이다. 이를 위해서는 가장 먼저 프로그램의 맨 뒷부분에 XMANAGER 명령이 들어가야 한다. 그리고 이벤트 처리 루틴을 정의해야 한다. 이벤트 처리 루틴의 이름은 통상적으로는 메인 루틴의 이름에 '_event'라는 문자열이 추가된 형태가 된다. 하지만 여기서는 별도의 이름을 갖도록 할 것이다. 이것은 나중에 추가될 기능들에 대비하는 의미이기도 하고, 이벤트 처리 루틴을 정의하는 또 다른 방법을 제시한다는 의미이기도 하다. 그래서 WIDGET_DRAW 함수로 정의된 그래픽창 위젯에서 발생하는 이벤트들만 전담하여 처리하기 위한 이벤트 처리 루틴을 따로 정의하고 그 이름을 wdraw_widget_events 라고 명명하겠다.

그러면 우선 필요한 수정사항들이 반영된 프로그램의 내용을 보자. 다음과 같이 이벤트 처리 루틴안에 새로운 내용들이 많이 들어간 것을 볼 수 있다.

```
PRO wdraw_widget_events, event

WIDGET_CONTROL, event.top, GET_UVALUE=pinfo

IF (event.PRESS EQ 1) THEN BEGIN
  (*pinfo).oVolume -> SetProperty, RENDER_STEP=[3, 3, 3]
  (*pinfo).oWindow -> Draw, (*pinfo).oView
  WIDGET_CONTROL, (*pinfo).wdraw, DRAW_MOTION_EVENTS=1
ENDIF

IF (event.RELEASE EQ 1) THEN BEGIN
  WIDGET_CONTROL, (*pinfo).wdraw, DRAW_MOTION_EVENTS=0
  WIDGET_CONTROL, HOURGLASS=1
  (*pinfo).oVolume -> SetProperty, RENDER_STEP=[1, 1, 1]
  (*pinfo).oWindow -> Draw, (*pinfo).oView
  WIDGET_CONTROL, HOURGLASS=0
ENDIF

IF TAG_NAMES(event, /STRUCTURE_NAME) EQ 'WIDGET_DRAW' THEN BEGIN
  bHaveXform = (*pinfo).oTrackball -> Update(event, $
    TRANSFORM=TrackXform )
  IF (bHaveXform) THEN BEGIN
    (*pinfo).oModel -> GetProperty, TRANSFORM=ModelXform
    (*pinfo).oModel -> SetProperty, $
```

```
      TRANSFORM=ModelXform#TrackXform
    (*pinfo).oWindow -> Draw, (*pinfo).oView
  ENDIF
ENDIF

END

PRO show_volume_data

ifile = FILEPATH('head.dat', SUBDIR=['examples', 'data'])
data = READ_BINARY(ifile, DATA_DIMS=[80, 100, 57])
mn = MIN(data)
mx = MAX(data)
PRINT, mn, mx

tlb = WIDGET_BASE(TITLE='Volume Data Browser', /ROW)
wdraw = WIDGET_DRAW(tlb, XSIZE=600, YSIZE=600, $
  GRAPHICS_LEVEL=2, /BUTTON_EVENTS, $
  EVENT_PRO='wdraw_widget_events')

WIDGET_CONTROL, tlb, /REALIZE
WIDGET_CONTROL, wdraw, GET_VALUE=oWindow
bkg_color = [255, 255, 255]
oWindow -> Erase, COLOR=bkg_color
oView = OBJ_NEW('IDLgrView', COLOR=bkg_color)
oModel = OBJ_NEW('IDLgrModel')
oView -> Add, oModel

oVolume = OBJ_NEW('IDLgrVolume', data)
oVolume -> GetProperty, XRANGE=xrn, YRANGE=yrn, ZRANGE=zrn
xs = NORM_COORD(xrn)
ys = NORM_COORD(yrn)
zs = NORM_COORD(zrn)
xs[0] = xs[0] - 0.5
ys[0] = ys[0] - 0.5
```

```
zs[0] = zs[0] - 0.5
oVolume -> SetProperty, XCOORD_CONV=xs, YCOORD_CONV=ys, $
  ZCOORD_CONV=zs
oModel -> Add, oVolume
oModel -> Rotate, [0, 0, 1], 30
oModel -> Rotate, [1, 0, 0], -45
oWindow -> Draw, oView

oTrackball = OBJ_NEW('TrackBall', [300, 300], 300)
info = {wdraw:wdraw, oVolume:oVolume, oTrackball:oTrackball, $
        oWindow:oWindow, oView:oView, oModel:oModel}
pinfo = PTR_NEW(info)
WIDGET_CONTROL, tlb, SET_UVALUE=pinfo
XMANAGER, 'show_volume_data', tlb

END
```

먼저 메인 루틴의 후반부를 보면, 트랙볼 객체를 생성한 다음, 이벤트 처리 루틴으로 전달할 필요가 있는 정보들을 담은 info라는 구조체가 정의된 것을 볼 수 있다. 그러면 이 구조체를 최상위 레벨 기반 위젯의 유저값으로 부여하면 되겠지만, 여기서는 이 구조체에 대한 포인터(pointer)를 PTR_NEW라는 함수로 정의하고 이 포인터를 유저값으로 부여하고 있다. 이것은 구조체에 들어가는 정보의 양이 많아질 경우 이 자체를 유저값으로 부여하는 것보다는, 구조체에 대한 포인터를 정의하고 이 포인터를 유저값으로 부여하는 것이 메모리 운용상 부담이 덜하기 때문이다. 따라서 다양한 기능을 수행하는 GUI일수록 이와 같이 포인터의 형태로 유저값을 부여하는 기법이 더 효율적이다. 포인터는 정보 자체라기 보다는 정보에 대한 일종의 꼬리표의 성격이 강하기 때문이다.

그리고 이벤트 처리 루틴을 보기에 앞서 그래픽창 위젯인 wdraw를 정의하는 부분을 보자. 그러면 WIDGET_DRAW 함수에 새로운 키워드 두 개가 사용된 것이 보인다. 먼저 BUTTON_EVENTS라는 키워드는 그래픽창 위젯상에서 마우스 버튼을 클릭할 때 이벤트가 발생하도록 하는 역할을 한다. 마우스의 버튼은 왼쪽, 가운데, 오른쪽 모두 해당되며, 버튼을 누를 때 뿐만 아니라 뗄 경우에도 이벤트가 발생한다. 그리고 EVENT_PRO라는 키워드는 이 위젯에서 이벤트가 발생할 때의 이벤트 처리 루틴의 이름을 설정하는 역할을 한다. 만약 이 키워드가 사용되지 않으면, 이벤트 발생시 메인 루틴의 이름에 '_events'라는 이름을 가진 루틴을 자동적으로 찾아가게 되어 있다. 하지만 여기서는 이벤트 처리루틴이 'wdraw_widget_events'라고 명시되어 있으므로, 이벤트 발생시 이 루틴을 찾아가게 된다.

이제 이벤트 처리 루틴인 'wdraw_widget_events'의 내용을 보자. 세 개의 IF문이 있는데, 첫번째 IF문은 왼쪽 마우스 버튼이 눌러졌을 때의 이벤트 처리, 두번째 IF문은 왼쪽 마우스 버튼이 떼어졌을 때의 이벤트 처리, 세번째 IF문은 마우스 드래그가 발생했을 때의 이벤트 처리 내용에 해당된다. 기본적으로 우리는 마우스 왼쪽 버튼이 눌러진 상태에서 드래그가 이루어질 때에만 볼륨 객체의 회전이 가능하도록 하려 한다. 즉, 버튼이 눌러지지 않은 상태에서는 아무리 마우스 커서를 움직여도 이벤트가 발생하지 않게 하고, 눌러진 상태에서 움직여야만 움직임 이벤트가 발생하도록 하는 것이다. 그래서 첫번째 IF문의 핵심적인 내용은 WIDGET_CONTROL이라는 명령에서 사용된 DRAW_MOTION_EVENTS라는 키워드이다. 이 키워드의 값이 1이라는 것은 마우스 커서의 움직임에 따른 이벤트를 활성화시키는 것이다. 따라서 두번째 IF문에서는 이 키워드의 값을 0으로 부여함으로써, 마우스 왼쪽 버튼이 떼어지는 순간 이벤트를 비활성화시키는 셈이다. 그리고 세번째 IF문의 역할은 마우스 드래그가 이루어질 때 트랙볼 객체가 전달하는 변환인자를 처리하는 것이다. 이 변환인자는 모델 객체에 대한 것으로, 마우스 드래그에 따른 모델의 시선방향 변동을 반영하는 것이다. 이러한 내용은 마우스 드래그에 의한 모델 객체의 시선방향 변화를 처리해야하는 GUI를 만들 때 꼭 들어가는 사실상 정형화된 기법이므로, 잘 기억해두길 바란다.

그 외에 이벤트 처리 루틴의 내용에서 눈여겨 볼 부분은 마우스 왼쪽 버튼을 누를 때 볼륨 객체의 디테일을 RENDER_STEP 속성으로 조절하는 것이다. 이것은 볼륨 객체를 마우스 드래그로 회전시킬 때, 디테일이 원래대로 살아있는 상태에서는 움직임이 좀 버겁기 때문에 이를 좀 부드럽게 해주기 위한 일종의 편법(?)이라고 보면 된다. 이러한 부분은 사용자의 편의를 위한 것이지만, 이 기법을 사용하느냐 마느냐는 어차피 프로그래머의 자유이다. 그리고 두번째 IF문에서 WIDGET_CONTROL 명령에 HOURGLASS라는 키워드가 사용된 것이 보이는데, 이것은 마우스 커서를 모래시계(MS 윈도우즈의 경우) 모양으로 바꾸는 역할을 한다. 이것은 어떤 이벤트를 처리하는데 다소 시간이 걸릴 경우, 잠시 기다려달라는 의미로 흔히 사용되는 방법이므로 역시 기억해두면 좋을만한 기법이다.

이제 이 상태에서 프로그램을 실행해보고, 그래픽창에서 마우스 왼쪽 버튼을 누른 상태로 드래그해보자. 그러면 볼륨 객체의 디테일이 줄어들고 그 상태에서 이리저리 회전이 가능해진다. 물론 마우스 왼쪽 버튼을 떼면 원래의 디테일을 회복하고, 더 이상의 회전은 불가능하다. 어쨌든 이러한 기법을 사용하여, 그림 18-3-2와 같이 화면상의 그래픽 객체를 회전시킬 수 있다. 우리가 이미 여러 차례 사용해왔던 XOBJVIEW의 경우도 이러한 기법이 소스코드상에 반영되어 있다는 점을 참고적으로 기억해두자.

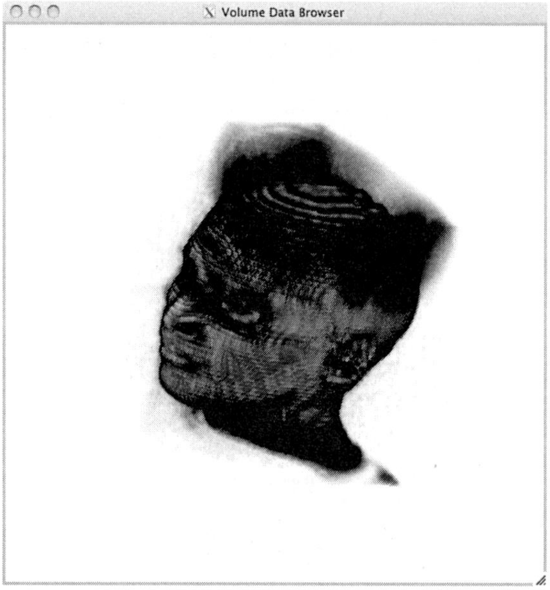

그림 18-3-2 트랙볼 객체를 삽입하여 볼륨 객체의 회전이 가능해진 모습

자 이제부터는 이 GUI에 대하여 추가적인 기능들을 몇 가지 구현해보기로 하자. 먼저 볼륨 자료를 XY평면으로 잘라낸 단면을 이미지로 표출하는 기능을 구현해보려 한다. 이 때 Z축상의 좌표를 슬라이더 위젯을 통하여 사용자가 조절할 수 있게 한다. 그러면 사용자가 슬라이더를 이용하여 Z축 좌표값을 조절할 때마다 단면 이미지의 위치 및 내용도 그에 맞게 변하도록 하는 것이 목표이다. GUI의 측면에서 보면 이 기능을 위하여 추가되어야 할 항목은 바로 슬라이더 위젯이다. 그런데 그 외에도 체크 버튼을 하나 삽입하려고 한다. 이 체크 버튼의 역할은, 체크가 되면 단면 이미지를 나타내고 체크를 해제하면 단면 이미지를 숨기는 것이다. 체크 버튼에 해당되는 위젯을 생성할 때에도 일반 버튼의 경우와 마찬가지로 WIDGET_BUTTON 함수를 사용한다. 다만 이 버튼이 위치할 기반 위젯에 대하여 특별한 설정이 필요하다. 일단 이 기능의 구현을 위하여 수정된 메인 루틴의 내용을 먼저 보기로 하자.

```
PRO show_volume_data

ifile = FILEPATH('head.dat', SUBDIR=['examples', 'data'])
data = READ_BINARY(ifile, DATA_DIMS=[80, 100, 57])
mn = MIN(data)
mx = MAX(data)
PRINT, mn, mx

tlb = WIDGET_BASE(TITLE='Volume Data Browser', /ROW)
wdraw = WIDGET_DRAW(tlb, XSIZE=600, YSIZE=600, $
  GRAPHICS_LEVEL=2, /BUTTON_EVENTS, $
  EVENT_PRO='wdraw_widget_events')
rbase = WIDGET_BASE(tlb, /COLUMN)
base_bttn_plane = WIDGET_BASE(rbase, /NONEXCLUSIVE)
bttn_plane_xy = WIDGET_BUTTON(base_bttn_plane, VALUE='Show XY-
Plane', UVALUE='show_plane_xy')
slider_plane_xy = WIDGET_SLIDER(rbase, MINIMUM=0, MAXIMUM=56,
XSIZE=100, UVALUE='slider_plane_xy', /DRAG)

WIDGET_CONTROL, tlb, /REALIZE
WIDGET_CONTROL, slider_plane_xy, SENSITIVE=0
WIDGET_CONTROL, wdraw, GET_VALUE=oWindow
bkg_color = [255, 255, 255]
oWindow -> Erase, COLOR=bkg_color
oView = OBJ_NEW('IDLgrView', COLOR=bkg_color)
```

```
oModel = OBJ_NEW('IDLgrModel')
oView -> Add, oModel

oVolume = OBJ_NEW('IDLgrVolume', data)
oVolume -> GetProperty, XRANGE=xrn, YRANGE=yrn, ZRANGE=zrn
xs = NORM_COORD(xrn)
ys = NORM_COORD(yrn)
zs = NORM_COORD(zrn)
xs[0] = xs[0] - 0.5
ys[0] = ys[0] - 0.5
zs[0] = zs[0] - 0.5
oVolume -> SetProperty, XCOORD_CONV=xs, YCOORD_CONV=ys, $
  ZCOORD_CONV=zs
oModel -> Add, oVolume
oModel -> Rotate, [0, 0, 1], 30
oModel -> Rotate, [1, 0, 0], -45
oWindow -> Draw, oView

oTrackball = OBJ_NEW('TrackBall', [300, 300], 300)
oPalette = OBJ_NEW('IDLgrPalette')
oPalette -> LoadCT, 39

info = {wdraw:wdraw, oVolume:oVolume, oTrackball:oTrackball, $
        oWindow:oWindow, oView:oView, oModel:oModel, $
       slider_plane_xy:slider_plane_xy, data:data, $
       oPalette:oPalette, xs:xs, ys:ys, zs:zs, $
       oPlaneXY:OBJ_NEW(), oImageXY:OBJ_NEW()}
pinfo = PTR_NEW(info)
WIDGET_CONTROL, tlb, SET_UVALUE=pinfo
XMANAGER, 'show_volume_data', tlb

END
```

볼드체로 표시된 첫번째 부분을 보면 체크 버튼 및 슬라이더 위젯에 대한 정의가 되어있다. 이 부분에서 새로운 기반 위젯인 rbase라는 것이 정의된 것이 보이는데, 이 기반 위젯은 그래픽창의 오른쪽에 위치하며 하위 위젯들이 세로 방향으로 정렬되도록 설정되어 있음을 알 수 있다. 그리고 base_bttn_plane이라는 이름의 또 다른 기반 위젯이 있는데, 이것은 순전히 체크 버튼을 위한 기반 위젯이다. 이 위젯을 정의하는 WIDGET_BASE 함수를 보면 NONEXCLUSIVE라는 키워드가 사용되었다. 이 기반 위젯상에 위치할 버튼들은 체크 버튼의 성격을 갖게 된다는 의미이다. 체크 버튼이란 것은 여러 개가 있을 때 한꺼번에 몇 개가 체크되든 아무 상관이 없다[29]. 즉 서로 배타적이지 않다는 의미가 된다. 따라서 이 기반 위젯상에 생성되는 bttn_plane_xy는 이와 같은 체크 버튼의 형태를 띄게 된다. 뒤이어 slider_plane_xy라는 이름의 슬라이더 위젯이 정의되는 것을 볼 수 있다. 그리고 그 위치에서 두 줄 아래를 보면 이 슬라이더 위젯에 대하여 사용된 WIDGET_CONTROL 명령에서 SENSITIVE라는 키워드가 보인다. 이것은 일단 슬라이더 위젯 자체를 초기에는 비활성화시켜놓겠다는 의미이다. 왜냐하면 이 슬라이더는 단면 이미지가 존재할 때에만 그 역할을 하므로, 단면 이미지가 없을 경우에는 굳이 활성화되어있을 이유가 없기 때문이다.

그리고 후반부에서는 info 구조체에 몇몇 추가된 항목들이 보인다. 먼저 슬라이더 위젯이 포함된 이유는 당연히 이벤트 처리 루틴에서 이 슬라이더 위젯으로부터 값을 읽어야 하기 때문이다. 그리고 이벤트 처리 루틴에서 단면 이미지 생성을 위하여 원래 자료인 data도 포함되었다. 그리고 팔레트 객체를 하나 생성해서 포함시켰는데 이는 단면 이미지 객체에서 사용될 것이다. 그리고 단면 이미지 폴리곤 및 단면 이미지 객체에 해당되는 oPlaneXY, oImageXY라는 항목들이 보인다. 이 객체들은 초기에는 빈 객체(null object)인 상태로 존재하지만, 나중에 이벤트 처리 루틴에서는 각각 폴리곤 및 이미지 클래스로 생성될 것이다. 그 외에 이 객체들이 생성될 때 크기 조절을 위하여 xs, ys, zs도 구조체에 포함되었다. 일단 이 상태로 프로그램을 실행해보면 그림 18-3-3과 같이 오른쪽 부분에 체크 버튼 및 슬라이더가 구현된 모습을 볼 수 있다. 물론 이로부터 발생하는 이벤트에 대한 처리 루틴은 아직 정의되지 않은 상태이므로 체크 버튼을 누르거나 슬라이더를 움직이면 당연히 에러가 날 것이다.

29 이와 상반되는 것이 바로 라디오 버튼이다. 라디오 버튼은 여러 개가 있을 때 오직 하나만 선택이 가능하다. 따라서 이 경우에는 EXCLUSIVE라는 키워드가 사용된다.

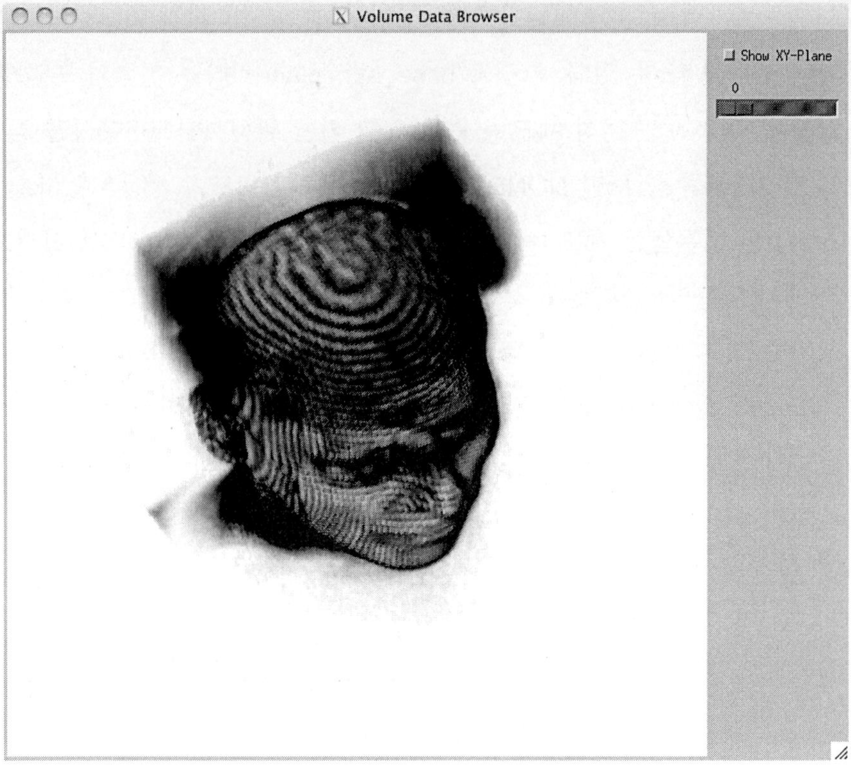

그림 18-3-3 체크 버튼 및 슬라이더가 추가된 GUI의 모습

이제 체크 버튼 및 슬라이더로부터 발생하는 이벤트들을 처리하기 위한 이벤트 처리 루틴을 show_volume_data_event라는 이름으로 정의하자. 이 이름은 물론 메인 루틴의 이름에 '_event'라는 문자열이 붙은 것임을 쉽게 알 수 있을 것이다. 먼저 이 루틴의 내용을 보면 다음과 같다. 메인 루틴 앞쪽에 이 내용을 삽입하면 된다.

```
PRO show_volume_data_event, event

WIDGET_CONTROL, event.top, GET_UVALUE=pinfo
WIDGET_CONTROL, event.id, GET_UVALUE=uval

IF uval EQ 'show_plane_xy' THEN BEGIN
  ind = WIDGET_INFO(event.id, /BUTTON_SET)
  IF ind THEN BEGIN
    WIDGET_CONTROL, (*pinfo).slider_plane_xy, GET_VALUE=zcv
    img = REFORM((*pinfo).data[*, *, zcv])
```

```
    (*pinfo).oImageXY = OBJ_NEW('IDLgrImage', BYTSCL(img), $
      PALETTE=(*pinfo).oPalette)
    (*pinfo).oImageXY -> SetProperty, $
      XCOORD_CONV=(*pinfo).xs, YCOORD_CONV=(*pinfo).ys
    verts = [[0,0,zcv], [1,0,zcv], [1,1,zcv], [0,1,zcv]] - 0.5
    (*pinfo).oPlaneXY = OBJ_NEW('IDLgrPolygon', verts)
    (*pinfo).oPlaneXY -> SetProperty, $
      ZCOORD_CONV=(*pinfo).zs, COLOR=[255, 255, 255], $
      TEXTURE_COORD = [[0,0], [1,0], [1,1], [0,1]], $
      TEXTURE_MAP=(*pinfo).oImageXY
    (*pinfo).oModel -> Add, (*pinfo).oPlaneXY
    (*pinfo).oVolume -> SetProperty, HIDE=1
    (*pinfo).oWindow -> Draw, (*pinfo).oView
    WIDGET_CONTROL, (*pinfo).slider_plane_xy, SENSITIVE=1
  ENDIF ELSE BEGIN
    OBJ_DESTROY, (*pinfo).oImageXY
    OBJ_DESTROY, (*pinfo).oPlaneXY
    (*pinfo).oVolume -> SetProperty, HIDE=0
    (*pinfo).oWindow -> Draw, (*pinfo).oView
    WIDGET_CONTROL, (*pinfo).slider_plane_xy, SENSITIVE=0
  ENDELSE
ENDIF

IF uval EQ 'slider_plane_xy' THEN BEGIN
  WIDGET_CONTROL, event.id, GET_VALUE=zcv
  img = REFORM((*pinfo).data[*, *, zcv])
  (*pinfo).oImageXY -> SetProperty, DATA=BYTSCL(img)
  verts = [[0,0,zcv], [1,0,zcv], [1,1,zcv], [0,1,zcv]] - 0.5
  (*pinfo).oPlaneXY -> SetProperty, DATA=verts
  (*pinfo).oWindow -> Draw, (*pinfo).oView
ENDIF

END
```

내용을 보면 두 개의 IF문으로 이루어져 있다. 첫번째 IF문은 체크 버튼에서 발생한 이벤트를 처리하는 역할을 하고 두번째 IF문은 슬라이더에서 발생한 이벤트를 처리하는 역할을 한다. 먼저 첫번째 IF문부터 보자. 이 IF문의 첫번째 줄을 보면 WIDGET_INFO라는 함수가 사용된 것이 보인다. 이 함수는 위젯 프로그래밍에서 WIDGET_CONTROL 프로시저와 더불어 자주 사용되는 것이므로 잘 기억해두길 바란다. 이 함수는 특정 위젯에 대한 여러가지 정보들을 추출하는 역할을 한다. 추출 가능한 정보들의 종류는 대상이 어떤 종류의 위젯이냐에 따라 다르다. IDL 도움말에서 이 함수에 대한 내용을 찾아보면 그림 18-3-4와 같은데, 어떤 종류의 위젯이든 공통적으로 추출 가능한 정보들도 있고 특정 종류의 위젯에서만 추출 가능한 정보들도 있다.

Syntax

Result = WIDGET_INFO([*Widget_ID*])

Keywords that apply to all widgets: [, /ACTIVE] [, /ALL_CHILDREN] [, /CHILD] [, /EVENT_FUNC] [, /EVENT_PRO] [, FIND_BY_UNAME=*string*] [, /FONTNAME] [, /FONTNAME] [, /GEOMETRY] [, /KBRD_FOCUS_EVENTS] [, /MANAGED] [, /MAP] [, /N_CHILDREN] [, /NAME] [, /PARENT] [, /PARENT] [, /REALIZED] [, /SENSITIVE] [, /SIBLING] [, STRING_SIZE={*string* | [*string, font*]}] [, /SYSTEM_COLORS] [, /TAB_MODE] [, /TRACKING_EVENTS] [, /TYPE] [, UNITS={0 | 1 | 2}] [, /UNAME] [, /UPDATE] [, /VALID_ID] [, /VERSION] [, /VISIBLE]

Keywords that apply to widgets created with WIDGET_BASE: [, /CONTEXT_EVENTS] [, /MODAL] [, /TLB_ICONIFY_EVENTS] [, /TLB_KILL_REQUEST_EVENTS] [, /TLB_MOVE_EVENTS] [, /TLB_SIZE_EVENTS]

Keywords that apply to widgets created with WIDGET_BUTTON: [, /BUTTON_SET] [, /DYNAMIC_RESIZE] [, /PUSHBUTTON_EVENTS] [, /TOOLTIP]

Keywords that apply to widgets created with WIDGET_COMBOBOX: [, /COMBOBOX_GETTEXT] [, /COMBOBOX_NUMBER] [, /DYNAMIC_RESIZE]

Keywords that apply to widgets created with WIDGET_DRAW and WIDGET_WINDOW: [, /DRAG_NOTIFY] [, /DRAW_BUTTON_EVENTS] [, /DRAW_EXPOSE_EVENTS] [, DRAW_KEYBOARD_EVENTS={0 | 1 | 2}] [, /DRAW_MOTION_EVENTS] [, /DRAW_VIEWPORT_EVENTS] [, /DRAW_WHEEL_EVENTS] [, /DROP_EVENTS] [, /TOOLTIP]

Keywords that apply to widgets created with WIDGET_DROPLIST: [, /DROPLIST_NUMBER] [, /DROPLIST_SELECT] [, /DYNAMIC_RESIZE]

Keywords that apply to widgets created with WIDGET_LABEL: [, /DYNAMIC_RESIZE]

Keywords that apply to widgets created with WIDGET_LIST: [, /CONTEXT_EVENTS] [, /LIST_MULTIPLE] [, /LIST_NUMBER] [, /LIST_NUM_VISIBLE] [, /LIST_SELECT] [, /LIST_TOP]

Keywords that apply to widgets created with WIDGET_PROPERTYSHEET: [, /CONTEXT_EVENTS] [, COMPONENT=*objref*] [, /MULTIPLE_PROPERTIES] [, PROPERTY_VALID=*string*] [, PROPERTY_VALUE=*string*] [, /PROPERTYSHEET_NSELECTED] [, /PROPERTYSHEET_SELECTED]

Keywords that apply to widgets created with WIDGET_SLIDER: [, /SLIDER_MIN_MAX]

Keywords that apply to widgets created with WIDGET_TAB: [, /TAB_CURRENT] [, /TAB_MULTILINE] [, /TAB_NUMBER]

그림 18-3-4 IDL 도움말에서 찾아본 WIDGET_INFO 함수에 관한 내용

```
ind = WIDGET_INFO(event.id, /BUTTON_SET)
```

앞서 기술한 서브루틴인 show_volume_data_event에서는 이 함수가 위와 같이 사용되고 있는데, 인자로 들어가있는 event.id는 이벤트가 발생한 위젯, 즉 체크버튼 위젯의 ID가 된다. 그리고 BUTTON_SET이라는 키워드를 사용하여 이 체크버튼의 체크 여부에 관한 정보를 추출하여 ind라는 변수에 담는 역할을 한다. 버튼이 체크가 된 상태라면 이 변수에는 1이란 값이 부여되고, 체크가 해제된 상태라면 0이란 값이 부여된다. 이 문구의 바로 아랫줄을 보면 또 다른 IF문이 시작되는 것을 볼 수 있는데, 앞서 추출한 ind라는 변수의 값에 따른 실행내용을 IF ~ THEN ~ ENDIF ELSE ~ ENDELSE의 형태로 담고 있다.

먼저 ind가 1인 경우에 대한 실행내용을 살펴보자. 가장 먼저 하는 일은 슬라이더 위젯에 대하여 WIDGET_CONTROL을 사용하여 설정값을 읽는 것이다. 이 값은 결국 Z 좌표에 해당되고, 바로 아래 줄에서는 이 값을 사용하여 3차원 배열로부터 2차원 이미지 배열을 img라는 이름으로 뽑아낸다. 그 다음에는 이 배열을 기반으로 이미지 객체를 생성하고, 바로 이어 사각형의 폴리곤 객체를 생성하여 이 이미지 객체를 텍스쳐로 입힌다. 그 뒤에는 이 폴리곤 객체를 모델 객체에 넣고, 뷰 객체를 윈도우 객체에 그리는 일련의 과정들이 이어진다. 이와 더불어 볼륨 객체에 대해서는 HIDE라는 속성을 1로 부여하는데, 이것은 볼륨 객체를 안보이게 하는 것이다. 아무래도 XY평면을 보는데 있어서 볼륨이 있는 것이 방해가 될 것 같기 때문이다. 그리고 슬라이더 위젯에 대해서는 SENSITIVE 키워드를 1로 설정하여, 슬라이더 위젯 자체를 활성화시켰다. 즉, 체크버튼이 체크가 된 상태에서는 슬라이더를 사용할 수 있도록 하는 것이다.

그리고 ind가 0인 경우, 즉 체크버튼이 해제된 경우에 대한 실행내용을 보자. 더 이상 XY평면을 볼 필요가 없으므로 이미지 및 폴리곤 객체는 제거해준다. 그리고 앞서 볼륨 객체를 안보이게 하기 위하여 HIDE 속성을 1로 했던 것을 다시 0으로 해줌으로써 볼륨 객체를 보이게 한다. 또한 XY평면이 없는 상태에서는 슬라이더 위젯은 다시 비활성화시키는 것이 좋으므로, SENSITIVE 키워드를 0으로 설정해준다. 프로그램을 실행하고 체크버튼을 체크 및 해제하는 과정을 반복해보면 이 실행내용에 대하여 이해가 될 것이다.

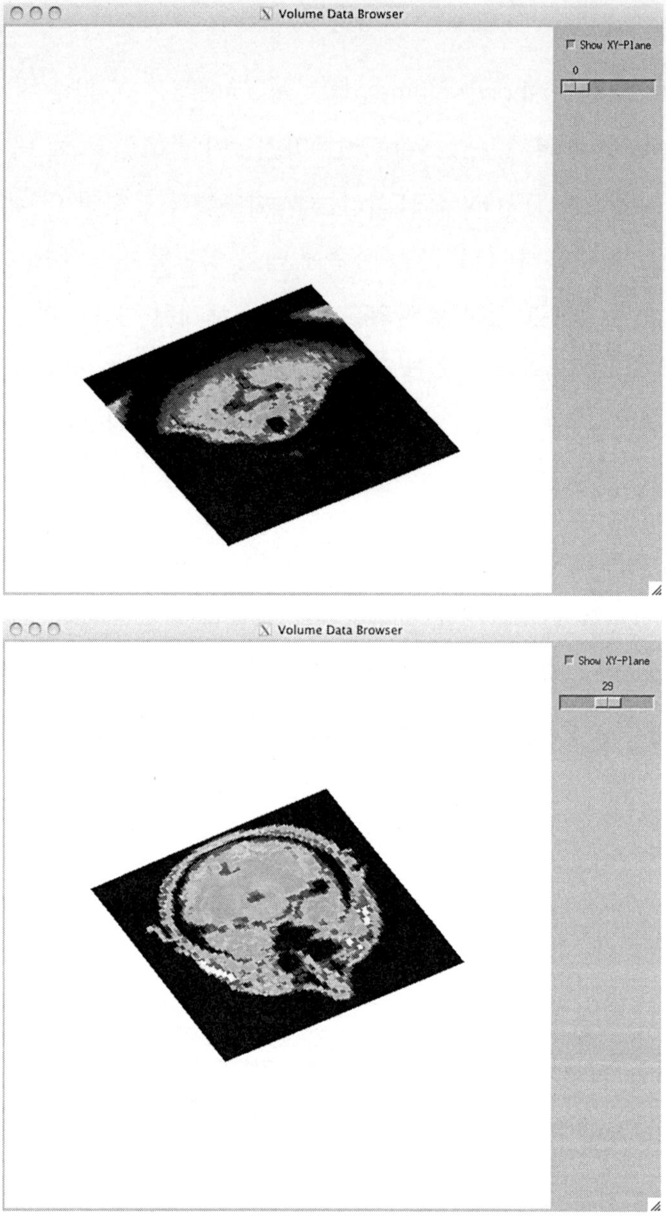

그림 18-3-5 슬라이더로 Z좌표를 변화시킴에 따라 단면 이미지가 변하는 모습[c]

이번에는 두번째 IF문을 살펴보자. 이 IF문은 슬라이더 위젯상에서 사용자에 의한 슬라이더의 움직임이 발생할 때마다 발생하는 이벤트를 처리하는 역할을 한다. 슬라이더 위젯상에서의 값을 WIDGET_CONTROL에 의하여 읽어들이고, 이 값을 Z좌표로 하여 3차원 배열로부터 2차원 이미지 배열을 추출하는 과정은 첫번째 IF문에서와 유

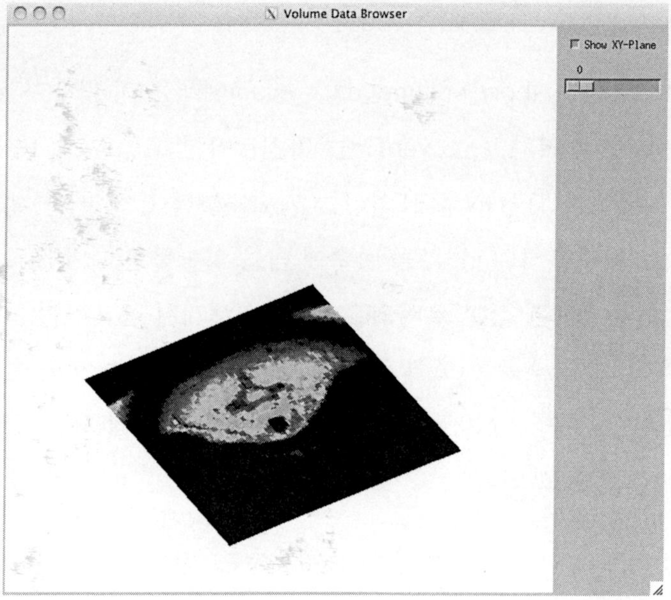

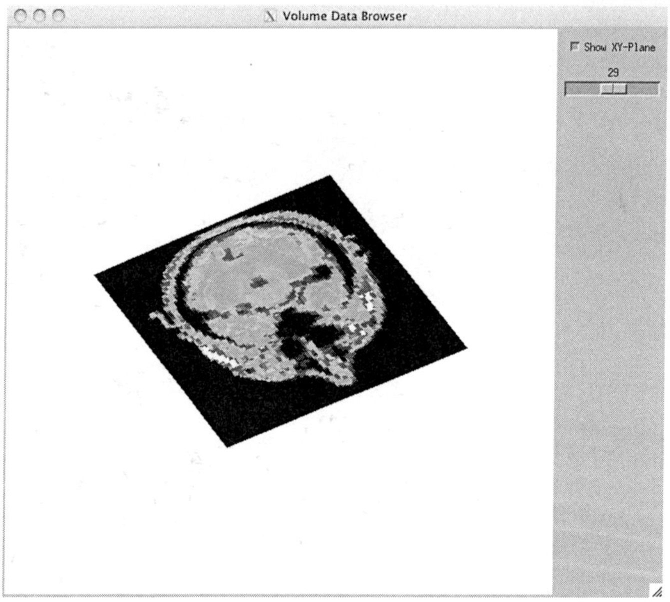

사하다. 다만, 이미지 객체나 폴리곤 객체를 생성하지는 않는다. 왜냐하면 첫번째 IF문에 의하여 이미 생성되어 있기 때문이다. 단, 여기서는 이미 생성되어 있는 이미지 및 폴리곤 객체의 속성을 바꾸는 역할만 하면 된다. 그래서 이미지 객체의 내용을 DATA라는 속성을 통하여 변경하고, 폴리곤 객체의 위치를 DATA라는 속성을 통하여 변경하는 부분이 있다. 그리고 이 변경사항이 눈에 보이도록 하기 위하여 뷰 객체를 윈도우 객체에 그려주는 과정만 다시 거치면 된다. 프로그램을 실행하고 슬라이더 위젯이 활성화된 상태에서 슬라이더를 마우스 드래그로 움직여보자. 그러면 그림 18-3-5와 같이 슬라이더를 조절할 때마다 단면 이미지가 해당 Z좌표에 따라 변화하는 모습을 볼 수 있을 것이다. 만약 YZ 또는 ZX 단면도도 표출하고 싶다면, 비슷한 요령으로 구현이 가능할 것이다. 이 작업은 여러분이 직접 해볼 수 있으리라 생각된다.

자 이제 이 GUI에 대하여 또 다른 큰 기능을 추가적으로 구현해보자. 이번에는 볼륨자료에 대한 등위면을 표출하려고 한다. 이 때 등위면을 그리는 값을 슬라이더 위젯을 통하여 사용자가 조절할 수 있도록 하고, 이렇게 조절되는 값에 따라 등위면이 즉각적으로 변화되어 나타나도록 할 것이다. 이 기능을 구현하기 위해서는 등위면의 구현 및 제거를 위한 체크버튼 위젯, 그리고 등위면값 조절을 위한 슬라이더 위젯이 필요할 것임은 바로 짐작할 수 있다. 그리고 이벤트 처리 루틴에서는 등위면에 해당되는 폴리곤 객체를 생성 또는 제거하도록 하는 내용이 필요할 것이다. 이를 위하여 먼저 메인 루틴에 필요한 내용들을 삽입해보면 다음과 같다.

```
PRO show_volume_data

ifile = FILEPATH('head.dat', SUBDIR=['examples', 'data'])
data = READ_BINARY(ifile, DATA_DIMS=[80, 100, 57])
mn = MIN(data)
mx = MAX(data)
PRINT, mn, mx

tlb = WIDGET_BASE(TITLE='Volume Data Browser', /ROW)
wdraw = WIDGET_DRAW(tlb, XSIZE=600, YSIZE=600, $
  GRAPHICS_LEVEL=2, /BUTTON_EVENTS, $
  EVENT_PRO='wdraw_widget_events')
```

```
rbase = WIDGET_BASE(tlb, /COLUMN)
base_bttn_isosurf = WIDGET_BASE(rbase, /NONEXCLUSIVE)
bttn_isosurf   =   WIDGET_BUTTON(base_bttn_isosurf,   VALUE='Show
Isosurface', UVALUE='show_isosurf')
slider_isosurf = WIDGET_SLIDER(rbase, MINIMUM=mn, MAXIMUM=mx, $
  XSIZE=100, UVALUE='slider_isosurf', /DRAG)
base_bttn_plane = WIDGET_BASE(rbase, /NONEXCLUSIVE)
bttn_plane_xy  =  WIDGET_BUTTON(base_bttn_plane,  VALUE='Show  XY-
Plane', UVALUE='show_plane_xy')
slider_plane_xy  =  WIDGET_SLIDER(rbase,  MINIMUM=0,  MAXIMUM=56,
XSIZE=100, UVALUE='slider_plane_xy', /DRAG)

WIDGET_CONTROL, tlb, /REALIZE
WIDGET_CONTROL, slider_isosurf, SENSITIVE=0, SET_VALUE=100
WIDGET_CONTROL, slider_plane_xy, SENSITIVE=0
WIDGET_CONTROL, wdraw, GET_VALUE=oWindow
bkg_color = [255, 255, 255]
oWindow -> Erase, COLOR=bkg_color
oView = OBJ_NEW('IDLgrView', COLOR=bkg_color)
oModel = OBJ_NEW('IDLgrModel')
oView -> Add, oModel

oVolume = OBJ_NEW('IDLgrVolume', data)
oVolume -> GetProperty, XRANGE=xrn, YRANGE=yrn, ZRANGE=zrn
xs = NORM_COORD(xrn)
ys = NORM_COORD(yrn)
zs = NORM_COORD(zrn)
xs[0] = xs[0] - 0.5
ys[0] = ys[0] - 0.5
zs[0] = zs[0] - 0.5
oVolume -> SetProperty, XCOORD_CONV=xs, YCOORD_CONV=ys, $
  ZCOORD_CONV=zs
oModel -> Add, oVolume
oModel -> Rotate, [0, 0, 1], 30
oModel -> Rotate, [1, 0, 0], -45
```

```
oWindow -> Draw, oView

oLight = OBJ_NEW('IDLgrLight', TYPE=2, LOCATION=[-1,-1,1])
oModel -> Add, oLight
oTrackball = OBJ_NEW('TrackBall', [300, 300], 300)
oPalette = OBJ_NEW('IDLgrPalette')
oPalette -> LoadCT, 39

info = {wdraw:wdraw, oVolume:oVolume, oTrackball:oTrackball, $
        oWindow:oWindow, oView:oView, oModel:oModel, $
        slider_isosurf:slider_isosurf, oIsoSurf:OBJ_NEW(), $
        slider_plane_xy:slider_plane_xy, data:data, $
        oPalette:oPalette, xs:xs, ys:ys, zs:zs, $
        oPlaneXY:OBJ_NEW(), oImageXY:OBJ_NEW()}
pinfo = PTR_NEW(info)
WIDGET_CONTROL, tlb, SET_UVALUE=pinfo
XMANAGER, 'show_volume_data', tlb

END
```

먼저 메인 루틴의 전반부에서 볼드체로 표시된 첫 부분을 보면 등위면을 위한 체크 버튼 및 슬라이더 위젯에 대한 정의가 되어있다. 요령은 앞서 XY평면에 대하여 정의할 때와 같다. 다만 슬라이더의 최소 및 최대값은 볼륨에 대한 3차원 배열인 data의 최소 및 최대값인 mn, mx로 되어 있다. 등위면을 구할 수 있는 값 자체가 이 범위내에 있어야하기 때문이다. 조금 아래로 내려가서 이 슬라이더 위젯에 대하여 WIDGET_CONTROL을 사용하여 초기에는 비활성화된 상태로 하고(SENSITIVE=0), 슬라이더 자체의 초기값은 100으로 설정해놓은 것을 볼 수 있다. 더 아래로 내려가서 트랙볼 객체를 생성하는 부분 바로 위를 보면, 광원 객체를 생성하여 모델 객체에 포함시키는 부분이 보인다. 이것은 등위면 객체를 입체적으로 표출하기 위하여 광원효과가 필요하기 때문이다. 그리고 후반부에 info 구조체의 내용을 보면 슬라이더 위젯, 그리고 나중에 생성하게 될 등위면 폴리곤 객체를 위한 빈 객체(null object)가 추가된 것이 보인다. 일단 이 상태에서 프로그램을 실행해보면, 그림 18-3-6과 같이 등위면을 위한 체크버튼 및 슬라이더가 추가된 것을 볼 수 있다.

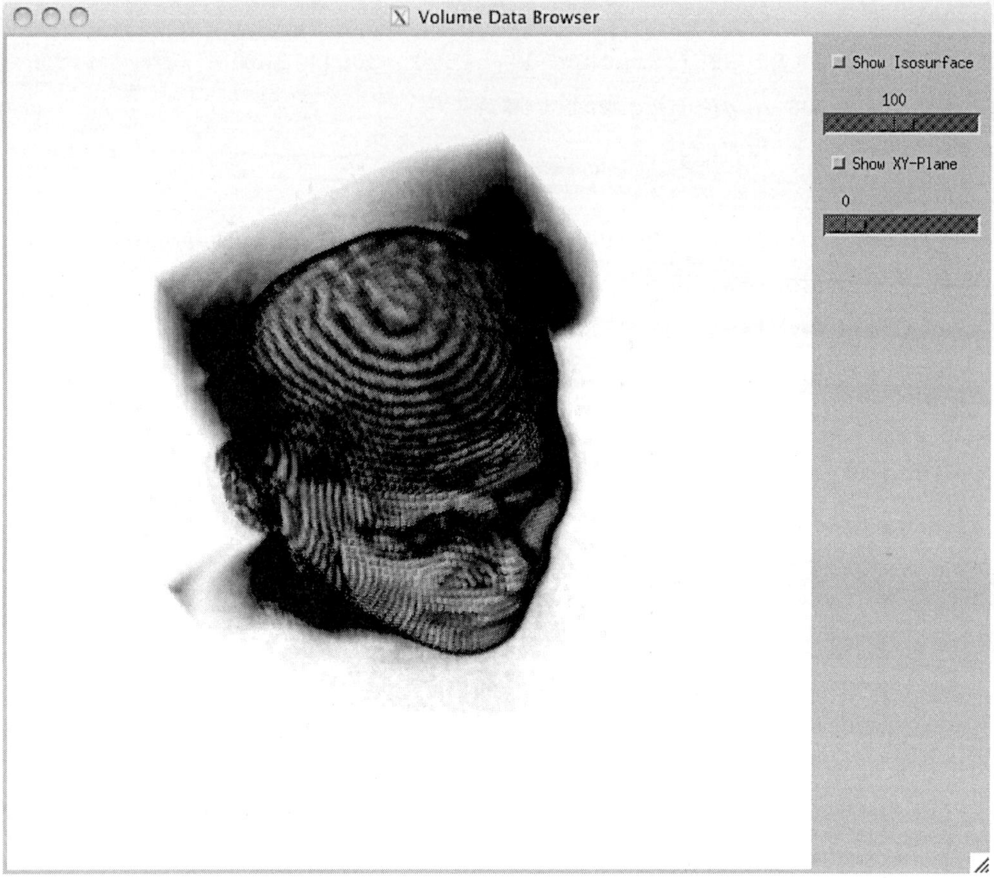

그림 18-3-6 등위면 표출과 관련된 기능들이 추가된 GUI의 모습

이제는 등위면과 관련된 이벤트 처리 부분을 구현해야할 차례이다. 앞서 이미 만들어 놓은 이벤트 처리 루틴내에 필요한 내용들을 삽입해보면 다음과 같다.

```
PRO show_volume_data_event, event

WIDGET_CONTROL, event.top, GET_UVALUE=pinfo
WIDGET_CONTROL, event.id, GET_UVALUE=uval

IF uval EQ 'show_isosurf' THEN BEGIN
  ind = WIDGET_INFO(event.id, /BUTTON_SET)
```

```
  IF ind THEN BEGIN
    WIDGET_CONTROL, (*pinfo).slider_isosurf, GET_VALUE=val
    ISOSURFACE, (*pinfo).data, val, verts, conn
    (*pinfo).oIsoSurf = OBJ_NEW('IDLgrPolygon', verts, $
      POLYGONS=conn)
    (*pinfo).oIsoSurf -> SetProperty, STYLE=2, $
      COLOR=[255, 100, 255], XCOORD_CONV=(*pinfo).xs, $
      YCOORD_CONV=(*pinfo).ys, ZCOORD_CONV=(*pinfo).zs
    (*pinfo).oModel -> Add, (*pinfo).oIsoSurf
    (*pinfo).oVolume -> SetProperty, HIDE=1
    (*pinfo).oWindow -> Draw, (*pinfo).oView
    WIDGET_CONTROL, (*pinfo).slider_isosurf, SENSITIVE=1
  ENDIF ELSE BEGIN
    OBJ_DESTROY, (*pinfo).oIsoSurf
    (*pinfo).oVolume -> SetProperty, HIDE=0
    (*pinfo).oWindow -> Draw, (*pinfo).oView
    WIDGET_CONTROL, (*pinfo).slider_isosurf, SENSITIVE=0
  ENDELSE
ENDIF

IF uval EQ 'slider_isosurf' THEN BEGIN
  WIDGET_CONTROL, event.id, GET_VALUE=sv
  val = 255*(sv-(*pinfo).mn)/((*pinfo).mx-(*pinfo).mn)
  ISOSURFACE, (*pinfo).data, val, verts, conn
  nd = SIZE(verts, /N_DIM)
  IF nd LT 2 THEN RETURN
  (*pinfo).oIsoSurf -> SetProperty, DATA=verts, POLYGONS=conn
  (*pinfo).oWindow -> Draw, (*pinfo).oView
ENDIF

IF uval EQ 'show_plane_xy' THEN BEGIN
  ind = WIDGET_INFO(event.id, /BUTTON_SET)
  IF ind THEN BEGIN
    WIDGET_CONTROL, (*pinfo).slider_plane_xy, GET_VALUE=zcv
    img = REFORM((*pinfo).data[*, *, zcv])
```

```
    (*pinfo).oImageXY = OBJ_NEW('IDLgrImage', BYTSCL(img), $
      PALETTE=(*pinfo).oPalette)
    (*pinfo).oImageXY -> SetProperty, $
      XCOORD_CONV=(*pinfo).xs, YCOORD_CONV=(*pinfo).ys
    verts = [[0,0,zcv], [1,0,zcv], [1,1,zcv], [0,1,zcv]] - 0.5
    (*pinfo).oPlaneXY = OBJ_NEW('IDLgrPolygon', verts)
    (*pinfo).oPlaneXY -> SetProperty, $
      ZCOORD_CONV=(*pinfo).zs, COLOR=[255, 255, 255], $
      TEXTURE_COORD = [[0,0], [1,0], [1,1], [0,1]], $
      TEXTURE_MAP=(*pinfo).oImageXY
    (*pinfo).oModel -> Add, (*pinfo).oPlaneXY
    (*pinfo).oVolume -> SetProperty, HIDE=1
    (*pinfo).oWindow -> Draw, (*pinfo).oView
    WIDGET_CONTROL, (*pinfo).slider_plane_xy, SENSITIVE=1
  ENDIF ELSE BEGIN
    OBJ_DESTROY, (*pinfo).oImageXY
    OBJ_DESTROY, (*pinfo).oPlaneXY
    (*pinfo).oVolume -> SetProperty, HIDE=0
    (*pinfo).oWindow -> Draw, (*pinfo).oView
    WIDGET_CONTROL, (*pinfo).slider_plane_xy, SENSITIVE=0
  ENDELSE
ENDIF

IF uval EQ 'slider_plane_xy' THEN BEGIN
  WIDGET_CONTROL, event.id, GET_VALUE=zcv
  img = REFORM((*pinfo).data[*, *, zcv])
  (*pinfo).oImageXY -> SetProperty, DATA=BYTSCL(img)
  verts = [[0,0,zcv], [1,0,zcv], [1,1,zcv], [0,1,zcv]] - 0.5
  (*pinfo).oPlaneXY -> SetProperty, DATA=verts
  (*pinfo).oWindow -> Draw, (*pinfo).oView
ENDIF

END
```

새로 삽입된 부분을 보면 역시 앞서 XY 평면의 경우와 마찬가지로 두 개의 IF문으로 이루어져 있다. 물론 첫번째 IF문은 체크버튼에 대한 이벤트 처리이고, 두번째 IF문은 슬라이더의 움직임에 대한 이벤트 처리인 것도 유사하다. 새로 삽입된 첫번째 IF문부터 살펴보자. 체크버튼 위젯의 체크여부를 WIDGET_INFO 함수를 이용하여 ind라는 변수로 뽑아내고, 이 값이 1이냐 0이냐에 따른 처리내용으로 구성된 또 다른 IF문이 있다. 전반적인 내용은 앞서 XY 평면에 대한 경우와 거의 유사하다. 단지 등위면 폴리곤의 생성에 필요한 인자들을 얻기 위하여ISOSURFACE 프로시저를 사용하는 부분 정도가 다를 뿐이다.

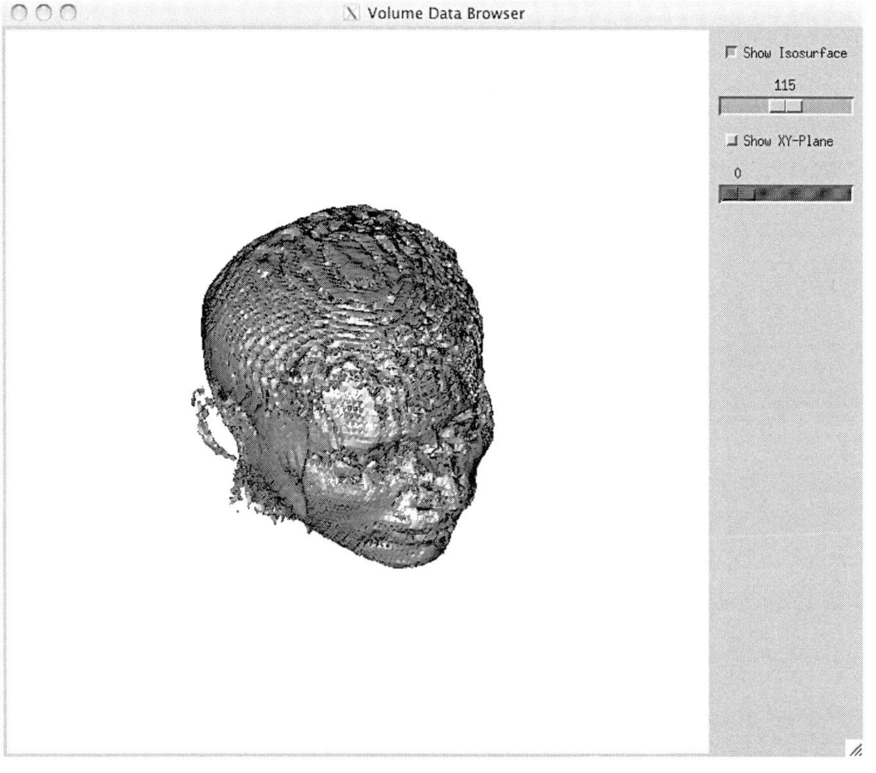

그림 18-3-7 등위면의 값을 조절하면서 볼 수 있는 등위면 객체의 모습[C]

새로 삽입된 두번째 IF문의 경우도 역시 앞서 XY 평면에 대한 경우와 매우 유사하다. 다만 ISOSURFACE 프로시저를 실행한 직후 verts의 배열구조를 SIZE 함수로 확인하여, 등위면 폴리곤 객체의 DATA 속성에 적용 가능한 상태인가를 판별하는 IF문이 들어가 있는 점이 다르다. 원래 verts의 배열구조는 정상적인 경우라면 꼭지점들의 갯수가 n이라고 할 때 [3, n]의 구조를 갖는다. 하지만 슬라이더상의 어떤 값에 대해서는 등위면 자체가 얻어지지 않는 경우도 있을 수 있고, 이 경우에는 그냥 [3]의 구조를 갖는다. 이런 경우가 발생하면 등위면 폴리곤에 대하여 아무런 작업도 하지않고 그냥 돌아가도록 프로그래밍해놓은 것이다. 이러한 조치를 취해놓지 않으면 중간에 에러가 나서 GUI의 정상적인 구동이 안될 수도 있기 때문이다[30]. 이제 이 상태로 프로그램을 실행해보면 그림 18-3-7과 같이 등위면값 조절 슬라이더를 움직일 때마다 등위면의 모습이 즉각적으로 바뀌는 것을 볼 수 있게 된다.

이와 같이 등위면을 구현하는 기능도 넣어봤는데, 또 어떤 기능들이 필요할까? 물론 생각을 해보면 무수히 많은 기능들이 있을 것이다. 하지만 챕터가 너무 길어지므로 이제는 슬슬 마무리를 하는 것이 좋을 것 같다. 마지막으로 자잘한 기능들 세가지만 추가하고 끝내기로 하자. 추가할 세가지 기능들은 화면 리셋, 스크린샷 저장, 프로그램 종료 등이다. 화면 리셋이라는 것은 마우스 드래그에 의하여 시선방향이 제멋대로인 상태를 원래 GUI를 처음 시작했을 때의 시선방향으로 원위치시켜놓는 것을 뜻한다. 그림저장은 말 그대로 현 상태의 화면을 그림파일로 저장하는 것을 뜻한다. 세가지 기능 모두 버튼에 의하여 구현되도록 한다. 이를 위하여 메인 루틴에서 tlb를 구현하는 부분 바로 앞에 다음과 같이 볼드체로 된 내용을 삽입한다.

```
tlb = WIDGET_BASE(TITLE='Volume Data Browser', /ROW)
wdraw = WIDGET_DRAW(tlb, XSIZE=600, YSIZE=600, $
  GRAPHICS_LEVEL=2, /BUTTON_EVENTS, $
  EVENT_PRO='wdraw_widget_events')
rbase = WIDGET_BASE(tlb, /COLUMN)
base_bttn_isosurf = WIDGET_BASE(rbase, /NONEXCLUSIVE)
bttn_isosurf    =    WIDGET_BUTTON(base_bttn_isosurf,    VALUE='Show
Isosurface', UVALUE='show_isosurf')
slider_isosurf = WIDGET_SLIDER(rbase, MINIMUM=mn, MAXIMUM=mx, $
  XSIZE=100, UVALUE='slider_isosurf', /DRAG)
base_bttn_plane = WIDGET_BASE(rbase, /NONEXCLUSIVE)
```

---

30 아무래도 이러한 부분까지 세세하게 고려되어야 GUI가 예기치않은 에러없이 정상적으로 구동될 수 있을 것이다.

```
bttn_plane_xy = WIDGET_BUTTON(base_bttn_plane, VALUE='Show XY-
Plane', UVALUE='show_plane_xy')
slider_plane_xy = WIDGET_SLIDER(rbase, MINIMUM=0, MAXIMUM=56,
XSIZE=100, UVALUE='slider_plane_xy', /DRAG)
bttn_reset = WIDGET_BUTTON(rbase, VALUE='Reset', UVALUE='reset')
bttn_save = WIDGET_BUTTON(rbase, VALUE='Save Figure', $
  UVALUE='save')
bttn_quit = WIDGET_BUTTON(rbase, VALUE='Quit', UVALUE='quit')
WIDGET_CONTROL, tlb, /REALIZE
```

그리고 이벤트 처리 루틴에서는 뒷부분에 다음과 같이 볼드체로 된 내용을 추가한다.

```
IF uval EQ 'slider_plane_xy' THEN BEGIN
  WIDGET_CONTROL, event.id, GET_VALUE=zcv
  img = REFORM((*pinfo).data[*, *, zcv])
  (*pinfo).oImageXY -> SetProperty, DATA=BYTSCL(img)
  verts = [[0,0,zcv], [1,0,zcv], [1,1,zcv], [0,1,zcv]] - 0.5
  (*pinfo).oPlaneXY -> SetProperty, DATA=verts
  (*pinfo).oWindow -> Draw, (*pinfo).oView
ENDIF

IF uval EQ 'reset' THEN BEGIN; if reset button is pressed
  (*pinfo).oModel -> Reset
  (*pinfo).oModel -> Rotate, [0, 0, 1], 30
  (*pinfo).oModel -> Rotate, [1, 0, 0], -45
  (*pinfo).oWindow -> Draw, (*pinfo).oView
ENDIF

IF uval EQ 'save' THEN BEGIN
  oCapture = (*pinfo).oWindow -> READ()
  oCapture -> GetProperty, DATA=snapshot
  fname = 'show_volume.png'
  sfile = DIALOG_PICKFILE(FILE=fname, /WRITE, PATH='save/', $
    FILTER='.png', /FIX_FILTER)
  IF sfile EQ '' THEN RETURN
  WRITE_PNG, sfile, snapshot
```

```
ENDIF

IF uval EQ 'quit' THEN BEGIN
  WIDGET_CONTROL, event.top, /DESTROY
  OBJ_DESTROY, OBJ_VALID()
ENDIF

END
```

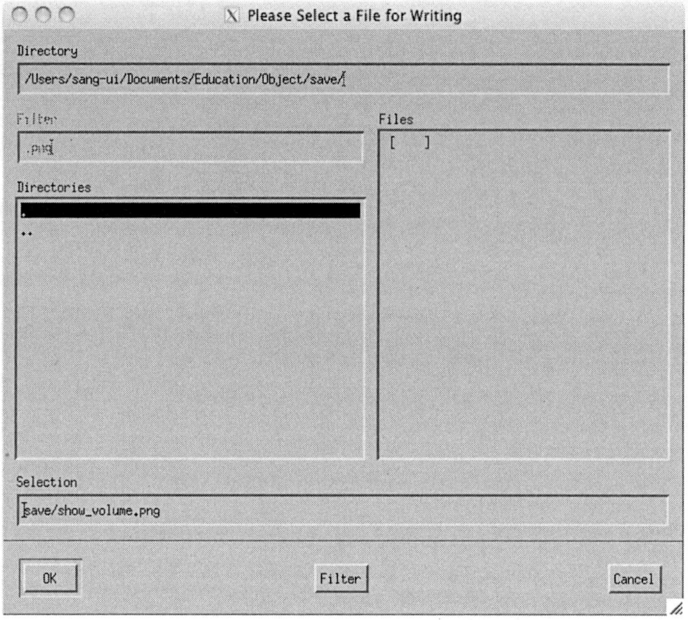

그림 18-3-8 DIALOG_PICKFILE 함수 사용시 뜨는 GUI의 모습

세가지 기능에 해당되는 각각의 버튼을 눌렀을 때 발생하는 이벤트에 대한 처리내용이 세 개의 IF문으로 구성되어 있다. 첫번째 IF문을 보면 모델 객체에 대하여 Reset이라는 메서드를 적용한 것을 볼 수 있다. 이 메서드를 적용하면 모델 객체에 대한 변환 행렬의 값을 초기화한다. 따라서 메인 루틴에서 모델 객체에 적용했던 Rotate 메서드는 똑같이 적용해줘야 한다. 그래야 원래 우리가 GUI를 처음 구동할 때 보는 시선방향을 그대로 살릴 수 있다[31]. 두번째 IF문에서는 윈도우 객체로부터 현 상태의 화면을

[31] 여기서 Reset 메서드만 적용하고 뒤이어서 아무것도 안해주면, Z축이 우리의 시선을 향하는 진짜 '초기화'된 모습으로 보이기 때문이다.

캡쳐하고 이 내용을 PNG형식의 그림파일로 저장한다. 다만, 그림파일의 이름을 사용자가 수정할 수 있도록 하기 위하여 DIALOG_PICKFILE 함수가 사용되었다. 이 프로그램을 실행하여 해당 버튼을 눌러보면 그림 18-3-8과 같은 형태의 독립적인 GUI가 뜨는 것을 확인할 수 있다[32]. 그리고 세번째 IF문에서는 GUI를 종료하며 이 때 메모리상의 객체들도 모두 제거하도록 하였다.

이제 지금까지의 구현해본 모든 기능들이 삽입된 상태에서 프로그램을 실행해보면 그림 18-3-9와 같은 모습의 GUI를 볼 수 있을 것이다.

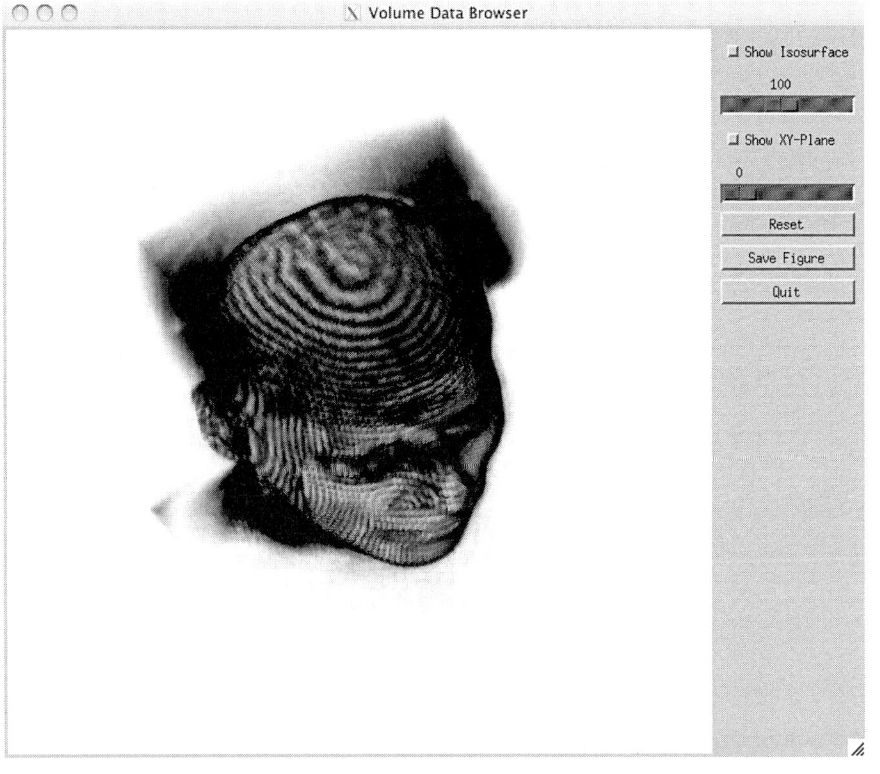

그림 18-3-9 모든 기능들이 반영된 최종적인 GUI의 모습

이 섹션에서는 이와 같이 3차원 볼륨 객체를 가시화하는 GUI를 만들어 여러가지 기능들을 넣어보았다. 현 상태로도 꽤 많은 기능들이 들어가 있지만, 그럼에도 불구하고 좀 더 많은 기능들이 들어갈만한 여지는 충분히 있을 것이다. 어차피 이런 GUI 프

[32] 이 GUI의 모습은 OS에 따라 조금씩 다르다.

로그램은 필요한 여러가지 기능들을 사용자가 편하게 이용할 수 있도록 하는 것을 주된 목적으로 만들어지는 것이기 때문에, 이러한 조건을 충족시키기 위해서는 더 많은 내용이 프로그램상에 추가가 되어야 한다. 그러나 이를 위한 모든 방법들을 여기서 일일이 다 다룰 수는 없을 것이다. 다만, 그 바탕이 되는 기본적인 방법들을 제시한다는 데에 의미를 두기로 하고, 이러한 추가적인 구현 작업은 이제 여러분들의 몫으로 남겨두기로 하겠다.

GUI에 필요한 기능들을 구현하는 기본적인 방법의 틀은 이 정도면 충분히 설명되었으리라 생각된다. 따라서 여러분 나름대로 추가적으로 필요하다고 생각되는 기능들을 구현하고자 한다면, 이에 필요한 도구들 및 관련 내용들은 IDL 도움말을 참조하여 직접 해볼 수 있지 않을까 생각된다. 단면도의 투명도를 조절할 수 있는 기능을 추가한다든지, 단면도 이미지의 컬러테이블을 조절할 수 있는 기능을 추가한다든지 하는 여러가지 것들을 추가해본다면 더 재미있을 것이다.

부록 1
IDL 관련 웹사이트 소개

여기서는 IDL을 사용하는데 있어서 도움이 될만한 정보들을 얻을 수 있는 각종 웹 링크들을 소개하기로 하겠다. 물론 IDL 자체에서 지원되는 도움말을 보면 사용에 있어서 필요한 기본적인 정보들은 충분히 얻을 수 있다. 하지만, 사용자별로 겪게 되는 다양한 종류의 문제들을 해결하는데 있어서는 기본 도움말만으로는 부족한 경우가 많을 것이다. 따라서 IDL과 관련된 여러가지 웹사이트들을 찾아서 이러한 부분을 해결할 수 있다. 과거의 경우 해외 사이트들을 뒤져가며 영문으로 된 내용을 열심히 해석해야 얻을 수 있었던 내용들 중 상당수가 이제는 몇몇 국내 웹사이트들을 통해서도 제공되고 있다. 따라서 다음에 소개되는 웹사이트들을 잘 알아두면 많은 도움을 얻을 수 있을 것이다.

1. 국내 IDL 유저그룹 - http://idluser.org

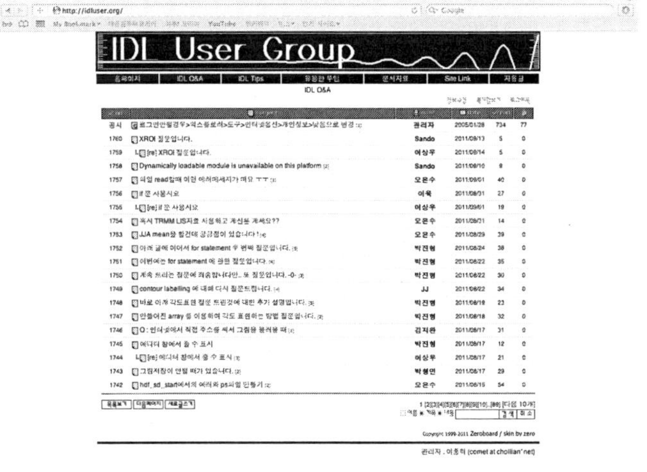

국내의 IDL 사용자들을 위한 각종 정보들을 망라하고 있는 종합 웹사이트로서, 지난 2004년부터 꾸준히 운영되어오고 있다. IDL에 관한 각종 팁과 기법들에 대한 소개, 질문 및 답변 게시판, 문서자료 등 다양한 정보들을 담고 있다. 필자도 이 웹사이트에서 주로 각종 질문들에 대한 답변을 올린다든지, 가끔 IDL 관련 팁들을 해당 게시판에 올리고 있다.

2. 이상우의 IDL 블로그 - http://blog.daum.net/swrush

머리말에서도 잠시 언급되어 있듯이, 필자가 개인적으로 운영중인 IDL 블로그이다. IDL과 관련된 여러가지 주제별로 가급적 심층적이고 다채로운 내용의 글들을 올리는데 주안점을 두고 운영중이다. 최근에 필자가 만들기 시작한 동영상 강의들도 이 블로그를 통해서 볼 수 있다.

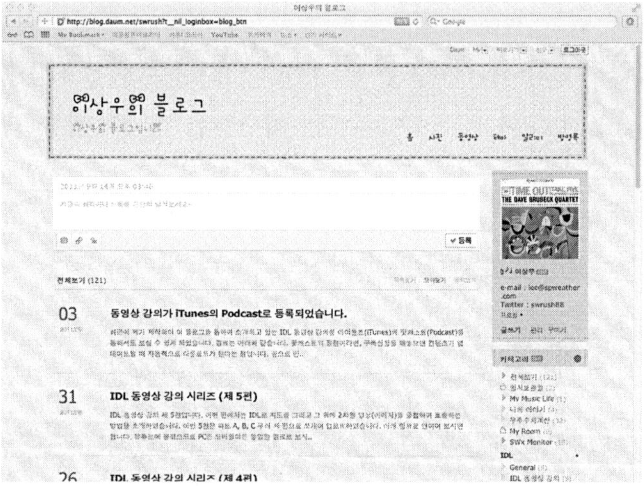

3. (주)에스이랩 IDL 홈페이지 - http://www.idl-envi.co.kr

국내에서 IDL을 독점 유통하고 있는 (주)에스이랩에서 운영중인 IDL(및 ENVI) 공식 홈페이지이다. IDL과 관련된 각종 공지사항, 제품정보, 교육안내, 평가판 다운로드 등의 서비스들이 제공되고 있다.

4. 페이스북의 IDLKorea 페이지

국내에서 IDL을 독점 유통하고 있는 (주)에스이랩에서 운영중인 페이스북 페이지이다. SNS 서비스의 형태로 제공 가능한, IDL과 관련된 유통사 차원의 각종 정보 및 공지사항들이 올라오고 있으므로 꼭 체크해두길 바란다. 페이스북에서 'IDLKorea'를 검색하면 바로 찾을 수 있다.

5. David Fanning의 IDL 웹페이지 - http://www.idlcoyote.com

IDL에 관한한 전세계적인 권위자들중 하나인 David Fanning이 개인적으로 운영하는 웹사이트로서, 아마 전세계적으로 IDL 사용자들이 가장 많이 찾는 사이트가 아닐까 생각이 된다. IDL과 관련된 방대한 팁과 지식들이 주제별로 매우 체계적으로 정리되어 있는 것으로 유명하다. 특히 IDL의 기본 기능만으로는 구현하기 힘든 다양한 기술적 방법론들이 총망라되어 있어서, IDL의 사용자라면 사용중인 웹브라우저의 북마크에는 반드시 이 사이트가 있어야만 할 것이다. 그리고 여기서 다운로드받을 수 있는 Coyote 라이브러리에는 IDL에서는 기본적으로 지원되지 않는 다양한 기능을 제공하는 루틴들이 많이 있으므로, 꼭 사용해보길 권장한다.

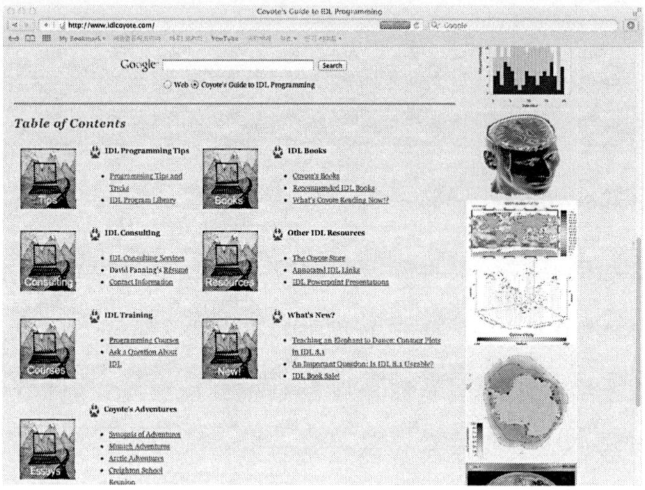

6. IDL Astro 라이브러리 - http://idlastro.gsfc.nasa.gov

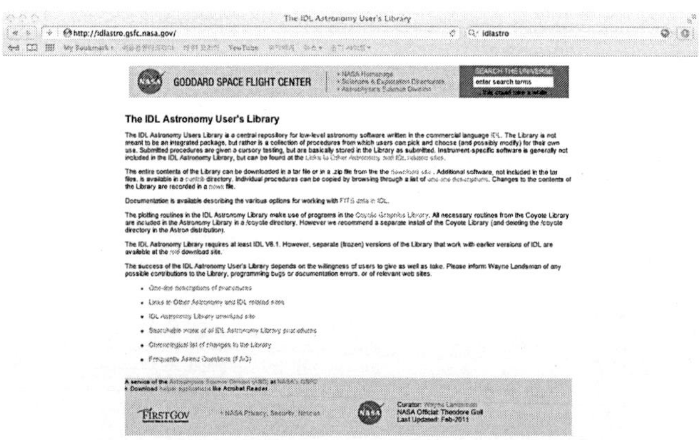

천문학 분야에 종사하는 IDL 사용자들을 위한 IDL 라이브러리를 제공하고 있는 웹사이트이다. 특히 FITS 형식의 자료파일을 읽기 위한 루틴들을 이 라이브러리에서 받을 수 있으므로, 이 분야 사용자들에게는 거의 필수적인 라이브러리라 할 수 있다(참고로 FITS 형식의 파일을 다루는 기능은 IDL에서는 기본 제공되지 않는다).

7. Google IDL News Group - http://groups.google.com/group/comp.lang.idl-pvwave

Google에 있는 IDL News Group이다. 전세계 IDL 사용자들이 IDL과 관련된 질문 및 답변 등을 주고 받는 장으로서, David Fanning이나 Mark Piper 등과 같은 전세계의 IDL 고수들도 이 사이트를 자주 드나들며 글을 올리고 있다. 당연히 영문으로 되어 있어서 모든 내용을 체크하기가 좀 귀찮기는 하지만, 가끔 들여다보면 꽤 도움될만한 정보들도 종종 얻을 수 있다. 필자가 확인해본 바에 따르면, IDL의 개발사인 ITTVIS의 사람들도 이 사이트에 자주 출몰하고 있다.

8. Craig Markwardt의 IDL 라이브러리

Craig Markwardt라는 사람이 운영하는 웹사이트로서 본인이 개발한 IDL 라이브러리를 배포하고 있다. 특히 IDL에서 곡선형 함수 근사(Curve Fitting)를 하는데 있어서, 이 라이브러리에서 제공하는 루틴을 사용하는 것이 기본 라이브러리의 기능을 활용하는 것보다 더 효과적라는 것은 IDL 사용자들 사이에서는 잘 알려져있기도 하다.

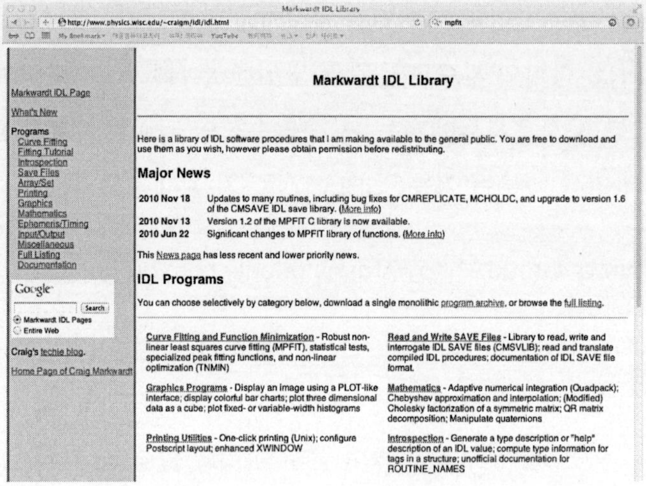

9. EXELIS VIS의 웹사이트 - http://www.exelisvis.com

IDL의 제작사인 미국의 EXELIS VIS의 공식 홈페이지이다. 기존에 ITTVIS였다가 2011년 11월부로 EXELIS VIS로 바뀌었다. IDL에 관한 제품정보, 기술정보, 평가판 다운로드 기능 등이 제공된다. 다만 문의사항이나 평가판 다운로드 기능의 경우는 국내 사용자들은 앞서 소개된 IDL 공식 홈페이지를 이용하면 된다.

부록 2

IDL New Graphics의 개요

2010년에 출시된 IDL 8.0 버전부터 새롭게 도입된 그래픽 체계인 New Graphics에 관한 전반적인 소개를 하고자 한다. 이 그래픽 체계는 기존의 Direct Graphics와 Object Graphics의 중간적인 성격을 가진다고 볼 수 있다. 즉, 사용방법이나 편의성에 있어서는 Direct Graphics 체계에서 사용되는 프로시저들 정도의 수준으로 비교적 쉬운 편이면서도, 그 결과물의 시각적인 품질은 Object Graphics 체계에서의 수준에 버금갈 정도라고 볼 수 있다. 따라서 고품질의 그래픽적 결과물을 비교적 간편한 프로그래밍만으로 얻을 수 있다는 장점을 갖고 있다.

실제 이 그래픽 체계에서의 기능들은 모두 함수의 형태로 되어 있다. Direct Graphics 체계에서는 모든 기능들이 프로시저의 형태로 되어 있다는 사실과 비교하면 된다. 예를 들어, 플롯을 그리기 위하여 우리가 자주 사용했던 PLOT이라는 프로시저를 상기해보자. 만약 x 및 y 자료가 다음과 같은 형태로 되어 있다면, Direct Graphics 체계에서 다음과 같은 방식으로 플롯을 그려보기로 한다.

```
x = [65, 63, 67, 64, 68, 62, 70, 66, 68, 67, 69, 71]
y = [68, 66, 68, 65, 69, 66, 68, 65, 71, 67, 68, 70]
DEVICE, DECOMPOSED = 0
WINDOW, XSIZE=500, YSIZE=400, TITLE='Correlation Example'
PLOT, x, y, PSYM=4, XST=1, XRANGE=[60, 75], YST=1, $
  YRANGE=[60, 75], XTITLE='X-Data', YTITLE='Y-Data', $
  BACKGROUND=255, COLOR=0
```

그러면 이와 같이 그려진 결과물은 그림 A2-1과 같다. 여기서는 WINDOW 프로시저를 이용하여 적당한 크기를 갖는 Direct Graphics 기반의 그래픽 윈도우를 띄웠다. 그리고 PLOT 프로시저를 사용하여 플롯을 그리고, 이 때 여러가지 키워드들을 사용하여 플롯의 세부적인 속성들을 설정하였다.

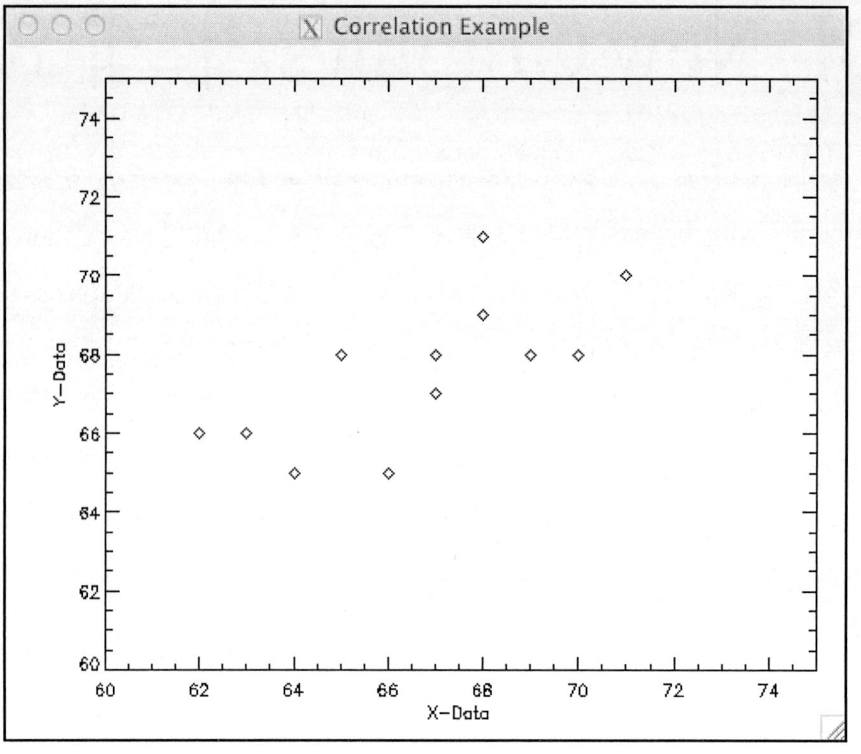

그림 A2-1 Direct Graphics 체계에서 구현된 예제 플롯의 모습

반면 New Graphics 체계에서는 PLOT이라는 이름의 함수가 사용된다. 프로시저가 아닌 함수라는 점을 유의하도록 한다[33]. 따라서 다음과 같은 방식으로 플롯을 그리게 된다. 참고로 여기서는 그래픽 윈도우를 띄우기 위하여 WINDOW라는 이름의 함수도 함께 사용되었다. 이 함수는 New Graphics 체계 기반의 그래픽 윈도우를 띄우는 기능을 수행한다. 그리고 PLOT 함수에서 사용된 키워드들을 보면 상당수가 마치 Direct Graphics 체계에서의 PLOT 프로시저에서 사용되는 키워드들과 다소 유사하다는 느낌도 들 것이다.

[33] New Graphics 체계에서는 PLOT외에도 CONTOUR, IMAGE, SURFACE 등과 같은 모든 그래픽기능들이 이와 같이 함수의 형태로 구현된다. 그래서 어떤 사람들은 Function Graphics 체계라고 부르기도 한다.

```
win = WINDOW(WINDOW_TITLE='Correlation Example', $
DIMENSIONS=[500, 400])
p0 = PLOT(x, y, SYMBOL='diamond', /SYM_FILLED, LINESTYLE=6, $
  XRANGE=[60, 75], YRANGE=[60, 75], XTITLE='X-Data', $
  YTITLE='Y-Data', /CURRENT)
```

어쨌든 이와 같이 그려진 결과물은 그림 A2-2와 같다.

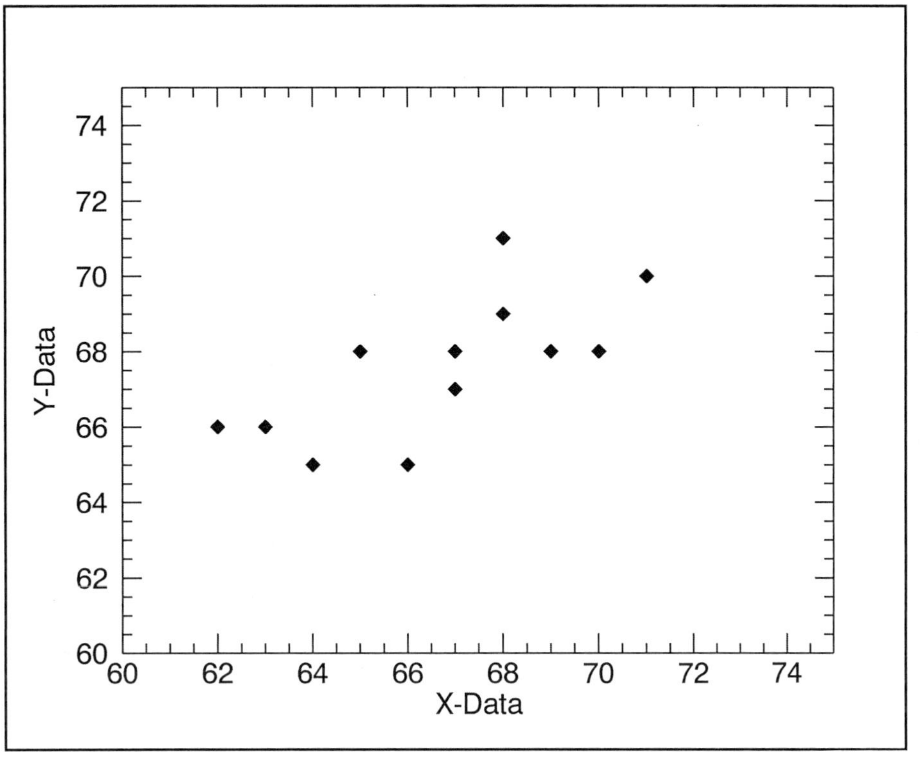

그림 A2-2 New Graphics 체계에서 구현된 예제 플롯의 모습

두 그림을 비교해보면 New Graphics 체계에서의 결과물이 훨씬 더 보기 좋고 깔끔한 느낌을 준다는 것이 확연히 드러날 것이다. 그렇다고 해서 New Graphics 체계의 함수들의 사용방법이 Direct Graphics 체계의 프로시저에 비하여 그리 복잡한 것도 결코 아니다. 만약 이러한 플롯을 Object Graphics 체계에서 그리고자 했다면, 아무래도 이보다는 좀 더 복잡한 코딩이 필요했을 것이다.

만약 새로운 플롯을 추가하고자 한다면, Direct Graphics 체계에서는 OPLOT이라는 프로시저를 사용했겠지만, New Graphics 체계에서는 PLOT 함수를 또 사용하여 다음과 같이 OVERPLOT 키워드를 사용하여 추가해주면 된다. 그러면 그 결과는 그림 A2-3과 같다.

```
result = REGRESS(x, y, yfit=yfit)
p1 = PLOT(x, yfit, THICK=3, COLOR='Gray', /OVERPLOT)
```

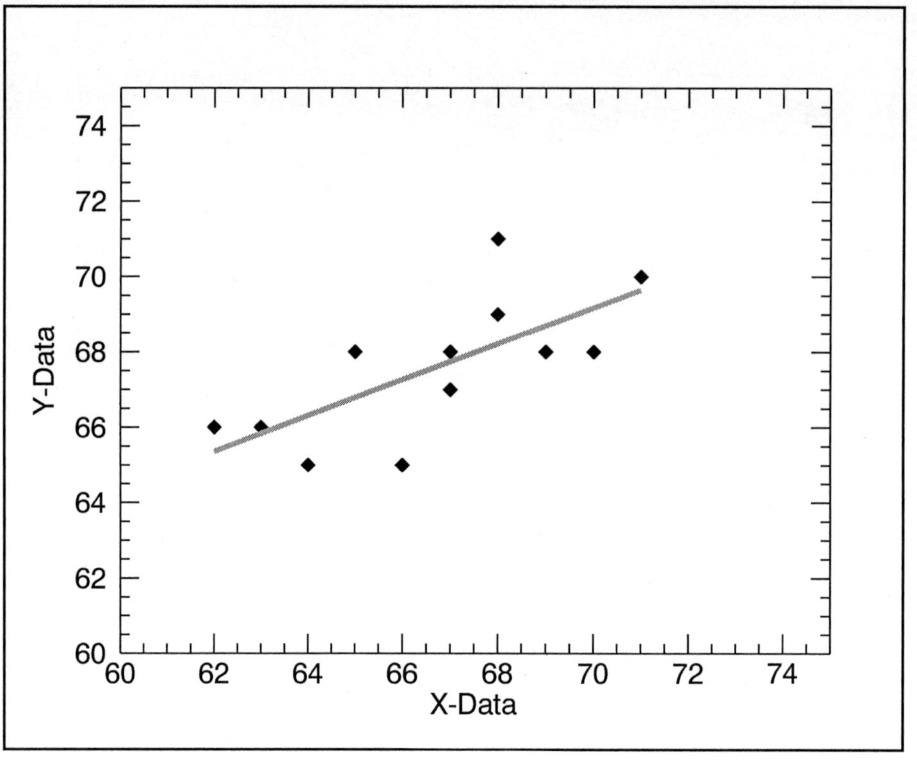

그림 A2-3 플롯 하나를 추가한 모습

New Graphics 체계에서는 그려진 결과물에 대한 속성의 변경이 다음과 같이 나중에라도 얼마든지 가능하다. 이는 마치 Object Graphics 체계에서와 유사한 방식이라고 보면 된다. 여기서는 방금 추가했던 p1이라는 플롯의 선 스타일을 점선으로 변경하였다. 그리고 기존의 플롯인 p0의 심볼형태를 다이아몬드에서 원형으로 바꾸었다. 그러면 그 결과는 그림 A2-4와 같다.

```
p1.LINESTYLE = 1
```

```
p0.SYMBOL = 'Circle'
```

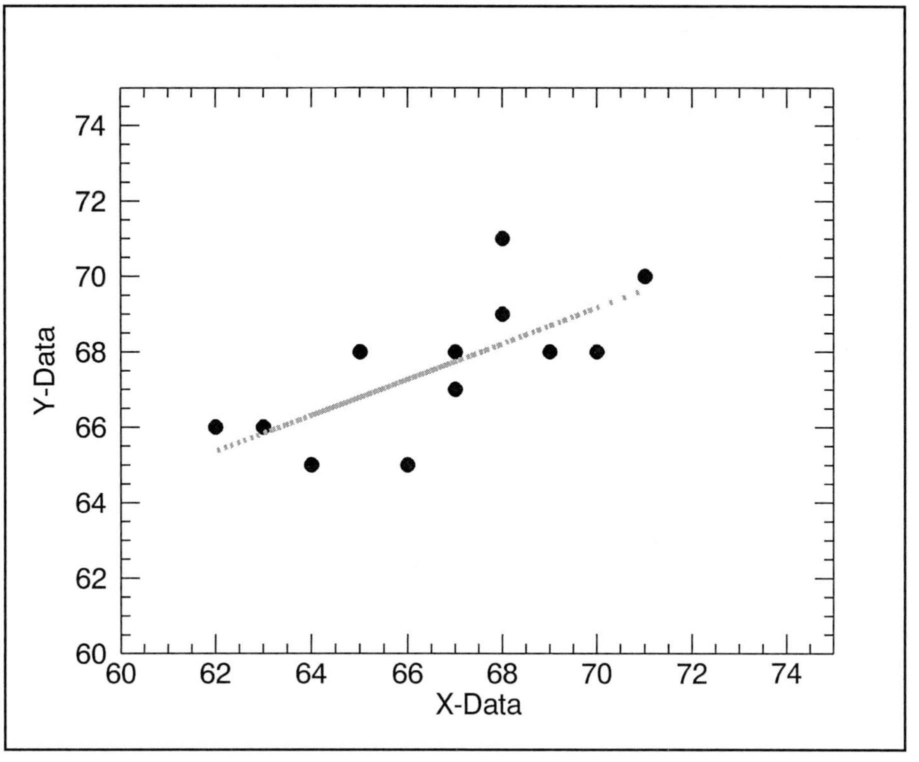

그림 A2-4 플롯의 속성들을 나중에 변경한 모습

사실 개념 자체만으로 보면 New Graphics 체계는 Object Graphics 체계에 더 가깝다. 생성된 그래픽 결과물들 자체가 하나의 객체와 같은 성격을 띄기 때문이다. 물론 이 책에서 열심히 소개했던 Object Graphics 체계에서의 그래픽 객체들과는 세부적인 특성은 약간 다르긴 하지만, 그래픽 요소의 생성이나 속성 조절 그리고 메서드라는 개념이 존재한다는 점들은 매우 유사하다.

따라서 높은 품질의 그래픽 결과물을 얻고 싶으나 기존의 Object Graphics 체계의 프로그래밍 방식이 너무 어렵게 느껴진다면, 지금 소개한 New Graphics 체계의 방식을 사용하는 것이 훌륭한 대안이 될 수 있다. 물론 New Graphics 체계는 도입된지 아직 얼마 되지않은 시점인 탓인지 아직까지는 몇몇 문제점들이 있기는 하다. 예를 들면, 3차원 볼륨 자료를 표출하는 함수가 아직 없다는 점, Widget Programming으로 만드는 어플리케이션에서 이러한 그래픽 체계가 유연하게 녹아들기가 약간 애매하다는 점

등이 나름 현재까지 보여지고 있는 단점들이라 할 수 있다. 하지만 이러한 문제점들은 차기 버전에서도 앞으로 계속 개선될 것으로 기대되기 때문에, 향후 점점 일반적인 IDL 사용자들에게도 편리하게 다가갈 수 있는 방식이 될 것으로 예상된다.

New Graphics 체계에 대해서는 이 정도로만 소개하기로 한다. 혹시나 더 궁금한 점들이 있다면, 필자가 운영하고 있는 블로그의 New Graphics라는 섹션에서 관련 게시물들을 볼 수 있으니 이 내용을 참조하길 바란다. 그리고 관련된 내용을 담은 동영상 강의 역시 이 블로그에서 볼 수 있으니, 이 내용도 염두에 두면 좋을 것 같다. 물론 가장 기본적으로는 IDL 8.0 또는 8.1에서 제공되는 도움말의 내용도 꼭 참조하길 바란다.

부록 3
IDL New Graphics의 실전 활용 사례

앞서 부록2에서 소개된 New Graphics 체계의 그래픽 기능이 활용된 실전 사례 하나를 소개하고자 한다. 'SWx Monitor'라는 이름의 아이폰 어플리케이션으로, 우주의 날씨라고 할 수 있는 우주환경(Space Environment)의 가장 최근의 상황을 살펴볼 수 있도록 해주는 앱이다. 이 앱은 애플 앱스토어상에서 'swx'라는 이름으로 검색을 하면 바로 찾을 수 있다. 현재 버전은 1.15이며, 무료 앱이다. 이 앱을 받아서 실행해보면 다음과 같이 'Powered by IDL'이라는 문구가 등장한다.

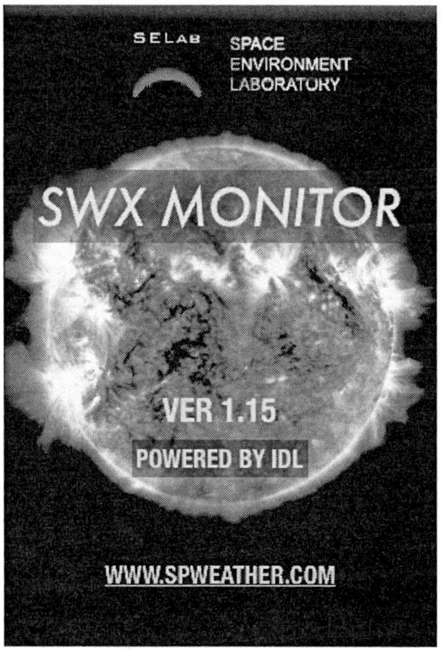

그림 A3-1 SWx Monitor를 처음 실행할 때 보이는 스플래쉬 화면

사실 이 앱상에서 볼 수 있는 모든 그림들(이미지, 플롯)은 IDL의 New Graphics 체계의 그래픽 기능으로 생성된 것들이다. 내부적으로는 미국의 우주환경 관련 전담 기관인 SWPC(Space Weather Prediction Center)에서 실시간으로 제공하는 우주환경 관련 원시자료(Raw Data)들을 네트웍을 통하여 다운로드하고, 이 원시자료 파일들을 이용하여 각종 이미지 및 플롯 그림들을 생성하여 웹서버상에 저장된다. 그리고 SWx Monitor 앱에서는 이 웹서버에 링크된 그림들을 표출하는 방식이다.

즉, 원시자료를 이용하여 IDL로 그림을 그리고 파일을 생성하여 웹서버에 올리는 역할을 주기적으로 수행하는 메인서버가 따로 있고, 앱 자체는 웹서버상의 그림들을 보여주기만 하는 역할을 한다. 그림 A3-2는 SDO라는 태양관측위성이 자외선에서 촬영한 영상자료를 앱상에서 본 모습이다.

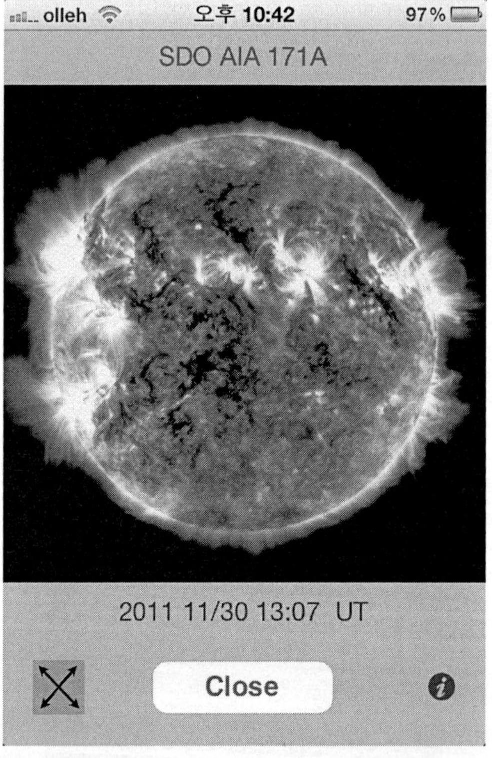

그림 A3-2 SDO위성이 촬영한 자외선 이미지를 SWx Monitor 앱에서 본 모습

이 그림의 원시자료는 SDO위성을 운용하는 미국의 NASA에서 FITS 형식의 파일로 FTP를 통하여 제공된다. 그러면 IDL의 네트웍 연결기능[34]을 이용하여 FITS 파일을 다운로드하고 이 파일을 처리하여 이와 같은 이미지의 형태로 생성된다. 그림 A3-3은 ACE라는 위성이 관측하는 태양풍의 자기장값들을 그린 플롯을 앱상에서 본 모습이다. 아마도 그림을 보면 New Graphics의 향기가 날 것이다.

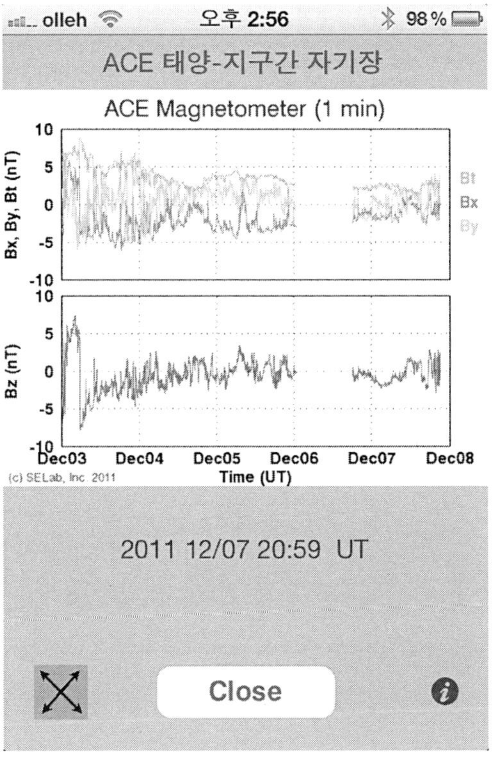

그림 A3-3 ACE위성이 관측한 자기장값들의 플롯을 SWx Monitor 앱에서 본 모습

이상과 같이 New Graphics 체계의 그래픽 기능의 실전 활용 사례로서 SWx Monitor라는 앱을 소개해보았다. 앱과 관련된 더 자세한 정보는 앞서 언급한 필자의 개인 블로그상의 'SWx Monitor'라는 섹션에서 확인하기 바란다.

---

34 IDL에는 이러한 네트웍 기능을 전담하는 IDLnetURL이라는 클래스의 객체가 있어서 이 기능을 활용하면 된다.

부록 4

IDL로 게임을 만든다면?

IDL이 원래 과학기술 관련 연구 및 응용 분야에서 주로 사용되는 언어라는 점은 틀림이 없다. 하지만, 이 책에서 소개된 객체지향 그래픽스의 기법은 다양한 방면으로 응용이 가능하다. 앞서 14장의 폴리곤 객체에 관한 내용의 앞부분에서 잠시 언급하길, IDL로 게임 프로그램을 만드는 것은 IDL의 효과적 활용이란 측면에서 볼 때에는 그다지 권장할만한 작업은 아니다. 하지만 시도는 해볼 수 있다. 그리고 객체지향의 프로그래밍 기법을 매우 효과적으로 구현하는 하나의 사례가 될 수 있다는 측면도 있다.

이러한 점에 착안하여 필자는 IDL의 객체지향 그래픽스 기법을 응용하여 간단한 게임을 하나 만들어보았다. 일종의 블록격파 게임이다. 물론 어디가서 자신있게 내세울만한 만듬새를 지니고 있지는 못하다. 필자가 이런 방면에 그다지 재주가 있는 편도 아니고, IDL이 갖는 나름대로의 한계점도 분명 존재하기 때문이다. 특히 IDL에서는 사운드를 출력할 수 있는 정의된 방법이 존재하지 않기 때문에 매우 고요한 게임이 될 수 밖에 없다는 치명적인 한계가 존재한다. 어쨌든 이와 같이 만들어본 게임의 IDL 실행파일(sav 형식)을 아래 링크에 올려놓았다.

http://www.spweather.com/~lee/block_smash.sav

참고로 이 sav 파일은 IDL의 VM(Virtual Machine) 기능으로 돌아가는 실행파일이다. 이 파일의 실행을 위해서는 IDL 8.x, 즉 최소 8.0 이상의 버전이 설치되어 있어야 한다. 물론 VM으로 실행되므로 평가판 라이센스에서도 잘 돌아간다. 이와 같은 버전의 IDL이 설치되어 있다면 파일을 더블클릭하면 된다[35]. 실행해보면 아주 단순한 형태의

---

35 만약 더블클릭만으로 안될 경우에는 응용 프로그램을 IDLVirtualMachine으로 따로 설정해야 할 수도 있다.

블록 격파 게임을 IDL로 해볼 수 있다. 먼저 'Start' 버튼을 누른 다음, 키보드상의 좌우 커서키만 조작하면 된다.

이 게임은 IDL에서도 이런게 된다는 것을 맛보기 위한 하나의 재미있는 예제 정도로 생각하면 좋겠다. 하지만 객체지향 프로그래밍 기법으로만 가능한 구현 가능하므로 이러한 기법의 특성을 엿볼 수 있는 기회가 되었으면 한다. 원래 게임계에서 개발자들이 사용하는 언어들은 종류는 약간 다르겠지만 거의 대부분이 이러한 객체지향의 프로그래밍 기법에 의한 것이다.

참고로 이 sav라는 형식의 파일은 마치 MS Windows의 exe파일과 같은 실행파일이고 그 자체적으로는 소스코드를 볼 수 없다. 여기서는 소스코드에 대한 설명은 생략하기로 하겠다.[36]

[36] 이 게임 프로그램의 소스코드가 필요하신 분들은 제 이메일(lee@spwearher.com)로 연락을 주시면 따로 보내드리겠습니다. 이왕이면 메일 보내실 때 이 책에 대한 소감을 간단하게 적어주시면 감사하겠습니다.

찾아보기 (Index)

| 저자약력 |

■ 이상우

- 서울대학교 천문학과 졸업
- 서울대학교 대학원 이학박사
- (주)에스이랩 연구개발팀장 역임
- (주)에스이랩 부설연구소 재직
- IDL 기술상담, 교육 및 개발
- IDL 유저그룹 및 블로그 운영중
- e-mail : lee@spweather.com
- Blog : blog.daum.net/swrush
- Twitter : swrush88
- Facebook : IDL_Korea

정가 25,000원

IDL 객체지향 그래픽스

2012년 3월 20일 초판 인쇄
2012년 4월 2일 초판 발행

저 자 : 이 상 우
발행자 : 우 명 찬·송 준
발행처 : **홍릉과학출판사**
주 소 : 서울시 강북구 인수동 455-60
142-885
등 록 : 1976년 10월 21일 제5-66호
전 화 : 02)999-2274~5, 996-8341, 903-7037
팩 스 : 02)905-6729
e-mail : hongpub@hongpub.co.kr
http://www.hongpub.co.kr
ISBN : 978-89-97570-15-7